Felicitas Lowinski
Bewegung im Dazwischen

Felicitas Lowinski (Dr. phil.) ist Vertretungsprofessorin an der Hochschule Niederrhein, Fachbereich Sozialwesen, Mönchengladbach. Ihre Schwerpunkte liegen in der Didaktik/Methodik der sozialen und kulturellen Arbeit mit jungen Menschen. Darüber hinaus ist sie freiberuflich als Rhythmik- und Tanzpädagogin tätig.

FELICITAS LOWINSKI

Bewegung im Dazwischen

Ein körperorientierter Ansatz für kulturpädagogische Projekte mit benachteiligten Jugendlichen

[transcript]

D 61
Originaltitel der Dissertation: Tanz in der Jugendkulturarbeit – Ein körperorientierter Ansatz für kulturpädagogische Projekte mit benachteiligten Jugendlichen (Düsseldorf/Juli, 2006)

Bibliografische Information der Deutschen Bibliothek
Die Deutsche Bibliothek verzeichnet diese Publikation in der Deutschen Nationalbibliografie; detaillierte bibliografische Daten sind im Internet über http://dnb.ddb.de abrufbar.

Umschlaggestaltung: Kordula Röckenhaus, Bielefeld
Umschlagabbildung: »What's behind that curtain?« (Performance, Mönchengladbach, 2007), © Theodor Bardmann und Felicitas Lowinski
Lektorat & Satz: Felicitas Lowinski
Druck: Majuskel Medienproduktion GmbH, Wetzlar
ISBN 978-3-89942-726-4

Gedruckt auf alterungsbeständigem Papier mit chlorfrei gebleichtem Zellstoff.

Besuchen Sie uns im Internet: *http://www.transcript-verlag.de*

Bitte fordern Sie unser Gesamtverzeichnis und andere Broschüren an unter: *info@transcript-verlag.de*

Inhalt

1 Einleitung

„Später sieht man die Dinge zweckentsprechender, im besten Einvernehmen mit der ganzen menschlichen Gesellschaft, die Jugend aber bleibt die einzige Epoche, in der man etwas gelernt hat." (Marcel Proust)

1.1 Problemstellung und Zielsetzung

Wenn es etwas gibt, was die Jugendphase kennzeichnet, so ist es die Bewegung in Zwischenräumen. Ein junger Mensch geht neue Wege, um sich einen eigenen Raum zu erschließen. Es ist eine suchende Bewegung, in der verschiedene Haltungen, Standpunkte und Kräfte ausprobiert werden. Jugendliche befinden sich auf vielfache Weise in Übergängen, auf der Suche nach Orientierung, Positionen und Perspektiven, um ihre Persönlichkeit zu entwickeln. Dabei stellt sich die Frage, ob sie diese „Bewegung im Dazwischen", so lautet der Titel des vorzustellenden Projektentwurfes, als eine Chance oder Zumutung erleben? Können sie das bewegte Jugendalter nutzen, um ihre Fantasien zu gestalten, Grenzen auszutesten und Differenzen zu erkennen, um so gemachte Erfahrungen für sich konstruktiv zu verwerten? Jugendliche, die Schwierigkeiten haben, personale und soziale Kompetenzen zu entfalten, um sich zwischen den großen Entwicklungsaufgaben der Individuation und Integration bewegen zu können, sind benachteiligt (vgl. HURRELMANN, 1994: 25f.). Ein Weg der Unterstützung in den Bildungsgängen dieser Jugendlichen, der hier gesucht wird, ist der über den Körper und seinen vielfältigen Bewegungsformen in kulturpädagogischen Projekten.

Die vorliegende Arbeit untersucht den Beitrag kultureller Bildung angesichts aktueller Jugendprobleme, deren Bearbeitung in einer kulturpädagogischen Praxis mit sozial- und bildungsbenachteiligten Jugendlichen verdeutlicht werden soll. Darauf aufbauend geht es um die Entwicklung einer spezifisch körperorientierten Arbeitsweise in dieser Praxis. Für das Vorhaben wird kein weiter bzw. holistischer Kulturbegriff zugrunde gelegt, der alle menschlichen Aktivitäten zur materiellen und ideellen Produktion gesellschaftlichen Zusammenlebens umfasst, wonach alle Bildung kulturelle Bildung wäre. In diesem Sinne kann eine Theorie der Kulturpädagogik kaum möglich sein, da sie einem permanenten Spannungsverhältnis zur wirkenden Praxis der unüberschaubaren Vielfalt allgemeiner kultureller Formen und der Dynamik gesellschaftlichen Wandels ausgesetzt wäre. Der engere Begriff von Kultur bezieht sich auf ein ästhetisch-normatives Ideal künstlerischer Aktivitäten sowie auf die Ausgestaltung spezieller, produktions- und vermittlungsästhetischer Aspekte, ohne den Bedeutungsumfang von Kultur darauf reduzieren zu wollen oder Zusammenhänge und gegenseitige Beeinflussungen des weiten und engeren Kulturverständnisses unberücksichtigt zu lassen (vgl. FUCHS b, 2002; FUCHS d, 2004).

Auf der Basis verschiedener Wissenschaftsdisziplinen soll der Frage nachgegangen werden, wie eine körperorientierte Kulturpädagogik theoretisch fundiert und ein didaktisch-methodisches Konzept eines besonderen kulturellen Handelns mit Jugendlichen, die durch Schulversagen, familiäre Probleme, Arbeitslosigkeit, Armut oder Delinquenz oft mehrfach belastet sind, begründet und ausgestaltet werden kann. Dieses neu entwickelte Konzept beruht auf ästhetischem Erfahren, aktivem Umgehen, Gestalten und Reflektieren von jugendspezifischen Fragen und Themen mit allen Formen der Künste bis hin zu einer „Lebenskunst", der größten und schwersten aller Künste, die die Gestaltungsfähigkeit des Lebensweges in einer Vielfalt von Optionen und Widerständen meint (vgl. SCHMID, 1998). Im Sinne gelingender Lebensführung, unter Einbeziehung einer dynamisch sich verändernden Kultur und einer Entwicklung des Möglichkeitssinns, kann gerade kulturelle Bildung die Lebenskunst von jungen Menschen als eine geschulte Wahrnehmungsfähigkeit sowie ein ausgebildetes Empfindungs- und Ausdrucksvermögen bereichern (vgl. GLASER, 2001: 56ff.; BKJ b, 2002: 56ff.).

Es zeigt sich, dass die meisten Konzepte kultureller Bildung in Theorie und Praxis auf die breite Bildungsbürgerschicht ausgerichtet sind bzw. soziale, bildungsspezifische und kulturelle Ungleichheiten in unserer Gesellschaft nicht überwinden können (vgl. THOLE/KOLFHAUS, 1994: 222ff.; BMFSFJ, 2005: 228ff.). Die Arbeit versucht sich deshalb den Bildern, die von Jugendlichen in den verschiedenen Ansätzen der Jugendkulturarbeit vorherrschen, zu nähern, um von dort her soziale Schließungen und Öffnungen zu beobachten. Kulturpädagogische Praxis umfasst eine Reihe von Lernzielen: Den unmittelbaren Umgang mit „Eindruck, Ausdruck und Gestaltung", mit ästhetischen Erfahrungen und den damit verbundenen Erwerb von symbolhaften Sprachfähigkeiten, mit einem neu zu entwickelnden Interesse am Körper in seinen vielseitigen Perspektiven. Diese Praxis sollte in der heutigen Gesellschaft allen Schichten gleichermaßen auch in lokalen, milieuangepassten und lebensweltorientierten Kultureinrichtungen zugänglich sein (vgl. FUCHS, 1999: 235). Kulturpädagogische Angebote müssen offen, einladend und geschlechtergerecht sein, um möglichst vielen Jugendlichen sowohl kreativ-künstlerische Kompetenzen wie etwa die Entfaltung einer ästhetischen Symbolkompetenz, das Entwickeln neuer Perspektiven oder der Spiel- und Gestaltungsfähigkeit als auch psycho-soziale Kompetenzen wie Selbstwertgefühl, Einfühlungsvermögen, Toleranz oder Kooperationsfähigkeit zugänglich zu machen. Gerade benachteiligte Jugendliche erhalten damit neue Möglichkeiten, in der Unübersichtlichkeit und Unterschiedlichkeit sozialer Verhältnisse ihre eigenen und fremde ästhetisch-kulturelle Codes zu erkennen, zu verstehen, zu hinterfragen und selbst mit zu gestalten.

Dieser kulturpädagogische Prozess stellt sich wohl nicht leicht dar. Er löst keine aktuellen Probleme oder schafft Klarheiten in einer Welt, in der vor allem Unklarheit herrscht. Viel mehr lässt er Vieldeutigkeit und Veränderung zu. Er setzt auf Eigenverantwortung und Schaffenskraft im Gegensatz zur reinen Befriedigung durch Konsumgüter. Neben den Grundbedürfnissen des Menschen nach Geborgenheit, Nahrung und Anerkennung geht es in der kulturellen Bildung vor allem um die menschliche Sehnsucht nach sinnvoller, eigentätiger und kreativer Tätigkeit. Die Förderung dieses Potenzials ist nicht unabhängig von der Bildung und gesamten Entwicklung der Persönlichkeit zu sehen. Doch für Kinder und Jugendliche aus sozial- und bildungsmäßig benachteiligten Verhältnissen mangelt es nach wie vor an theoretischen Konzepten und praktischen Arbeitsformen, die sie zu gestalterischen Prozessen in ihrem Umfeld anregen. Hierzu gehören vor allem die Förderung der Selbstwahrnehmung und des symbolischen Selbstausdrucks in Musik, Bewegung und weiteren nichtsprachlichen Formen (vgl. z. B. BELGRAD/NIESYTO, 2001; FRISCH, 1999).

Das Ziel des vorliegenden Projektentwurfes liegt darin, vielfältige körperliche Erfahrungen auch jenseits kulturell festgelegter Bilder sinnlich erlebbar, spielerisch handhabbar, ironisch reflektierbar und eigenständig gestaltbar zu machen, da das Wissen vom Leben nicht im Denken aufgeht, sondern vom Bewegen und Fühlen in Schwingung versetzt wird. In belasteten Situationen reagiert der Körper oftmals mit Schmerzen, hoher Anspannung, Verkrampfung oder auch Schlaffheit. Über Bewegung, hier im Besonderen die tänzerische, kann sich Linderung, Entspannung und neue Energie entwickeln. Von daher scheint der Ansatz des „kreativen Tanzes“ (vgl. HASELBACH, 1993; FRITSCH, 1997) für die kulturpädagogische Arbeit mit benachteiligten Jugendlichen vor allem in der theoretischen Diskussion bisher zu wenig berücksichtigt. Es wird nachgeforscht, wie der kreative Tanz das Selbstwertgefühl des Einzelnen fördern kann. Dazu werden seine künstlerischen Arbeitsweisen (besonders: Improvisation und Gestaltung) sowie eine verstärkte Form gruppenbezogenen Arbeitens untersucht. Ein kulturpädagogisches Projekt, das mit diesem Ansatz arbeitet, kann für benachteiligte Jugendliche ein Angebot sein, ihre eigenen Stärken und Schwächen, ihre unterschiedlichen Emotionen und Wünsche auf eigenwillige Art und Weise neu zu entdecken und auszudrücken. Der Tanz leistet seinen Beitrag auf non-verbale und präsentative Art, so dass es für die teilnehmenden Jugendlichen spannend, auch verwirrend und freudevoll wird, sich in den Zwischenräumen ihrer aktuellen Lebensphase zu bewegen.

Kulturpädagogische Arbeit fördert zu einem wesentlichen Teil innere, eher unbewusste, aber immer vorhandene Eigenschaften des Menschen wie Spontaneität, Spielfreude, Naivität und Imagination. Unser jetziges Erziehungssystem besitzt wenig Mittel, diese Fähigkeiten des Individuums zur Verwendung seiner eigenen einzigartigen Verhaltensvielfalt und seiner assoziativen Prozesse zu fördern, obwohl sie von entscheidender Bedeutung in der Persönlichkeitsentwicklung sind. Durch einen körper- und bewegungsorientierten Ansatz können gerade diese Potenziale der Individualität aufgebaut und gestärkt werden, da sie mit allen Körperdimensionen des Menschen ververbunden sind. Er ermöglicht jedem, der sich darauf einlassen kann, den Erwerb von „Schlüsselqualifikationen", die sowohl Selbst- und Sozialkompetenzen als auch Methodenkompetenzen für neue Alternativen im Umgang mit den unterschiedlichen Lebensanforderungen umfassen.

Bereits die Alltagsästhetik des Lebens- und Wohnraumes, der Schule, der Medien oder der Clique prägt die Identität von Jugendlichen. Dies birgt eine besondere Brisanz für Jugendliche, die durch konfliktträchtige oder ressourcenarme Lebensbedingungen in ihrer Herkunftsfamilie und durch ein selektives Schulsystem sozial- und bildungsbenachteiligt sind. Sie haben wenig geeignete Möglichkeiten, ihre eigenen Ausdrucksformen anerkannt zu entwickeln. Klassische Modelle der ästhetischen Erziehung werden in der Arbeit dahingehend überprüft, wie sie aufgrund ihrer Art der Beobachtungen und Beschreibungen auf aktuelle Probleme einer kulturellen Benachteiligung Jugendlicher zu übertragen sind und wichtige Aspekte zur Integration einbringen. Die Kulturpädagogik, die sich auf ästhetische Erfahrungen und Materialien verschiedenster Art bezieht, kann hier für Jugendliche eine ganzheitlich fördernde Rolle in der Begleitung zur Mündigkeit einnehmen. In diesem Zusammenhang ist zu beobachten, dass der Körper zu wenig in den Mittelpunkt pädagogischer Reflexion gerückt wird. Von daher ist das Ziel, eine eigene körperorientierte kulturpädagogische Arbeitsweise wissenschaftlich zu begründen und methodisch zu entwickeln. Sie setzt neue Impulse für eine kulturpädagogische Didaktik, im Sinne einer Erweiterung kulturpädagogischer Arbeit auf eine bisher wenig beachtete Zielgruppe und einer neuen inhaltlichen Verbindung: *Lebenserfahrung ist auch Körpererfahrung.*

Der kreative Tanz bietet dafür vielfältige Möglichkeiten des Eindrucks und Ausdrucks einer individuellen Sprache des innerlich und äußerlich bewegten Körpers. Die bildungs- und psychosozialen Wirkungen der Körper- und Tanzarbeit bei Jugendlichen, die sich in einer kontinuierlichen kultur- und sozialpädagogischen Praxis immer wieder erweisen, sollen untersucht werden. Dabei liegt ein besonderes Augenmerk auf der Steigerung des Selbstwertgefühls im Sinne einer Stärkung des Ichs in der Auseinandersetzung mit anderen in einer Gruppe; dies stellt ein zentrales pädagogisches Motiv der Arbeit dar (vgl. FINKE/HAUN, 2001; BASTIAN, 2002). Da „Körper-Themen" für viele Jugendliche von hoher Bedeutung sind, befindet sich gerade hier die Chance, benachteiligten Jugendlichen über die Auseinandersetzung mit ihren körperlichen Eindrucks- und Ausdrucksmöglichkeiten, ihren übernommenen und eigenen Körperschemen, ihren eher weiblichen oder männlichen Energien, ihren starken und schwachen Kräften etc. eine für sie günstige Persönlichkeitsentwicklung trotz aller offenen und verdeckten sozialen Barrieren bereit zu stellen. Durch die Verknüpfung sozialpädagogischer Arbeitsweisen (Schwerpunkt hier: professionelle Beziehungsarbeit in einer Gruppe) mit künstlerischen Arbeitsweisen (Schwerpunkt hier: Körperarbeit und kreativer Tanz) entstehen neue Formen der Begleitung Jugendlicher. Um das kulturpädagogische Arbeiten im sozialen Feld auf beiden Ebenen zu erweitern und darüber hinaus für die Ausbildung zukünftiger Kulturpädagogen nutzbar zu machen, wird eine enge Theorie-Praxis-Verzahnung angestrebt. Die handlungstheoretische Konzeption beruht auf einer erziehenden Praxis, die einen wertschätzenden und freudevollen Anspruch, keine Plan- und Machbarkeitsstrategien wider die Würde des jungen Menschen impliziert (vgl. OELKERS, 1991: 176). Gleichberechtigt Handelnde gestalten auf der Basis ihrer körperlichen, geistigen und seelischen Fähigkeiten gemeinsam diese ästhetische und soziale Praxis. Die vorliegende Arbeit weist Wege zu einer erweiterten Chancengerechtigkeit für Jugendliche in benachteiligten Situationen auf. Sie ermutigt dazu, mit dieser speziellen Zielgruppe körperorientiert, kreativ und ausdauernd zu arbeiten, statt sie von einer allgemeinen Kulturpädagogik auszugrenzen. Dabei geht es nicht nur um kompensatorische „Randgruppenarbeit", sondern, im demokratischen Sinne der Kulturpädagogik, um breiteste Zugangsmöglichkeiten für alle ihre Angebote (vgl. BAER, 1993: 46; BMFSFJ, 2005: 31).

1.2 Methodische Überlegungen

„Die natürliche Welt [...] ist von unendlicher Vielfalt und Komplexität, eine vieldimensionale Welt, in der es keine geraden Linien oder Formen gibt, in der die Dinge nicht chronologisch ablaufen, sondern gleichzeitig: eine Welt, in der, wie uns die moderne Physik belehrt, sogar der leere Raum gekrümmt ist. Es ist klar, daß unser abstraktes System des begrifflichen Denkens diese Realität niemals vollständig beschreiben oder verstehen kann. [...] Für die meisten von uns ist es sehr schwierig, sich konstant der Begrenzungen und der Relativität des begrifflichen Denkens bewußt zu sein. Da unsere Darstellung der Wirklichkeit so viel leichter zu begreifen ist als die Wirklichkeit selbst, neigen wir dazu, die beiden zu verwechseln und unsere Begriffe und Symbole für die Wirklichkeit zu halten“ (CAPRA, 1982: 25).

Das methodische Vorgehen dieser Arbeit bewegt sich in Zwischenräumen, um kulturpädagogische Wirklichkeiten möglichst umfassend aus Erfahrungs-, Erkenntnis-, Wahrnehmungs- und Handlungsvollzügen zu beschreiben. Dabei bedingen sich theoretische Erkenntnisse und praxisorientierte Handlungsimpulse. Ihr Verhältnis ist nicht nur als eine Hin- und Her-Bewegung zu beschreiben, sondern als ein zirkulärer Prozess auf und in verschiedenen Ebenen. Die erziehungswissenschaftliche Theorieebene unterscheidet sich von den Ebenen der pädagogischen Handlungstheorie, der Modelle und der konkreten Umsetzung in der Praxis, so dass diese Ebenen als grobe Struktur der Arbeit dienen, wobei sie auch in einem differenzierten Spannungsverhältnis stehen (vgl. WEHLE, 1973: 38). Der Gegenstand einer Geisteswissenschaft, hier etwa die Gruppe der Jugendlichen oder die Kultur, entzieht sich einer naturwissenschaftlich-empirischen Reduktion. Trotzdem können kulturpädagogische Aspekte aus der Komplexität deduktiv herausgefiltert, möglichst nah an der Situation, in der sie sich vollziehen, beschrieben werden. Aus vielen bedeutungshaften Wahrnehmungen heraus entstehen wiederum Erfahrungen, aus Handlungen unmittelbar Erlebbares – besonders in einem körperorientierten kulturpädagogischen Projekt – und aus Ideen entstehen Gedanken und neues Wissen, so dass der Erkenntnisweg auch induktive Bewegungen beschreibt.

Als Kultur- und Sozialpädagogin, die vornehmlich mit Kindern und Jugendlichen aus sozial schwachen Verhältnissen gearbeitet hat, und die ebenfalls zahlreiche Erfahrungen im musik- und tanzpädagogischen Unterricht und bei künstlerischen Präsentationen von Kindern und Jugendlichen aus verschiedenen Milieus sammeln durfte, konnte die Autorin viele Facetten und Chancen der Praxis beobachten, die auf eine theoretische Auswertung warten. Diese langjährige berufliche und nebenberufliche Tätigkeit bildet eine wesentliche Motivation sowie inhaltliche und methodische Grundlage für das wissenschaftliche Vorhaben, einen körperorientierten Ansatz in der Bildungsarbeit für alle Jugendlichen zugänglich zu machen, das bislang in der Theorie keine Beachtung gefunden hat. Die umfangreichen praktischen Erfahrungen bedingen zudem einen existenziellen Bezug zwischen der Forschenden und den zu bearbeitenden Themen, eines der wichtigen Kriterien für zeitgemäße pädagogische Wissenschaft, die eine Brücke zwischen Theorie und Praxis schlagen will.

Die theoretischen Gedanken über einen körperorientierten Ansatz in der Jugendkulturarbeit sollen sich nicht über die eigentliche Praxis des Körpers erheben, sie können sich dieser nur annähern. Im Schreiben bereits eines einzelnen Wortes, wie der „Körper“, schwingen schon Ideen, Assoziationen und Bedeutungen mit, die sich aus persönlicher Bewertung und wissenschaftlicher Einschätzung gleichzeitig speisen und damit gegenüber der Unbestimmtheit körperlicher und ästhetischer Phänomene offen bleibt, ohne beliebig zu werden (vgl. SEITZ, 1996: 23). Dabei nimmt die Erziehungswissenschaftlerin anders wahr als die Tänzerin oder die engagierte Akteurin in einer konkreten Lebenswelt. Unterschiedliche Perspektiven sollen hier möglichst gewinnbringend verknüpft werden. Wenn über Bewegungen von Jugendlichen nachgedacht und geschrieben wird, so wird auch eine bewegliche Theorie benötigt, die Unschärfen und Offenheit zulässt. Neben der Primär- und Sekundärliteratur müssen auch nicht rein wissenschaftliche Quellen zum Tragen kommen, etwa literarische oder tanzdokumentarische, die auf ihre Art bewegend und erkenntnisgewinnend erscheinen. „Ich aber habe von diesem Ereignis gelernt [Anm.: Ereignis bezieht sich hier auf den Text eines unbekannten Abtes], daß man grundsätzlich keine Quelle verachten darf, wenn man wissenschaftlich arbeiten will. Das nenne ich wissenschaftliche Bescheidenheit“ (ECO, 1993: 182).

Die Vorgehensweise dieser Arbeit ist zunächst von der hermeneutischen Methode der Analyse relevanter Quellen und Texte geprägt, um den Bestand zu den aufgewiesenen Fragen darzulegen. Darüber hinaus wird phänomenologisch beschrieben, was in der Auseinandersetzung mit kulturpädagogischen Prozessen, mit teilnehmenden und nicht-teilnehmenden Jugendlichen, mit der tanzpädagogischen Arbeit etc. beobachtet werden kann, und dieses wird einer systematisch-vergleichenden Analyse mit dem aktuellen wissenschaftlichen Diskurs unterzogen. Von einer eigenen empirischen Untersuchung zur Stärkung der Körperwahrnehmung, des Selbstwertgefühls und der Gestaltungsfähigkeit von Jugendlichen ist aufgrund des Umfangs und der problematischen Operationalisierbarkeit dieser Phänomene Abstand genommen worden. Es werden aber in der Regel qualitative Untersuchungen vorgestellt, die versuchen, kulturpädagogische Prozesse in ihrer Wirksamkeit genauer zu analysieren. Dabei scheinen Evaluationen kaum die ästhetischen Prozesse selbst erfassen zu können, zumal jede empirische Erhebung bereits die Authentizität des Praxisfeldes beeinflusst (vgl. BRAUN, 2001; DUNCKER, 2002). Trotzdem werden erprobte Kriterien zur Beobachtung und Reflexion, die zu einer professionellen Jugendkulturarbeit gehören sollten, erläutert. Der phänomenologische Beobachter bemüht sich, möglichst vorurteilsfrei und genau zu beobachten, und ist sich dessen bewusst, dass er nicht wissen kann, was er nicht beobachtet. „Im Darstellen des Wesentlichen erzieherischer Phänomene besteht die Aufgabe einer pädagogischen Phänomenologie“ (DANNER, 1979: 145), die durch hermeneutisches Verstehen und kritisches Reflektieren zur Überprüfung der eigenen Einstellungen und Erkenntnisse ergänzt werden soll. Um sich dem Wesen der Dinge ohne vorgeprägte Begriffe zu nähern, muss der Beobachter während des Arbeitsprozesses immer wieder auf Distanz gehen, „[...] man schaut sich selbst zu, wie man sich zur Welt verhält" (DANNER, 1979: 124). Beim Versuch, etwas mehr vom Jugendlichen, seiner Körperwahrnehmung und -darstellung zu verstehen, bleibt immer der Respekt vor dem letztendlich Fremden bestehen, so dass eher allgemeine Wesenszüge dargestellt werden können. Die Aufgabe einer pädagogischen Hermeneutik besteht darin, „[...] die Dimension von *Sinn* und *Bedeutung* in pädagogischen theoretischen Kontexten und praktischen Situationen aufzuzeigen" (DANNER, 2003: 209). Das Verstehen von Texten, Symbolen, menschlichen Daseinsformen und Handlungen vollzieht sich in spiralförmigen, immer tiefer gehenden Prozessen. Dabei geht es der Pädagogin um die Frage, woraufhin erzogen oder wie gebildet wird. Das Erfassen von Bedeutung des Beobachteten ist dabei nie endgültig abgeschlossen. Menschliche Phänomene, wie etwa die kulturelle und psycho-soziale Entwicklung von Jugendlichen, werden hier als individuelle Bildungsvorgänge begriffen, deren statisch registrierende Begrifflichkeit durch dynamisches Reflektieren durchbrochen werden soll. So kommen auch dialektische Denkmodelle immer wieder zum Tragen, die durch ihre Offenheit und ihren spekulativen Charakter neue, kritische Impulse gerade hinsichtlich des wechselseitigen Bedingungsgefüges eines kulturpädagogischen Projektes (Leiter, Teilnehmer, Inhalte, Methoden, Umfeld etc.) ermöglichen.

Neben einem großen Interesse an Fragen und Wünschen Jugendlicher fließen auch das persönliche Körperverständnis sowie die langjährige Erfahrung im kreativen Tanz (Entwicklung eigener Bewegungsmöglichkeiten unter gestalterischen Aspekten) und in der Biodynamik (wechselseitige Beeinflussung des Körpers und der Seele durch Spannung, Haltung und Lösung) in die Arbeit ein. Das ist in zweierlei Hinsicht von Bedeutung: Einerseits bildet die Sprache per se und besonders die exakte, systematische, wissenschaftliche Schriftsprache eine Grenze zu den Erfahrungen selbst, sowohl des Körpers im Allgemeinen als auch im Besonderen des ästhetischen Tuns. Wort- und Satzfindungen können sich diesen Prozessen nur annähern, sind gleichsam auch von ihnen geprägt. Andererseits bilden die eigenen Erfahrungen und teilnehmenden Beobachtungen sowie die Gespräche mit zahlreichen Jugendlichen, Studierenden, Pädagogen, Künstlern und Fortbildnern die Grundlage für das pädagogische Selbstverständnis, heute als Hochschuldozentin im Sozialwesen, auf lehrender und forschender, auf handelnder und reflektierender Ebene. Die Auswirkungen pädagogischen Handelns im Leben von jungen Menschen sind nicht wirklich steuerbar, aber sowohl der hier tätige Kulturpädagoge als auch der auf seine Selbstverwirklichung zustrebende Jugendliche können in einer langjährigen Begleitung Veränderungen in Haltungen und Handlungen in einem Ausschnitt beobachten und Rückschlüsse auf möglichst günstige Erfahrungs- und Lernfelder ziehen. Diese sollen im vorliegenden Projektentwurf ausführlich dargestellt werden.

1.3 Überblick

Zunächst wird es darum gehen, das ästhetische und pädagogische Spannungsfeld, in dem sich die Thematik bewegt, aufzuzeigen und im historischen Rückblick näher darzustellen (vgl. Kap. 2). Anhand der Begründung für die Begriffs- und Quellenwahl werden sodann wesentliche Perspektiven auf *Erziehung und Bildung, Ästhetik und Schönheit, Ästhetische Erfahrung und Körperlichkeit, Kunst und Kultur, Körperarbeitsweisen und Tanz, Soziale Benachteiligung und Selbstwertgefühl* und ihre jeweiligen Verknüpfungen untereinander exemplarisch verdeutlicht. Es soll eine pädagogische Theorie und Praxis der Möglichkeiten entstehen, keine der linear festgelegten Bestimmungen. Es sollen Optionen des Denkens und Handelns gerade in Zeiten des Stillstands eröffnet werden, statt sie zu verhindern.[1]

Es gibt Zusammenhänge und auch Grenzen zwischen den Begriffen, den dahinterstehenden Theorien und ihren Umsetzungen in der schulischen und außerschulischen Praxis. Durch die getroffene Auswahl soll einerseits die heutige Kulturpädagogik mit der ästhetischen Erziehung begründet, andererseits ihre Bedeutung für Jugendliche aufgezeigt werden. Die exemplarischen Sichtweisen aus der Pädagogik und der Philosophie, aus den Künsten und ihrer Didaktik, aus dem therapeutischen und dem sozialpädagogischen Bereich sollen nicht harmonisiert werden, sondern dazu beitragen, die eigenentwickelte kulturpädagogische Arbeitsweise mit benachteiligten Jugendlichen vielschichtig zu qualifizieren und die starke Körperorientierung zu begründen. Dies geschieht auf der Basis einer systematischen Studie über das Bild vom *Jugendlichen*, das in der Kulturpädagogik im Vergleich zu verschiedenen aktuellen Jugendstudien vorherrscht; dabei scheinen sozial- und bildungsbenachteiligte Jugendliche, insbesondere Mädchen, selten im Fokus zu stehen. Unter Einbeziehung weiterer jugendarbeiterischer Ansätze rückt die Frage nach der Anerkennung und Förderung kultureller Praxis von sozial schwachen, belasteten Jugendlichen in den Vordergrund (vgl. Kap. 3).

Um im Bereich der handlungstheoretischen Orientierungen nicht im Allgemeinen zu verharren, wird aus den vielfältigen, kunstspezifischen Ansätzen der kulturellen Bildung die Arbeit mit dem Körper und der Bewegung aufgrund einer guten Zugangsmöglichkeit für sozial- und bildungsbenachteiligte

1 Eine Parallele ist in Jürgen Oelkers Suche nach einer Poetischen Pädagogik zu finden: „Die Wahrheit der Pädagogik ist, wie Janusz Korczak wußte, nur poetisch zu vollenden, nicht in dem Sinne, dass die Erziehung der Vollendung entgegengeführt wird, sondern dass einzig Poesie sie abschließen kann“ (OELKERS, 1991: 7).

Jugendliche herausgegriffen. Die körperliche Dimension der Kulturpädagogik scheint bisher nur am Rande im wissenschaftlichen Diskurs aufzutauchen (vgl. Kap. 4). Von daher wird versucht, sowohl eine theoretische Einordnung des menschlichen Körpers vorzunehmen als auch die Fragen nach der Körperwahrnehmung und den Körperbildern von Jugendlichen, eingebettet im Gender-Blick, zu erhellen. Eine Ausgestaltung von sieben pädagogisch bedeutsamen Dimensionen des Körpers wird hier vorgestellt.

Anschließend steht der kreative Tanz als künstlerische Ausdrucksform und als Unterrichtsprinzip im Mittelpunkt der Betrachtung, da er geschichtlich, inhaltlich und methodisch in enger Verbindung mit der ästhetischen Erziehung steht (vgl. Kap. 5). Im Tanz wird der Mensch in seiner ganzen Körperlichkeit, Räumlichkeit und Zeitlichkeit angesprochen. Die vielseitigen Möglichkeiten des Tanzes können nicht nur Freude an Musik und Bewegung vermitteln. Sie dienen besonders der intensiven Körper- und Bewegungswahrnehmung, dem alternativen Ausdruck und Kommunizieren von Gedanken und Gefühlen jenseits der Wortsprache sowie dem Erfahren von künstlerischen Gestaltungskriterien. Damit bietet der kreative Tanz erfolgsversprechende Aspekte für die kulturpädagogische Arbeit mit benachteiligten Jugendlichen, die bisher nicht untersucht worden sind. Diese werden didaktisch und methodisch in einem systematischen Projektentwurf, der professionelle Beziehungsarbeit in einer Gruppe mit dem Ansatz des kreativen Tanzes vereint, verdichtet und praxisnah dargestellt (vgl. Kap. 6). Ein Resümee der zentralen Erkenntnisse sowie ein kritischer Ausblick auf zukünftige Jugendkulturarbeit schließen die theoretische, nicht aber die praktische Arbeit, als vorläufiges Zwischen-Ergebnis ab.

„Ich bin dahin gekommen, dass ich klar sehe, dass diejenigen Männer und Frauen Krisen überleben, die eine besondere Verbindung zum ‚Weg' aufrechterhalten haben. Sie sind ihren eigenen Weg gegangen, mit offenen Augen für Wahrheiten und Menschen um sie herum und ohne die Wege der anderen abzuwerten. Sie haben einen besonderen Sinn dafür entwickelt, wer sie sind. Sie haben das Wissen der Wissenschaft mit einem Glauben an das Mystische [Anm.: und an das Ästhetische] ergänzt" (HAMMERSCHLAG, 2003: 25).

2 Historische Bezüge der Kulturpädagogik

„Der Vorläufer oder Begleiter jeder sozialen Revolution ist ein Wandel der Wahrnehmung der Welt oder ein Wandel in der Wahrnehmung des Möglichen oder beides.“ (Carl Rogers)

Das aktuelle Verständnis von Kulturpädagogik deutet an einigen Stellen auf tiefgehende historische Bezüge zurück, die mit der ästhetischen Erziehung zusammenhängen. „Die von Pädagogik beeinflußten Prozesse der Individualisierung, der Sozialisierung und der Kulturalisierung werden in der Kulturpädagogik mit den Mitteln der Künste und des Ästhetischen bewirkt“ (FUCHS, 1999: 90). Die Autorenauswahl begründet sich dabei in der Zielsetzung, die Art und Weise, wie kulturpädagogisch agiert werden sollte, zu untersuchen. Ohne eine ausführliche Begriffsexplikation vorzunehmen, kann hier nur auf den enger ausgelegten Kulturbegriff, der auf der deutschen bildungsbürgerlichen Tradition beruht, hingewiesen werden (vgl. Kap. 1). Im Gegensatz zur „Zivilisation“ bezieht sich „Kultur“ auf die sogenannten „Schönen Künste“ (vgl. Kap. 2.2), die heute wieder in einem erweiterten Verständnis, d. h. nicht mehr gewertet in Hoch- oder Alltagskultur, von Bedeutung sind. Denn fast alle Bereiche der menschlichen Lebenswelt unterliegen vordergründig einer Ästhetisierungsmaxime, die aber im Spiegel künstlerischer Maßstäbe und pädagogischer Reflexion betrachtet werden sollen. Kulturpädagogik will vor allem mit künstlerischen Mitteln Kultur erlebbar, begreifbar und gestaltbar machen und damit den Bildungskanon um ästhetische, körperlich-sinnliche Erfahrungs- und Lernmöglichkeiten unter Einbezug einer kritischen Haltung gegenüber der gesellschaftlichen Umwelt erweitern (vgl. Kap. 2.3). Ästhetische Erfahrung als Basis kulturpädagogischer Prozesse ermöglicht die Aufnahme überraschender Eindrücke, Genuss und Auseinandersetzung, Verarbeitung in symbolischen Formen und ist damit kultureller Ausdruck in greifbarer Darstellung. Künstlerische Arbeit regt die kritische Beschäftigung mit verdrängten Themen hinter den Alltagsfassaden mit neuen, ungewohnten Formen an. Sie zielt durchaus auch auf eine kritische Auseinandersetzung mit gesellschaftlichen Problemen, gerade in der kulturpädagogischen Arbeit mit benachteiligten Zielgruppen, deren sozial desolate Situation nicht verdeckt werden soll (vgl. SCHERR, 2002: 53). Denn aus den bestehenden Differenzen von Ausgangslagen und kulturellen Möglichkeiten werden pädagogische Perspektiven erst gewonnen.

Nach der Erläuterung zentraler Begriffe kommen in diesem Kapitel die Theorien namhafter Autoren vom 18. Jahrhundert bis heute zum Tragen – Schiller, Dewey, Adorno u. a. haben explizit den Charakter der ästhetischen Erfahrung beschrieben. Kerbs, von Hentig und Mollenhauer bemühen sich um eine Grundlegung der ästhetischen Erziehung in der Schule. Anschließend wird die kulturpädagogische Praxis auf der Grundlage ästhetischer Bildung in unterschiedlichen Institutionen exemplarisch dargestellt (vgl. Kap. 2.4).

2.1 Pädagogische Perspektiven auf Ästhetik

Ästhetische Erziehung und *Ästhetische Bildung* weisen auf zahlreiche theoretische Interpretationen und vielfältige schulische und außerschulische Praxisfelder hin. Diese Feststellung lässt fragen, was genauer mit ästhetischer Erziehung oder ästhetischer Bildung gemeint ist und welche Bedeutung sie für die Pädagogik hat. Dass dies nicht eindeutig zu beantworten ist, zeigt schon eine Auswahl prägnanter Titel von wissenschaftlichen Aufsätzen und Artikeln zu diesem Themenbereich: Kann zum Beispiel „Ästhetische Erziehung als Erziehung überhaupt“ (MENZE, 1991) verstanden werden? Oder stellt „Das Leben mit der Aisthesis“ (HENTIG, 1975) eine Schulung der Sinnestätigkeiten durch ästhetische Erfahrungen dar? „Bildung als ästhetische Erziehung“ (VELTHAUS, 2002), „Kunst als Erfahrung“ (DEWEY, 1980), „Bildung durch Kunst“ (QUINTÁS, 1989) und „Die ästhetische Dimension der Bildung“ (MOLLENHAUER, 1990) lassen auf vielfältige Konzepte zu diesem wichtigen pädagogischen Bereich schließen und zeugen von Aktualität bis hin „Zur neuen ästhetischen Begeisterung“ (WÜNSCHE, 1987). Wie kann das „Experiment Ästhetische Bildung“ (SELLE, 1990) gelingen?

Der Begriff der Ästhetik, um 1750 von Alexander Gottlieb Baumgarten geprägt, geht auf die *aisthesis* zurück, auf die *Wahrnehmung und Empfindung* äußerer Sinnesdaten im Allgemeinen, so dass die Vernunft durch die sinnliche Erkenntnis in der Philosophie bereichert werden sollte (vgl. z. B. OTTO, 1991: 145) – zumindest heute die Erziehungswissenschaft bereichern kann. Ästhetik bezieht sich auf das *Schöne*, das intensiv Wirkende als Phänomen, im Speziellen auf die Wahrnehmung und Bewertung von kunstförmigen Gebilden und Werken. Eine ästhetische Erfahrung weist also über die *aisthesis* hinaus (vgl.

MOLLENHAUER/WULF, 1996: 210). „Die Kunst und namentlich die Malerei schöpfen aus jenem Meer rohen Sinnes (*sens brut)*, von dem das produzierende Denken nichts wissen will“ (MERLEAU-PONTY, 2003: 277). Die bildenden und darstellenden Künste sind wesensmäßig mit Ästhetik verbunden. Sie können als Kunstwerk nur ästhetisch, sinnlich und rational in Einem, erlebt werden. Ästhetische Erfahrungen befinden sich in einer dialektischen Beziehung zwischen Alltags- und Kunstwelt mit vielen Spannungen oder Widersprüchen durch fremde Betrachtungsweisen hervorgerufen, aber ebenso mit Annäherungen und Parallelen zu alltäglichen Dingen in neuer Gestalt, sowohl bei einem Kunstschaffenden als auch bei einem Kunsterlebenden. Im Horizont der Jugendkulturarbeit zwischen Alltagswelt und Fremdheit werden solche möglichen Widersprüche von „trivial-ästhetischen“ Gegenständen im Alltag und den Wertsphären der Künste und der Pädagogik wach gehalten, ohne die Jugendlichen mit ihren Vorstellungen abzuwerten, sondern um ihre Sensibilität für spannende Differenzen zu schärfen (vgl. TREPTOW, 1993: 283f.). Ästhetische Erfahrungsfähigkeit, Erleben von Sinnlichkeit, Verstehen kultureller Symbole und selbständiges kreatives Gestalten in diesen „Welten“ sind die wesentlichen Ziele der Kulturpädagogik.

Dadurch steht das Ästhetische zunächst mit dem Menschen als einem Wesen aus *Körper, Geist und Seele* in Bezug, mit seinen Sinnen, Gedanken und Emotionen (vgl. Kap. 4.1). Da Erziehung und Bildung zum Menschsein dazu gehören bzw. den Menschen erst lebensfähig machen, findet sich hier eine enge Beziehung zum Ästhetischen; soll nicht gerade die allgemeine Bildung den Menschen als Ganzes, das bedeutet auch in seiner Vielseitigkeit der Sinne, ansprechen? Um eine erste Annäherung an diesen Prozess zu versuchen, sei eine allgemeine Bestimmung von Bildung angeführt: „Der weitesten Bedeutung nach meint Bildung (im Sinne von Bilden) eine Tätigkeit, eine Produktivität, die zielgerichtet und organisch etwas von einem unvollkommenen, rohen, unentwickelten in einen entwickelten Zustand überführt“ (LEHNERER, 1988: 42). Dieses Gestaltwerden einer Person, in ständiger Wechselwirkung mit der Welt, lässt innere und äußere Bilder entstehen. Von Hentig plädiert für langsames, intensives, lebenslanges, selbstbestimmtes und sich mit allen Sinnen „Bilden“ ohne Blindheit für die gesellschaftliche Umwelt (vgl. HENTIG, 1998: 46). Bildung ermöglicht eine gestaltende, auf angemessenen Entscheidungen beruhende Handlungsfähigkeit, „[...] die alle Dimensionen von Menschsein, die geistige und tätige, die kognitive und emotionale, die materielle und spirituelle Dimension einschließt“ (FUCHS, 1999: 220).

Das könnte auch auf die Erziehungstätigkeit zutreffen, bei der durch bewusstes oder intuitives Handeln ein Mensch, zumeist ein junger Mensch, in seiner Entwicklung und in seinen Lernprozessen angeregt und begleitet wird. Doch neben dem Zusammenhang ist auch eine abgestufte Abgrenzung – je nachdem wie weit ein Begriff aufgefasst wird – zwischen Erziehung und Bildung zu erkennen: Erziehung bezieht sich vor allem auf die geplante Förderung von Kindern und Jugendlichen durch Eltern oder professionelle Pädagogen, während Bildung eher umfassend, auf alle Lebensalter bezogen, als formelle oder informelle Aneignung von Kenntnissen und Fähigkeiten verstanden wird, gerade im Sinne einer Selbstbildung, die kritisch-reflektierendes Handeln und Entscheiden ermöglicht. „Bildungsprozesse zielen also wesentlich auf die Entwicklung von Bewusstheit" (FUCHS, 1986: 30). Insofern liegt die Differenz beider Begriffe eher darin, dass Erziehung das pädagogische Handeln selbst und Bildung das Ergebnis dieser und anderer Einflüsse bezeichnet.

Doch wenn man sich überlegt, woraufhin denn erzogen wird oder warum man sich bildet, könnten gemeinsame Ziele wie Mündigkeit und Emanzipation gefunden werden, die auf einer Entwicklung des Selbstbewusstseins, der Empathie, der Kritikfähigkeit und der Kreativität beruhen (vgl. BMFSFJ, 2005: 106). Der heranwachsende Mensch ist von seinem Wesen her auf Erziehung und Bildung angewiesen, die ihn zu seiner Autonomie führen. Er hat einen Anspruch auf Unterstützung bei allen Prozessen, die ihm helfen, sowohl in seine eigene Persönlichkeit als auch in die gesellschaftlich-kulturelle Umwelt hinein zu finden, und diese, in ihren Wechselwirkungen verstanden, mitgestalten zu können. So wird sich im Verlauf der weiteren Arbeit zeigen, dass mit jeder ästhetischen Erziehung auch ästhetische Bildung intendiert ist bzw. erzieherische Prozesse den Heranwachsenden unterstützen sollen, offen für neue prägende Erfahrungen zu sein und sich selbst immer weiter bilden zu wollen. Das Ästhetische vermag durch Empfindung und Erkenntnis am ehesten im Bildungsprozess Möglichkeiten mit Wirklichkeiten zu verbinden und bildet damit die Grundlage für eine Kulturpädagogik, durch die Jugendliche in Distanz zur sie umgebenden Lebenswelt – in einem spielerischen „Zwischenraum" – ihre eigenen Vorstellungen entwickeln können. „Das Spiel des Jugendlichen mit Selbstentwürfen, deren symbolische Repräsentation in Bildern von Einzigartigkeit und Zugehörigkeit ist seitdem eine kulturell notwendige Komponente seiner Bildebewegung" (MOLLENHAUER, 1983: 173).

Warum wird die *Ästhetik* – durch die Sinnlichkeit und Kunst in den Mittelpunkt gerückt werden – mit der Erziehung und Bildung verknüpft? Gerade durch ästhetische Erfahrungen kann der Mensch Realitäten anders sehen oder neu entdecken, eigene schöpferische Quellen werden angeregt. Der Mensch wird provoziert, er wird in Frage gestellt, er muss eine eigene Position in bestimmten Situationen beziehen. Aufgrund dieser Erfahrung lernt gerade der Jugendliche, bisherige Entscheidungen zu überdenken und neue Handlungsorientierungen zu finden. „Denn Bildung kann auch als weitgehend individuell mitgesteuerter Prozeß eines Bewußtwerdens in und am Ästhetischen verstanden werden, der von persönlichen Lernfähigkeiten, sozialen Lernsituationen, kulturellen Kontexten und lebensgeschichtlichen Wendungen zugleich abhängt und befördert wird“ (SELLE, 1990: 21). Die Rolle der ästhetischen Erfahrung als Grundlage einer ästhetischen Erziehung und Bildung wird im Folgenden noch deutlicher werden.

„Die Bildung des Menschen impliziert eine engagierte offene Haltung gegenüber der Wirklichkeit. Der gebildete Mensch setzt sich ein für die Schaffung neuer Realitäten, die ihm und den ihm von vornherein gegebenen Realitäten Sinn geben. Aus dieser kreativen Begegnung zwischen Mensch und Wirklichkeit geht Sinn hervor und erleuchtet die Wahrheit. Die dem Menschen gegebene Wirklichkeit ist nicht gänzlich begrenzt und ausgeformt. So muß sich der Mensch frei entwickeln, jedoch in Verbindung mit den Realitäten, die ihn umgeben und zur kreativen Arbeit aufrufen“ (QUINTÁS, 1989: 491).

Für diesen Prozess spielt die Beschäftigung mit dem Ästhetischen, damit auch und vor allem mit den Künsten – künstlerischer Anspruch als ein Maßstab der Kulturpädagogik (vgl. Kap. 6.1) – eine bedeutende Rolle. Gerade der kreative Moment gibt dem ästhetischen und dem bildenden Aspekt die Verbindung, indem er das selbstvergessene Tun einer Person ganzheitlich-sinnlich einbezieht und sie gleichzeitig in einer neuen Möglichkeit der Betrachtung und Gestaltung fördert. Der Mensch benötigt „Zwischen-Räume“: als Kind, Jugendlicher und auch als Erwachsener, nicht um die Realität zu verdrängen oder alles als Spiel zu betrachten, sondern um die eigene Wirklichkeit immer wieder neu gestalten zu können.

Schon hier lässt sich auf Friedrich von Schiller (1759-1805) verweisen, der als erster zur Zeit nach der Französischen Revolution die prägende Kraft der Ästhetik hervorhebt, durch die eine vermehrte, selbstbestimmte Ausdrucks- und Handlungskompetenz des Menschen entwickelt werden kann (vgl. RICHTER-REICHENBACH,1992: 67). Voller Idealismus formuliert er die Ziele seiner ästhetischen Erziehung: „[...] der Mensch soll mit der Schönheit nur spielen, und er soll nur mit der Schönheit spielen [...], der Mensch spielt nur, wo er in voller Bedeutung des Worts Mensch ist, und er ist nur da ganz Mensch, wo er spielt“ (SCHILLER, 15. Brief: 63). Dabei ist für Schiller das schön, was sinnlich und zugleich nach Vernunftregeln strukturiert ist. Damit zielt er auf eine Versöhnung von Materie und Geist im Menschen – heute würde man eher von den beiden Hemisphären sprechen –, die nur durch das Spiel, die Schönheit und die Kunst erreicht werden kann. Trotz des selbstbildnerischen und politisch-erzieherischen Zweckes seines Ansatzes, bleibt die Welt der Künste dabei für ihn autonom.

Es ist äußerst schwierig, sich in die Zeit dieses Dichters und Philosophen zu versetzen, der aus Schrecken über die menschliche Verarmung und Vereinseitigung zum Ende der Revolutionszeit eine Idee der ästhetischen Erziehung des Menschen entwickelt, um diesen in Freiheit zu moralischen Ansprüchen zu führen. Schiller sieht im „ästhetischen Staat" eine Rettung der Menschheit, dadurch sind pädagogische Fragen eng mit gesellschaftspolitischen verknüpft. Ganz aktuell fordern viele Vertreter der kulturellen Jugendbildung mit Verweis auf die Schiller'schen Briefe die Verbesserung der gesellschaftlichen, vor allem bildungsbezogenen Bedingungen für den immer größer werdenden Teil der sozial benachteiligten Bevölkerungsgruppen, und im Besonderen für Kinder und Jugendliche der schnelllebigen und entfremdenden Konsumgesellschaft.[1]

Trotz des utopischen Charakters seines Entwurfes gibt der Klassiker wichtige Impulse für die Begründung eines körperorientierten Ansatzes in der Kulturpädagogik und wird deshalb ausführlich behandelt. Schillers Ideen können das Problembewusstsein und die Zielorientierung für die Kulturpädagogik schärfen, wenn sie auf dem Anspruch einer ästhetischen Erziehung beruht, die Menschen zu einer intensiven Erfahrungstätigkeit anregen will. „An den ästhetischen Dimensionen von Erfahrung besonders zu arbeiten, ist eine notwendige Übung in dem, was den modernen Kulturen mehr als anderes fehlt" (LIPPE, 1987: 364). Wenn ästhetische Erlebnisse (bei Schiller der „ästhetische Zustand") keine Einzelerfahrung im sonstigen Lebenskontext darstellen, schaffen diese ganzheitlich-körperlichen Handlungsmöglichkeiten und -resultate ein Bewusstsein für generell produktive und auch wirklichkeitsverändernde Prozesse und deren Struktur (vgl. RICHTER-REICHENBACH, 1992: 68), die gerade für Jugendliche im heutigen gesellschaftlichen Umfeld von hoher Bedeutung sind.

2.2 Ästhetische Erziehung als Befreiung

In den Jahren 1793 und 1794 legt Schiller dem Herzog von Augustenburg, aus Dankbarkeit für dessen großzügiges Stipendium, in einer Reihe von Briefen seine Gedankengänge zur Schönheitsidee der Kunst aber auch des Menschen selbst dar. Schillers Konzept einer „Ästhetischen Erziehung" des Menschen – 1795 in seiner 2. Fassung in den „Horen" veröffentlicht – richtet sich an die human-gesellschaftlich gescheiterte Menschheit. Die Entwicklung des Zusammenlebens der Menschen und damit die der einzelnen Person an sich liegt dem Dichter am Herzen, dabei scheint die am eigenen Leib erfahrene Kraft der Schönheit als „ganz anderer Weg" (vgl. GLASER, 1988: 290) eine

1 Vgl. z. B. MÜNCHMEIER, 2001: 73ff. oder die Forderungen des deutschen Kulturrates und des Bundestagsausschusses für Kultur und Medien, http://www.kulturrat.de/publik/presse28-10-03.htm. Dabei geht es vor allem um die Aufhebung der Trennung von „Kopf, Herz und Hand" mit der Unterstützung ästhetischer Bildung, weniger um die einseitige Überbetonung einer musischen Rettung der menschlichen Gemeinschaft.

zentrale, moralische Rolle zu spielen. Schiller ist der Überzeugung, „[...] daß man, um jenes politische Problem in der Erfahrung zu lösen, durch das ästhetische den Weg nehmen muß, weil es die Schönheit ist, durch welche man zu der Freiheit wandert" (SCHILLER, 2. Brief: 7). Sein Ziel ist es, den Menschen zur Sittlichkeit zu führen, über und durch die Beschäftigung mit dem Schönen; von daher ist sein Begriff der Erziehung ein das Leben umfassender, vor allem im Sinne einer ständigen Selbstbildung des Menschen. Dieser Charakter Schillers Theorie lässt einige, auch für heute noch gültige Erkenntnisse über den heranwachsenden Menschen zu, was seine Ideen, Wünsche und Kompetenzen im ständigen wechselseitigen Dialog mit dem Fremden betrifft, vor allem in Bezug auf den „ästhetischen Zustand" und die Chance „[...] der noch schwierigeren Lebenskunst" (SCHILLER, 15. Brief: 63).[2]

Dabei soll die gesellschaftspolitische Intention und die im historischen Rückblick problematische Umsetzung der ästhetischen Erziehung als Befreiung nur ein Randthema sein, ohne die soziale Verantwortung pädagogisch Tätiger in der Gesellschaft zu schmälern; denn Schiller selbst relativiert seinen hohen Anspruch an das „Idealschöne" der Kunst, speziell der ihm eigenen Dichtkunst, die wohl nicht die Menschheit als solches verbessern kann. Nur „[...] in einigen auserlesenen Zirkeln [...] " (SCHILLER, 27. Brief: 128) lässt sich zeitweise das vollkommene harmonische Spiel mit der Schönheit und dadurch auch sittliches Verhalten umsetzen. Die Einwirkungsmotivation des ästhetisch gebildeten Menschen auf gesellschaftliche Zusammenhänge ist heute wie damals zum Ende des 18. Jahrhunderts schwer zu fassen. Dennoch werden Fragen nach dem Zusammenhang zwischen der ästhetischen Erziehung des Menschen und der Zukunft der Industriegesellschaft (vgl. GLASER, 1988: 290) oder zwischen sinnlicher, symbolischer Wahrnehmung und sozialem Verhalten (vgl. MOLLENHAUER/WULF, 1996: 168f.) gestellt. Obwohl Schiller seine Erziehungstheorie einerseits durch das Ästhetische zur Sittlichkeit und nicht ausschließlich zum Ästhetischen selbst versteht (vgl. DIECKMANN, 1994: 277), scheint andererseits die Wertschätzung und Autonomie der Künste durch. Schiller warnt selbst auch vor einer lehrenden Kunst, die der Schönheit bereits vorher eine bestimmte Tendenz zuordnen will und ihr damit jegliche Freiheit nimmt (vgl. SCHILLER, 22. Brief: 92). Somit lässt sich ein gewisses Spannungsverhältnis zwischen einem künstlerischen Autonomieanspruch

2 Vgl. mit der „Philosophie der Lebenskunst" (SCHMID, 1998). Hier wird die Fähigkeit, das eigene Leben immer wieder neu zu gestalten, selbst zu bestimmen im steten Wandel gesellschaftlicher Rahmenbedingungen, als Lebenskunst bezeichnet. Das Thema „Lebenskunst" wird in Zeiten aktuell, wo in einer pluralen Gesellschaft keine tradierten Normen und Wertvorstellungen mehr Gültigkeit haben. Dabei spielt ästhetische Bildung zur Befähigung eine entscheidende Rolle, ohne jedoch das Leben selbst als Kunstwerk verstehen zu müssen.

und einem pädagogischen Anspruch feststellen, von dem die kulturelle Bildung immer geprägt ist. Im Wesen des „ästhetischen Zustands" bleibt jedoch das Individuum mit seinem Erfahrungs- und Darstellungsbedürfnis Ausgangspunkt. Das kreative, vieldeutige oder nicht rational zu verstehende Ver- und Entschlüsseln ästhetischer Äußerungen sowie die Eigenarten des künstlerischen Mediums müssen den Blick für ihre mögliche subjektive und soziale Relevanz nicht versperren. Ästhetische Erfahrungen sind im Bildungsprozess durch nichts Anderes zu ersetzen, können aber nur angestoßen und unter pädagogischen Fragestellungen beobachtet werden.

Wie versteht Schiller den Menschen, wenn er der ästhetischen Erziehung so viel Bedeutung zumisst? Der Mensch steht in einem dialektischen Spannungsfeld: der Person, dem Ich, das zunächst ganz von seiner Natur her bestimmt ist, stehen immer wechselnde Zustände gegenüber. „Wir sind, weil wir sind; wir empfinden, denken und wollen, weil außer uns noch etwas anderes ist" (SCHILLER, 11. Brief: 42). Die den Menschen umgebende Welt lässt diesen auf der einen Seite den sinnlichen Trieb oder auch „Stofftrieb" entfalten, durch den sich die Person ganz ihren Empfindungen hingibt; er symbolisiert eher weibliche, raumgreifende Energien. Alle Materie will der Stofftrieb sich zu eigen machen und die Person verliert dadurch ihre Freiheit. Doch dem entgegengesetzt entwickelt der Mensch den „Formtrieb", der durch die Vernunft gelenkt, die Beständigkeit der Persönlichkeit immer wieder sichern will. Diese eher männliche Energie schafft die Struktur, in der sich die Materie ausbreiten kann. Nur in und durch diese dialektische Gestalt kann der Mensch zur Ganzheitlichkeit und sozialen Verantwortung gelangen.[3]

Die Spannung zwischen Körper und Geist, Gefühl und Vernunft, Ich und Welt, zwischen den verschiedenen Bedürfnissen des Menschen kann und darf nicht aufgehoben werden. Um den Menschen lebensfähig zu machen, sieht Schiller die Notwendigkeit, dass sich die beiden Grundtriebe des Menschen jeweils wechselseitig unterordnen (vgl. SCHILLER, Anmerkung, 13. Brief: 50). Um dies lernen bzw. erreichen zu können, ist ein Leben in und durch Kultur wichtig, denn Bildung ist ein aktiver Prozess, in dem sich der Mensch eigenständig und selbsttätig in der Auseinandersetzung mit der sozialen, kulturellen

3 Jaya Herbst hat in ihrem Buch zur biodynamischen Körperpsychotherapie ein Personenschaftsmodell entwickelt, das davon ausgeht, dass in jeder Person weibliche und männliche Energien unabhängig vom Geschlecht vorhanden sind (vgl. HERBST, 2002). Gabrielle Roth, Musikerin und Tanzpädagogin, hat zu diesen inneren Antrieben des Menschen Musik komponiert und Übungen entwickelt (vgl. Roth a, 2001 und Kap. 6.3.3). Aus Sicht der Autorin bietet dieses Verständnis eine große Nähe zu Schillers „Trieblehre" (vgl. auch Kap. 4.2.3) an. Wolfgang Welsch spricht interessanterweise in diesem Zusammenhang von einer Kollision des „weiblichen Aspekts" in der Entdeckung des Ästhetischen mit dem „männlichen Aspekt" der Logik in Bezug auf Baumgartens Philosophie (vgl. WELSCH, 1990: 139).

und natürlichen Umwelt bildet (vgl. BMFSFJ, 2005: 107): „Ihr Geschäft ist also doppelt: erstlich: die Sinnlichkeit gegen die Eingriffe der Freiheit zu verwahren; zweitens: die Persönlichkeit gegen die Macht der Empfindungen sicher zu stellen. Jenes erreicht sie durch Ausbildung des Gefühlsvermögens, dieses durch Ausbildung des Vernunftvermögens" (SCHILLER, 13. Brief: 51). Durch ein Höchstmaß an Begegnung mit Kultur und Welt kann der Mensch sowohl seine sinnlichen Anlagen entfalten als auch sein freies Denken vertiefen. Aber der Dichter geht noch einen Schritt weiter in der Suche nach dem Wesen des Menschen: „[...] denn solange er nur empfindet, bleibt ihm seine Person oder seine absolute Existenz, und solange er nur denkt, bleibt ihm seine Existenz in der Zeit oder sein Zustand Geheimnis" (SCHILLER, 14. Brief: 56). Das Zusammenwirken beider Triebe im Menschen konkretisiert sich nach Schiller im „Spieltrieb", durch den Stoff- und Formtrieb ihre volle Wirksamkeit entfalten können und damit ihren zwanghaften Charakter verlieren. Auch wenn diese Einteilung der Triebe eher poetisch als wissenschaftlich begründet erscheint, lässt sich doch in der inhaltlichen Auseinandersetzung mit dem Spieltrieb, der den Menschen in den „ästhetischen Zustand" versetzt, Wesentliches erkennen, was die Möglichkeiten einer ästhetischen Erziehung betrifft. Im Spiel, das bedeutet zugleich in Freiheit, beschäftigt sich der Mensch mit der „Schönheit", die in einer „lebendigen Gestalt" hervorkommt. Durch die Ausgewogenheit aller Antriebe, also von „innerem Mann" und „innerer Frau", kann das „innere Kind" im Spiel, als Ursprung aller Kultur, Gestalt werden (vgl. HERBST, 2002: 72ff.). Diese Gestalt besitzt auf ihre Art eine Doppelnatur, auf der einen Seite eine sinnliche Vielfältigkeit, auf der anderen Seite eine formale Struktur und ein drittes transzendentes Moment dazu. Die Welt des „Spiels" hat also bei Schiller keinen direkten Realitätsbezug; sie besitzt eine eigene Kraft der Möglichkeit. Die Macht der ästhetischen Erfahrung besteht „[...] in der Eröffnung eines Auswegs aus der Faktizität der Wirklichkeit – durch einen Eintritt in die Sphäre des Scheins" (SEEL, 2003: 101).[4] Zu dieser Thematik findet sich ein trefflicher Kommentar Wilhelm Diltheys:

> „Der erste, welcher die Natur dieser ästhetischen Genialität in einer Formel zu entwickeln unternahm, war Schiller. Man sehe von der unvollkommenen Begründung durch eine Trieblehre ab: für Schiller ist Schönheit lebende, atmende Gestalt. Diese wird da hervorgebracht, wo die Anschauung im Bilde das Leben auffaßt, oder wo die Gestalt zum Leben beseelt wird. Die Gestalt muß Leben werden und das Leben Gestalt" (DILTHEY in: Duesing, 1981: 190).

4 In seiner „Ästhetik des Erscheinens" (2003) verbindet Martin Seel die Ästhetik des Scheins, Transzendierung des Wirklichen, mit der Ästhetik des Seins, einer Hinwendung zur Wirklichkeit aus anderer Sicht, in wechselseitiger Beziehung. Dies ist eine notwendige Ergänzung zum weiterentwickelten Verständnis der ästhetischen Erziehung in der Kulturpädagogik heute.

Auch phänomenologisch betrachtet ist zu erkennen, dass die drei Kräfte im Sinne der Lehre Schillers in menschlichen Dasein immer wieder vorkommen und dass sie das Leben des Einzelnen auch in seinen sozialen Beziehungen gestalten. Erst durch das bewusste und unbewusste Zusammenspiel dieser inneren Antriebe wird Weiterentwicklung ermöglicht. Bei einem Übergewicht oder einer Abwertung sinnlich-intuitiver (eher weiblicher) Kräfte einerseits oder logisch-strukturierender (eher männlicher) Kräfte andererseits fehlt dem Mensch innere Harmonie und seine Handlungen sind in seiner Persönlichkeit wenig integriert. Sie können sich destruktiv in Macht, Gewalt, Sucht oder Depression auswirken, wie es auch bei Jugendlichen zu beobachten ist (vgl. Kap. 3.1).

Die Schönheit verbindet also die stoffliche und die formale Struktur, das ist aber gleichzeitig ein Prozess, der im und durch das Individuum geschieht, in dem die Schönheit durch den Spieltrieb verankert ist. Schönheit entsteht in einer Art Symbiose von Mensch und ästhetischem Gegenstand. Trotzdem wird die Entgegensetzung von sinnlichem und logischem Zustand nicht völlig aufgehoben. Vielmehr kann Folgendes im ästhetischen Zustand gelingen: „Durch die Schönheit wird der sinnliche Mensch zur Form und zum Denken geleitet; durch die Schönheit wird der geistige Mensch zur Materie zurückgeführt und der Sinnenwelt wiedergegeben" (SCHILLER, 18. Brief: 71). Im ästhetischen Zustand liegt demnach ein möglicher erzieherischer Ansatz, da hier vor allem der heranwachsende Mensch zu seinem Wesen geführt wird und so zu einem sittlichen Menschen werden kann. Dies ist kein linearer Prozess, sondern ein Weg, der immer wieder gegangen werden muss, von daher lässt sich die Notwendigkeit begründen, immer wieder neue Möglichkeiten zu schaffen, in denen der Mensch ästhetische Erfahrungen sammeln kann. Der ästhetische Zustand kann sich realiter dem Ideal-Schönen nur annähern, so differenziert Schiller es selbst in Bezug auf den Stellenwert der verschiedenen Künste.

> „Da in der Wirklichkeit keine rein ästhetische Wirkung anzutreffen ist (denn der Mensch kann nie aus der Abhängigkeit der Kräfte treten), so kann die Vortrefflichkeit eines Kunstwerks bloß in seiner größeren Annäherung zu jenem Ideale ästhetischer Reinigkeit bestehen, und bei aller Freiheit, zu der man es steigern mag, werden wir es doch immer in einer besonderen Stimmung und mit einer eigentümlichen Richtung verlassen" (SCHILLER, 22. Brief: 89).

Diese Beschreibung bezieht sich auf einen in der Praxis erfahrbaren Begriff von Kunst, der auch heute noch in Beziehung zu Erziehung und Bildung steht: „Zudem würde eine Vertiefung der Grundprobleme Ästhetischer Bildung zeigen, daß nicht nur Wahrnehmung und sinnlich-geistige Produktivität, sondern primär deren Wertform: Schönheit und Kunst, Gegenstand von Bildungsbemühungen sein müssen“ (LEHNERER, 1988: 45). Hierbei betont Schiller auf der einen Seite die Form eines Kunstwerkes, denn der Prozess des Formens, also den Dingen eine schöne lebende Gestalt geben, hat für ihn erziehenden Charakter. Ein fließender Übergang zum Vernunftbereich ist festzustellen; denn der vernünftige und damit auch bewusst handelnde Mensch ist das Ziel. „In einem wahrhaft schönen Kunstwerk soll der Inhalt nichts, die Form aber alles tun; denn durch die Form allein wird auf das Ganze des Menschen, durch den Inhalt hingegen nur auf einzelne Kräfte gewirkt“ (SCHILLER, 22. Brief: 91). Auf der anderen Seite soll aber auch im ästhetischen Zustand das Empfindungsvermögen des Menschen ausgebildet werden, so wie Schiller es schon zu Beginn seines Entwurfes als „Bedürfnis der Zeit“ gesehen hat. (vgl. SCHILLER, 8. Brief: 31).

Ebenso hat zum Beispiel Adolf Portmann in seinem Werk „Biologie und Geist“ die Rolle einer ästhetischen Erziehung bestimmt, indem er die Notwendigkeit des Ästhetischen als Primärbedürfnis des Menschen gerade im Zuge der Technisierung und der Verwissenschaftlichung betont. Der großen Bedeutung der „theoretischen Funktion“, vor allem im Abendland, sollte eine neue Wertung der „ästhetischen Funktion“, d. h. des Sinnenerlebens und des Gestaltungsvermögens und damit auch des Gefühlslebens vollzogen werden (vgl. PORTMANN, 1973). Dabei gehört das ästhetische Vermögen ebenfalls zum Bereich der geistigen Aktivität und ist von daher wie bei Schiller eine Art „[...] mittlere Stimmung, in welcher das Gemüt weder physisch noch moralisch genötigt und doch auf beide Art tätig ist [...]“ (SCHILLER, 20. Brief: 83).[5]

Die aktive Betrachtung von Welt beschreibt Schiller als eine gestalterische, weil reflektierte Tätigkeit, durch die der ästhetische Schein, als subjektives Bild von der Wirklichkeit, hervorgerufen wird. Durch eine spielerische Distanz kann der Mensch sich von den Zwängen der Materie frei machen, und im Umgang mit Ästhetischem erfährt er das freie Spiel seiner Kräfte. Dadurch entwickelt der Einzelne eine Persönlichkeit, die die eigene Körperlichkeit, Emotionalität und Gedankenwelt integriert hat und die sich mit ihren „Innenwelten“ in der Außenwelt einbringen kann (vgl. auch BMFSFJ, 2005: 24).

„Die Schönheit ist also zwar Gegenstand für uns, weil die Reflexion die Bedingung ist, unter der wir eine Empfindung von ihr haben; zugleich aber ist sie ein Zustand unsers Subjekts, weil das Gefühl die Bedingung ist, unter der wir eine Vorstellung

5 Die dialektischen Denkfiguren erschweren das genaue Verständnis des ästhetischen Zustandes und was mit ihm zusammenhängt, doch sie machen gleichzeitig deutlich, dass dieses Phänomen kaum eindeutig zu definieren ist, von daher in seiner Wesenheit gerade nicht mit Worten zu fassen ist. Oft kann man nur in fragender Form immer wieder versuchen, sich ein Bild von den Dingen zu machen, mosaikhaft die Ganzheit der Erscheinung zu erfassen.

von ihr haben. Sie ist also zwar Form, weil wir sie betrachten; zugleich aber ist sie Leben, weil wir sie fühlen. Mit einem Wort: sie ist zugleich unser Zustand und unsere Tat“ (SCHILLER, 25. Brief: 109).

Diese Beschreibung macht sehr treffend deutlich, was ein Mensch im ästhetischen Zustand, d. h. im betrachtenden oder gestalterischen Tun in künstlerischen Zusammenhängen, erfährt. Die Welt des ästhetischen Scheins darf allerdings nach Schiller nicht mit der Realität verwechselt werden, da sonst die Freiheit und Selbstbestimmung des Menschen verloren geht; von daher stellt sich die Frage, welche Bedeutung eine ästhetische Erziehung überhaupt besitzen kann, wenn sie anscheinend den Menschen ganz individuell gesehen nur zum ästhetischen Spiel führt, da er hier innere Freiheit erlangen kann, die ihm aber in der Wirklichkeit, sprich in der Gesellschaft, offensichtlich nichts nützt. Auch wenn ein „ästhetischer Staat“ bisher nicht verwirklicht wurde, bleibt offen, inwieweit eine ästhetische Erziehung den Menschen oder sogar die Menschheit auf Zukunft hin moralisch verbessern kann. Sind nicht neben der Erziehung zur Schönheit – wie Schiller selbst in einer Anmerkung skizziert (vgl. SCHILLER, 20. Brief: 84) – andere Erziehungsfelder von Nöten?

Gerade hier liegt der hohe Anspruch des Schiller'schen Konzeptes verborgen; denn sein Ziel bleibt immer der freie selbstbestimmte Mensch, der einen hohen moralischen Anspruch in sich trägt, von dem aus auch das Ideal der Schönheit entspringt. Ästhetisches Urteilsvermögen ersetzt zwar keine moralischen Erwägungen, ist aber eine ihrer notwendigen Voraussetzungen. Auch in aktuellen Beiträgen wird die menschliche Selbstwirksamkeit im Sinne der Ressourcenorientierung als wichtigstes Bildungsziel beschrieben, so diskutiert im Zusammenhang mit dem Projekt „Lernziel Lebenskunst“ (vgl. BKJ b, 2002 und Kap. 5.5). In den vielfältigen Möglichkeiten der Kunst, in der Kraft des Ästhetischen, in der Freiheit der Erscheinung und damit auch in der Zweckfreiheit findet der Mensch Gelegenheiten, aus seiner ganzen Person heraus selbst tätig zu werden. Die Wahrnehmung, Erfahrung und Hervorbringung von Schönheit, im tiefsten Sinne des Begriffs, stellen die zentralen Ziele kulturpädagogischer Arbeit dar. Dies vollzieht sich im ästhetischen Zustand, in dem die menschlichen Kräfte gleichermaßen angesprochen werden. Daraus entsteht gewissermaßen ein ästhetischen Können, eine Gestaltungskraft, die inhaltliche und formale Aspekte ungewöhnlich verknüpft, aber auch kunstimmanenten Regeln folgt. Dabei könnte der etwas verwirrende Spiel-Begriff Schillers durch die *Ausdrucks- und Gestaltungsfähigkeit* des Menschen ergänzt werden, die sich auf alle Lebensbereiche weiter auswirken kann.

In dieser Perspektive rezipiert auch die deutsche Kunsterziehungsbewegung Schiller, die der Kunst eine zentrale Rolle im Erziehungs- und Lebensprozess zuweist. Der ganzheitliche Wert einer ästhetischen Erziehung wird von einigen Vertretern dieser beginnenden reformpädagogischen Zeit Anfang des 20. Jahrhunderts hervorgehoben. Im Hintergrund arbeiten sie ebenso mit der Zielvorstellung, durch den „neuen Menschen“ eine „neue Gesellschaft“ bilden zu können (vgl. BECKERS, 1985: 135). Es kann hier nicht darum gehen, die vielfältigen Strömungen dieser Zeit – die, ähnlich impulsiv wie die neuhumanistische Epoche, bis heute noch auf den kulturpädagogischen Diskurs indirekt wirken – und die komplexen Verbindungen von gesellschaftlichen, technischen, wissenschaftlichen und kulturellen Entwicklungen darzustellen. Es sei nur darauf verwiesen, dass auf der einen Seite des Spannungsfeldes kultur- und gesellschaftskritische Ansätze zu finden sind, die aber durch den Rückzug auf das Individuum und seine Innerlichkeit keine realpolitischen Veränderungen herbeiführen können und damit auch überfordert wären. Auf der anderen Seite etablieren sich einzelne Fachbereiche – wie die Kunsterziehungstage von 1901: „Kunsterziehung“, 1903: „Sprache und Dichtung“, 1905: „Musik und Gymnastik“ verdeutlichen –, die zwar nicht beziehungslos nebeneinander stehen, aber doch den Blick für das Gesamtästhetische auch im Zusammenhang mit dem Humanitäts-Gedanken eher versperren (vgl. CRIEGERN, 1982: 18f.). Beispielhaft seien für den körperorientierten Schwerpunkt die Konzepte von Elsa Gindler zur „Kunst des Stille-Werdens“ in befreiten, natürlichen Körperhaltungen und -bewegungen und von Rudolf von Laban zur „Persönlichkeitsbildung durch den kreativen Tanz“ im Rahmen der Ausdruckstanzbewegung erwähnt; beide sind Künstler und Pädagogen dieser Zeitepoche (vgl. Kap. 5.2).

Ebenso ist Rudolf Steiners (1861-1925) Auffassung vom Menschen als übersinnliches Wesen, welches der Mensch in und durch die Kunst zum Ausdruck bringt, in dieser Zeit einzigartig, und die mystifizierende Tendenz seiner Ideen ist bis heute anregend und gleichermaßen umstritten. Er sieht eine große Bedeutung in der „Erziehungskunst“, um den Heranwachsenden zu einem bewussten Umgang mit Körper, Geist und Seele und damit zu seinem sinnlich-übersinnlichen Vermögen zu führen. Steiners Ansatz ist als eine Gegenbewegung zum Rationalistischen zu verstehen, wobei die Spannung zwischen Verstand und Sinnlichkeit im menschlichen Wesen vor allem durch die Ausdrucksmöglichkeiten der Seele in der „Eurythmie“, die von ihm entwickelte Bewegungskunst, aufgelöst werden kann. Bewegung und Tanz in ganz bestimmten Formen zu entsprechend gesprochenen Vokalen werden als Ausdruck seelischer Empfindungen gesehen (vgl. Kap. 5.2). Steiner geht von einem Urquell menschlichen Tätig-Werdens aus: „Sowohl die erkennende wie die künstlerische Tätigkeit beruhen darauf, daß der Mensch von der Wirklichkeit als Produkt sich zu ihr als Produzenten erhebt; daß er von dem Geschaffenen zum Schaffen, von der Zufälligkeit zur Notwendigkeit aufsteigt“ (STEINER, 1985: 55). Der Mensch nimmt die Welt durch seine Sinne wahr und versucht, sich Wissen über die Dinge anzueignen, um ihre Idee zu verstehen. Auch in der künstlerischen Tätigkeit sucht man nach der Idee, aber auf einer höheren Ebene. „Die Wissenschaft blickt durch die Sinnlichkeit auf die Idee, die Kunst erblickt die Idee in der Sinnlichkeit“ (vgl. ebd.: 57). Hierbei geht es um die Idee der Schönheit, die in der Welt des „ästhetischen Scheins“ liegt, was Steiner auch anerkennend bei Schiller hervorhebt (vgl. ebd.: 28). Durch den Schein kann die Kunst zur Wahrhaftigkeit gelangen, vor allem durch ihre Form, das bedeutet, durch die Art und Weise, wie sie einen Inhalt behandelt; von daher besitzt auch die geformte Körperbewegung einen so hohen Stellenwert. Jede ästhetische Erfahrung wird durch die Beteiligung aller Sinne immer zu einer körperlichen Erfahrung, die beispielsweise einen in sich verschlossenen Jugendlichen zu einer Empfindung und damit auch als implizites Erziehungsziel zu seiner Menschlichkeit befreien kann (vgl. Kap. 5.4).

2.3 Ästhetische Erfahrung und kultureller Ausdruck

Der amerikanische Philosoph und Psychologe John Dewey (1859-1962) ist reformpädagogisch geprägt, verfolgt jedoch einen anderen Ansatz als etwa Steiner: Er geht von den realen Erfahrungen aus, die ein Mensch in der Interaktion mit seiner Umwelt macht, die ihn prägen und seine Handlungen bestimmen. Dewey, der dem Pragmatismus verbunden ist, sieht im Ästhetischen die wirkliche, Einheit stiftende Verbindung der Erfahrungsmomente. Er zeigt auf „[...], daß die Ästhetik nicht von außen in die Erfahrung eindringt, weder über eitlen Luxus noch über eine transzendentale Idealität, sondern daß sie die geläuterte und verdichtete Entwicklung von Eigenschaften ist, die Bestandteil jeder normalen ganzheitlichen Erfahrung sind“ (DEWEY, 1980: 59). So geht Dewey davon aus, dass jede Erfahrung, die in sich eine Einheit bildet, also deren Prozess abgeschlossen ist, und die emotional und intellektuell verankert ist, ästhetischen Charakter besitzt. Sowohl Denkerfahrungen, die auf Schlussfolgerungen aus sind, als auch praktische Erfahrungen im zweckorientierten Handeln haben ästhetische Momente inne, sobald sie in den gesamten Erfahrungshorizont integriert werden und sie sich ihrer Vollendung entgegenbewegen. Es kommt also vor allem auf die Form der Erfahrung an, d. h. auf die Art und Weise, wie eine Erfahrung erlebt und verarbeitet wird. Das trifft besonders auf die eigentliche ästhetische Erfahrung zu, mit der das Empfinden und Genießen, das Wahrnehmen und Wertschätzen eines künstlerischen Werkes gemeint sind.

Dieser Prozess bezieht sich zunächst auf den Rezipienten (vgl. ebd.: 60), während die Schaffung eines Kunstwerkes als aktive künstlerische Erfahrung bezeichnet wird. Doch Dewey möchte diese beiden Seiten nicht trennen, denn Künstler und Betrachter müssen sich jeweils in die Haltung des anderen hineinversetzen, um zu verstehen: „Während er arbeitet, verkörpert der Künstler in sich die Haltung des Betrachters“ (ebd.: 62). Und auch der Rezipient muss sich aktiv mit dem künstlerischen Schaffensprozess auseinandersetzen: „Das ästhetische Erlebnis gilt somit als in seinem Wesenskern mit dem Erlebnis des Schaffens verbunden“ (ebd.: 62). Dabei darf es nicht nur darum gehen, bestimmte Dinge bloß wahrzunehmen, wiederzuerkennen und damit die Erfahrung zu beenden. Vielmehr vollzieht sich der Prozess der ästhetischen Erfahrung, für den vor allem Zeit aufzubringen ist – was in einer temporeichen, medialisierten und konsumorientierten Gesellschaft wieder neu gelernt werden muss –, in mehreren Ebenen: „Um ganz von einer Sache erfüllt zu sein, müssen wir uns zuerst in sie versenken. [...] Um aufzunehmen müssen wir Energie aufbringen und sie auf die entsprechende Wellenlänge einstellen“ (ebd.: 68). Sowohl auf der emotionalen wie auf der intellektuellen Ebene (vgl. „Stoff- und Formtrieb“) muss der Betrachter dann tätig werden, um eine bewusste und ganzheitliche Erfahrung machen zu können. Nur durch einen „Akt der Neuschöpfung“ kann er ein Kunstwerk wirklich erfassen. Dies geschieht durch ein Nacherleben des Aufbaus, der Struktur, der Form des Ganzen und damit auch der Einzelteile. Um Raum für solche Erfahrungen zu schaffen, ist ästhetische Bildung notwendig, die auf der einen Seite überhaupt erst Möglichkeiten eröffnet und auf der anderen Seite Anleitungen und Hilfestellungen bietet. Sie führt weiter zum eigenen kreativen Schaffen, ohne konkret künstlerisch ausbilden zu wollen; so findet sich auch bei Dewey der Ansatz zu einer „Erfahrung als Ausdruck“ (vgl. GÖTZ, 1973: 290ff.). Zwar ist der Künstler ein außergewöhnlich begabter Mensch mit starkem Einfühlungs- und Ausdrucksvermögen, mit hohem technischem Geschick in seinem Metier, aber trotzdem ist festzustellen:

> „Wenn wir gestalten, so berühren und fühlen wir; wenn wir betrachten, so sehen wir, wenn wir lauschen, so hören wir. Die Hand führt die Radiernadel oder den Pinsel. Das Auge verfolgt den Vorgang und verzeichnet sein Ergebnis. Durch diese enge Beziehung sind aufeinanderfolgende Handlungen kumulativ und weder willkürliche noch routinemäßige Angelegenheiten. Die Beziehung ist bei einem starken künstlerisch-ästhetischen Erlebnis so eng, daß sie Tun und Wahrnehmung gleichzeitig bestimmt“ (DEWEY, 1980: 63).

Diese Erfahrungsmöglichkeit trägt also jeder Mensch in sich. So begründet bereits Dewey einen erweiterten Kunstbegriff, an den später in der schulischen und außerschulischen Diskussion um die Jugendkulturarbeit in Deutschland angeknüpft wird (vgl. Kap. 2.4 und zum weiten Kulturbegriff Kap. 3.1). Jede intensive Tätigkeit, die achtsam und liebevoll ausgeführt wird, bietet eine ästhetische Erfahrungsmöglichkeit und wer diese kontinuierlich weiterentwickelt, trägt zu einem kulturellen Ausdruck bei. Sogar die ästhetische Erfahrung an sich wird zu einer Kunst. Allerdings ist das „vollkommene“ künstlerische Schaffen durch eine Ganzheit von technischem Können und Empfindungs- und Ausdrucksreichtum geprägt, in dem sich auch neue Erkenntnis ausdrückt. In diesem Anspruch sind die Grenzen zwischen ästhetischer Bildung und künstlerischer Ausbildung fließend. Hier zeigt sich ebenfalls die Schwierigkeit, den Gegenstand der Kunst, ihr Wesen, ihren Wahrheitsgehalt und ihre Wirkungen empirisch nachweisbar zu erfassen (vgl. Kap. 5.5).

„Künstlerische Prozesse sind in ihren Wirkungen immer offen und deshalb nur begrenzt überprüfbar. Sie haben Anteil an somatischen, psychischen und kognitiven Verhaltensbereichen und werden von Imaginationsvorgängen begleitet. Involviert darin sind biographische Erfahrungen, sowie affektive und kognitive Fähigkeiten der Bearbeitung von Lebensereignissen. Die Wirkungen von Kunst haben stets eine individuelle Basis" (WICHELHAUS, 2002: 161).

Theodor W. Adorno (1903-1969) beschreibt dieses Problem in seiner „Frühen Einleitung" zur „Ästhetischen Theorie" ebenfalls, wobei er u. a. den Widerspruch zwischen Empirismus und Kunst beschreibt: „Wesentlich an der Kunst ist, was an ihr nicht der Fall ist, inkommensurabel dem empiristischen Maß aller Dinge" (ADORNO, 1970: 499), – in der aktuellen kulturpädagogischen Diskussion wird „von der Evaluation des Nicht-Evaluierbaren" (vgl. BRAUN, 2001: 153; EHRENSPECK, 2002: 145) gesprochen. Adorno erwähnt Dewey in diesem Zusammenhang als große Ausnahme, da er nicht vor der Kunst Halt machen würde. Doch Deweys Anspruch betrifft grundlegend alle Erfahrungen eines Menschen, der lernen sollte, nicht beim Flüchtigen und Oberflächlichen stehen zu bleiben. Anders formuliert: „Die Aufgeschlossenheit für Tatsachen und Möglichkeiten und die Offenheit für die Korrektur anfänglicher Ziele unterscheiden die ästhetische Erfahrung vom Zwang eines von außen gesetzten Solls" (GÖTZ, 1973: 281).

In Adornos ästhetischer Theorie geht es vor allem um die Erfahrung eines „ästhetischen Gegenstandes". Sein hoher Anspruch an die Kunst und den Kunstbetrachter verdeutlicht sich in den Phasen des lebendigen Wahrnehmens, des Verstehens der Inhalte und des Erkennens des Wahrheitsgehaltes eines Kunstwerkes. Allerdings sollte man auf der einen Seite die veränderten Möglichkeiten und damit auch eine veränderte Bedeutung der Kunst – oder dessen, was als solche bezeichnet wird – im „Zeitalter ihrer technischen Reproduzierbarkeit" (vgl. BENJAMIN, 1973), im Medienzeitalter, in dem Kunst ein Wirtschaftsgut darstellt, bedenken. Die Welt des „schönen Scheins" existiert in dem Sinne nicht mehr; heute wird Kunst oft nur konsumiert im Markt der Freizeitindustrie, zwar von immer mehr Menschen, aber ohne tiefergehendes Interesse oder Engagement, das „Erhabene" (vgl. WELSCH, 1990: 114f.) oder den „Geist" eines Kunstwerkes, worum es Adorno vor allem geht, auch nur zu bedenken.[6] Auf der anderen Seite kritisiert Adorno die Rolle der Bildung, die an dem aufgezeigten Problem ansetzen müsste, Kunst als eine künstlerische, pädagogische und philosophische Anstrengung zu vermitteln. „Ein genuines Verhältnis zwischen der Kunst und der Erfahrung des Bewußtseins von ihr bestünde in Bildung, welche ebenso den Widerstand gegen Kunst als Konsumgut schult, wie dem Rezipierenden substantiell werden läßt, was ein Kunstwerk sei. Von solcher Bildung ist Kunst heute, bereits bei den Produzierenden, weithin abgeschnitten" (ADORNO, 1970: 500).

Trotz dieser negativen Bilanz sucht Adorno die Möglichkeiten ästhetischer Erfahrung zu verdeutlichen, die im Umgang mit dem wahren Kunstwerk zu einer „kritischen und offenen Weltsicht" führen kann (vgl. WELSCH, 1990: 156) und damit die Kräfte des Menschen bildet (vgl. SZIBORSKY a, 1988 S. 191f.). Eine Kunst, die das in sich tragen will, hat das Bedürfnis, „[...] an der Ästhetik die Kraft der Reflexion zu bilden [...]" (ADORNO, 1970: 507). In Wechselbeziehung dazu ist das Erkennen des Wahrheitsgehaltes eines Werkes – als Ziel bzw. höchste Stufe einer ästhetischen Erfahrung – nur mit Hilfe der Philosophie (vgl. ebd.: 524) zu vollbringen. Adorno beschreibt in der Frühen Einleitung verschiedene Schichten der ästhetischen Erfahrung, die aber nicht als ein immer gleich bleibender Prozess mit einem bestimmten Anfang und Ende zu verstehen sind. Die ästhetische Erfahrung vollzieht sich im „lebendigen Wahrnehmen", durch das sich ein Betrachter ganz unmittelbar in das Kunstwerk hineinversenken kann (vgl. DEWEY, 1980); er darf aber keinesfalls bei einer reinen Identifizierung stehen bleiben. Das Genießen und begeisterte Aufnehmen von Kunst – wie es oft als Funktion der Kunst, des Ästhetischen definiert und auch gelebt wird – ist für Adorno nur „vorkünstlerische Erfahrung". Deshalb wehrt er sich vermutlich gegen Schillers „Spiel"-Begriff, der ihm zu unverbindlich in Bezug auf die gesellschaftliche Realität und damit auf das kritische Potenzial der Kunst erscheint (vgl. ADORNO in: Duesing, 1981: 217). Aus dem Verständnis der Autorin heraus bezieht sich das ästhetische Spiel, im erweiterten Sinne (vgl. Kap. 2.2), bei Schiller auf ein fruchtbares Wechselverhältnis von Sinnlichkeit und Vernunft. Damit wird das Schöne der Kunst auch zu einer neuen Form von Wirklichkeit. Der mögliche Widerspruch zwischen Adorno und Schiller liegt eher in der Frage der Versöhnung oder der Gegenstrebigkeit von Geist und Material, von Form und Stoff, von Erhabenem und Wirksamkeit in Kunstwerken (vgl. WELSCH, 1990: 133ff.).

6 Die Frage nach der Bedeutung eines künstlerischen Werkes sollte unabhängig von jeglicher Sparte und Zuordnung nach Standort oder Kulturbereich (z. B. „Hochkultur"/„Unterhaltungskultur"/„Subkultur") gesehen werden; sie sollte vielmehr vom ästhetischen Ausdruck einer gelungenen, schlüssigen Verbindung von Inhalt und Form, von Technik und Kreativität abhängen.

Lebendiges Wahrnehmen bedeutet gleichzeitig, sich aus der Unmittelbarkeit zu lösen, sich vom Kunstwerk zu distanzieren in einer Art „Gegenbewegung zum Subjekt" (ADORNO, 1970: 514), so dass ästhetische Erfahrung hier einen bisher noch nicht erwähnten Zug erfährt: „Sie verlangt etwas wie Selbstverneinung des Betrachtenden, seine Fähigkeit, auf das anzusprechen oder dessen gewahr zu werden, was die ästhetischen Objekte von sich aus sagen und verschweigen" (ebd.: 514). Dieser Anspruch zeugt auch von einer hohen Wertschätzung und Achtung vor Kunstwerken. Der gesamte Erfahrungsprozess steht nach Adorno in einer dialektischen Spannung zwischen Nähe und Distanz von Mensch und Kunst, so auch in der Ebene des Verstehens der Intention eines Kunstwerkes. Die Analyse von Absicht und Ziel eines Werkes, auch im gesellschaftlichen Zusammenhang, kann allerdings nur ein Schritt mehr in Richtung des Erkennens des Wertes, des Gehaltes, vor allem des Wahrheitsgehaltes bedeuten. „Verstehen hat zu seiner Idee, daß man durch die volle Erfahrung des Kunstwerks hindurch seines Gehalts als eines Geistigen innewerde" (ebd.: 515). Um solch eine Erfahrung machen zu können, ist sowohl die Anstrengung in Reflexion und Kritikfähigkeit zu fordern, durch die das Kunstwerk an sich und in seiner wechselseitigen Beziehung zur Gesellschaft deutlich wird, als auch die Anstrengung der gesamten Sinnesfähigkeit des Menschen. Durch das Beteiligtsein beider engagierter Prozesse könnte eine „ideale Wahrnehmung von Kunstwerken" möglich werden, „[...] in welcher das dergestalt Vermittelte unmittelbar wird; Naivität ist Ziel, nicht Ursprung" (ebd.: 502). Von daher ist eine Auffassung, die eine zu starke Position des kognitiven Bereiches in Adornos Theorie kritisiert, einseitig und ungenau, denn Adornos Beschreibung einer ästhetischen Erfahrung strebt etwas viel Wesentlicheres an, was in der Textstelle zur „Erschütterung" zu erahnen ist:

> „Betroffenheit durch bedeutende Werke benutzt diese nicht als Auslöser für eigene, sonst verdrängte Emotionen. Sie gehört dem Augenblick an, in denen der Rezipierende sich vergißt und im Werk verschwindet: den von Erschütterung. Er verliert den Boden unter den Füßen; die Möglichkeit der Wahrheit, welche im ästhetischen Bild sich verkörpert, wird ihm leibhaft. Solche Unmittelbarkeit im Verhältnis zu den Werken, eine im großen Sinn, ist Funktion von Vermittlung, von eindringender und umfassender Erfahrung; diese verdichtet sich in dem Augenblick, und dazu bedarf es des ganzen Bewußtseins, nicht punktueller Reize und Reaktionen. Die Erfahrung von Kunst als die ihrer Wahrheit oder Unwahrheit ist mehr als subjektives Erlebnis: sie ist Durchbruch von Objektivität im subjektiven Bewußtsein" (ADORNO, 1970: 363).

Gewisse Parallelen zu Schillers Beschreibung des ästhetischen Zustands sind zu finden, wobei Schiller eher das freie Zusammenspiel der geistigen und sinnlichen Kräfte am Gegenstand der Schönheit betont, um den Menschen ganz zu sich zu führen, während Adorno erst durch die Loslösung von der eigenen Person im Anblick des Kunstwerkes über die Reflexion zur eigentlichen Stärkung des Ichs kommt. Allerdings wird die genaue Frage nach Art und Weise einer ästhetischen Erfahrung, die solches bewirken kann, offen bleiben. Auch die Frage nach dem Moment der „Erschütterung" im aktiven ästhetischen Schaffen, das sich ähnlich wechselvoll zwischen Nähe und Distanz, zwischen Innen und Außen abspielt, wäre bedenkenswert. Diese Ambivalenz, „[...] man ist bei sich selbst, indem man bei der Sache ist" (VELTHAUS, 2002: 31), gehört zum Wesen eines Spielgeschehens (vgl. SEITZ, 1996: 194) und hat auch etwas mit dem Gefühl zu tun, wenn man völlig vertieft, ohne Sinn für die Zeit, in einer Tätigkeit aufgeht („flow"-Erlebnis bei CSIKZENTMIHALYI, 1985: 59). In der körperorientierten kulturpädagogischen Arbeitsweise (vgl. Kap. 6) wird der Frage nachgegangen, ob und unter welchen günstigen Bedingungen solche „fließenden", ästhetischen Erfahrungen und Handlungen als eigener kultureller Ausdruck für Jugendliche möglich werden können.

Um diese Erkenntnisse für die kulturelle Bildung fruchtbar zu machen, sei, so erwähnt es auch Adorno (vgl. ADORNO, 1970: 525f.), ein engerer Theorie-Praxis-Bezug wünschenswert; in diesem Spannungsfeld stehen viele zeitgenössische Forschungen, ebenfalls die vorliegende Arbeit. Der weitere Verlauf des Erkenntnisweges beginnt nun bei der sogenannten „neuen Kulturpädagogik", initiiert von verschiedenen Wissenschaftlern wie Dieter Baacke, Helmut Hartwig, Hartmut von Hentig, Diethart Kerbs, Wolfgang Zacharias u. a., die in den siebziger Jahren des letzten Jahrhunderts entstanden ist. Durch ihren subjekt- und lebensweltorientierten Ansatz, der zwischen ästhetischer Erfahrung und emanzipatorischem Bildungsanspruch vermittelt, grenzt sie sich von der eher apolitischen, ethisch fundierten „alten Vorkriegs-Kulturpädagogik" ab. Dadurch ist die Kulturpädagogik eine relativ junge, praxisorientierte Disziplin der Erziehungswissenschaft.

Die Kunst wird in den zahlreichen Ansätzen zur „Ästhetischen Erziehung", die im folgenden Kapitel beispielsweise thematisiert werden sollen, in verschiedene Rollen gedrängt, ohne den Versuch zu wagen, die Kunst oder auch das Ästhetische in sich selbst zu begründen (vgl. z. B. GROOTHOFF, 1969: 14). Die Richtung der „Musischen Bildung" orientiert sich an dem Ziel, durch Kunst zu erziehen; das Konzept der „Visuellen Kommunikation" beschäftigt sich vor allem mit den Wirkungen der Massenmedien und misst den Werken der Künste nur in einer gesellschaftlichen Perspektive eine Bedeutung zu (vgl. z. B. CRIEGERN, 1982: 37); besonders ideologiekritische Ansätze eliminieren die Kunst oft ganz aus der ästhetischen Erziehung (vgl. z. B. KERBS, 1970).

Es entstehen in dieser Zeit vor allem Konzeptionen für den schulischen Bereich, so für einzelne eher künstlerische Fächer oder als Plädoyer für ästhetische Erfahrung als fächerübergreifendes Prinzip (vgl. Kap. 2.4.1). Eine rege Diskussion aus den verschiedensten Richtungen und Interessen und die Vielseitigkeit der Thematik wird durch diese Fülle der theoretischen und praktischen Ansätze einer ästhetischen Erziehung deutlich. Sie bergen allerdings oft die Gefahr vereinseitigender Tendenzen in sich. Auch wenn sie sich auf Schiller oder Adorno berufen, wird eine „wirkliche Integration von Sinnlichkeit und Rationalität" oft nicht erreicht. „Sofern sich ästhetische Erziehung bloß als Gegenposition zu einer überbetonten Kognitivität versteht, die ein allzu wissenschaftsorientierter Unterricht hervorruft, befindet sie sich in der Gefahr, einen Dualismus zu fördern, den sie ganz und gar nicht wollen kann" (SZIBORSKY a, 1988: 191).

Trotzdem sollen nun einige Aspekte dieser Ansätze, verdeutlicht durch Kerbs und von Hentig, auch in ihrer Weiterentwicklung zur Darstellung kommen, ebenso die Auseinandersetzung zwischen Klaus Mollenhauer und Gunter Otto ob einer möglichen Didaktik der ästhetischen Erziehung. Diese Fragestellungen sollten in die heutige Bildungsdiskussion der Ganztagsschule im Sinne einer professionellen kulturellen Bildung an verschiedenen Orten mit einfließen. Die Expansion der Einrichtungen und Felder außerschulischer Kinder- und Jugendkulturarbeit ab den achtziger Jahren des letzten Jahrhunderts werden ebenso skizziert (vgl. Kap. 2.4.2).

2.4 Von der musischen Bildung zur Jugendkulturarbeit

Die musische Bildung der sechziger Jahre basiert wesentlich auf der reformpädagogischen Bewegung und wird immer mehr von einer privaten zu einer öffentlichen Aufgabe, bleibt aber einem kleinen Teil der Bevölkerung vorbehalten. Erst die Forderungen nach einer allgemeinen ästhetischen Erziehung eröffnen die Entwicklungen im schulischen, aber vor allem im außerschulischen Bereich. Aufgrund weiterer verschiedener Einflüsse, wie etwa der Kreativitätspädagogik oder der soziokulturellen Bildung, kann sich das heutige Feld der Kinder- und Jugendkulturarbeit in unterschiedlichster Trägerschaft entwickeln (vgl. BAER/FUCHS, 1993: 22f.). Dabei wird die Einbeziehung ästhetischer und pädagogischer Ansprüche immer eine Gratwanderung darstellen.

2.4.1 Entwicklungstendenzen im schulischen Bereich

Sowohl Hartmut von Hentig als auch Diethart Kerbs halten es zu Beginn der siebziger Jahre für nötig, die „Musische Bildung" zur „Ästhetischen Erziehung" zu erweitern, um eine kritische Wahrnehmung bei den Schülern zu entfalten. Die Tradition der „Bastelstunde" und „Bildanalyse" (vgl. HENTIG,

1985: 19) müsse von einem breiten Angebot der Wahrnehmungsschulung und der kreativen Gestaltung abgelöst werden. Zahlreiche weitere Vertreter gerade der musisch-sprachlichen Fächer prägen die Diskussionen und Machtkämpfe um die Stellung einer ästhetischen Erziehung innerhalb der Curricula und der methodisch-didaktischen Ansätze. Die Forderungen nach einem „fächerübergreifenden Prinzip“, nach einer Einbeziehung neuer Inhalte, beispielsweise aus der Alltagswelt, bis hin zu Forderungen nach schulischen Reformen und gesellschaftspolitischen Veränderungen haben einerseits die Besinnung auf das eigentlich Ästhetische und seine mögliche, eher indirekte Rolle im schulischen Unterricht erschwert, andererseits haben sie zwar nicht zu vehementen Änderungen geführt, aber doch zu Innovationen beigetragen, siehe zum Beispiel das Düsseldorfer Modellprojekt „Lernort Studio“ (vgl. Landesinstitut für Schule und Weiterbildung, 1984) oder neue mögliche Kooperationen mit außerschulischen Trägern. Trotz mangelnder personeller oder finanzieller Ressourcen lassen sich beispielhafte Schulen finden, die sich entweder besonders für eine anregende Schulraumgestaltung einsetzen oder für fächerübergreifende kulturelle Projekte, beispielsweise die relativ weit verbreitete Schultheaterkultur (vgl. THOLE/KOLFHAUS, 1994: 190f.). Ein Unterricht, in dem ästhetische Erfahrungen und kulturelle Kompetenzen kontinuierlich gefördert werden, hängt jedoch von der Ausbildung, Methodenvielfalt und Initiative der Lehrkräfte ab, aber auch von schulischen Rahmenbedingungen wie Klassengrößen, Lehrplänen oder Kooperationsmöglichkeiten.

Diethart Kerbs geht dabei einen neuen Weg, wenn man die vier Funktionen betrachtet, die er einer ästhetischen Erziehung zuschreibt. Sein erweiterter Begriff von dieser kann zunächst einmal auch neue Möglichkeiten der Betrachtung eröffnen. Unter der „kritischen Funktion“ der ästhetischen Erziehung versteht er vor allem das Durchschauen von Manipulationsprozessen. Eine kritische Medienanalyse im Unterricht soll dem Schüler zeigen, dass man in vielen Bereichen des Lebens oft unbewusst ästhetischer Manipulation ausgesetzt ist, wie beispielsweise im Bereich der Werbung oder der Politik. „Die Aufklärung wird vermutlich am gründlichsten dann sein, wenn man den Mißbrauch der Medien und die Verführung durch ästhetische Manipulation mit den Schülern selbst übt“ (KERBS, 1975: 16). Im heutigen Internetzeitalter bleiben die Aufgaben einer kritischen Medienpädagogik gerade als Auftrag und Verantwortung quer durch alle Schultypen brisant.

Der Weg der didaktischen Umsetzung wird in der „pragmatischen Funktion“ der ästhetischen Erziehung angedeutet: Die Schüler sollen nicht nur kritische Medienrezipienten werden, sie sollen auch Möglichkeiten erhalten, aktiv mit Medien umzugehen und selber zum „Medien-Machen“ angeleitet werden; denn jeder hat das Recht, sich im Feld der Massenkommunikation zu betätigen. Flugblattaktionen, Schülerzeitungen, Video- und Computerkurse sollen die Schüler auch politisch aktivieren: „Sie lernen – und zwar als eigene politische Erfahrung schon im schulinternen Konflikt –, daß die massenwirksamen Kommunikationsmedien um so schärfer bewacht und kontrolliert werden, je mehr Menschen durch sie erreicht werden können. Sie lernen infolgedessen – hoffentlich! – auch, wie man Informationsmonopole anfechten und unterlaufen kann [...]" (KERBS, 1975: 19). Die politische Komponente wird bei der erstgenannten kritischen Funktion noch deutlicher, da sie helfen soll, z. B. „politische Rituale, die den Grad der Faschisierung einer Gesellschaft anzeigen können" (ebd.: 16), zu entlarven.

Die Ausweitung der ästhetischen Erziehung auf alle möglichen Lebensbereiche, unter Ausschließung der „hohen Kunst", scheint für Kerbs der richtige Weg zu sein, um möglichst viele Schüler anzusprechen: „Wesentlich ist dabei, daß der Unterricht nicht von den Spitzenleistungen der Kunst ausgeht, sondern von den Erscheinungsformen der Unterhaltungsindustrie, der Pop-Kultur und der Warenästhetik, die den Schülern vertraut sind und über die sie in ihrer jeweiligen sozialen Schicht tagtäglich miteinander kommunizieren können" (ebd.: 17). Die Erfahrungen, die ein Schüler mit eigentlichen Kunstwerken machen könnte, haben für ihn nichts mit dem praktischen, gesellschaftlichen Leben zu tun, so dass sie zur Aufklärung der Schüler nicht beitragen. Er fordert im Sinne der kritischen Funktion der ästhetischen Erziehung neue Unterrichtsinhalte: „Denn es geht hier nicht darum, für bereits feststehende Unterrichtsinhalte schichtenspezifische Vermittlungsweisen zu finden, vielmehr müssen die Inhalte selbst infrage gestellt werden und wo notwendig neu formuliert werden – und zwar im Interesse der Emanzipation derjenigen sozialen Schichten, aus denen das Gros der Schulkinder kommt" (KERBS, 1975: 17). Ausgangspunkt einer aktuellen Kulturpädagogik sollte also durchaus die Alltagskultur sein, um dann zu überprüfen, ob und wie dort ästhetische Erfahrungen anders als mit Kunstwerken gemacht werden können (vgl. auch Kap. 3.1). Kulturpädagogen stehen vor der Aufgabe, Jugendliche einerseits in ihren ästhetischen Interessen entgegenzukommen und ihre persönlichen kulturellen Formen zu bestätigen, sie aber andererseits genauso mit ästhetischen Differenzerfahrungen zu konfrontieren (vgl. TREPTOW, 1991: 242). Die Frage nach den Vermittlungsweisen und Vermittlungsorten scheint bisher wenig analysiert zu sein.

Gunter Otto geht zwanzig Jahre später davon aus, „[...] daß aktuelle Lern- und Unterrichtskonzepte Berührungspunkte mit ästhetischen Verfahrens- und Verhaltensweisen haben" (OTTO, 1994: 145). Seine Begründung liegt in dem Ausgangspunkt jeden Unterrichts bei den Wahrnehmungen und Erfahrungen eines Schülers, die dann durch Begriffe und Reflexionen erweitert werden müssen. Ästhetische Wirkung sei nur ein Teil der Kunstrezeption und damit nicht abzutrennen „[...] von der Frage nach *Struktur und Funktion* ästhetischer Objekte" (ebd.: 156). Diese Fragen und Themen werden in den Lehrplänen für die künstlerischen Schulfächer didaktisch aufbereitet. Klaus Mollenhauer hält es dagegen nicht für möglich, dass ästhetische Erfahrungen absichtvoll geplant werden können. Den Kunstunterricht könne man allenfalls für „ästhetische Alphabetisierung" verpflichten, „[...] was so viel heißen soll wie: die Kulturtatsache ‚Kunst' zur Kenntnis nehmen, mit den Produktionsbedingungen dafür vertraut werden, sich mit den Deutungsspielräumen bekannt machen usw." (MOLLENHAUER, 1994: 164). Er fragt zurecht, warum Pädagogen, vielleicht vor allem Lehrern und Schulpolitikern, die Einsicht so schwer fällt, dass viele bildende Lebensereignisse außerhalb der Schule stattfinden und Bildung mehr ist als Wissenserwerb. Rund 70% ihrer Bildung erhalten Menschen durch nicht-formales oder informelles Lernen an vielen anderen Bildungsorten, wie u. a. in Jugend- und Kultureinrichtungen, die ein anderes, nicht-selektives, wertschätzendes, pädagogisches Grundkonzept haben (vgl. Kap. 2.4.2). Mollenhauer setzt sich für ästhetische Erfahrungsräume ein, in denen Kinder und Jugendliche selbstbestimmt und repressionsfrei selbst künstlerisch tätig werden können. Dabei betont er den reflexiven Anteil, die in einer ästhetische Darstellung vielleicht dichter sein kann als anderswo (vgl. MOLLENHAUER, 1994: 167), und verwirft damit Ottos Kritik, dass er eine rein „romantische", strukturfeindliche Einstellung zur Kunst besäße. Genauere Hinweise zur Art und Weise dieser Erfahrungs- und Anregungsräume und die Grenzen der Planbarkeit bleiben aber noch auszuführen (vgl. Kap. 6).

Rückblickend auf Kerbs führt dieser die kritische Funktion im Sinne des Entwerfens von Zukunftsplänen in der „utopischen Funktion" der ästhetischen Erziehung weiter. „Hier gilt es Experimentierfelder für soziale und ästhetische Phantasie zu eröffnen" (KERBS, 1975: 17), die der Schüler für den Aufbau einer besseren Gesellschaft nutzen kann. Für Kerbs ist das Ziel einer umfassenden ästhetischen Erziehung die „soziale Zukunft", „in der sie selbst – die Phantasie – (und zwar die Phantasie der Massen) zumindest weniger unterdrückt und gegängelt wäre als sie es heute ist" (ebd.: 18). Dieser eindeutig politische Ansatz erklärt die etwas einseitige Rezeption von Schiller, auf den sich Kerbs bei der utopischen und auch bei der „hedonistischen Funktion" der ästhetischen Erziehung bezieht. Schillers Idee vom Spiel und von der Schönheit benutzt er als Basis für seine andere Utopie der Freiheit. Dabei bringt er die Theorie von Marx hinzu, denn „nicht so ausführlich hat Schiller, der Idealist, über die materiellen und politischen Bedingungen der Freiheit nachgedacht" (ebd.: 17). Hier stellt sich allerdings die Frage, ob das Wesen der ästhetischen Erziehung überhaupt noch im Blickfeld steht.

Das gilt auch für die hedonistische Funktion: Kerbs tritt für eine Genussfähigkeit im Bereich aller Sinne ein, um der Unterdrückung der Sinnlichkeit durch Moralvorstellungen oder gesellschaftliche Repressionen entgegenzuwirken. Diese hedonistische Funktion der ästhetischen Erziehung baut teilweise auf Schillers Idee auf, dass sich der Mensch im ästhetischen Zustand selbst frei bestimmen kann, sowohl was den Verstand und die Moral als auch was die Sinne und die Sinnlichkeit betrifft. Der Mensch muss versuchen, beide Seiten in ein gesundes Wechselverhältnis zu bringen. Für Schiller verbietet sich ein bloßes Ausleben der Triebe, weil dadurch die Freiheit des Einzelnen wieder eingeschränkt würde. Es geht ihm vielmehr um ein gebildetes Empfindungsvermögen, eine kultivierte Sinnlichkeit. So ist Kerbs' Interpretation kritisch zu sehen, da sie einseitig und ideologieverdächtig erscheint: „Die Moral, für die Schiller eintritt, ist eine durchaus hedonistische, die auf der ‚Fülle der Empfindungen' beruht und nicht auf der ‚skrupulösen Strenge' der Vorschriften" (ebd.: 17). Dem ist entgegenzuhalten, dass es einer ästhetischen Erziehung nicht uneingeschränkt darum gehen darf, eine rein erotische Kultur zu ermöglichen, sondern einen bewussten Umgang mit allen Lüsten. Natürlich spielen die Sinnlichkeit und Körperlichkeit, etwa eines Tänzers oder einer Skulptur, in der Jugendkulturarbeit eine ganz wichtige Rolle (vgl. Kap. 4).

Hartmut von Hentig geht vor allem in seinen früheren Aufsätzen von einem weiten Begriff der Kunst aus, „[...] wenn man sie vielmehr schon mit den Wahrnehmungsprozessen beginnen und bis in die elementaren Ausdrucksmöglichkeiten, also bis zur Mode, zur Reklame, zur politischen Symbolik, zur Stilisierung oder Variation der sozialen Verhaltensformen reichen lässt [...]" (HENTIG, 1975: 25), um zu verdeutlichen, dass viele Phänomene in der modernen Gesellschaft unreflektiert wahrgenommen werden. „Die Fähigkeit, das Wahrnehmen und Gestalten der eigenen Umwelt zu genießen, zu kritisieren, zu verändern" (ebd.: 25), ist von daher ein bisher vernachlässigtes Ziel des Kunstunterrichts und soll von einer „Ästhetischen Erziehung im politischen Zeitalter" neu vermittelt werden. Dieser Ansatz, der auch den großen, formvollendeten oder von der Rezeption dazu gemachten Kunstwerken gegenüber kritisch eingestellt ist, zeigt gewisse Parallelen zu Kerbs.

Hentig fragt ebenfalls nach der Bedeutung der Schiller'schen Idee einer ästhetischen Erziehung, als Weg der Befreiung des Menschen, in der heutigen Zeit: „Glauben wir in einem ernst zu nehmenden Sinn an die Möglichkeit einer 'ästhetischen Erziehung' in unserem politischen Zeitalter – und was wäre jener ernst zu nehmende Sinn?" (HENTIG, 1985: 66). Er spricht sich für eine ästhetische Erziehung aus, die mehr beinhaltet als z. B. „Musische Bildung", und die eigentlich alle erzieherisch Tätigen betrifft (vgl. ebd.: 71). Es geht ihm also darum, den Menschen in unserer hochentwickelten Gesellschaft für die Funktionen und Wirkungen der ihn umgebenden, gestalteten Umwelt sensibel zu machen.

> „Heute dagegen erkennt man allmählich, daß der Mensch einer ästhetischen Erziehung und das heißt einer systematischen Ausbildung seiner Wahrnehmungsmöglichkeiten, des Wahrnehmungsgenusses und der Wahrnehmungskritik gerade deshalb bedarf, weil potentiell alles künstlerisch gestaltet oder missgestaltet sein kann, die rationalisierte und gemachte Welt also insgesamt an den Wirkungen beteiligt ist,

die man den Kunstwerken im Guten wie im Schlechten vorbehalten hatte" (HENTIG, 1975: 25f.).

Ästhetische Erziehung versucht also, den Menschen in seiner Wahrnehmung zu schulen, damit er dadurch sich selbst und seine Umwelt mit ihren kulturellen Codes besser erkennt, unterscheidet und versteht, eventuell aufgrund neuer Sehweisen etwas zu verändern für nötig befindet. So wird der Mensch kreativ, er beginnt selbst zu gestalten, je nachdem wie seine Möglichkeiten gegeben sind. Er probiert aus und übt sich, so dass sogar die Grenzen zum künstlerischen Tun fließend werden können. Hentigs Lernzielvorstellungen sind für eine Gesamtschule konzipiert, in der es keine starke Fächertrennung gibt, sondern in der sich z. B. Kunstunterricht und Allgemeine Wahrnehmungs- und Gestaltungslehre gegenseitig ergänzen. Offene Curricula und freie Methoden, wie etwa die Projektarbeit, werden auch von anderen Konzepten ästhetischen Lernens innerhalb der Schule gefordert (vgl. z. B. RICHTER-REICHENBACH, 1983). Doch darüber hinaus werden neue „Lernorte für aktive Wahrnehmung und soziale Kreativität" (vgl. MAYRHOFER/ZACHARIAS, 1976) vor allem im außerschulischen Bereich entdeckt.

Hentig möchte jedem Schüler die Gelegenheit verschaffen, ästhetische Gegenstände aus verschiedensten Lebensbereichen, auch Kunstwerke, bewusst wahrzunehmen, kritisch zu analysieren und selbst herzustellen. Der Nachvollzug von künstlerischer Arbeit und von Wirkungsprozessen der Werke verdeutlicht den Schülern die Schwierigkeit, diese Phänomene sprachlich zu fassen oder gar zu bewerten. Durch den Umgang und das Gespräch über Ästhetisches machen die Schüler auch kognitive, soziale und politische Erfahrungen – z. B. über die Stellung „Kunst und Gesellschaft" –, die mit den primär ästhetischen zusammenfließen. Neben der theoretischen Arbeit sollte das aktive Tun genauso wichtig sein: Durch das Erlernen künstlerischer Techniken werden die Ausdrucksmöglichkeiten der Schüler gefördert. Ein vielseitiges Angebot, wie Kunst, Theater, Literatur, Architektur, Fotografie, Musik, Tanz, Sport etc., kann jeden Schüler reizen und zur Eigenaktivität motivieren. Hentig spricht in diesem Zusammenhang von einer „Stärkung des Ichs" durch „Sensibilisierung" (vgl. HENTIG, 1975: 26 und Kap. 6.1); ein Phänomen, das im kulturpädagogischen Diskurs im Vordergrund steht, da es vielen Jugendlichen daran mangelt.

Die „Allgemeine Wahrnehmungs- und Gestaltungslehre" geht noch einen Schritt weiter: Nach Hentig ist es für den Menschen und für die Gesellschaft notwendig, „die sinnliche Primärwahrnehmung methodisch in der Offenheit und Kreativität zu üben" (HENTIG, 1975: 27), damit in einem Zeitalter, das durch „industrielle Produktions-, Konsumtions- und Kommunikationsformen" bestimmt ist, menschliches Weiterleben garantiert ist. Auch für die Wissenschaft kann fantasievolle Wahrnehmung, Kreativität und künstlerische Gestaltung von Bedeutung sein, daher würde „ein solcher Unterricht [...] die akuten Anlässe und modernen Mittel der ästhetischen Analyse – von der Wahrnehmungspsychologie über die ästhetische Ideologiekritik bis zum einzelnen künstlerischen Experiment – enthalten" (ebd.: 27). Dieser weitgesteckte Rahmen einer ästhetischen Erziehung basiert auf der Vorstellung Hentigs von einem fächerübergreifenden Prinzip, das herkömmliche Didaktik zum Teil in Frage stellt (vgl. HENTIG, 1985: 88ff.). Jedem Schüler sollte die Möglichkeit des Transfers der Erfahrungen aus dem ästhetischen und künstlerischen Gebiet in andere Bereiche gegeben werden. Das kostet den Pädagogen Kraft, Fantasie, Mühe und Ausdauer, denn er muss individuell verschiedene Erfahrungs-Spielräume schaffen, da er keine ästhetischen Erlebnisse veranstalten kann (vgl. auch Kap.6.4.2). Hentig knüpft dabei an eine traditionsreiche Auffassung an: „Ich bin noch einmal bei der Pädagogik, die sich scheut, Erziehungs*kunst* zu sein, und sich mit Recht als Erziehungs*wissenschaft* versteht. Und doch bleibt sie angewiesen auf die ‚künstlerischen' Eigenschaften des Erziehers, die sich inzwischen als gesellschaftliche, politische erwiesen haben: als die Kraft zur Autonomie, die die Integrationszwänge in unserer Zivilisation immer wieder durchbricht" (HENTIG, 1985: 91).

In späteren Texten gewinnt sein Anspruch – nicht zuletzt in Anklang an die ästhetische Theorie Adornos – an Klarheit, da er die Notwendigkeit der Existenz von Kunst und die zeitweilig zurückgedrängte Wichtigkeit der Erfahrung von Kunstwerken für die ästhetische Erziehung neu anerkennt.

„Daß wir in einer Epoche, die man das ‚optische Zeitalter' genannt hat, eine Hilfe bei der Ausbildung der eigenen Wahrnehmungsmöglichkeiten, von Kritik und Verarbeitung nicht nur des Wahrgenommenen sondern auch des Wahrnehmungsprozesses brauchen, also ein Fach, das von mir aus ‚Visuelle Kommunikation' heißen mag, erledigt keineswegs das Bedürfnis, sich mit den besonderen Wirkungen der Kunstwerke zu befassen, die durch einen historisch-dialektischen Prozeß Geschichte und damit uns gemacht haben" (ebd.: 103).

Hier zeigt sich eine Distanz zum Kerbs'schen Ansatz. Die Funktionen und Wirkungen von Kunst, die Hentig entdeckt, sind von Kerbs und anderen so gar nicht gesehen worden. Um mit Adorno zu sprechen: Das Wechselspiel von unmittelbarer Wahrnehmung und kritischer Reflexion bringt den Betrachter von anspruchsvollen Kunstwerken über eine genaue Analyse der Beschaffenheit und der Intention zum Wahrheitsgehalt der Werke, der in einem Moment der Erschütterung den Betrachter durchdringt (vgl. ADORNO, 1970: 513ff; SZIBORSKY, 1988: 60). Auch Martin Seel sieht Differenzen zwischen einer allgemeinen ästhetischen Praxis, die in Zustände und Prozesse einer vollzugsorientierten und selbstbezüglichen sinnengeleiteten Aufmerksamkeit für die Lebenswelt führt (vgl. SEEL, 1993: 400), und einer besonderen kunstästhetischen Praxis. Kunstwerke können durch ihre Intensität und Imagination mit einer einfachen Wahrnehmung brechen, sie formen ihr Material um des Formens willen. „Sie [Anm.: die Kunst] ist eine Praxis der *Freisetzung* von allen anderen Formen der Teilnahme an den Dingen der Welt. Zugleich ermöglicht sie eine *Intensivierung* jeder Form ästhetischen Bewusstseins und ästhetischer Präsenz“ (SEEL, 1993: 412).

Hentig fordert also zu Beginn der achtziger Jahre – fast als Resümee der vorhergegangenen wechselvollen Jahre – die Kunst als Maßstab der ästhetischen Erziehung wieder ein (vgl. Kap. 3.4). Die Vielfalt der Begriffe und die Uneinigkeit über das Phänomen Kunst hat diese verdrängt, so dass er neu seine formale Definition zur Geltung bringt: „Kunst ist die Exploration des Möglichen und ist an ihren Wirkungen zu messen. [...] Diese Definition [...] ist aber für die Pädagogen brauchbar“ (HENTIG, 1985: 116f.). Ohne die ästhetischen Erfahrungen mit bildenden oder darstellenden Kunstwerken bleibt die kulturelle Bildung leer, ganz abgesehen von eigener künstlerischer Aktivität, wird nur noch zum Raum für die Analyse von gesellschaftlichen und politischen Prozessen. Hentig verlagert den Schwerpunkt vom funktionalen Aspekt der ästhetischen Erziehung, der die allgemeine Wahrnehmungs- und Kritikfähigkeit betrifft, auf die Werte und Inhaltlichkeit der Kunst. Sein Ansatz soll eher eine philosophische und psychologische Basis haben, doch keinesfalls ein politisches Programm sein. Dabei geht es ihm in erster Linie um elementare Erfahrungen und Erfahrungshilfen, die der Schulunterricht aufgrund seiner inhaltlichen Fixiertheit und methodischen Einseitigkeit so selten bietet:

> „Die Freude an der Verfeinerung des Ausdrucks, am Kontrast der Stile, am Zitat des einen Kunstwerks durch das andere; die uralte Lust am Wiedererkennen; das Erschrecken über die Macht des Schönen und die Hingabe an das, was sie jeweils anrichtet: Schmerz [...], Erlösung [...], Raserei [...], Heiterkeit [...], die Ergründung von Spannung und Harmonie [...]; die Faszination des Menschen durch sich selbst [...]; die unsere Kultur prägenden, über das Bildwerk vermittelten Sinnfiguren [...]“ (HENTIG, 1985: 123f.).

Allerdings ist auf der einen Seite zu berücksichtigen, dass das eigene kreative Bedürfnis eines Menschen durch einen Überfluss an oberflächlichen Möglichkeiten gehemmt werden kann, auf der anderen Seite sollte ein breites Angebot ästhetischer Praxis mit einer Orientierung an der Formen- und Inhaltsvielfalt der Künste, die immer in einem Kontext stehen, vorhanden sein; das aber kann den Rahmen eines Schulfaches und die Möglichkeiten eines Lehrers sprengen. Von daher lässt sich eine Ausweitung auf den außerschulischen Bereich erklären. Eine umfassende ästhetische Bildung scheint im geforderten Maße von Schule nicht leistbar, wie z. B. die Stellungnahme des Bundeselternrates von 1989 (BMBW, 1990: 17f.) verdeutlicht, obwohl das Bundesministerium für Bildung und Wissenschaft feststellt, dass es „zu den zentralen Aufgaben der Schule gehört, Schülern einen aktiven und eigenständigen Zugang zur Kunst und überhaupt zu wesentlichen Bereichen der Kultur zu eröffnen. Der allgemeinbildenden Schule kommt daher zur Förderung der Kulturellen Bildung eine große Bedeutung zu“ (ebd.: 16). Doch nicht an jeder Schule kann dem Pflichtunterricht in den musischen Fächern genüge getan werden, geschweige denn den offenen Angeboten in Form von Arbeitsgemeinschaften und Projektgruppen (vgl. auch BMFSFJ, 2005: 441ff.).

Die Öffnung gegenüber anderen Trägern der Kinder- und Jugendhilfe oder privaten Anbietern kultureller Arbeit sowie die Sozialraumorientierung von Schulen werden politisch vor allem im Sinne eines sicheren Etats zu wenig abgesichert, es werden in der Regel nur Vorzeigeprojekte gefördert. Darüber hinaus sind immer wieder einzelne gute Ansätze und Projekte gerade im Kinderbereich zu finden, die meistens aus privaten Initiativen heraus entstehen.[7] „Ob es im Interesse der Kinder und Jugendlichen Sinn macht, sie den ganzen Tag einem Betreuungssystem an einem Ort und atmosphärisch ‚schulnah‘ unterzuordnen, darüber lässt sich streiten“ (ZACHARIAS, 2001: 163). Auch wenn durch eine Ganztagsschule zunächst alle Kinder und Jugendlichen erreicht werden könnten, wären aber für eine anspruchsvolle lebensweltorientierte Kulturpädagogik eigene räumliche und personelle Ressourcen wichtig, die selbstgesteuerte, repressionsfreie auch informelle Bildungsprozesse über Schulformen hinweg ermöglichen. „Schulische Bildungsprozesse betonen immer noch zu sehr Formen kognitiv orientierten Wissenserwerbs“ (BELGRAD/NIESYTO, 2001: 6).

Mit einem sozialpädagogischen und sozialpolitischen Hintergrund fordert schon ein Ansatz aus den siebziger Jahren die Entgrenzung ästhetischer Erziehung, um der verschulten Kreativität einerseits und der Kulturindustrie andererseits zu begegnen. „Eine im Bedingungsrahmen Schule befangene und an einer disziplinorientierten Fachdidaktik gebundene ÄE kann nur Teile ästhetischen Lernens realisieren, sie kann keinen handelnden Zugang zu den die

7 Eine dieser Ausnahmen stellt „Mus-e“ der Yehudi Menuhin Stiftung dar, ein multikulturelles soziales Schulprojekt für Europa. Professionelle Künstler vermitteln mehrere Stunden wöchentlich in Grundschulen mit sozial benachteiligtem Umfeld Musik, Theater, Kampfkunst, Malerei und Tanz in Kooperation mit den Lehrkräften. Die Förderung der Kinder erweist sich als sehr freudevoll, kreativ und friedlich. Aufgrund der guten Erfahrungen sind seit 1995 bis heute 35 nordrhein-westfälische Städte mit etwa einhundert Schulen beteiligt. Neben NRW als Zentrale haben sich 9 weitere Bundesländer dieser Kooperation geöffnet. Aus finanziellen und organisatorischen Gründen ist eine Ausweitung auf weiterführende Schulen erst in Planung, leider halten sich speziell Hauptschulen eher zurück (vgl. BJKE, 2004/2005: 41 und http://www.kulturforschung.de).

Wirklichkeit der Lernenden bestimmenden ästhetischen Strukturen öffnen, noch weniger ästhetische Aktivitäten organisieren, die sich interessenorientiert auf Lebenssituationen beziehen" (MAYRHOFER/ZACHARIAS, 1976: 365). Hier könnte die Gefahr bestehen, dass die zahlreichen außerschulischen Praxisfelder ästhetischer Bildung in Beliebigkeit und eventuell Unerreichbarkeit auseinanderfallen. Besonders für sozial- und bildungsbenachteiligte Kinder und Jugendliche sind ganz nah auf sie zugehende Strukturen wichtig. Ein wechselvolles, vorurteilsfreies, sich gegenseitig ergänzendes Zusammenwirken aller Schulformen mit Einrichtungen wie Musikschulen, Jugendkunstschulen, Ballettschulen, Kulturwerkstätten oder Jugendhäusern im Sinne eines offenen, aber sicheren Netzwerkes wäre bis heute wünschenswert. „Schule und Kulturarbeit haben ein gemeinsames Ziel: Kinder und Jugendliche in ihrer Entwicklung in Richtung von ‚Mündigkeit in sozialer Verantwortung' zu unterstützen. Am ehesten gelingt das dort, wo Schule und Lebenswelt, innerschulische Lernkultur und kommunale Kulturarbeit vor Ort miteinander kooperieren" (THOLE/KOLFHAUS, 1994: 189). Die persönlichen Erfahrungen aus den Tanzprojekten mit Jugendlichen von Haupt- und Sonderschulen bestätigen diese sinnvolle Schnittstelle sozial- und kulturpädagogischer Anbieter. Nur durch langfristige und verbindliche Angebote in enger Zusammenarbeit von verschiedenen Pädagogen an benachbarten Orten können nachhaltige Prozesse bei den Jugendlichen angeregt werden.

2.4.2 Entwicklungstendenzen im außerschulischen Bereich

Der immer bedeutender werdende Freizeit-Bereich von Kindern, Jugendlichen und Erwachsenen weist eine große Bandbreite ästhetisch-kultureller Aktivitäten auf. Diese Praxis wird aufgrund verschiedener Berufszweige mit sehr unterschiedlichen Begrifflichkeiten beschrieben. „Kulturpädagogik findet zudem in unterschiedlichen, gesellschaftlichen Kontexten statt. Zu nennen sind hier vor allem kulturpolitische und jugendpolitische Kontexte" (FUCHS, 1999: 218). Sowohl die Ansprüche als auch die Methoden der meist praktischen Ansätze sind dadurch zum Teil sehr unterschiedlich. Die Frage, inwieweit Originalität und Authentizität ästhetischer Erfahrungen gegen die Übermacht medialer und warenästhetischer Beeinflussungen behauptet werden können, kann höchstens spekulativ beantwortet werden. Wesentliche Qualitätsmerkmale liegen sicherlich in der Professionalität der Anbieter – Ausbildungen der Leiter, Methoden, Materialien, Räume, Kooperationen etc. –, in der Offenheit gegenüber bestimmten Zielgruppen und in der freiwilligen Teilnahme. Auch wenn bestimmte Schwerpunktsetzungen nicht die Ganzheit der Kulturpädagogik berücksichtigen, werden doch jeweils einzelne wichtige Aspekte für die Gesamtschau deutlich. Ein grober Überblick in Bezug etwa auf die letzten zwanzig Jahre soll nun die Pluralität ästhetischer und künstlerischer Bildungsmöglichkeiten und Lernprozesse darstellen:

I. Zunächst finden sich viele Angebote, die vor allem den Bedürfnissen nach Zerstreuung, Freude und Genuss nachkommen; sie könnten Volkshochschulen, Sportvereine, Hobbykunstmärkte oder private, meist kommerzielle Anbieter betreffen. Dieses grundlegende Bedürfnis des Menschen kann in sinnlichen Tätigkeiten gestillt werden. Vom Einzelnen her gesehen ist allerdings meistens ein Komplex von Beweg- und Erfahrungsgründen festzustellen. So gibt es beispielsweise immer mehr Selbsterfahrungskurse mit kreativen Mitteln, in denen Menschen Hilfe beim Erspüren ihrer Emotionen suchen, doch Kosten und Qualität können in diesem Markt sehr differenzieren.

II. Die affektiven Momente spielen auch in der Kunst-, Musik-, Gestalt-, Tanz- und Bewegungstherapie eine bedeutende Rolle. „Ästhetische Tätigkeit wird als leibseelische Äußerung verstanden, in der sprachlich schwer zugängliche emotionale Gehalte zum Ausdruck kommen können und so der therapeutischen Bearbeitung zugänglich werden" (MOLLENHAUER, 1990: 465). Viele Menschen haben nie erfahren bzw. gelernt, ihr Ausdrucksvermögen umzusetzen; das kann zu Krankheiten führen, die in der therapeutischen Arbeit, eine sich nicht am Maßstab der Kunst orientierenden Arbeit, behandelt werden. Künstlerische Tätigkeiten werden für heilende und soziale Prozesse genutzt, die jedoch auf ästhetischen Erfahrungen beruhen und damit parallel zu pädagogischen Angeboten zu sehen sind. Das Deuten der ästhetischen Ergebnisse findet in einem psychoanalytischen Rahmen statt, dessen Fachsprache und Methodik sich der pädagogischen oder philosophischen Richtung nicht unmittelbar erschließt. Interdisziplinäres Arbeiten könnte hier zu einer Annäherung beitragen.

III. Den eher am Einzelnen orientierten Ansätzen stehen gruppenorientierte Ansätze beispielsweise aus dem sozialpädagogischen Feld der Jugendhilfe gegenüber. Ästhetische Erziehung dient hier vor allem dem sozialen Lernen (vgl. z. B. „offene Jugendarbeit" bei NACHTWEY, 1987) oder dem politischen Engagement (vgl. z. B. ROPOHL, 1979). Inhaltliche Bezüge werden dabei in der Alltagswelt bis hin zur Subkultur der Jugendlichen gesucht: Graffiti und Fotocollagen, Pop- und Rockmusik, Hip Hop und Techno oder Videos gehören zu ihrer Wahrnehmungswelt. Mit Projekten und Aktionen aus diesem Bereich versuchen Sozialpädagogen und -arbeiter, besonders jugendliche Außenseitergruppen anzusprechen und kulturell aufzufangen. Sowohl Häuser der offenen Tür und bestimmte Jugendverbände in freier Trägerschaft als auch „wandernde Kulturarbeiter" bemühen sich, den Menschen in kulturell benachteiligten Regionen Anregungen und Hilfen zu geben, ihre Lebensqualität mit ästhetischen Inhalten zu erhöhen. Jugendarbeit stellt auch einen kulturellen Experimentierraum zur Verfügung, doch es fehlt dabei oft die nötige künstlerisch-kulturelle Kompetenz der Pädagogen. In diesem Feld hat sich die kulturpädagogische Körperarbeit als Jugendbeauftragte des Bistums Aachen und Tanzpädagogin in ein- bis dreijährigen Projekten sehr bewährt. Jugendkulturarbeit stellt theoretisch und praktisch einen integralen Bestandteil kirchlicher Kinder- und Jugendarbeit dar (vgl. HAMMERICH/SCHIRRA-WEIRICH, 1994: 60).

IV. Soziokulturelle Zentren sind im Gegensatz zur eher akademischen Kulturpädagogik in einer engen gesellschaftlichen, sozialpolitischen Verortung entstanden. Die meisten Gründungen dieser Zentren finden in den siebziger Jahren des letzten Jahrhunderts aufgrund von Bürgerinitiativen statt. Vom Abriss bedrohte Industriegebäude werden im Sinne eines breiten, alternativen Kulturverständnisses in freier Trägerschaft neu genutzt – als Zentrum mit Kultur von allen für alle. Der Soziokultur geht es um das Aufgreifen von Themen und Orten des Alltags zur künstlerischen Reflexion, die spartenübergreifende Arbeit sowie die Einbeziehung aktueller Unterhaltungsformen und die Förderung subkultureller, gesellschaftskritischer Tendenzen. Ihre inhaltlichen Ziele sind nicht mehr grundlegend an ästhetische Erfahrungen geknüpft. Dazu kommt der heutige Vermarktungsdruck durch zahlreiche kommerzielle Veranstaltungsorte in den Städten und knapper werdende öffentliche Mittel. Trotzdem gibt es in den Neunzehnhundertneunzigern rund vierzig Häuser mit dieser sozialen lebensweltnahen Ausrichtung in Nordrhein-Westfalen, die in der Landesarbeitsgemeinschaft Soziokulturelle Zentren zusammengeschlossen sind. In dieser Vielfalt zeichnen sich auch Einrichtungen mit einem starken kulturellen Arbeitsschwerpunkt aus, der sich vor allem in einem professionellen Veranstaltungsprogramm, seltener in einem künstlerischen Kursangebot darstellt (vgl. NAHRSTEDT, 1990: 138ff.).

V. In dem Konzept für das Modellprojekt „Studio" – als ein Beispiel „nachschulischer" Kulturpädagogik –, das neben den anderen Lernorten Schule, Betrieb und Lehrwerkstatt allen Schülern der Sekundarstufe II kreatives Schaffen anbietet, sind neben dem sozialen noch andere Aspekte verankert. Das vom Land Nordrhein-Westfalen und vom Bund unterstützte Studio in Düsseldorf erfährt bis heute reges Interesse bei Schülern, Lehrern und Eltern. Die Empfehlungen der Bildungskommission könnten auch für Einrichtungen außerhalb des schulischen Verbandes gelten:

„Das Lernen im Studio ist hingegen dadurch charakterisiert, daß die Jugendlichen Inhalte aus eigenem Antrieb wählen können, um sie dann auch mit Mitteln zu behandeln, die sie selbst wählen und einüben. [...] Das Angebot im Studio entspricht einem umfassenden Wirklichkeitsbereich des Erwachsenenlebens: Fernsehen, Film, Werbung, Wohnen, Verkehr, Musik, Politik, soziale Situationen und so weiter. In Ergänzung zu den Lernmöglichkeiten in der Schule oder den anderen Lernorten, die primär darüber informieren oder diese Lernbereiche in starker Zweckorientierung behandeln, sollen die Lernenden durch die Angebote im Studio mit diesen Lebensbereichen in einen unmittelbaren und tätigen Kontakt gebracht werden und sich im Umgang mit ihnen üben. Die Lernenden haben im Studio eine Chance, sich aktiv lernend in eine Beziehung zu den verschiedenen Bereichen der Kultur zu setzen, so daß auch in diesem Bereich Chancenungleichheiten abgebaut werden können“ (Landesinstitut für Schule und Weiterbildung, 1984: 128).

VI. Diese Ziele werden ebenfalls in der ersten 1969 gegründeten Jugendkunstschule angestrebt. 1980 gab es in Nordrhein-Westfalen 18 Einrichtungen dieser Art, die teilweise auch als Modellversuche liefen; heute gibt es rund 60 Häuser, die unter diesen Oberbegriff fallen. Mit über 50.000 Nutzern im Jahr bilden sie den größten Trägerbereich kultureller Jugendarbeit in Nordrhein-Westfalen. Die Jugendkunstschule will die eingeschränkte ästhetische Praxis des regulären Schulunterrichts ergänzen und vertiefen; sie wendet sich an Kinder und Jugendliche aller Altersklassen. Ihr Auftrag wird schwerpunktmäßig so verstanden: „Ihre Aufgabe ist es in erster Linie, die eigenständige künstlerische Kreativität und Fantasie durch Vermittlung handwerklicher und künstlerischer – aber auch sozialer – Fertigkeiten zu wecken und zu fördern; Kunstschulen tragen daher immer auch zum Verständnis für Kunst und ihre Bedeutung für das kulturelle Leben der Gesellschaft bei“ (BMBW, 1990: 27).

Ähnlich wie bei Hartmut von Hentig ist auch bei diesen mehr praktischen Ansätzen ästhetischer Bildung eine Tendenz von der Alltagsorientierung mit einem sehr weiten Begriff von Ästhetik hin zur Kunstorientierung festzustellen (vgl. z. B. ERHART, 1980: 22f.). Trotzdem versteht sich die Jugendkunstschule als eine Institution sozusagen „zwischen Kunstunterricht und Sozialpädagogik“, da sie, anders als beispielsweise die Musikschule, nicht in erster Linie bestimmte Techniken unterrichten will, sondern – offen für Kinder und Jugendliche aller Schichten und Schulformen – „durch die praktisch-produktive Betätigung mit künstlerischen Ausdrucks- und Gestaltungsmedien und durch einen spezifischen pädagogischen Umgang“ (ERHART, 1980: 16) vor allem Selbstentfaltung und schöpferische Tätigkeiten fördern will.

Der Kunstbegriff der Jugendkunstschule ist nicht auf die Beherrschung von kunsthandwerklichen Techniken reduziert, er umfasst vielmehr zusätzlich eine soziale Komponente, in Bezug auf Interaktion und Kommunikation, eine emotionale Komponente, in Bezug auf Freude und Erfolgserlebnisse, und eine erkenntnisfördernde Komponente, in Bezug auf eigene und andere ästhetische Produktionen. So haben Kinder und Jugendliche hier in einem offenen und freien Umfeld, denn die Leiter der kleinen Arbeitsgruppen (ca. 10-12 Teilnehmer) sind Partner, Anreger und Förderer, die Möglichkeit, in allen künstlerischen Ausdrucks- und Gestaltungsformen Erfahrungen zu sammeln. Zusammen mit anderen können sie je nach Interesse ihre Kenntnisse und Fähigkeiten vertiefen und diese beispielsweise in einer Aufführung Eltern und Freunden präsentieren, so dass ästhetisches und soziales Lernen zusammenfließen. Das Jugendkunstschulkonzept verdeutlicht also eine „Auffassung künstlerischer Erziehung, die es sich zum Ziel gesetzt hat, nicht Künstler auszubilden, sondern Menschen zu erziehen, die in ihrem Leben mit Kunst etwas anfangen können. Künstlerische Erziehung soll hier nicht durch ein bißchen mehr Pädagogik ‚verbessert' und ‚verwässert' werden, sondern künstlerische Erziehung wird sich all ihrer Möglichkeiten und Aufgaben für den Menschen bewußt und versucht, diese zu verwirklichen" (ERHART, 1980: 23).

VII. Die weitere bunte Vielfalt der Kinder- und Jugendkulturarbeit speziell in Nordrhein-Westfalen zeigt sich in weiteren Einrichtungen öffentlicher Trägerschaft, wie etwa Jugendmusikschulen, Kindermuseen, Spielmobilen, Abenteuerspielplätzen und Kreativitätsschulen. Hier sind sowohl die verschiedensten Kunstsparten (Musik, Tanz, Literatur, Theater, Zirkus, Video etc. mit ihren jeweiligen Ausrichtungen) als auch unterschiedliche, zum Teil sich ergänzende methodische Formen (Unterricht, Kurs, Workshop, Projekt) in mehreren Handlungsformen (animieren, ausprobieren, arrangieren, inszenieren, planen, gestalten, vorführen und zeigen) zu finden. Auch eher klassische Träger suchen gänzlich neue Handlungsorte und Aktionsformen auf, um in Anlehnung an Schulmethodik und ebenso an Jugendarbeitsmethodik möglichst viele Zielgruppen zu begeistern. Dabei betont Werner Thole, dass „[...] die Alltagsdistinktionen der Kinder und Jugendlichen und ‚ihrer' Milieus, die Zugänge ermöglichen oder verschließen" (THOLE/KOLFHAUS, 1994: 225 und vgl. Kap. 3.1). Von daher ist es um so wichtiger, dass sich kulturpädagogische Anbieter auf die Lebenswelten von benachteiligten Jugendlichen zu bewegen, damit diese ästhetische Erfahrungen der Differenz überhaupt machen und eine Chance der Veränderung erleben können (vgl. Kap. 6).

VIII. Der Rückbezug der Reflexion auf die Praxis ist auch für andere zeitgenössische Autoren, seien es nun eher Ästhetiker oder eher Pädagogen, ein wichtiges Moment, um ästhetische Bildung in ihren vielfältigen Erscheinungsformen zu erfassen. Rudolf zur Lippe beispielsweise, der zusammen mit Gert Selle die Zeitschrift POIESIS herausgibt, um Menschen „praktisch-theoretische Wege ästhetischer Selbsterziehung" zu vermitteln, konkretisiert seine Arbeit in Übungen mit Studenten, um das „Sinnenbewußtsein" zu bilden (vgl. LIPPE, 1987: 479ff.). „Eine achtsamere Umgangsweise mit innerer Natur und Kultur" (SELLE, 1990: 25) soll im Einzelnen geweckt werden, um dadurch gestärkt, den Anforderungen der verschiedenen Lebensbereiche, wie auch dem des Studiums, besser gerecht werden zu können. Die Entfaltung der Sinne in ästhetischen Erfahrungen ist also für Menschen aller Altersgruppen wichtig, und es können sich dadurch Wirkungen zeigen, wie das Beispiel des Aufschwunges studentischer Kulturarbeit in den neunziger Jahren verdeutlicht (vgl. BMBW, 1990: 19).

IX. Davon abzugrenzen ist das eigentliche Studium künstlerischer Fächer. Dies ist ein spezieller Bereich ästhetischer Bildung, weil nur sehr talentierte junge Menschen die Möglichkeit einer künstlerischen Ausbildung bekommen und ein jedes Künstlerdasein doch eine Art Berufung darstellt. Die künstlerische Tätigkeit kann sich unendlich vielfältig zeigen, sie umfasst rezeptive kritische Momente und aktive gestaltende Momente; sie ist immer auch ästhetische Tätigkeit, aber sie besitzt in ihrer Vollendung immer auch etwas ganz Eigenes, eine neue Art Welt aufzufassen (vgl. z. B. FUCHS, 1986: 69ff.). Ästhetische Erfahrungen können ebenso neue Weltperspektiven vermitteln. Doch im künstlerischen Studium kommt nun stärker die produktive Seite zum Tragen: erst eine möglichst vollendete Beherrschung künstlerischer Techniken und eine emotionale oder geistige Intuition, ein Verlangen nach Ausdruck, gepaart mit Begabung, bringen Kunstwerke hervor.

Die Beziehungen zwischen Kunst, Ästhetik und Pädagogik werden oft in Frage gestellt; so lautet beispielsweise das Leitwort der Kunstakademie Düsseldorf: „Kunst ist nicht lehrbar. Es gibt keine Regeln für die Kunst; sie entsteht aus dem Menschen, der Mensch und Welt erlebt und dies Erleben mit bildnerischen Mitteln niederschreibt" (KRICKE in: Konzept der Kunstakademie, 1990: 1). Solche Prozesse sind immer auch ästhetische Bildung, aber der Begriff kann durch seine Vieldeutigkeit bzw. durch seine Offenheit auch für Wahrnehmungs-Phänomene, die nicht in erster Linie künstlerisch bedingt sind, nicht genau treffen. Hier werden die fließenden Grenzen zwischen allgemeiner ästhetischer Bildung und vorberuflicher künstlerischer Ausbildung deutlich.

Ästhetische Phänomene sind noch umfassender auf den gesamten Kulturbereich bezogen und für alle Menschen erreichbar, so dass die Bildungsdimension stetig implizit ist. Auch wenn ästhetische Bildung auf der Theorieebene nicht eindeutig festlegbar ist, findet sie doch in einer vermittelten und erfahrbaren Praxis statt. Kulturpädagogik braucht einen Freiraum, in dem sie weder einseitig auf eine ihrer Komponenten hin definiert wird noch sich gänzlich ohne Maßstäbe und Bezüge vollzieht.

2.5 Zusammenhänge im Rückblick

Die vorgestellten Ansätze ästhetischer Erziehung und kultureller Bildung enthalten als gemeinsame Intention die Steigerung individueller Kompetenzen bezüglich einer kulturellen Identität und einer gelingenden Lebensgestaltung. Eine berührende Schönheit oder Leidenschaft, die in einer ästhetischen Erfahrung hautnah erlebt werden, lassen Sinnlichkeit und damit auch Sinn greifbar werden. Ästhetik und Kunst machen eine veränderte Wahrnehmung und Gestaltung nachvollziehbar und tragen neue Ideen und Vorstellungen in die Welt. Im kulturpädagogischen Prozess werden sinnliche Potenziale, Fantasie und schöpferische Kräfte geweckt, welche den Alltag und die Realität als mitgestaltbar erscheinen lassen (vgl. z. B. SEITZ b, 1998: 29ff.; LINDNER a, 2003: 73ff.). Die Verortung solcher Prozesse kann sehr unterschiedlich sein, wobei die Freizeit besonders für Jugendliche ein unerlässliches Lernfeld mit hohem Bildungswert darstellt, denn hier bestimmen sie eigenverantwortlich die Gestaltung ihres Lebens. Die Fähigkeit zur eigenen Entscheidung und damit zur freiwilligen Teilnahme etwa bei einem kulturpädagogischen Angebot ist alters-, entwicklungs- und kontextabhängig. „Es sind nicht nur individuell bedeutsame Erfahrungsräume, die hier geschaffen werden, sie stehen oft im sozialen Kontext einer Kultur der Gleichaltrigen. Es entstehen kommunikativ vernetzte Muster des symbolischen Ausdrucks, die eigentümliche Formen einer Kinder- und Jugendkultur hervorbringen“ (DUNCKER, 2002: 136).

Auf diese Kulturen von Jugendlichen, mit einem Fokus auf Sozial- und Bildungsbenachteiligte und ihrer Lebenswelt, wird im nächsten Kapitel ausführlich eingegangen. Die verbindende Frage bleibt in der Suche nach der ästhetischen Erfahrung, die gleichzeitig erkenntnisartige Wahrnehmung und lustvolle Empfindung ist, bestehen. Das Ästhetische ist zu einem Schlüsselphänomen unserer Kultur geworden, aber es existiert auch immer die andere Seite, im Sinne von Wolfgang Welsch das Anästhetische, das Nicht-Wahrgenommene. Dabei geht es ihm – ganz im Sinne der Systemtheorie – um eine „Kultur des blinden Flecks“, um das Bewusstsein von gleichzeitiger Erschließung und Ausschließung. „Dafür braucht es eine selbstkritische Schulung und Wendung des Wahrnehmens, eine Sensibilisierung für die stets vorhandenen Kehrseiten, Ausschlüsse, Blindheiten“ (WELSCH, 1991: 103). Das kann einerseits für künstlerische Formen bedeuten, dass sie stets eine Innen- und Außenseite haben, zwischen denen der Betrachter hin- und herpendeln muss, die aber auch miteinander korrespondieren. Andererseits kann ein Kunstwerk das Sehen des Nicht-Sehen-Könnens am ehesten ausdrücken.[8] Ist denn in unserer „ästhetisierten“ Lebenswelt noch Raum und Ruhe für solche Wahrnehmung? „Ästhetische Reflexion wird sich nicht zum Agenten einer Ästhetisierung ma-

8 Dieses Prinzip gilt im übertragenen Sinne auch für andere Phänomene. Ich kann nur etwas als schön empfinden, weil ich etwas anderes als hässlich empfinde. Oder ich kann meine pädagogische Auffassung als sinnvoll definieren, weil es auch andere Positionen gibt. Ich habe immer eine Wahl zwischen unzähligen Möglichkeiten zu treffen, wobei ich mich für eine Handlung und gleichzeitig gegen viele andere entscheide.

chen lassen, die in Wahrheit auf Anästhetisierung hinausläuft – auf die Erzeugung von Unempfindlichkeit, auf Betäubung durch ständige ästhetische Überdrehtheit. Ästhetisches Denken opponiert dem Ästhetisierungstrubel und der Pseudo-Sensibilität einer Erlebnisgesellschaft" (WELSCH, 1993: 45).

Eine wirklich ästhetische Kultur wäre nach Welsch im Gegenteil sehr sensibel für Differenzen aller Art, nicht nur auf Kunst und Gestaltung, sondern auch auf soziale Lebensformen bezogen (vgl. WELSCH, 1993: 46). Vermag ästhetische Erziehung also doch den Menschen in der Wahrnehmung von Schönem und Gutem so zu schulen, dass er Wahres versteht und neu hervorbringt? Wie bereits bei Schiller wird diese Frage offen bleiben müssen. Die ästhetische Erfahrung trägt ihren Sinn in sich; er liegt immer wieder in der ihr eigentümlichen Art der Wahrnehmung mit einer bestimmten inneren Verfassung (vgl. SEEL, 1993: 400). Diese kann mit Erschütterung, lebendigem und kritischem Wahrnehmen oder mit Selbst-Versunkenheit im Spiel mit Stoff und Form beschrieben werden. Ästhetisches Erleben kann am tiefsten erreicht werden, wenn alle Sinne gleichzeitig, der Mensch also in seiner körperlichen, seelischen und geistigen Ganzheit angesprochen wird. Dabei stellen Kunstwerke die höchste Konzentration ästhetischer Produktivkraft dar. Sie sind als eine Art Spiegelung menschlichen Lebens, als neue Sichtweisen von der Welt zu verstehen – sie sind nicht völlig losgelöst von der menschlichen Lebenspraxis, so wie es bei Seel durchscheint (vgl. ebd.: 398). Darüber hinaus kann eine kunstästhetische Praxis imaginative Möglichkeiten der Lebensgestaltung aufweisen, komplementäre Modelle zur Realität, die uns berühren, zugleich schweben und stürzen lassen oder mit pragmatischen Kontexten des Alltags brechen (vgl. MOLLENHAUER, 1996: 21).

Die Wahrnehmungsfähigkeiten eines Menschen sind durch sein Aufwachsen in einer konkreten Lebenswelt geprägt. Somit können schwierige Lebensbedingungen die Chancen für ästhetische Erfahrungen sehr beeinträchtigen. Besonders Kinder und Jugendliche aus armen, desolaten und entwicklungshemmenden Verhältnissen können ihr ästhetisches Empfinden nicht so ausbilden, wie es für ihre umfassende Bildung nötig wäre (vgl. METSCHER, 1992: 27). Um dem nachzugehen, soll nun einerseits ihre eigene „kulturelle" Praxis stärker in den Blick genommen werden und damit ihr formendes und sich manifestierendes Milieu (vgl. BOURDIEU, 1994: 57ff.), andererseits soll das Bild vom Jugendlichen in verschiedenen Ansätzen und Konzepten näher beleuchtet werden. Die starke körperliche Präsenz vieler Jugendlicher und ihre große Affinität zu Musik und Tanz – sicherlich in unterschiedlichen Stilrichtungen – werden im nächsten Kapitel und damit als Basis für den weiteren Verlauf des Erkenntnisweges deutlich.

3 Benachteiligte Jugendliche und ihre kulturelle Praxis

„Die ein gutes Leben beginnen wollen, sollen tun wie einer, der einen Kreis zieht: hat er den Mittelpunkt mit dem Zirkel gut angesetzt und steht der fest, so wird die Kreislinie gut." (Meister Eckhart)

In den folgenden Kapiteln wird es um den Versuch gehen, das Phänomen *Jugend* sowohl aus theoretischen Erkenntnissen und empirischen Erhebungen als auch aus der Beschreibung praktischer Ansätze der Jugendarbeit und der Kulturpädagogik heraus näher zu erfassen. „Die pädagogische Theorie kann nur allgemein von der Kindheit oder dem Jugendlichen sprechen; wo es aber um konkrete Aussagen ginge, entwischt der Betroffene" (DANNER, 2003: 210). Es werden Beobachtungen, Trends und Bilder deutlich, jedoch keine Definitionen geleistet, da es *den* Jugendlichen nicht gibt (vgl. z. B. KORDFELDER, 2002: 63). Das Hauptinteresse gilt dabei jugendkultureller Praxis, die sich sehr differenziert in Erscheinungs- und Ausdrucksformen sowohl der Kreativität und Selbstverwirklichung als auch der Verweigerung und Verzweiflung darstellt (vgl. FERCHHOFF, 2002: 107f.). Unter Berücksichtigung nach wie vor bestehender sozialer Ungleichheitsdimensionen soll aufgezeigt werden, dass die Teilhabemöglichkeiten an persönlichkeitsstärkenden, etwa kulturpädagogischen Angeboten, für benachteiligte Jugendliche gering sind und sehr sensibel wahrgenommen werden müssen. Gerade diese Form der Unterstützung bietet eine Chance, unzureichende oder fehlende personale und soziale Kompetenzen Jugendlicher zu fördern, die in Problemkonstellationen für ihren Individuations- und Integrationsprozess aufwachsen (vgl. HURRELMANN, 1994: 105f. und Kap. 3.1).

Auf dem Weg zum autonomen Erwachsenen sieht sich der Jugendliche einer Vielzahl neuer Erwartungen und Anforderungen gegenüber. Er muss sich selbst und seine komplexen gesellschaftlichen Lebensbedingungen in allem, was er erlebt und erfährt, irgendwie zu verstehen versuchen (vgl. SCHERR, 1997: 127). Die Aufgaben, die er in dieser Zeit bewältigen muss, dienen der sich gegenseitig bedingenden sozialen Integration und der persönlichen Individuation: Erreichen gewisser Unabhängigkeit von den Eltern, Aufbau eines stabilen Selbstwertgefühls und einer eigenen Identität, Hineinwachsen in eine Geschlechterrolle, Erweiterung intellektueller, sozialer und emotionaler Kompetenzen, Entwicklung von Werthaltungen als Lebens- und Orientierungshilfe, Durchlaufen einer möglichst günstigen Schullaufbahn, Gestaltung der Freizeit und eines mündigen Konsumverhaltens, Umgang mit Konflikten und Widerständen in sozialen Bindungen, Berufsfindung und flexible Übernahme einer Berufsrolle. Diese langwierigen Prozesse finden in einer familiären, gesellschaftlichen und kulturellen Umgebung statt, die einerseits grenzenlose Vielfalt verspricht – „Individualisierung in einer pluralisierten Gesellschaft" – andererseits kaum konsequente Leitlinien oder Entscheidungsvorgaben durch verbindliche Regeln vorgibt. Dazu tragen ökonomische und soziale Einschränkungen oder fehlendes pädagogisches Engagement erheblich bei (vgl. FERCHHOFF, 2002: 123). Insbesondere Jugendliche, die dazu noch in ihrer eigenen Entwicklung physischen und psychischen Veränderungen unterliegen, erfahren Orientierungsnöte in der Konstruktion ihrer Biografie, sehnen sich deshalb unbewusst nach Vorbildern. Die Suche Jugendlicher nach Sicherheit in einer Lebenswelt, die zusehends differenzierter und härter wird, und in einem Gesellschaftskontext, der immer weniger für ihre Zukunft garantieren kann, bei gleichzeitigem Streben nach einem hohen Maß von Selbstverwirklichung, stellen auch zentrale Ergebnisse der Jugendforschung dar (vgl. Kap. 3.2).

Unter dem Blickwinkel der Brisanz – etwa fehlende Ausbildungsplätze bzw. dauerhafte Anstellungen, Armut oder familiäre Probleme – für sozial- und bildungsbenachteiligte Jugendliche und ihrer Lebensformen steht die Analyse der sozialarbeiterischen und kulturpädagogischen Konzepte in einer wechselseitigen Spannung (vgl. Kap. 3.3 und 3.4). Besonders die offene Jugendarbeit richtet sich durch die Niederschwelligkeit ihrer Angebote an benachteiligte Kinder und Jugendliche, um sie bei ihrer Lebensgestaltung zu unterstützen, und leistet damit im weitesten Sinne auch eine kulturelle Integrationsarbeit (vgl. KORDFELDER, 2002: 74f.). Kulturpädagogische Angebote sind in der Regel im engeren Sinne auf künstlerische Medien bezogen und richten sich in ihrer ästhetischen und sozialen Praxis an alle Kinder und Jugendliche. Sie sind aber auf verschiedenen Ebenen mit Hemmschwellen belegt: Inhaltlich sind Jugendliche benachteiligt, weil sie solche Angebote gar nicht kennen lernen oder strukturell, weil sie aus räumlichen oder finanziellen Gründen nicht teilnehmen können. Darüber hinaus liegt oft eine persönliche Barriere vor, weil die beteiligten Personen (Leiter, Künstler sowie teilnehmende Jugendliche) sozial schwächeren Jugendlichen fremd sind und bleiben, wenn keine Begegnung und Toleranz auch im Hinblick auf Geschmacks-, Stil- und Modefragen stattfindet. Zur Identitätsbildung von Jugendlichen gehören selbstbestimmte Sozialkontakte genauso wie eine deutliche Abgrenzung von anderen Milieus und Cliquen. So wird im Folgenden dargelegt, welche Bilder von Jugendlichen jeweils vorherrschen, welcher Art ihre kulturelle Praxis sein kann und in welchem Verhältnis diese Praxis zu den vorherigen empirischen und theoretischen Erkenntnissen steht.

3.1 Kulturen des Aufwachsens

Die Lebensphase Jugend mit ihren Gestaltungsräumen und Statusunsicherheiten, mit entsprechenden Rechten, Verboten und Pflichten ist sozial konstruiert. Ob und in welchem Maße sich ein junger Mensch der Altersgruppe „Jugend" zugehörig fühlt, bestimmt er letztendlich selbst. Auch ein einheitliches biologisches Alter für den Jugendstatus wird von einer Gesellschaft unterschiedlich festgelegt (vgl. z. B. HELFFERICH, 1994: 37). Eine ehemals abgrenzbare Jugendphase ist heute zeitlich entzerrt: Zum einen beginnt sie bereits in einem Alter von 10 Jahren mit der Pubertät (physische und psychische Reifung), zum anderen dauern einige Aspekte jugendlichen Lebens bis ins Ende des dritten Lebensjahrzehntes (z. B. Berufsausübung, ökonomische Unabhängigkeit vom Elternhaus). So lassen sich zwei Ebenen der Entwicklung vom Kind- zum Erwachsensein beschreiben: Einerseits die Persönlichkeitsentfaltung und andererseits die gesellschaftliche Eingliederung. Beide Bereiche beeinflussen sich gegenseitig und sind von der Tatsache geprägt, dass heute Jugendlichen Vieles früh möglich ist, was eigentlich erst zum Erwachsenenstatus gehört. Gleichzeitig kann man eine verlängerte ökonomische Abhängigkeit vom Elternhaus konstatieren. So führen veränderte Sozialisationsbedingungen in und durch Familie, Schule, Freizeit, Massenmedien und Lebensraum zu sehr differenzierten Lebenslagen, sozial unterschiedlichen Jugenden und vielfältigen Verhaltensstilen junger Menschen. Sinnvolle Orientierung können Jugendliche nur in einer von Sinn getragenen Umwelt erfahren, in einer *Kultur des Aufwachsens* (vgl. KORDFELDER, 2002: 77), die auch eine soziale und kulturelle Einbettung ermöglicht, nicht nur für Angehörige eines immer kleiner werdenden Bildungsbürgertums. Hier müssen sozial- und kulturpädagogisches Handeln ineinander greifen, um Jugendliche in ihrer Entwicklung zu stärken, die maßgeblich von der Lebenswelt und der Qualität der intersubjektiven Beziehungen abhängt (vgl. z. B. FROMM, 2003: 101).

Das soziale und kulturelle Milieu[1] prägt entscheidend die Adoleszenz, den Übergang von der Kindheit in das Erwachsenenalter, deren Beginn durch die körperlichen und die äußere Gestalt betreffenden Veränderungen der geschlechtlichen Reifung markiert ist. Soziale und psychische Veränderungen kommen als zentrale Begleitphänomene dazu. Für die Adoleszenzphase in heutigen Industriegesellschaften gilt die Gewinnung einer Identität gegenüber der drohenden Zerstückelung und Diffusion des Selbstbildes und des Selbstverständnisses, vor allem bei einer negativen Primärsozialisation, als Kernkonflikt des Jugendalters (vgl. z. B. NAGL, 2000: 66). Die Identität wird in intensiver Auseinandersetzung mit den gesellschaftlich vorgegebenen Normen, Werten und Handlungsanforderungen gesucht, mit denen sich der Heranwachsende bei der Bewältigung seiner Entwicklungsaufgaben konfrontiert sieht. Im Alltagsverständnis wird die Lebenssituation von Jugendlichen von einer großen Vielfältigkeit bestimmt: Mode, Musik, Sprache, hedonistisches Lebensgefühl, Szenen und Gleichaltrigengruppen, Wohnverhältnisse, Elternhaus, Schule und Ausbildungsplatz, Kinos, Cafés, Jugendzentren und Sport, Taschengeld, Einkommen und Jugendkonsumangebot. Die meisten Jugendlichen und jungen Erwachsenen entwickeln eigene Ausdrucksformen und Verhaltensweisen ihres Zusammenseins, die typisch für diese Lebensphase bleiben. Für viele Erwachsene macht gerade dieser Facettenreichtum das Besondere und die Attraktivität der Jugendphase aus. Doch diese Sichtweise täuscht. Schnell lässt man sich gefangen nehmen von dem äußeren Erscheinungsbild, der unübersichtlichen Vielfalt und der scheinbaren Leichtlebigkeit des Alltags von Jugendlichen. An den wesentlichen Grundbedingungen und an der tieferliegenden Struktur der Jugendphase geht diese Sichtweise vorbei. Strukturell betrachtet ist die Qualität von Jugend nicht allein abhängig von dem Wohlstandsniveau, den Qualifikationsmöglichkeiten und der Lebensqualität, die Jugendlichen während dieser Zeit geboten werden. Für Jugendliche ist es objektiv gesehen genauso wichtig, was sich an diese Lebensphase anschließt und ob eine Integration in den weiteren Lebenslauf gelingt und Sinn macht. Die Anstrengungen der Jugendzeit (also das Lernen, das Sich-Qualifizieren-Müssen, die Vorbereitung auf das Erwachsenenleben) müssen sich rentieren, damit ihre Jugend einen Sinn erhält und sie Gegenwart und Zukunft verbinden können. Die Qualität von Jugend hängt auch davon ab, ob Türen zur Zukunft geöffnet werden, zu einer gelingenden Biografie – oder wenigstens zu den ersten Schritten in eine gelingende Biografie. Deshalb hat die Jugend eine doppelte Beziehung zur Zukunft: Sie ist nicht nur gebunden

1 Hiermit ist eine größere Gruppe von Menschen gemeint, die über ähnliche Prinzipien und Muster der Lebensgestaltung verfügen, die also ihrer Mentalität und Kultur nach ihren Alltag in ähnlicher Weise bewältigen. „Was die Milieus trotz ihrer Heterogenität ähnlich und vergleichbar macht, ist ein einheitlicher Modus alltäglicher Lebensführung“ (BÖHNISCH, 1993: 156).

an gesellschaftliche Entwicklungen, sie muss im Rahmen dieser gesellschaftlichen Zukunft ihre biografische Zukunft suchen und finden (vgl. BÖHNISCH, 1993: 159ff.).

Die Schatten sozialer Belastungen legen sich schon für viele zu einer Zeit über die Jugend, zu der sie die Jugendphase eigentlich als sozial risikofreien Experimentierraum nutzen sollten, um selbstbestimmt und eigenständig in die Erwachsenen- und Erwerbsgesellschaft hineinwachsen zu können. Jugendliche müssen die Widersprüchlichkeiten zwischen den entgegengesetzten Jugendbildern – einerseits noch nicht fertige Menschen in einer Übergangszeit, andererseits eigenständige Persönlichkeiten in einer spezifischen jugendkulturellen Lebensphase zu sein – selbst ausbalancieren und bewältigen. Soziale und kulturelle Benachteiligung zeigt sich im Bild des Ausgeschlossenseins von gesellschaftlichen Entwicklungsprozessen, eine subtile Form der Nichtberücksichtigung von Gruppen, weniger eine offensichtliche Deklassierung einer ehemals sogenannten „Unterschicht". Nicht alle Jugendlichen haben die Chance bzw. die nötige Unterstützung, wenn sie den Wunsch und die Kraft haben, für sich selbst neue und alternative Lebensformen auszuprobieren. „Der Bildungsaspekt ist so der Dreh- und Angelpunkt für das Verständnis der modernen Jugendphase" (BÖHNISCH, 1993: 162). Gerade über schulische Bildung wird separiert, die Konkurrenz wird härter, der Abstand zwischen Gymnasiasten und Hauptschülern wird immer größer. So fühlen sich z. B. Hauptschülerinnen und weibliche Auszubildende oder Arbeitslose, als eine mögliche neue Zielgruppe kulturpädagogischer Arbeit, in eine verkürzte Jugend und in Überforderungen gedrängt (vgl. HELFFERICH, 1994: 127). Dabei tragen alle Erziehungs- und Bildungseinrichtungen eine entscheidende Mitverantwortung, doch durch die Institution „Schule" wird Jugend vor allem konstituiert. Sie dient auch als Raum jugendlicher Alltagskultur, in dem Jugendliche beispielsweise in Pausenzeiten unter ihresgleichen die Freizeit planen. In Deutschland gibt es ein mehrgliedriges Schulsystem, welches eher kontraproduktiv zum Abbau sozialer Bildungsbarrieren beiträgt: „Nach wie vor ist Chancengleichheit im Bildungssystem nicht realisiert und die Wahrscheinlichkeit des sozialen Aufstiegs durch Bildung eher gering" (SCHERR, 1997: 94). Soziale und kulturelle Milieus werden durch die meist vorbestimmten Schultypen (wie Haupt- und Förderschule) noch verstärkt, das Erwartete wird nur in Ausnahmefällen durchbrochen. Dies ist jedoch kein linearer Prozess, denn sowohl emotionale Barrieren gegenüber „höheren" Schulen, wie Fremdheits- und Versagensängste, als auch soziale, etwa die bisherigen, meist destruktiven Bildungs- und Berufserfahrungen des familiären Umfelds, versperren Jugendlichen aus benachteiligten Milieus einen Zugang zu alternativen Bildungswegen.[2]

Darüber hinaus übt die Schule maßgebliche Einflüsse auf die Persönlichkeitsentwicklung eines Jugendlichen aus. Sein Selbstwertgefühl wird durch das Fähigkeitskonzept und dieses wiederum durch die schulische Leistung und Bewertung geprägt. Eine entsprechende Cliquenbildung und die Reaktionen der Familie verstärken oder mildern, je nachdem, ob die schulischen Leistungsnormen akzeptiert werden, diesen Einfluss (vgl. OERTER/MONTADA, 1987: 324; BECKER/LAUTERBACH, 2004: 12ff.). Es bilden sich unterschiedlichste jugendliche Lebensstile heraus, die in ihrem spezifischen Maße mit Symbolen der Verdrängung oder Veränderung arbeiten und sich darüber eine eigene Ausdrucksform verleihen, die in einer qualitativen Jugendforschung mehr Raum erhalten müsste (vgl. BELGRAD/NIESYTO, 2001: 57). Der Einfluss der Jugend- und Trendkulturen auf Freizeitverhalten, Mode und Musikgeschmack junger Menschen scheint ungebrochen. Dabei impliziert der Begriff „Jugend-Szene" mit seiner Nähe zum Theater bereits die wichtige Erkenntnis, dass es sich um ein Spiel handelt. Ein Spiel, in dem verschiedene – in der Regel von der Kulturindustrie vorgefertigte – Rollen vor aufgeschlossenem Publikum erprobt werden und bei Bedarf schnell verändert oder auch abgelegt werden können. Die Jugendsoziologie und Werbewirtschaft gehen heute von über 500 verschiedenen Jugendkulturen bzw. -szenen aus (vgl. BASTIAN, 2002: 628). Das Erleben in der Gruppe spielt dabei eine nicht zu unterschätzende Rolle für das Profil heutigen Jugendlebens, wobei an dieser Stelle nicht zwingend die Zugehörigkeit zu bestimmten Jugendszenen fokussiert wird, sondern vielmehr die Art und Weise, wie sich junge Menschen innerhalb ihres Alltags zwischen Schule, Elternhaus, Peer Group (gleichaltrige Bezugsgruppe) und auch anderen sozialen Kontakten bewegen. Zwischen den medialen Offerten unbegrenzter Möglichkeiten auch in virtuellen Handlungsräumen und den tatsächlich nutzbaren Räumen und Gelegenheiten eigener kultureller Praxis besteht für viele Jugendliche eine Diskrepanz. So hat sich auch gezeigt, dass nur Jugendliche, die Erfahrungen mit konkreten, kreativen und verantwortungsvollen Tätigkeiten haben, ihre technische Mediennutzungskompetenz sinnvoll für Entspannung, Gemeinschaftserleben und Selbstbildung anwenden können und nicht im reinen, oft einsamen Medienkonsum verweilen (vgl. NAGL, 2000: 45). Aus dem Arsenal kurzlebiger multimedialer

2 Forderungen nach einer Bildungsreform in der Diskussion um das gegliederte Schulsystem finden sich bereits in den siebziger Jahren. Über eine stärkere Nähe von Schule und Alltags- und Arbeitswelt soll eine optimale Begabungsförderung mit einer gleichzeitigen politischen Verbesserung sozialer Chancen erreicht werden (vgl. z. B. LOWINSKI, 1970: 246ff.). Die aktuell durch PISA hervorgerufenen Diskussionen über die Abhängigkeit der Bildungschancen von der sozialen Herkunft verfolgen immer noch ähnliche Ziele in Richtung Einheits- und Ganztagsschule als Lebenswelt (vgl. SEITHE in: Thema Jugend, 2003 b: 11ff.).

Selbstdarstellungsmuster oder illusionärer Alltagsdarstellungen in den „daily soaps“ setzen sich Jugendliche oftmals ihre eigene Identität, in Unkenntnis der gesellschaftlichen Realität außerhalb von Familie und Schule, bruchstückhaft zusammen. Als entscheidende und zentrale Fähigkeit ist von daher die produktive Auseinandersetzung mit der Unsicherheit der Wirklichkeit und der Widersprüchlichkeit der Dinge zu sehen, die gerade kulturelle Bildung vermitteln möchte und damit bei den intuitiven Kräften sowie den chaotischen Gedanken und Gefühlen vieler Jugendlicher Anschluss findet (vgl. ROTH a, 2001: 198f.).

Die meisten Jugendlichen spüren in ihrer Adoleszenz den Drang, mit Gleichaltrigen Freundschaften zu schließen, zu einer passenden Gruppe dazu zu gehören und jemand Selbständiges zu sein. Mit zunehmenden Alter wächst die emotionale Bedeutung solcher Beziehungen, die sowohl das Selbstwertgefühl steigern als auch das Verhältnis zu den Eltern oder anderen erwachsenen Bezugspersonen relativieren. Für diese Zugehörigkeit zu einer Peer Group gehört die Entwicklung einer eigenen Art von Kultur, mit der sich eine bestimmte Menge Jugendlicher identifizieren, um sich einerseits der Kontrolle von Erwachsenen zu entziehen, andererseits sich mit ihnen auch auseinanderzusetzen. Neben Mode- und Freizeitinteressen bilden sich ebenso spezielle Formen der Gemeinschaftlichkeit und des Umgangs miteinander heraus. Trotzdem wollen sich Jugendliche nicht gerne auf einen Lebensstil festlegen lassen, tun sich schwer damit, eine Position zu beziehen (vgl. KLAWE, 1996: 62). Die Reaktionen und Verarbeitungsformen Jugendlicher angesichts der lebensweltlichen Herausforderungen stellen sich facettenreich und widersprüchlich, so wie die gegenwärtigen Wandlungsprozesse selbst, dar. Es gibt kaum eine Jugendkultur ohne spezifische Musik und Tanzstile, die zu mehr Lebensgenuss beitragen können, eine Sehnsucht fast aller junger Menschen. Eine der vorrangigen, weltweit verbreiteten und beliebtesten Musik- und Tanzszenen von Mädchen und Jungen ist der *Hip Hop* (vgl. ZINNECKER, 2003: 144 und 165f.), der nun beispielhaft vorgestellt wird. Hier steht das aktive Teilnehmen, das Selbermachen, im Mittelpunkt; denn zunächst ist Hip Hop Ende der siebziger Jahre als Präventions-Jugendkultur entstanden. Doch durch die Übernahme der äußeren Merkmale von der Industrie und somit einer breiten Masse der Konsumgesellschaft gehen oft innere Werte und alternative Lebensentwürfe einer Jugendkultur, so auch des immer noch aktuellen Hip Hop, verloren.

Die Hip Hop-Kultur ist einerseits lokal zu verstehen, als ursprüngliche Lebenswelt der jugendlichen Rapper und Breaker, aber andererseits ist der Hip Hop durch die Mediatisierung und Kommerzialisierung zu einem globalen Phänomen bei Heranwachsenden geworden. Hip Hop in Deutschland wird oft als ein Artikulationsmedium für regionale Themen und Konflikte verstanden. Er ist im Zuge der Migration und im Austausch verschiedener Kulturen entstanden, die sich einen lokalen Zusammenhang produktiv aneignen. Die Hip Hop-Kultur bietet Jugendlichen viele Möglichkeiten, selber aktiv zu werden und die eigene Lebenswelt darzustellen und zu verarbeiten. Neben Rap (Sprechgesang), Djing (Musik mischen und auflegen) und Graffiti (grafische Sprühkunst) gerät der jugendliche Körper besonders beim Break Dance (eher Jungen) und beim Hip Hop-Tanzen (eher Mädchen) sehr in den Mittelpunkt (vgl. Kap. 4.2). Da die Lebensräume heute wenig Anreize für Körpererfahrungen und die Entwicklung motorischer Geschicklichkeit bieten, der freie Bewegungsraum für Kinder und Jugendliche immer stärker eingeschränkt wird, nimmt die Bedeutung und Förderung jugendkultureller Eigenbewegung in ihren spezifischen Tanzformen zu (vgl. NAGL, 2000: 49).

In den Stadtteilen mit Erneuerungsbedarf an der Peripherie der Städte herrscht sicherlich eine allgemeine ethnisch-kulturelle Vielfalt vor, doch weder im engeren Begriffssinn der Kultur findet sich hier wenig Differenziertheit kulturell-künstlerischen Ausdrucks- und Lernvermögens noch im weiteren Sinne einer frei gestalteten Lebensführung. Soziale Ungleichheit führt zu einem Aufwachsen in subjektiver Armut und kultureller Einseitigkeit im Sinne fehlender Alternativen oder Fähigkeiten zur Perspektivübernahme und Anschlussfindung. Viele benachteiligte Jugendliche wollen und können an ihrer Situation nicht aktiv etwas verändern, denn für sie ist etwa der Hip Hop „nur" gute Musik, bei der sie sich wohl fühlen können, die anderen Elemente dieser Kultur werden eher vernachlässigt bzw. sind ihnen nicht bekannt. Einige nutzen ihn eher rezeptiv, zumindest ein kultureller Akt der Auswahl, andere setzen sich kreativ mit den entsprechenden „Stars" und ihren Texten auseinander. Inhaltlich sind hier sowohl Tendenzen bis hin zu einer Glorifizierung von Gewalt und Prostitution als auch von einer Befreiung und besseren Gestaltung der allgemeinen Lebenssituation in der Gesellschaft zu finden. Dieser Prozess der sozialen und kulturellen Ungleichheit wird durch die unterschiedlich niveauvolle Nutzung der Medienangebote noch verstärkt (vgl. VOLLBRECHT, 2002: 295ff.). An dieser Stelle geht es um eine Gratwanderung: Einerseits sind alltagskulturelle Praxen benachteiligter Jugendlicher wertzuschätzen. „Es müßte gezeigt werden, daß die Gleichberechtigung der Kulturen nur dann anerkannt werden kann, wenn innerhalb jeder Kultur die Unterschiede zwischen hoher und niedriger Kultur beibehalten werden" (MUSOLFF, 1997: 412). Gleichberechtigung heißt also nicht, dass alle Jugendlichen die gleiche „höhere" oder „niedrigere" kulturelle Praxis leben müssen. Andererseits gibt es normative und moralische Grenzen etwa in Bezug auf Legalität, aber auch in Bezug auf Teilhabemöglichkeiten an der Entwicklung sozialer und kultureller Ziele. „Wenn solche Chancen fehlen, werden sie von jungen Menschen geschaffen und stolz als ‚das Eigene' präsentiert" (ECKERT, 2000: 434). Oder anders formuliert:

„Aktivitäten wie ‚Jacken abziehen', ‚Automaten aufbrechen' oder ‚betrunken Auto fahren' sind anzusiedeln im Spannungsfeld von strukturellen Rahmenbedingungen und subjektiver Zurechenbarkeit und Verantwortlichkeit, es sind aber in diesem Sinne eben keine ‚Kompetenzen', sondern eher prekäre Verhaltensweisen, die gemäß den spezifischen Wertsetzungen der Kinder- und Jugendarbeit zu bearbeiten wären" (LINDNER b, 2003: 58f.).

Die wissenschaftliche Befassung mit dem Thema Jugendkultur hängt heutzutage immer zeitlich hinterher, während die „cultural studies"[3] in ihrer ersten Beschäftigung mit dem eigenständigen kulturellen Ausdruck der englischen Arbeiterklasse der siebziger Jahre noch relativ nah an den Jugendlichen sein konnten. Hier gilt eher der breite Kulturbegriff einer populär-ästhetischen Praxis im sozialen Lebensraum, die von Macht- und Gewaltverhältnissen bestimmt nicht so stark einem steten Wandel unterworfen gewesen ist. Im Sinne Seels (vgl. Kap. 2.4.1) möchte diese Arbeit sich eher der ästhetischen Praxis der Kunst widmen, im Besonderen der Tanzkunst, um sie denen zugänglich zu machen, die sonst diesen speziellen Erfahrungsraum nicht hätten. Dabei sollen weniger rein imitative Tanzformen als vielmehr der kreative Tanz zur Förderung eines individuellen Bewegungsausdruckes im Blick sein (vgl. Kap. 5.3). Die Ästhetik der Kunst ist eine Option gegen die Anästhetisierung (vgl. WELSCH, 1990) durch die Alltagswelt – ein Beitrag zur Identitätsentfaltung Jugendlicher, die darüber hinaus ihre eigenen künstlerischen Fähigkeiten je nach Begabung entdecken können. Idealerweise fände eine Implementierung dieser ästhetisch-künstlerischen Praxis im Ganztagsangebot von Schulen, ohne finanziellen Mehraufwand für benachteiligte Kinder und Jugendliche, statt. Dafür wäre qualifiziertes Personal notwendig, das zusätzlich zuverlässige und dauerhafte Beziehungsarbeit gewährleistet. Die alltäglichen Unterschiede zwischen Jugendlichen verschiedener Schultypen, Lebensräume, familiärer Herkünfte und Szenezugehörigkeiten verschließen oder ermöglichen die Zugänge zu bestimmten außerschulischen Institutionen, wie etwa einerseits die Häuser der offenen Tür oder andererseits die Jugendkunstschulen. Damit soll nicht gesagt werden, dass die Arbeit, die Kultur, das Zusammensein hier oder dort besser oder schlechter wären, sondern dass unfreiwillige oder unüberwindbare Widerstände abgebaut werden sollen.

Darüber hinaus finden sich immer mehr positive Praxisbeispiele, Aufführungen, Filme oder Umfragen, die aufweisen, dass kulturpädagogisches Arbeiten einen Beitrag etwa zur Gewalt- und Suchtprävention liefert. Über die

3 In der vom Centre for Contemporary Cultural Studies entwickelten Jugendkulturtheorie wird „Kultur" einerseits sehr weit als Voraussetzung und Produkt der Lebenspraxis von Individuen und Gruppen verstanden, die andererseits von Jugendlichen unter den vorgefundenen Bedingungen selbst mitgestaltet werden kann und dann als klassenspezifische Jugend(sub)kultur bezeichnet wird (vgl. SCHERR, 1997: 132).

Erfahrung und Bestätigung eigener Kompetenz, z. B. im Break Dance, können sowohl Misserfolge kompensiert als auch eine alternative Ausdrucksform für negative Gefühle gefunden werden (vgl. ECKERT, 2000: 432). Oder übertragen formuliert, „[...] meint [Anm.: Kultur] im Grunde nichts als diese Arbeit der Gestaltung, diese Veränderung des Vorgefundenen, die darauf abzielt, das Leben zu ermöglichen und schließlich die Bedingungen für ein reicheres, erfülltes Leben zu schaffen“ (SCHMID, 1998: 129). Der auf künstlerische Ausdrucksformen bezogene Kulturbegriff steht mit einem weiten Kulturverständnis im Sinne von Manifestationen menschlichen Seins und Zusammenlebens in enger Verbindung. Um festgelegte Wertungen einer „guten“ oder „schlechten“ Kultur bzw. eine genaue Definition von Kultur zu vermeiden, geht es im Folgenden um Beschreibungen unterschiedlicher Erscheinungsweisen von Jugendlichen unter einem körperorientierten Blickwinkel. So können Anknüpfungspunkte und Handlungsfelder für pädagogisches Arbeiten eröffnet werden, in denen das, was Kultur auch sein könnte, erst aus gleichberechtigten Anstrengungen oder Spielen geschaffen wird. Jugendliche stellen keine „Objekte“ von Erziehungs- und Bildungsbemühungen dar; sie sind Menschen, die wohl einerseits auf Schutz und Unterstützung angewiesen sind, andererseits aber auch eine eigenständige und kompetente Rolle etwa in der Jugendarbeit oder -kulturarbeit spielen. Jugendliche haben eine kulturelle Grundprägung durch die Primärgruppe Familie, in der sie eingebunden sind bzw. waren und durch die Gesellschaft, in der sie leben. Dieses kulturell vorgegebene und mitgegebene Erbe verändern, bereichern oder überwinden sie durch die kreative Produktion eigener Kulturen, die mit ihren Träumen, Erwartungen, aber auch Ängsten in Bezug auf das Leben ausgestattet sind. Benachteiligt sind solche, die aufgrund eines mangelnden Zuganges zu ihren Ressourcen keine individuellen Lebensentwürfe gestalten und umsetzen können, denen das dazu notwendige Selbstwertgefühl, die Selbstaktivität oder entsprechende Beziehungsnetzwerke fehlen (vgl. HURRELMANN, 1994: 158). „Damit gewinnt die sozialpädagogische Form der ‚Kulturarbeit‘ ein besonderes Gewicht [...]“ (GEPHART, 1986: 264), die für eine Gemeinschafts- und Integrationsstruktur Sorge trägt, so dass auch sozial- und bildungsbenachteiligte Jugendliche an einer sinnerfüllten Kultur (Identifikation, Beruf, Familie, Lebenskunst usw.) teilhaben können. Dabei müssen manchmal schier unüberwindbar scheinende Abgründe zwischen der jeweiligen Lebenswelt und den entsprechenden gesellschaftlichen Systemen überbrückt werden. Soziale Integration in einer gesellschaftlichen Dynamik von Individualisierung und Konkurrenzkampf muss in allen Erziehungs- und Bildungsbereichen stärker eingefordert werden. Ein möglicher Weg dahin bildet eine Kultur der Fürsorglichkeit, der Kooperation und der Kreativität für neue Optionen, in der Jugendliche erleben, wie wichtig eine emotionale und körperliche Ausgeglichenheit sind (vgl. GOLEMAN, 2004: 8ff.). Neben dem weiten Begriff von „Kultur als Lebensweise“ und dem engen „Kultur als Kunst“ muss dieser dritte Begriff von „Kultur als Humanisierung“ (vgl. FUCHS, 2002: 110) für die kulturpädagogische Zielsetzung in der Arbeit mit benachteiligten Jugendlichen grundlegend sein. Das hat zur Folge, dass die sensibel wahrgenommene Alltagsästhetik ihrer Reiz- und Lebenswelt Mittelpunkt des künstlerischen Prozesses wird, der wiederum die Wahrnehmung und Bewertung der Jugendlichen selbst verändert (vgl. Kap. 6.1).

3.2 *Jugendliche* in der Jugendforschung

Welches Bild der kulturellen Praxis Jugendlicher in den Ergebnissen der Jugendforschung durchscheint, wird nun vor allem unter der Frage nach einer kulturellen Benachteiligung bestimmter Zielgruppen herausgearbeitet. Dabei fällt als erstes auf, dass an vielen Stellen sozial- und bildungsbenachteiligte Jugendliche, wie etwa Förder- und Hauptschüler, in den Umfragen nicht repräsentiert werden.

„In Nordrhein-Westfalen wächst jedes siebte Kind in relativer Armut auf, also in Verhältnissen, in denen in der Regel der Kontakt mit einer förderlichen Lernumgebung fehlt“ (SCHÄFER in: Kultursekretariat NRW, 2003: 19). „Relativ arm“ ist, wer über so geringe materielle, kulturelle und soziale Mittel verfügt, dass er von einer Lebensweise ausgeschlossen ist, die in seinem Staat als Minimum gilt. Dazu ergänzend meint „subjektive Armut“ für sozial benachteiligte Jugendliche, dass sie „nicht über die Statusgüter verfügen, die nach ihrem subjektiven Ermessen für die Anerkennung unter Gleichaltrigen von hoher Bedeutung sind“ (MANSEL, 2000: 69). Immer mehr jungen Menschen mangelt es auch in Deutschland vor allem an der positiven Lernerfahrung, mit wechselnden Lebenssituationen umzugehen und in einer differenzierten Kultur eigene Chancen für sich zu erkennen. Vielen fehlt die Motivation, für sich und für andere Verantwortung zu übernehmen, weil sie in ihrem Leben oft kein Erfolgserlebnis hatten. 23 % aller Schüler erreichen nicht den Hauptschulabschluss, davon sind etwa die Hälfte Migranten (vgl. SEITHE in: Thema Jugend, 2003 b: 11). „Zudem ist es für viele Jugendliche schwerer denn je, einen adäquaten Ausbildungsplatz und im Anschluss daran eine dauerhafte Anstellung zu finden“ (PALENTIEN, 2003: 91). In Deutschland besteht ein großer Zusammenhang zwischen sozialer Herkunft und Leistungsniveau. Viele dieser Jugendlichen haben nie erfahren, dass Lernen und Wissen auch für ihre Persönlichkeit und für die Teilhabe an der kulturellen Vielfalt wichtig sind. Es fehlen oft schon basale Kommunikationskompetenzen, die nur über eine neue Form von Schule und Haltung der Lehrenden vermittelt werden könnten. Wer den elaborierten Sprachcode nicht beherrscht, wird im Schulsystem durchfallen. Dabei fehlt es den Kindern aus bildungsfernen Schichten nicht unbedingt an Intelligenz, sondern an frühestmöglicher Sprachförderung. Da die Herkunftsfamilien die Erziehungsdefizite selber nicht ausgleichen können – Probleme und Konflikte der Jugendlichen ähneln denen der Erwachsenen, eine Art „soziale Vererbung“ von Benachteiligung (vgl. BÖTTCHER, 2002: 39) –, bedarf es vor allem der frühkindlichen Bildung und der kontinuierlichen Begleitung. „Bildung verbessert darüber hinaus die Fähigkeit von Kindern und Jugendlichen, ihre individuelle Lebenslage zu gestalten, und ermöglicht gesellschaftliche Partizipation, ihr Fehlen aber auch, als Kehrseite der Medaille, soziale Ausgrenzung“ (PALENTIEN, 2003: 101). Leider geht die politische Bildungsplanung oft von aktuell wirtschaftlichen Interessen aus, dadurch wird die Selektion noch größer, denn „niedrige“ Schulabschlüsse und einfache Arbeit sind nicht marktfähig. Auf der Basis genauerer, mehrjähriger Biografieforschungen von benachteiligten Jugendlichen, was die Jugendstudien nicht leisten, wäre zu untersuchen, mit welchen Ansätzen noch im Jugendalter sinnvoll unterstützt werden kann, z. B. Körperarbeit zur Förderung der Selbstwahrnehmung, des Selbstwertgefühls über körperliche Erfolgserlebnisse, der Kommunikationsfähigkeiten, der emotionalen und sozialen Intelligenz; oder Arbeitsformen der kulturellen oder vorberuflichen Bildung im ganzheitlichen Sinne (vgl. z. B. ECK, 1988; BKJ, 2000; GOLEMAN, 2004).

„Kinder und Jugendliche haben auch in ihren sozialen und kulturellen Freizeitpraxen zwischen diesen beiden Polen der Individualisierung – dem Zugewinn an Freiheit und dem damit gegebenen Druck, entscheiden zu müssen – auszubalancieren“ (THOLE, 2000: 196). Die Freizeitangebote stellen sich dabei unüberschaubar vielfältig in ihren Inhalten und Formen, ebenso in ihrer räumlichen und finanziellen Erreichbarkeit bzw. Zielgruppenorientierung dar. Kulturelle Ungleichheiten formulieren sich im Jugendalter nicht mehr ausschließlich über das „Haben“, sondern die sozialen und intellektuellen Kompetenzen, die über Art und qualifizierten Umgang mit den Ressourcen befinden, nehmen einen prägenden Einfluss (vgl. THOLE, 2000: 198f.). Die Bilder von Jugendlichen zeichnen sich nach den Ergebnissen der letzten Jugendstudien folgendermaßen (vgl. ZINNECKER, 2002):

- Jugendliche denken pragmatisch, sind angepasst und materiell orientiert.
- Jugendliche sind marken- und konsumorientiert.
- Sie verhalten sich in der Gegenwart meistens naiv-optimistisch.
- Sie orientieren sich an der schnelllebigen Zeit und sind kommunikationsfreudig.
- Die Schule dient ihnen als organisierende Kraft moderner sozialer Netzwerke.
- Jugendliche sehen die allgemeine Zukunft eher pessimistisch.
- „Schwache“ Jugendliche haben wenig Lernfreude in der zensurengeprägten Schule.
- Sie besitzen keine stabilen Identitätsentwürfe.
- In Deutschland fehlt eine motivierende Lernkultur.

- Den niedrigsten Selbstwert besitzen 13-15-jährige Mädchen und leistungsschwache Schüler und Schülerinnen (vgl. auch THOLE, 2000: 199).
- Sicherheit definieren Jugendliche über Beruf, Familie, Haus und Auto.

Diese tendenziellen Ergebnisse decken sich mit den vorher beschriebenen sozialen und kulturellen Phänomenen (vgl. Kap. 3.1). Trotz des gesellschaftlichen Wandels ist im Allgemeinen das gesellige und kommunikative Moment der prägende Faktor für die häufigsten Freizeitbeschäftigungen von Jugendlichen, dem sollte auch in kulturpädagogischen Projekten genüge getan werden. Die Hauptfreizeitinteressen von Jugendlichen zeigen sich in Aktivitäten wie Freunde treffen, Vergnügungen nachgehen, Musik hören und Sport treiben. Darin liegen die favorisierten kulturellen Praxen Jugendlicher im Alltag. Nach den Umfragen zufolge mögen: a) 62% der jungen Leute aktiv Sport treiben, b) 53% sich vergnügen, c) 52% Musik hören (vgl. ZINNECKER, 2002: 65). Hinter dem Terminus „sich vergnügen" verbergen sich Aktivitäten wie „Party Machen" und „Abfeiern", Flirten und Besuch des Kinos als ein exklusiv jugendzentrierter Vergnügungsort. Die Mehrheit der 10-18-Jährigen hört und macht Musik in der Freizeit, dabei sind Mädchen etwas stärker engagiert, so wie sie auch grundsätzlich eher als Jungen institutionalisierte Freizeitangebote im kulturell-ästhetischen Bereich nutzen (vgl. THOLE, 2000: 199). Es findet sich auch ein deutlicher Hinweis der Autoren auf Hip Hop (vgl. ZINNECKER, 2002: 66f.). Musik hören – Musik-Vorlieben: Hip Hop 50%, Charts 43%, Pop 39%, Techno 33%, Diskomusik 25%. 50% hören Musik öfters irrsinnig laut. Mädchen tendieren eher zu „soften" Musikrichtungen, z. B. Blues, Soul, Gospel, Pop. Jungen tendieren zu Rock, Heavy Metal oder Techno, die Härte, Technik und Aggression ausdrücken (vgl. ebd.: 144 und Kap. 4.2). Die Kommunikation der jüngeren Generation ist stark medial vermittelt. Die Medien dominieren die Gestaltung verschiedenster Freizeitaktivitäten, der Freizeitbereich „Computer und Internet" ist insofern mit 34% (vgl. ebd.: 66) unterschätzt, als er auch in andere Bereiche der Freizeit mit einfließt.

Es gibt in der Zinnecker-Studie keinen expliziten Hinweis auf das Fehlen von Räumen für kulturelle, künstlerische und kreative Praxis, jedoch gibt es einige Fragestellungen und entsprechende Ergebnisse, die Rückschlüsse auf einen solchen Mangel zulassen. Im Rahmen der Befragung von Jugendlichen a) zu ihrer Wohnumgebung und b) zu ihren Empfehlungen an Politiker ergeben sich folgende Schwerpunkte. Zu a): Zu wenig Altersgenossen in ihrer unmittelbaren Umgebung (45% der 13-15-Jährigen); zu wenig Platz, um sich mit Freunden zu treffen (36% der 16-18-Jährigen). Bereits hier zeichnet sich ab, dass die lokalen Gegebenheiten im Sozialraum von Jugendlichen oft als ungünstig empfunden werden, so dass ihre kulturelle Freizeitpraxis (sich mit Freunden treffen, Musik hören, tanzen...) eingeschränkt bzw. behindert wird (vgl. ebd.: 77ff.). Zu b): Jugendliche (13 bis 18 Jahre) empfehlen: mehr Arbeitsplätze (39%); mehr Lehrstellen/Ausbildungsplätze (39%); mehr für die Zukunft der Jugend tun (34%); mehr Freizeitangebote (34%); mehr Bildungsmöglichkeiten (25%) und die Förderung des Sports (21%). Hier werden ganz deutlich verschiedene Bereiche kultureller Bildung und Praxis im weitesten Sinne angesprochen, die als mangelhaft oder unzureichend empfunden werden und verbessert werden sollten (vgl. ZINNECKER, 2002: 84ff.). Die Autoren treffen kaum Aussagen über benachteiligte Jugendliche und ihre kulturelle Praxis. Eine Ausnahme bildet die Frage nach bevorzugten Musikrichtungen. Heavy Metal wird eher von leistungsschwachen Schülern bevorzugt, da er zum Abbau von Schulfrust beiträgt (vgl. ebd.: 145). Genauere Aussagen über Körperempfinden, körperlichen Ausdruck und spezielle Orte der kulturellen Praxis wären spekulativ, da diese Studie nicht näher auf diese Aspekte eingeht.

Die 13. Shell-Jugendstudie aus dem Jahr 2000 differenziert bzw. beleuchtet besonders stark die unterschiedlichen und gemeinsamen Tendenzen zwischen deutschen und ausländischen Jugendlichen. Dieser Aspekt soll in dieser Zusammenfassung nur am Rande erwähnt werden, es sei denn er steht in direktem Zusammenhang mit dem Themenkomplex der Benachteiligung. Favorisierte „kulturelle" Praxen Jugendlicher in der Freizeit sind:

- Feiern/Partys (98%)
- Zu Hause Treffen/Musik Hören (96%)
- Einkaufsbummel (92%)
- „Rumhängen" (88%)
- Urlaubsreisen (87%)
- Diskobesuche (85%)
- Kneipenbesuche (82%)
- Sport (81%)
- Spaziergänge (79%)
- Konzertbesuche (71%)
- Computerspiele (69%)
- Hausaufgaben/Lernen/Weiterbildung in der Freizeit (68%)

Die oben genannten Freizeitbeschäftigungen werden von einer breiten Masse von Jugendlichen vollzogen. Andere Beschäftigungen, wie z. B. selbst in einer Band Musik zu machen (23%), haben eine begrenzte Teilnehmer-Klientel, vornehmlich aus höheren, gebildeten Milieus (vgl. auch WAHLER, 2004: 137). Besucher von Jugendzentren (39%) finden sich in der Gruppe männlicher türkischer und italienischer Jugendlicher und (etwas seltener) in der Gruppe weniger privilegierter deutscher Jugendlicher (vorwiegend männlicher). Einkaufsbummel und Spaziergänge sind typisch weibliche Aktivitäten. Zum „Rumhängen" bekennen sich eher deutsche Jugendliche als ausländische Jugendliche. Die zentrale These der Autoren dazu lautet: „Jugendliche, die über höhere Persönlichkeitsressourcen verfügen, die ihr Leben stärker in die eigenen Hände nehmen, überdurchschnittlich mobilitätsbereit und eher bereit zur beruflichen Selbständigkeit sind, gehen häufiger auf Konzerte, beschäftigen sich öfter am Computer, machen öfter Hausaufgaben und treiben wesentlich öfter Sport“ (DEUTSCHE SHELL, 2000: 207f.).

In diesem Kontext stellen die Autoren fest, dass ein höherer Anteil ausländischer als deutscher Jugendlicher nie Konzerte besucht und nie Hausaufgaben macht. Es stellt sich folglich die Frage: Ist der notwendige Schluss hier, dass ausländische Jugendliche eine besonders starke Tendenz zur Benachteiligung aufweisen? Sport zu treiben und sich am Computer zu beschäftigen sind Aktivitäten, die eher männliche Jugendliche praktizieren, diese Geschlechtsunterschiede werden unter türkischen Jugendlichen noch deutlicher. Die Bereiche Feiern/Partys und Freizeitbeschäftigungen zu Hause weisen keine bemerkenswerten Unterschiede bezüglich Nationalität, Geschlecht, Bildung oder Alter auf. Doch bei der Computernutzung und den sogenannten Outdoor-Aktivitäten ist insbesondere unter den türkischen Jugendlichen eine große Geschlechterdifferenz erkennbar. Fazit ist, dass die Mädchen in diesem Kulturkreis einen wesentlich engeren Aktionsradius haben als die Jungen. Ausländische Jugendliche pflegen vermehrt Tätigkeiten in der Gruppe, häufig in Gruppen die von gemischten Nationalitäten geprägt sind, vielmehr als die deutsche Jugendliche tun. Die deutschen Jugendlichen tendieren eher zum Einzelgängertum (vgl. DEUTSCHE SHELL, 2000: 205ff.).

Es finden sich keine speziellen Aussagen zur Bedeutung des Körpers, der Bewegung und des Tanzes. Mögliche Hinweise auf fehlende Räume für die Kulturpraxis der Jugendlichen sind nicht konkret zu lesen. Aber, wenn eine Ausgangsthese sein könnte, dass kulturelle, künstlerische und kreative Praxis auch den Aspekt zwischenmenschlicher Begegnung beinhaltet, dann wird den Jugendzentren, Sportvereinen oder informellen Freizeitorten (Kneipen, Partys) eine besondere Rolle zu Teil. An diesen Orten findet am ehesten ein zwangloses Miteinander bzw. Begegnung verschiedener Kulturen vor allem im Sinne von Nationalitäten statt. Auf ein Fehlen solcher Räume deuten die Autoren nicht explizit hin. Jedoch die Tatsache, dass deutsche Jugendliche in ihrer Freizeitbeschäftigung nur wenig auf gemeinsames Handeln mit ausländischen Freunden hinweisen, kann auf einen Mangel an interkulturell ausgerichteten Einrichtungen oder auf mangelndes Interesse hinweisen.

Die Forschergruppe dieser umfangreichen, zeitintensiven Jugendstudie stellt in der Zusammenfassung eher eine Orientierung an traditionellen und Sicherheit versprechenden Werten, wie Beruf, Leistung und Familie, als an reinen Konsumwerten bei den Jugendlichen fest. Problematisch sei die konkrete Umsetzung in der eigenen Biografie, da die gesellschaftlichen Verhältnisse ungerecht und undurchsichtig sind. Um auf eine ungewisse Zukunft gut vorbereitet zu sein, scheint viel Zutrauen und eine angemessene Förderung in Erziehungsprozessen notwendig zu sein. Es seien aber nur die Hälfte aller Jugendlichen, die ein positives Selbstbild im Sinne einer flexiblen Selbstwirksamkeit von sich haben. Diese Gestaltungsfähigkeit hänge maßgeblich von der erlebten Bildung ab. „Im Vergleich zwischen Hauptschulabsolventen und Oberschulabsolventen also Abiturienten ist der Unterschied in dieser Zuversicht ‚Ich bin gut vorbereitet' enorm. Das ist nicht mehr einfach ein Prozenthäufigkeitsunterschied, sondern das ist wie Tag und Nacht" (MÜNCHMEIER, 2001: 66). Die Beschreibung der Jugendlichen in einer Gewinner- und Verliererverteilung findet sich in verschärfter Form in der 14. Shell-Jugendstudie wieder, so dass von einer gesellschaftspolitischen Fehlentwicklung gesprochen werden kann. Favorisierte kulturelle Praxen Jugendlicher im Alltag (Jugendliche im Alter von 12 bis 25 Jahren) sind zwei Jahre danach (vgl. DEUTSCHE SHELL, 2002: 77ff.):

- Sich mit Leuten Treffen (w: 67%/m: 57%)
- Fernsehen (w: 55%/m: 62%)
- Freizeitsport (w: 29%/m: 34%)
- Im Internet Surfen (w: 18%/m: 34%)
- Vereinssport (w: 21%/m: 31%)
- Bücher Lesen (w: 32%/m: 18%)
- Computerspiele (w: 8%/m: 33%)
- Unternehmungen mit Familie (w: 21%/m: 11%)
- Shoppen (w: 27%/m: 5%)

Wie oben ergeben sich hier Differenzen in Bezug auf Geschlecht, Alter und soziale Gruppenzugehörigkeit (vgl. auch THOLE, 2000: 202f.): Es gibt Tätigkeiten, denen oft nur eines der beiden Geschlechter nachgeht (siehe prozentuale Verteilung). Die Altersgruppe der 12-14-Jährigen hat noch mehr Zeit für Aktivitäten wie Fernsehen, Computerspiele, Herumhängen und unorganisierten Sport. Die älteren Jugendlichen pflegen die Treffen mit Freunden, gehen in Kneipen und surfen öfter im Internet. Sie bauen verstärkt soziale Kontakte außerhalb der Familie auf. Es gibt bezüglich der Kriterien des Alters und des Geschlechts kaum Differenzen zwischen ost- und westdeutschen Jugendlichen. Soziale Gruppenzugehörigkeit: Hauptschüler und -innen beschäftigen sich vermehrt mit rezeptiven Tätigkeiten wie: Computerspielen (39%), Fernsehen (69%), Videos Anschauen (25%) und „Nichts-Tun" (31%). Hingegen sind das sich mit Leuten Treffen, Surfen im Internet, Bücher Lesen und Shoppen weniger beliebt. Es ergibt sich für die Autoren folgende These, vor allem bezüglich der Aspekte „Bücher Lesen" und „Surfen im Internet", dass Hauptschüler den Anschluss zur modernen Kommunikationswelt verpassen und sie in einer Wissensgesellschaft durch mangelndes Interesse am Lesen eher schlecht abschneiden (vgl. Kap. 3.1). Realschüler und Gymnasiasten stellen eher unauffällige Gruppen dar. Studierende favorisieren Beschäftigungen mit dem Internet oder Büchern, Freizeitsport und Kneipenbesuche (22%). Auszubildende zeichnen sich durch Aktivitäten, die von Geselligkeit geprägt sind, aus wie sich mit Leuten zu treffen (71%), Partys und Feten zu besuchen (54%). Bücher zu lesen, hat weniger Bedeutung für sie. Erwerbstätige Jugendliche gestalten ihre Freizeit im Vergleich zu den anderen Gruppen eher durchschnittlich; Partys und Feten sind aber auch stark favorisiert (42%). Arbeitslose Jugendliche sind in ihrer Freizeitgestaltung weniger auffällig als die Autoren erwarteten, sie sind weniger aktiv in den Bereichen des Vereins- und Freizeitsports sowie des Shoppens. Sie sehen überdurchschnittlich viel fern (72%).

Weitere Unterschiede sind bezüglich der sozialen Herkunft zu erkennen. Das Freizeitverhalten differiert zwischen Jugendlichen aus schwachen Milieus und denen aus privilegierten. Erstere sind in ihrem Freizeitverhalten tendenziell eher passiv, sie bevorzugen, Videos anzuschauen, fernzusehen, „rumzuhängen" oder sich zu stylen. Zweitere sind aktiver, sie sind häufiger sportlich aktiv, lesen Bücher, surfen im Internet, machen Kreatives und zeigen Engagement in Projekten und Initiativen (vgl. DEUTSCHE SHELL, 2002: 77ff.). Die Autoren der Shell-Studie 2002 weisen im Bereich der Freizeitbeschäftigungen deutlich auf die Differenzen zwischen sozial- und bildungsbenachteiligten Jugendlichen und weniger bzw. nicht benachteiligten Jugendlichen hin. In wie fern sich diese Jugendlichen selbst benachteiligt fühlen, wird in diesem erfragten Themenkomplex jedoch nicht eindeutig klar. Es ist im Anhang der Studie die Frage zu lesen: „Es kommt vor, dass man im Leben benachteiligt wird. Wie ist das bei Ihnen? Sind Sie aufgrund der folgenden Dinge schon oft, ab und zu oder nie benachteiligt worden?" (vgl. ebd.: 431). Eine Statistik, explizit zu dieser Frage, ist jedoch nicht zu finden. Lediglich mutmaßen lässt sich an dieser Stelle, dass die Passivität der Gruppe der Hauptschüler und Hauptschülerinnen auf einen generellen Unmut und Demotivation zurückzuführen sein könnte. Dieser Unmut kann das Resultat des allgemeinen Bildes sein, das die Gesellschaft und das unmittelbare Lebensumfeld diesen Jugendlichen vermittelt. Eine Konsequenz könnte nun sein, dass Angebote für diese Zielgruppe Mängel aufweisen und folglich erweitert und neu entwickelt werden müssen (vgl. Kap. 3.4).

Zum Thema Musik/Musikvorlieben und Tanz gibt es in dieser Studie keine konkreten Fragestellungen. Der Aspekt der Bewegung ist vor allem durch Freizeit- und Vereinssport vertreten, es wird jedoch nicht detailliert nachgefragt, ob es sich unter anderem auch um tänzerische Aktivitäten handeln könnte, wie es die Autoren der Zinnecker-Studie ausdifferenzieren. Viele Jugendliche geben an, dass sie sich gerne mit Leuten treffen und Partys besuchen, dies kann auch tänzerische und musikalische Aktivität beinhalten. Die Beschäftigung mit dem Computer und dem Internet kann unter anderem Musikkonsum berücksichtigen. Die Frage nach fehlenden Räumen zur Entfaltung der jugendlichen Kulturpraxis in der Freizeit wird nicht konkret gestellt und beantwortet. Aber es wird die Frage gestellt, wo bzw. wie Jugendliche gesellschaftlich aktiv sind. Hier wird deutlich, dass Jugendliche im Verein (z. B. Sport, Kultur, Musik), in Schule, Hochschule und Jugendorganisationen aktiv sind. Mit zunehmendem Alter wächst auch das Engagement in Parteien und Gewerkschaften. 45% der Jugendlichen sind „allein, persönlich" aktiv, das bedeutet jedoch nicht, dass sie ausschließlich alleine agieren, sondern vielmehr, dass es noch weit mehr Möglichkeiten zur gesellschaftlichen Aktivität gibt, als die vorgegebenen typischen Organisationsstrukturen. Wie bereits erwähnt, ist in dieser Studie nicht die Rede von potentiell fehlenden Räumen der kultur-praktischen Entfaltung, sondern hier ist die Fragestellung nach Orten gesellschaftlicher Aktivität maßgeblich. Jedoch ist diese Aktivität ebenso Ausdruck kultureller Praxis. Die Räume und Orte dieser Praxis, die die Shell-Studie präsentiert sind folglich Orte, an denen Jugendliche anerkannt, kulturell agieren können. In wie weit diese Räume Mängel aufweisen, ausgebaut oder verbessert werden müssen ist an dieser Stelle absolut spekulativ, da die Studie hier auf dem Gebiet kultureller Praxis keine Aussagen macht (vgl. DEUTSCHE SHELL, 2002: 202f.).

Bei anderen Befragungen wird deutlich, dass durchaus eine Diskrepanz zwischen einer tatsächlichen Teilnahme an künstlerisch-kulturellen Angeboten, die in der Regel mit strukturellen und finanziellen Bedingungen verknüpft sind, und dem hohen Interesse von Jugendlichen an Aktivitäten wie etwa Musizieren, Tanzen, Graffiti oder Computerkunst besteht (vgl. z. B. BJKE, 2002: 36ff.). Dies spricht für eine Verbesserung der Zugangsmöglichkeiten wie sie auch im Rahmen der Ganztagsschuldiskussion geführt wird, damit auch benachteiligte Kinder und Jugendliche kulturelle Bildung erfahren können (vgl. BJKE, 2003: 10ff.).

Im elften Kinder- und Jugendbericht der Bundesregierung finden sich Informationen zu Lebenslagen und zum demographischen Wandel. Die Lebenslagen der Kinder und Jugendlichen sind durch Faktoren wie Migration, Geburtenentwicklung und Prozesse der Individualisierung und Pluralisierung beeinflusst. Darüber hinaus prägen nach wie vor Schicht- oder Klassenzugehörigkeit, Bildung aller Arten und die Lebenssituation den Alltag der Kinder und Jugendlichen. Nach dem Bericht stellen Migrationshintergrund, Armut, Bildungsmangel und das weibliche Geschlecht Gefährdungen für eine potenzielle Benachteiligung dar (vgl. auch THOLE, 2000: 199). Dies wird in eindringlicher Weise auch im aktuellen, zwölften Kinder- und Jugendbericht bestätigt, wonach Jugendliche aus sozial schwachen Familien weiterhin in doppelter Weise benachteiligt sind: „Sie haben nicht nur die schlechteren schulischen Bildungschancen, sondern auch weniger Zugänge und Möglichkeiten zum außerschulischen Bildungserwerb in der Welt der Vereine, Jugendverbände und der Kulturarbeit, der kulturellen Freizeitpraxen sowie der Medien" (BMFSFJ, 2005: 31). Folglich müssen endlich die Angebots- und Förderstrukturen der Kinder- und Jugendhilfe anders gestaltet bzw. angepasst werden (vgl. BMFSFJ, 2002: 44ff.; ECKERT in: inform, H.1, 2002). Der Begriff der Bildung beinhaltet nicht nur unmittelbares verwertbares Wissen, sondern ebenso soziale und reflexive Kompetenz sowie ein wohlbegründetes, verantwortungsbewusstes Handeln. Bildung wird als zentrales Gut und „Motor" in allen Erziehungsangeboten verstanden, durch die Jugendliche in die Lage versetzt werden sollen, ihren eigenen Lebensweg kompetent zu gestalten (vgl. BMFSFJ, 2005: 54f.). Institutionalisierte Zusammenarbeit zwischen außerschulischen Stätten der Bildung und Schulen wird in beiden Berichten eingefordert, wobei aktuell auch der Erwerb von ästhetisch-expressiven Kompetenzen für benachteiligte Schüler im Rahmen eines Ganztagsangebotes nichtformaler Bildung in den Mittelpunkt gerückt worden ist (vgl. ebd.: 532ff und Kap. 2.5 sowie 3.1). Gerade außerunterrichtliche kulturelle Angebote, die weit mehr an Gymnasien als an Hauptschulen zu finden sind, fördern die Bildungswege der Jugendlichen (vgl. ebd.: 443). So muss die gesellschaftliche Verpflichtung, insbesondere Bildungsbenachteiligten entsprechende Möglichkeiten anzubieten, eingehalten werden (vgl. ebd.: 546).

Zur Frage der kulturellen Praxis wird in beiden Berichten ausgeführt, dass sprachliche und kulturelle Heterogenität die Erfahrungswelt der jugendlichen Heranwachsenden kennzeichnen. Pluralität und Vielfalt in der Gesellschaft erfordern die Förderung interkultureller Kompetenz. Auch der technisch-mediale Bereich prägt das Leben der Kinder und Jugendlichen tiefgehend. Virtuelle Sinneserfahrungen und indirekte Interaktionsformen sowie das Interesse an fernen Welten nehmen zu. Aber die jungen Menschen haben ebenso das Bedürfnis, persönliche Kontakte zu knüpfen und einen Freundeskreis aufzubauen. Medienformate wie „Chatten" oder „Container-Sendungen" machen Intimes öffentlich; die Kinder und Jugendlichen haben einen großen Einblick in die Vielfalt und gleichzeitige Begrenztheit der erwachsenen Lebensformen. Das Fernhalten der Kinder und Jugendlichen von diesen Erfahrungen ist beinahe unmöglich und auch nicht wünschenswert, eher eine verantwortliche Grenzziehung im Medienkonsum. Sie benötigen Ressourcen zur Orientierung in einer solchen Welt, die durch Bildung und Erziehung gefördert werden müssen, und ihnen helfen diese Medien mit allen Informationen und bebilderten Lebenswelten zu verstehen und für das Lernen von Empathie und Toleranz zu nutzen. Es wird von der Notwendigkeit gesprochen, benachteiligten Kindern und Jugendlichen den Zugang zu ausgewählten Medien und medialen Lernformen zu ermöglichen. Die Forderung nach Mitteln zur Erweiterung der Mediennutzungskompetenz in der außerschulischen Bildung werden deutlich. Darüber hinaus wird darauf hingewiesen, dass stets auch Aspekte des

Jugendschutzes beachtet und durch Gesetze erweitert werden müssen, um dem Missbrauch von Kindern und Jugendlichen etwa durch das Internet vorzubeugen (vgl. BMFSFJ, 2002: 189f.). Zur sozialen Benachteiligung in unserer Gesellschaft gehört auch die „Kultur des Lärms" beispielsweise durch ein ständig laufendes Fernsehgerät als Reiz- und Störquelle. Kinder und Jugendliche aus betroffenen Haushalten profitieren von einer alternativen Lebens- und Lernumgebung der Stille bzw. einer angemessenen Beanspruchung und Förderung aller Sinne.

Kulturelle Kinder- und Jugendarbeit (vgl. ebd.: 201; BMFSFJ, 2005: 375) dient der Erprobung neuer Fähigkeiten und Ausdrucksformen und bietet darüber hinaus ein Forum für gesellschaftliches Engagement sowie für den Ausbau gestalterischer, sozialer und beruflich verwertbarer Kompetenzen. Daraus folgt, dass in der Kinder- und Jugendarbeit die Teilnahme und Beteiligung an kulturellen Entwicklungen gefördert und Räume für die Artikulation und Akzeptanz soziokultureller Interessen junger Menschen eröffnet werden müssen, auch wenn Eltern aus bildungsfernen Milieus aufgrund eigener schlechter Schulerfahrungen und mangelnder Ressourcen großes Misstrauen gegen solche Projekte hegen (vgl. ECK, 1988: 18). Das System Benachteiligung verschärft sich zur Mehrfachmarginalisierung, besonders für Förderschüler ohne offensichtliche Behinderung, die weder das System verlassen noch verändern können. Ihr familiäres Umfeld entscheidet in der Regel gegen den Besuch einer anderen Schulform oder eines Jugendkulturprojektes (vgl. LKJ, 2001: 89). Die eindeutige Zunahme psycho-sozialer Störungen bei diesen Jugendlichen, die untereinander verknüpft sind (z. B. Störung des Sozialverhaltens kann zu Drogenmissbrauch, dieser zu Delinquenz usw. führen), belegen dieses Phänomen ebenso.

Gesundheit ist ein Zustand vollständigen körperlichen, geistigen und sozialen Wohlbefindens (vgl. BMFSFJ, 2002: 49). In der BRD gibt es viele Mängel; viele gesundheitliche Einschränkungen sind schichtbedingt durch soziale Ungleichheit, d. h. ein medizinisch-technischer Ansatz zur Bekämpfung von Krankheiten bzw. zum Erhalt von Gesundheit ist folglich nicht ausreichend. Somatische Beschwerden, bei Kindern häufig ein Indikator für unterdrückte Nöte und Ängste, nehmen immer mehr zu, durchaus auch in oberen sozialen Schichten. Ein Beispiel dafür bilden pubertäre Mädchen, die in ihrem Körper Kind bleiben und zugleich äußerlich selbständig sein wollen. Viele leiden unter diesem Konflikt, der sich dann etwa in Magersucht äußern kann. Nicht bewältigte negative Emotionen gefährden die Gesundheit junger Heranwachsender. Viele fühlen sich überhöhten eigenen Ansprüchen und Anforderungen von außen nicht gewachsen. Unterschiedliche Formen von Fehlernährung und Ess-Störungen stehen im engen Zusammenhang mit der Selbstwahrnehmung und dem Körperbild (vgl. Kap. 4.2). Vor allem die Schulen müssen zu gesundheitsfördernden Institutionen werden. Für eine Kultur, in der sich jeder

Mensch in pfleglichem Umgang mit sich und anderen übt, braucht es Zeit und Raum. Wichtige Zielsetzungen sind dabei präventiv zu arbeiten, die Vermittlung eines gesunden Lebensstils, eine verbesserte Ernährung, die Nutzung der individuellen und kollektiven Ressourcen der Kinder, Jugendlichen und der ganzen Familie. Einzelstudien belegen den Zusammenhang zwischen Krankheit und sozialer Schicht, so treten vermehrt Übergewicht, Diabetes und Herzinfarkt in der Bevölkerung auf, die von der Sozialhilfe leben bzw. bei der größer werdenden Zahl von Kindern und Jugendlichen, die an der Armutsgrenze aufwachsen (vgl. MERTEN, 1999: 91). In Gesamtdeutschland wächst bereits jedes fünfte Kind und jeder fünfte Jugendliche in relativer Armut auf (vgl. PALENTIEN, 2003: 95). An dieser Stelle müssen die sozialpädagogische Familienhilfe, sozialkulturelle Gruppenarbeit und sozialpädagogische Einzelbegleitung mit ganzheitlichem Ansatz stärker zum Zuge kommen. Soziale Gerechtigkeit darf kein Luxus sein; Kinder und Jugendliche, die aufgrund fehlender Förderung in der Familie und Schule mehrfach marginalisiert sind, dürfen nicht als verhaltensauffällige Störgruppe wahrgenommen und abgewertet werden. Der Bildungsauftrag der Jugendhilfe muss gegenüber der Defizitorientierung in der sozialen Arbeit wieder stärker in den Vordergrund rücken (vgl. z. B. MÜNCHMEIER, 2002).

In der letzten Shell-Studie wird eine Typologisierung in vier Wertetypen[4] – pragmatische Idealisten, selbstbewusste Macher, robuste Materialisten, zögerliche Unauffällige – vorgenommen, die sich jeweils zu einem Viertel pro Typ über die jugendliche Gesamtbevölkerung der BRD verteilen (vgl. DEUTSCHE SHELL, 2002: 160ff.). Eine Einteilung von Jugendlichen birgt die Gefahr einer Stigmatisierung in sich, so dass sie nur als grobe Orientierung, hier mit dem Blick auf eine mögliche Verbindung zur jugendkulturellen Praxis, fungieren darf. Dieser Versuch basiert auf der Grundannahme einer „Wertesynthese", die sich mutmaßlich aus einem postmaterialistischen Erziehungsstil der Elterngeneration und den Anforderungen der modernen differenzierten Gesellschaft ergibt. Grundlegend ist die These, dass Jugendliche zur Bewältigung ihres Lebensalltags eine Verknüpfung überkommener idealistischer Werte mit modernen materialistischen Werten der Leistungsgesellschaft vollziehen; dabei kann die Synthese funktional oder dysfunktional auf individueller oder gesellschaftlicher Ebene stattfinden. Konkret kann dies die Mischung von eher traditionellen Werten, wie Macht, Gehorsam, Ehrgeiz und Fleiß (auch Pflicht- und Akzeptanzwerte genannt) mit eher modernen Werten wie Emanzipation, Autonomie, Kreativität und Toleranz (auch Selbstverwirklichungswerte genannt) bedeuten (vgl. dazu MÄGDEFRAU, 2002: 167). Es han-

4 Ähnliche Einteilungen finden sich auch in anderen aktuellen Werteforschungen, die der Pädagogik einen kritisch differenzierenden Blick auf die Jugend ermöglichen können (vgl. z. B. MÄGDEFRAU, 2002: 165ff.).

delt sich folglich um eine Verknüpfung von Werten der Verhaltensdisziplinierung und -befreiung. Diese Synthese vollziehen die Jugendlichen in unterschiedlicher Ausprägung und mit unterschiedlicher Gewichtung der einzelnen Wertvorstellungen. Entscheidenden Einfluss auf diesen Prozess hat die Erziehung und Bildung der Eltern: „Dabei zeigte sich, dass Eltern der unteren Berufs- und Bildungsgruppen eher zu Bildungszielen der Konformität als zu Bildungszielen der Autonomie neigen“ (MÄGDEFRAU, 2002: 169). Welche Bilder von jungen Menschen, ihren Wertorientierungen und ihrer Kultur werden hier gezeichnet?

Pragmatische Idealisten können als Engagementelite verstanden werden. „Die Leitwerte der pragmatischen Idealisten sind Kreativität, Engagement und Toleranz. Sie haben ein skeptisches Verhältnis zum robusten Materialismus (Durchsetzung, Macht und Lebensstandard), nicht so deutlich, aber in der Tendenz auch zum Hedonismus (Lebensgenuss)“ (DEUTSCHE SHELL, 2002: 160). Die Wahrung gesetzlicher und ordnender Strukturen ist ihnen im Gegensatz zur Gruppe der robusten Materialisten wichtig. Diese versuchen etwa durch die Missachtung gesellschaftlicher Normen individuelle Vorteile zu erzielen, die sie im freien Wettbewerb nicht erreichen können. An dieser Stelle werden die Vertreter eines weiteren Wertetyps interessant, die Gruppe der selbstbewussten Macher. „Sie scheinen problemlos die Kluft zwischen Materialismus und Idealismus zu überwinden, was sie markant von den pragmatischen Idealisten, aber auch von den robusten Materialisten unterscheidet“ (DEUTSCHE SHELL, 2002: 161). Soziales Engagement und das Streben nach einem hohen Lebensstandard mittels eigener Leistung haben einen großen Stellenwert, im Zweifelsfall jedoch haben für sie persönliche Interessen Vorrang. Sie verfügen über ein hohes Maß an Durchsetzungsfähigkeit und gleichsam über eine „soziale Nachgiebigkeit“, d. h. sie sind durchaus in der Lage, Ansichten anderer Menschen zu tolerieren. Der vierten Kategorie der zögerlichen Unauffälligen gelingt eine echte Wertesynthese nicht, für sie stellen sowohl Idealismus als auch Materialismus keine Lebensalternative dar. Sie zeichnen sich insbesondere durch eine geringe Willensstärke aus und scheinen nicht in der Lage zu sein, Bedürfnisse und Lebensperspektiven zu entwickeln und umzusetzen. Das Streben nach Lebensgenuss bei mäßigem Leistungseinsatz ist ebenfalls ein Charakteristikum dieser Gruppe von Jugendlichen. Neben den robusten Materialisten stellen sie die größte Herausforderung an das Arbeitsfeld sozial- und kulturpädagogischen Handelns dar. Ihre Verhaltensweisen haben oft dysfunktionalen Handlungscharakter, so dass eine individuell und gesellschaftlich adäquate Lebensbewältigung gefährdet scheint.

Robuste Materialisten sind vertreten durch Jugendliche mit einem traditionellen Rollenbild (deutliches Übergewicht der Jungen, besonders Hauptschüler und Arbeitslose), die sich in sozial ungünstigen Situationen befinden, während die pragmatischen Idealisten (deutliches Übergewicht der Mädchen, aber Abnahme bei Hauptschülerinnen) eher aus günstigeren sozialen Verhältnissen stammen (vgl. BECKER in: Thema Jugend, 2003 a: 2ff.). Robuste Materialisten versuchen diese gesellschaftlich ungünstigen Ausgangspositionen durch egoistische und wenig sozialverträgliche Verhaltensweisen auszugleichen, um sich einen eigenen Vorteil zu verschaffen. Der Blick auf Aspekte der gesellschaftlichen Solidarität und Gemeinschaft ist ihnen weniger wichtig. Ihr Auftreten kann auch aggressiv sein. Während bei den robusten Materialisten und den pragmatischen Idealisten folglich zwei Extreme bezüglich der sozialen Herkunft aufeinander treffen, so sind die Vertreter der zögerlichen Unauffälligen und der selbstbewussten Macher eher im sozialen Mittelfeld verortet. Der soziale Status der selbstbewussten Macher scheint günstiger als der, der zögerlichen Unauffälligen. Die Autoren der Shell-Studie warnen jedoch davor, die zögerlichen Unauffälligen pauschal als Vertreter sozial benachteiligter Gruppen zu betrachten. Vielmehr richten sie ihren Blick auf die ungünstige soziale Integration der Vertreter dieser Gruppe, die auf eine gewisse Teilnahmslosigkeit dieser Gruppe hindeutet. Es ist in diesem Kontext die Rede von Begriffen der „wenig ausgeprägten bzw. angeregten Persönlichkeitsstruktur“ oder von „zurückgenommener Persönlichkeitsstruktur“ (vgl. DEUTSCHE SHELL, 2002: 168).

Wenn nun davon auszugehen ist, dass der Besuch der Hauptschule und Arbeitslosigkeit als sozial und kulturell benachteiligende Kriterien zu betrachten sind, dann ergeben sich folgende grobe Aufschlüsse über die Handlungskompetenz dieser Gruppen. Pragmatische Idealisten und selbstbewusste Macher schaffen eine Wertesynthese zwischen alten, elterlichen und neuen, gesellschaftlichen Werten, die sich durch die Anforderungen der modernen Leistungsgesellschaft ergeben. Sie sind entwicklungs-, einsichts- und sozialhandlungsfähig, stehen aber auch unter einer enormen innerlichen Versagensangst. Robuste Materialisten und zögerliche Unauffällige haben besonderen Förderungsbedarf – zumindest aus gesamtgesellschaftlicher Sicht. Sind folglich robuste Materialisten potenzielle Mitglieder von typischen Jugendbanden, deren kulturelle Praxis vor allem in der Durchsetzung eigener Interessen, auch auf Kosten anderer, ist? Welche Konzepte, Ideen, Vorschläge gibt es, zögerliche Unauffällige zu erreichen und ihr Interesse an eigener individueller Lebens- und Kulturgestaltung zu wecken? Neben den familiären Einflussfaktoren auf die Werteentwicklung junger Menschen können spätere Sozialisationsphasen einen zusätzlichen Einwirkungsfaktor darstellen. Einerseits kann die Übernahme von Verantwortungsrollen, wie es beispielsweise in der offenen Jugendarbeit als pädagogisches Grundprinzip umgesetzt wird (vgl. Kap. 3.3), bei der Entwicklung von Fähigkeiten zur Wertesynthese helfen. Andererseits bieten kreative Tätigkeitsfelder, die den Jugendlichen Freiräume zur individuellen Gestaltung geben, so wie etwa in kulturpädagogischen Ansätzen (vgl. Kap. 3.4), die Möglichkeit, Sinn- und Wertfragen überhaupt zu stellen und gemeinsam mit anderen Antworten zu finden. Zu einer allgemeinen Prävention gehört in jeder Hinsicht die Stärkung des Selbstbewusstseins von Jugendlichen, das eine Abkehr vom reinen Leistungsprinzip impliziert.

3.3 *Jugendliche* in der Jugendarbeit

In der Jugendarbeit wird mit vielfältigen erzieherischen und sozialpädagogischen Arbeitsansätzen versucht, die Lebenslagen der Jugend, also von Kindern, Teenagern und Jugendlichen zu verbessern und den Übergang in das Erwachsenenalter durch das Einüben von Teilverantwortungen zu fördern. Die Angebote und mögliche zugrunde liegende Vorstellungen von Kinder- und Jugendhilfeeinrichtungen können sehr verschieden sein, um den Zielgruppen eine optionale Entscheidungsfreiheit je nach Bedarf, Problem und Präferenz zu ermöglichen. Zu den zahlreichen Angeboten speziell der Jugendarbeit gehören Kinder- und Jugendfreizeiteinrichtungen, die aus ihrem Auftrag und Konzepten heraus am engsten mit kulturellen Themen verbunden sind. In diesen sogenannten Jugendzentren oder -häusern, entweder in freier (meist kirchlicher) oder in öffentlicher Trägerschaft, sollen im Rahmen der Freizeitpädagogik, der wichtigste Bereich neben den problembezogenen, mehr beraterischen Tätigkeiten, auch jugendkulturelle Veranstaltungen im weitesten Sinne realisiert werden. Dabei werden die Angebote lebensweltorientiert ausgerichtet und den pädagogischen Leitlinien der Freiwilligkeit und Wertschätzung folgen (vgl. BAER/FUCHS, 1993: 208). Weiterhin gelten die Mitbeteiligung und -entscheidung beim Programm sowie die Übernahme von Verantwortungsrollen (z. B. Theken- oder Diskoteam) von Jugendlichen selbst als Qualitätsmerkmale von Jugendarbeitskonzepten. Obwohl die Einrichtungen allen Kindern und Jugendlichen offen stehen, werden als Zielgruppe vor allem benachteiligte, sozial schwächere junge Menschen, die andernorts oft ausgegrenzt werden, angesprochen und auch größtenteils erreicht. Das Jugendheim wird für viele zur wichtigen Ersatzfamilie; ein Raum, wo sich Kinder und Jugendliche zum Spielen, Musikhören, Erzählen, Essen und auch einfach zum Nichtstun treffen können, in einer von der sozialpädagogischen Fachkraft gestalteten offenen Atmosphäre. Eine Begründung liegt im sozialarbeiterischen Auftrag, Defizite und Konflikte zu analysieren und zu beheben, der dann kritisch reflektiert werden muss, wenn sich die dargestellten Selektionsprozesse des Schulsystems für benachteiligte Kinder und Jugendliche noch in ihrer Freizeit weiter verstärken. Doch die Jugendarbeit kann nicht alle persönlichen, gruppentypischen oder gesellschaftlichen Fehlentwicklungen beeinflussen.

Im Mittelpunkt aller Überlegungen zu Fragen der Jugendarbeit steht der junge Mensch mit seinen Bedürfnissen und Problemen. Bestimmte Lebensumstände (z. B. Armut, Migration, Schul- und Drogenprobleme), Bewegungen und Einstellungen weisen darauf hin, dass ein Teil der Jugendlichen sich in einer schweren Krise des Verständnisses ihrer selbst und auch der Gesellschaft befinden. Hauptziel der professionellen Jugend- und Bildungsarbeit[5] muss es deshalb sein, dem Jugendlichen zu helfen, eine stabile, eigenständige Persönlichkeit zu entwickeln und sich seiner gesellschaftlichen Einbindung und Gestaltungsmöglichkeiten bewusst zu werden. Dieses Ziel schließt sowohl eine Autonomie- und Kreativitätsförderung besonders benachteiligter Jugendlicher als auch eine Motivation zur aktiven Mitarbeit und zum kritischen Mitdenken im soziokulturellen Umfeld mit ein. „Besonders Jugendlichen muss in kleinen, überschaubaren, konkret erfahrbaren Bereichen wieder ein Zugehörigkeitsgefühl und ein Wertemaßstab vermittelt werden, von deren Basis die gesellschaftliche Situation überhaupt erst erträglich und verstehbar wird“ (NAGL, 2000: 59). Eine sehr große Herausforderung, wenn nicht Überforderung, stellen diese Ziele dar, weil es schon im Kleinen, d. h. in einem Jugendzentrum oft Schwierigkeiten gibt, im Alltag Partizipation, Verantwortung und Integration verschiedener Zielgruppen umzusetzen. Das liegt vor allem an der Qualität der Beziehungsarbeit, die durch den permanenten Wechsel zwischen dem Einzelnen und den Teilgruppen eine gewisse Unverbindlichkeit beibehält. Die personale Beziehung zwischen Pädagogen und Jugendlichen pendelt in der offenen Jugendarbeit stets zwischen Nähe und Distanz oder Halt und Freiheit (vgl. dazu Kap. 6.4.1). Die Möglichkeiten der sozialpädagogischen Gestaltung der Räume zwischen den professionellen Mitarbeitern und den Adressaten dürfen nicht überschätzt werden. Die Leistung und Anstrengung des haupt- und ehrenamtlichen Personals in Jugendzentren und Verbänden sind dementsprechend zu honorieren. Theorien und Konzepte der Jugendarbeit bleiben an dieser Stelle realitätsfern, da sie die lebendige und konfrontative Eigendynamik in der Jugendarbeit oder auch die gegenläufige passive Konsumhaltung vieler Jugendheimsbesucher nicht abbilden können.

Die im weitesten Sinne kulturelle Bildung findet im Rahmen der Jugendarbeit „[...] oft ohne das nötige professionelle Know-how einer realen und spezifischen künstlerisch-kulturellen Kompetenz oder ästhetischen Aktivität und Wahrnehmungsfähigkeit“ (ZACHARIAS, 2001: 156) statt. Darüber hinaus bedroht die zunehmende Finanzknappheit im Personal- und Sachkostenbereich der Einrichtungen eine differenziert angelegte Arbeit, die auch kulturpä-

5 Bildung wird hier weniger als Ausbildung oder Qualifikation zum funktionierenden Gesellschaftsmitglied verstanden, sondern als Möglichkeitsraum für jugendliche Selbstbildungsprozesse, die das Ausbilden und Halten an Regeln und Ritualen mit einschließt. Der Bildungsauftrag der Jugendarbeit liegt vor allem darin, die Urteils- und Handlungsfähigkeit junger Menschen so zu stärken, dass sie kompetent und kritisch mit ihrer Gegenwart und Zukunft umgehen können (vgl. LINDNER b, 2003: 53).

dagogische Angebote mit professionellen Künstlern und die Integration verschiedener jugendlicher Zielgruppen durch attraktive Projekte ermöglichen (vgl. BAER/FUCHS, 1993: 213). Die Konkurrenz zwischen den kulturellen Einrichtungen (soziokulturelle Zentren, Jugendkunstschulen, Häuser der offenen Tür, kommerzielle Anbieter usw.) gefährdet so auch die „klassische“ Jugendarbeit. Darüber hinaus beeinflussen das personelle und räumliche Angebot den Zuspruch von bestimmten Jugendlichen. Jugendhäuser, die noch das Arrangement der siebziger/achtziger Jahre haben, sind hauptsächlich für männliche Jugendliche, die aus sozial schwachen oder ausländischen Familien stammen, als Freizeitort attraktiv, da sie zu Hause selten ein eigenes Zimmer und ein repressionsfreies Verhältnis zu den Eltern besitzen. „Materielle Nöte belasten das Generationenverhältnis, führen zu innerfamiliären Generationenkonflikten und damit zu zwangsläufigen Fluchttendenzen aus der Familie“ (vgl. BÖHNISCH, 1993: 169). Sobald eine Gruppierung junger Menschen ein Jugendhaus für sich in Beschlag genommen hat – sicherlich als notwendige Ressource für ihre Lebensbewältigung –, entsteht in dieser Zeit die Schwierigkeit, andere Zielgruppen zu integrieren. Das kann nur über die Beziehungsarbeit des hauptamtlichen Personals mit Kontakten zu Jugendlichen aus dem Stadtteil oder aus den umliegenden Schulen gelingen. Die Kooperation mit anderen Einrichtungen auf kommunaler Ebene für gemeinsame Projekte ist ein wichtiger Bestandteil der Vernetzung solcher Ressourcen, die Zugänge für möglichst viele Kinder und Jugendliche an einer sozialen und kulturellen Infrastruktur schaffen (vgl. ebd.: 174).

Auf der Suche nach den Bildern von Jugendlichen, die hinter den Theorien und Konzepten bei den Forschenden selbst liegen, bleibt die vorliegende Interpretation eine Annäherung. Mit der Frage einer möglichen kulturellen Benachteiligung Jugendlicher aus bildungsfernen Schichten in Bezug auf die Jugendarbeit beschäftigen sich wenige Wissenschaftler konkret. Die enge Verbindung von sozialpädagogischer Jugendarbeit und Jugendkulturarbeit mit einem praxisnahen Blick auf die Jugendlichen soll nun als Überleitung zum nächsten Erkenntnisschritt zum Tragen kommen. „Soziale Arbeit ist auf Kultur verwiesen“ (TREPTOW, 2001: 227). Seit Ende der achtziger Jahre wird wieder die Frage nach den Möglichkeiten ästhetischer Bildung laut (vgl. Kap. 2.4.2). Ästhetische Bildung wird wieder verstärkt zum zentralen Thema im Bereich der Jugendhilfe in so fern, als die Jugendzeit vor allem Phase der Identitäts- und Lebensstilbildung ist. Jugend ist ein Begriff, der sich stets im Wandel befindet, über verschiedene Zeitabschnitte hinweg (vgl. Kap. 3.1). Ebenso verhält es sich mit den Begriffen „Kultur“ und „Jugendkultur“, die auch Aufschluss über das Jugendverständnis geben können. Im Bereich Kulturarbeit sind in den Feldern der Jugendhilfe Selektionen zu Ungunsten der niedrigeren Schul- und Berufsniveaus zu finden (vgl. z. B. HAMMERICH/SCHIRRA-WEIRICH, 1994: 25). Es entwickeln sich kulturkritische Ansätze:

„[...] als Kritik der Ungleichheit. Sie äußert sich in der Forderung, die ungleichen Zugangschancen der ‚Benachteiligten' zu Bildung und Kultur aufzuheben“ (TREPTOW, 2001: 235). Der vormals sehr eng gefasste Kulturbegriff im Sinne einer bürgerlichen Hochkultur erweitert sich zu einem Bereich, der auch Alltagskultur mit einschließt, bei dieser aber nicht stehen bleiben darf. Für die Ausgangsfragestellung lässt sich ableiten, dass das Bild vom Jugendlichen, insbesondere aus dem Blickwinkel der Jugendarbeit ebenfalls sehr vielfältig ist (vgl. Kap. 3.2). Besondere Prägungsmerkmale sind:

- eine multi-medial und technisch beeinflusste Alltagswelt,
- eine stark kommerzialisierte Gesellschaft,
- unterschiedliches kulturelles Engagement bzw. variierende kulturelle Interessen in Abhängigkeit von Geschlecht, ethnischer sowie regionaler Herkunft und soziale Zugehörigkeit.

So verschieden die jugendlichen Persönlichkeiten und deren Interessen auch sein mögen: „[...] stets zeichnet sich das Jugendalter durch eine besonders hohe Bedeutung kultureller Themen aus. [...] Seit der kämpferischen Selbstbehauptung der bürgerlichen Jugendbewegung definiert sich Jugend durch Kultur, wird sie an kulturellen Ausdrucksformen erkannt, wird Kultur zum Bezugspunkt für die Feststellung von Wandel und Konstanz“ (TREPTOW, 2001: 244). Eine sowohl ästhetische als auch lebensweltlich orientierte Jugendarbeit ist notwendig. Die Ansprüche an die Konzepte der Jugendarbeit sind im Zuge eines so individualistisch geprägten Jugendbildes gestiegen. „Der Umgang Jugendlicher mit ästhetischen Gegenständen, ob rezeptiv oder aktiv, ist nicht zu trennen von den Anforderungen an Alltagsbewältigung, aber auch nicht darauf zu beschränken“ (ebd.: 245). Eine verstärkte Verknüpfung von ästhetisch-handwerklicher Praxis mit anderen Bildungsinhalten versucht dem Rechnung zu tragen. Insbesondere bei benachteiligten Jugendlichen ist ein Arbeitsansatz, der Schwerpunkte auf Körpererfahrung und Körperarbeit setzt, unverzichtbar (vgl. ebd.: 255 und Kap. 4.3). Die jugendliche Identität wird durch alltägliche ästhetische Verhaltensweisen – etwa das Bevorzugen oder Ablehnen eines bestimmten Produktes im privaten Umfeld – beeinflusst. Pädagogisch kulturelle Aktivität muss mit der gesellschaftlichen Lebenswirklichkeit der Jugendlichen verknüpft sein, um kulturelles Geschehen nicht vom Lebensalltag abzutrennen und seine Wirkung abzuschwächen. Es ist ein von Individualität und Pluralität geprägtes Jugendbild entstanden, auf das Jugendarbeit und Jugendhilfe sowohl auf organisatorischer als auch auf struktureller Ebene mit verschiedenen kulturellen Angeboten bereits reagieren und noch stärker agieren müssen. Neben bisherigen Unterschieden zwischen klassischen kulturpädagogischen und sozialpädagogischen Ansätzen der Jugendarbeit sind auch die Zusammenhänge beider Ansätze, wenn Jugendarbeit als Querschnittsaufgabe in ihren Zielen, Inhalten und Methoden betrachtet wird, deutlich.

„Der ästhetisch-kulturelle Auftrag der Jugendarbeit bezieht sich dann auf eine sozialpädagogische Orientierung und umgekehrt: Jugendarbeit oder Jugendverbandsarbeit entwickeln eine spezifisch kulturarbeiterische Komponente, die in Programmatik und Umgangsform Ausdrucksformen von Jugendlichen aus bildungsfernen Milieus ernst nimmt, ohne sie als ‚defizitär' vorzuentscheiden" (TREPTOW, 1993: 234).

In der heutigen Jugendarbeitspraxis sind jedoch kulturpädagogische Arbeitsweisen nur in Ansätzen zu erkennen. Dazu kommt, dass die Jugendhäuser hauptsächlich Freizeitort für Jugendliche geblieben sind, die zu den weniger privilegierten bzw. ausgesprochen benachteiligten Jugendlichen gehören (vgl. KORDFELDER, 2002: 75). Kontaktpflege, Suche nach Beziehung, Genuss und Ablenkung von Problemen, weniger Inhalte oder kreative Aktivitäten stehen für sie im Vordergrund. Diese sind weniger begünstigten Jugendlichen oft fremd, weil sie dafür keine Anregung und Unterstützung seitens der Familie oder der Freunde bzw. der Schule erhalten (vgl. WAHLER, 2004: 151). Eine Begegnung Jugendlicher verschiedener Milieus bleibt zumeist aus.

Bewegung ist sowohl in der Jugendbildungsarbeit als auch in sportlich ausgerichteter Jugendarbeit ein zentrales Thema; dort wird eine eigene Bewegungskultur gepflegt. Treptow beschäftigt sich mit dem zentralen Begriff „Bewegungssouveränität", nicht explizit mit körperlicher Selbstwahrnehmung. Sozialpädagogische Jugendarbeit grenzt sich gegen schulische Pädagogik insbesondere auf der Ebene der Bewegungssouveränität von Jugendlichen ab. Sie lässt „gebundene" und „freie" Bewegung (TREPTOW, 1993: 235) nebeneinander bestehen, d. h. es existieren sowohl offene Bereiche als auch programmatische oder projektbezogene Bereiche, die von Jugendlichen wahlweise genutzt werden können (z. B. Werkstatt oder Treffpunkt). Dieses Konzept der Wahlfreiheit geht auf die Bewegungssouveränität der Jugendlichen ein. „Art, Ort und Dauer der ‚Bindung' frei wählen, also auch auf Angebote verzichten zu können. In der Berücksichtigung dieser Freiheit unterscheidet sich der generelle außerschulische jugendpädagogische Diskurs vom schulischen" (ebd.: 236). Treptow setzt sich mit dem Bewegungsaspekt (vgl. Kap. 4.3) anhand vier verschiedener sozialpädagogischer Themenbereiche auseinander und interpretiert ihre Körperlichkeit bezüglich ihrer Bewegungsgewohnheiten wie folgt:

„1. unter *regionalbezogenem* Aspekt in der ‚mobilen' und in der ‚offenen Jugendarbeit'" (ebd.: 236): Jugendliche des subkulturellen Milieus haben eine spezifische Art der Raumaneignung und der Körperbewegungsaktivitäten, z. B. verschaffen sie sich mit Hilfe technischer Mittel (Mopeds etc.) eine Mobilität, um unabhängig zu sein und sich Räume anzueignen. „Verbunden mit diesem aktiven Aspekt im physischen Raum sind die habituellen körperlichen Bewegungsweisen und Vergegenständlichungen, denen sich solche Jugendliche im Ineinander von Handeln und Erleben aussetzen, um ‚Situationskontrolle' auszuüben. Der Raum des Jugendhauses dient hier einer spezifischen Verzeitlichung von Selbst- und Fremdbewegung" (ebd.: 238). Dies zeigt sich gut im Kicker- oder Billard-Spiel: Genuss des Spiels, Demonstration von physischer und psychischer Kraft und Stärke, visuelle Selbstdarstellung. Jugendliche brauchen die Möglichkeit, ihre Aktivitäten zu wechseln, etwas mit dem einen Freund anzufangen, dann nicht zu beenden, hier oder da hereinzuschauen, mit jemanden zu streiten oder zu flirten, dann draußen vor der Tür zu sein und wieder in die Treffpunkträume hereinzukommen. Diese Suchbewegungen von Jugendlichen sind im Gegensatz zur zeitlich und inhaltlich festgelegten Gruppenarbeit, sei sie eher sozial- oder kulturpädagogisch ausgerichtet, sehr charakteristisch für den offenen Bereich.

„2. unter *geschlechtsbezogenem* Aspekt in der ‚Mädchen'- und in der ‚Jungenarbeit': Mädchen und Frauen gehen ein größeres Risiko ein als Jungen, in ihrer Bewegungssouveränität durch physische Gewaltandrohung eingeschränkt zu werden" (ebd.: 241). Von daher finden sich zahlreiche mädchenspezifische Trainingsangebote, deren Ziele Körpererfahrung im Allgemeinen, die Erfahrung von eigener Kraft und Formen der körperlichen Aneignung von Räumen sind (vgl. Kap. 4.2). Das Training von Selbstbehauptungstechniken auf vielfältigster Ebene soll ermöglichen, dass Mädchen sich kreativ entfalten können und Bewegungsfreiheit erlangen. In entsprechender Jungenarbeit, die aufgrund fehlender männlicher Pädagogen viel weniger verbreitet ist, geht es auch um eine Sensibilisierung der Körperwahrnehmung, vor allem unter dem Aspekt der emotionalen Vieldeutigkeit und Wertigkeit von körperlicher Symbolsprache männlicher und weiblicher Jugendlicher.

„3. unter *erlebnisbezogenem* Aspekt in der ‚Erlebnispädagogik'" (ebd.: 236): Vermittlung von Eigenaktivität, der Aufruf und die Animation Jugendlicher in einer technisierten Konsumgesellschaft, selbst aktiv zu werden – Erlebnisse erfahrbar machen und auch extreme Erfahrungen selbst zu machen. Erlebnispädagogik soll eine authentische Dimension der Persönlichkeitsentwicklung ermöglichen. Treptow sieht jedoch die radikale Tendenz der erlebnispädagogischen Schulen, die technisierte Gesellschaft, in denen die Jugendlichen leben generell abzulehnen, kritisch. Er spricht sich vielmehr für eine bewusste Integration der Lebenswirklichkeit von Jugendlichen in einen erlebnispädagogischen Prozess aus (vgl. Kap. 4.3).

„4. unter *körperbezogenem* Aspekt in der Jugendarbeit als ‚Bewegungskultur'" (ebd.: 236): Der Sportdiskurs und der sozialpädagogische Diskurs überschneiden sich, d. h. Sport wird als individuelle Fähigkeit zum Bewegungserlebnis verstanden. Sport und Fitness sind bei Jugendlichen sehr beliebt, wobei insbesondere der Besuch von Fitness-Studios favorisiert wird, die

Mitgliedschaften jedoch eher kurzfristig sind vor allem im Vergleich zu Vereinsmitgliedschaften. Ein Beispiel für ein neues Konzept zur Verknüpfung von Sport und Kreativität bildet das Sport- oder Bewegungstheater, das eine inhaltliche und methodische Nähe zum kreativen Tanz aufweist (vgl. TREPTOW, 1993: 246f. und Kap. 5). Eine tiefgreifende Bedeutung der Bewegung liegt darin, dass sie Erfahrungen vermittelt. Erfahrungen haben im Gegensatz zu angeeignetem faktischen Wissen die Eigenschaft, alle Persönlichkeitsaspekte des Menschen zugleich zu berühren und so eine tiefere Wirkung auf den Menschen auszuüben, als es allein durch das Wort möglich wäre. So können vor allem ungewöhnliche Bewegungsformen neue, andere Sichtweisen im lebenslangen Bildungsprozess eröffnen und zu einem differenzierten Körpergefühl beitragen (vgl. Kap. 4.2.3).

Jugendliche besitzen in der Regel eine ausgeprägte Gegenwarts- und Gemeinschaftsorientierung und nutzen dafür sozialräumliche Ressourcen so etwa die der Jugendarbeit. Eine Lebenstätigkeit, die ihre Beziehung auf die Zukunft hat, muss zugleich ihre Befriedigung in der Gegenwart haben. Wenn der Sozialraum keine differenzierte Ressourcen bietet, sind Jugendliche in ihrer Lebenstätigkeit benachteiligt. Auf der anderen Seite steht die Pluralisierung und Ausfächerung kultureller Praxen von Kindern und Jugendlichen, die die schon bestehende Unüberschaubarkeit des Freizeitangebots nochmals potenzieren. Alterspräferenzen und Altersgrenzen im jugendlichen Freizeitverhalten weichen auf. Die alltagsphänomenologische Ausfächerung jugendlicher Freizeitformen könnte mit den Begriffen „Entspannung“ einerseits und „Erlebnis“ andererseits, und zwar jeweils schnell und intensiv, beschrieben werden. Hinter der expansiven Entwicklung neuer sportlicher Freizeitaktivitäten von Kindern und Jugendlichen lassen sich unterschiedliche Ursachen vermuten – zum einen das individuelle Streben nach Distinktion über körperbetonte Lebensstile, zum anderen Abgrenzungsversuche gegenüber den Herkunftsfamilien. Jugendliche Peer Group-Kontakte werden zusehends informeller, was zur Folge hat, dass sich lockere und unverbindlichere Kontakte im Vergleich zur jugendkulturellen Historie ergeben (vgl. auch „Jugendkulturen und Szenen im Wandel“, WEIDENKAFF in: Thema Jugend, 2004: 6f.). Während die meisten Formen der Jugendarbeit vor allem von Jungen genutzt werden (vgl. KLAWE, 1996: 188ff.; NAGL, 2000: 225), werden kulturpädagogische Angebote stärker von Mädchen wahrgenommen (vgl. THOLE/KOLFHAUS, 1994: 213f.). Das liegt vor allem in den Strukturen der jeweiligen pädagogischen Felder begründet. Gerade die offene Jugendarbeit als sanktionsarmer Treffpunkt begünstigt die Interessen und Selbstdarstellungstendenzen der Jungen und vernachlässigt mädchenspezifische Wünsche und Bedürfnisse, so dass Unsicherheiten und Konflikte zwischen den Geschlechtern entstehen. Diese sind aber sozial und kulturell vorkonstruiert (vgl. Kap. 4.2), können und müssen durch die Bereitstellung von anregenden Begegnungsmöglichkeiten relativiert werden. Offene Arbeit als Sozialform und methodisch pädagogisches Vorgehen widersprechen sich nicht. Kulturpädagogische Ansätze oder problembezogene Projekte können durchaus im Jugendhaus, aus der Treffpunktarbeit heraus, stattfinden; denn das Bedürfnis nach spannenden Erlebnissen gemeinsam mit Gleichaltrigen ist bei allen, auch zunächst wenig oder anders motivierten Jugendlichen vorhanden. Viele sozial benachteiligte Jugendliche fühlen sich nach ihren eigenen Angaben eher allein gelassen und oft am Rande einer Gruppe oder Clique stehend (vgl. MANSEL, 2000: 77). Auf diese Zielgruppe hin müssen Kultur- und Sozialpädagogen besonders zugehen und für sie eine Atmosphäre wider bisheriger Misserfolgs- und Anonymitätserfahrungen schaffen.

3.4 *Jugendliche* in der Kulturpädagogik

Kennzeichnend für Jugendliche, die kulturpädagogische Angebote nutzen, ist ihre Freiwilligkeit des Kommens, ihre Freude und Durchhaltevermögen beim kreativen Tun und ihre Motivation zur persönlichen Weiterentwicklung, besonders der künstlerischen Fähigkeiten. Sie bevorzugen somit weniger eine passive und konsumorientierte als eine aktive, selbstbestimmte und innovative Freizeitgestaltung. Sie besitzen allerdings auch die Kompetenz, gezielte Kurse oder Projekte in Malerei, Theater oder Tanz etc. für sich auszuwählen, sich rechtzeitig anzumelden, eventuelle Widerstände zu überwinden und über ihre Eltern zu finanzieren. Diese Jugendlichen gehören wohl grob zugeordnet zu den Wertetypen der „pragmatischen Idealisten“ an erster Stelle und der „selbstbewussten Macher“ (vgl. Kap. 3.2); gehören damit nicht zu den typischen Jugendheimsbesuchern, den „robusten Materialisten“ und eventuell den „zögerlichen Unauffälligen“. Je nach sozialer Lage und Ausrichtung eines Jugendheims oder einer Jugendkunstschule ist auch ein leicht gemischtes Publikum festzustellen (vgl. THOLE/KOLFHAUS, 1994: 221 und Kap. 2.4.2). Gerade engagierte junge Mädchen mit hohen Idealen finden auch ihre Aufgaben und Rollen in der ehrenamtlichen Jugendgruppenarbeit oder einige sehr talentierte robuste Break Dancer nehmen an einem Wettbewerb der Jugendkunstschulen teil und tauschen sich mit anderen Jugendlichen aus (vgl. z. B. BJKE, 2004/05: 52). Die Kulturpädagogik bietet Möglichkeiten, auch mit Benachteiligungen aktiv, gestaltend und verändernd umzugehen und über die Symbolsprache eines künstlerischen Mediums spielerisch mit verschiedenen Cliquenidentitäten oder Zugehörigkeiten zu Wertetypen umzugehen.

Das ästhetische Verhalten von Jugendlichen stellt die Ausgangslage für kulturpädagogische Projekte dar. Es gibt Hinweise auf ihre Lern- und Erfahrungsbedürfnisse sowie auf mögliche Ziele des ästhetischen Lernens, wie eine umfassende Sinnesschulung im Umgang mit dem Fremden, die Erweiterung von Gestaltungsmöglichkeiten und die Stärkung der Persönlichkeit. Kulturpädagogische Ansätze dienen also der Entfaltung und Entwicklung sozialer und ästhetischer Möglichkeiten und Bedürfnisse in vielfältigen Dimensionen auf der Basis der ästhetischen Erziehung (vgl. Kap. 2.2). Durch die Vermittlung verschiedenster Wahrnehmungsweisen in der Auseinandersetzung mit Anderem können gerade Jugendliche auch zu neuen Standpunkten und Denkpositionen hingeführt werden. Neben dem pädagogischen Verständnis für die allgemeinen jugendkulturellen Lebensstile haben konkrete kulturelle Aktivitäten und Produktionen aufgrund der ihnen innewohnenden Bewältigungsqualität auch in der Sozialpädagogik des Kindes- und Jugendalters sowie in der Bildungspolitik an Bedeutung gewonnen (vgl. BÖHNISCH, 1993: 270).

Im Vergleich zu den zuvor diskutierten Aspekten sozialpädagogischer Jugendarbeit, die insbesondere auf die Ungebundenheit und Flexibilität der jugendlichen Bewegungssouveränität eingeht, hat die Jugendkulturarbeit als besonders wichtiges kulturpädagogisches Feld andere Möglichkeiten. Sie zeichnet sich „[…] durch stärker akzentuierte ‚Bindungs'-Möglichkeiten der Wahrnehmung und Gestaltung von Themen und Gegenständen aus" (TREPTOW, 1993: 247). Dabei stellt Jugendkulturarbeit einerseits einen Sammelbegriff für die Bereitstellung von Anregungs- und Gestaltungsmöglichkeiten in öffentlichen Räumen dar, andererseits steht sie für die Anerkennung und Legitimation der bestehenden Jugendszenen. „Bezogen auf die Bedeutung jugendlicher Bewegungssouveränität macht sie das Erleben von Selbstbewegung und Fremdbewegung auf eine andere Weise reflexiv als das etwa in der alltagsorientierten Jugendarbeit der Fall ist" (ebd.: 249). Durch den individuellen Ausdruck in Haltung, Mimik, Gestik und Bewegung wird etwas von dem deutlich, was Menschen denken, fühlen und wie sie beansprucht werden (vgl. Kap. 4.2). Die Ausrichtung auf Kreativität und Reflexivität mit einem gewissen inhaltlichen Bezug spricht im Gegensatz zur Jugendarbeit vor allem Jugendliche mit einem höheren Bildungsniveau an (vgl. THOLE/KOLFHAUS, 1994: 221).

Kulturpädagogische Angebote sind je nach Träger (z. B. Jugendkunstschule oder soziokulturelles Zentrum, vgl. Kap. 2.4.2) äußerst vielfältig; die Kommunikation unterscheidet sich nach Art, Teilhabe, Thema, nach Zielgruppe und gesellschaftlichem Zeitbezug. Das kulturelle Angebot richtet sich nach den Interessen der Jugendlichen bzw. der jeweiligen Zielgruppe, die ihr kreatives Potenzial, ihre Eigensinnigkeit und ihren Wunsch nach einer Ausdrucksentfaltung unabhängig ihrer soziokulturellen Herkunft mit einbringen. Es werden Räume geschaffen, in denen Ruhe, Betrachtung, Gespräch, Kontemplation und im Wechsel dazu Action, Intensität und rasche Ereignisse mit Hilfe verschiedener Medien möglich sind (Fotografie, Malerei, Theater etc.).

„Insgesamt steht Jugendkulturarbeit damit vor der Aufgabe, Teilkulturen in ihren sozialen Gebrauchsweisen und den Formen ihres Bewegungserlebens zu stützen, sie aber auch mit Erfahrungen zu konfrontieren, die dazu in relativer Gegenläufigkeit stehen. Das bedeutet sowohl Gelegenheiten für Dynamik zu schaffen wie für Ruhe, für Schnelligkeit wie für Langsamkeit, kulturindustriell vorgegebene Muster nicht blank zu reproduzieren. Alternative Formen des Zeit- und Bewegungserlebens müssen zwar möglich sein, sollten aber nicht erzwungen werden“ (TREPTOW, 1993: 262).

Eine praktische Ausgestaltung von Jugendkulturarbeit bezüglich des Bewegungsaspektes gibt es in sogenannten Tanzwerkstätten. Treptow akzentuiert insbesondere das Phänomen, dass Jugendliche im Tanz eine Verbindung zwischen „organischen Körperbewegungen“ und „instrumentell-technischen Bewegungsabläufe der Maschinen- und Computerwelt“ (vgl. ebd.: 267) schaffen, so auch ohne pädagogische Anleitung wie beim Break Dance (vgl. Kap. 3.1). Vielleicht liegt hierin ein Hinweis für das Bedürfnis von benachteiligten, nicht in das bildungsbürgerliche Schema passende Jugendlichen, eine solche Synthese zu schaffen; eine Verbindung zwischen dem Empfinden eigener Körperlichkeit und den Einflüssen der technisch-medialisierten Gesellschaft, in der sie leben. Jugendliche Bewegungsabläufe sind geprägt vom Wechsel zwischen Langsamkeit und Schnelligkeit, Kontinuität und Unterbrechung. Sie müssen sich mit unterschiedlichsten Zeitvorgaben und Zeiteinteilungen auseinandersetzen, bedingt durch verschiedene Rollen oder Teilidentitäten in Schule, Ausbildung, Familie und Freundeskreis. Neben der für viele Jugendliche unverkennbar wichtigen Bedeutung des freizeitbezogenen Selbsterlebens und der Selbstdarstellung in körperlicher Aktion im Umgang mit physischen Objekten sind es ästhetisch-kulturelle Ereignisse, sind es Bewegungsillusionen optischer und akustischer Art, ist es die Dynamik kultureller Objektivationen und imaginärer Ereignisse, die zu ihren Bewegungsweisen gerechnet werden – und damit eine Basis für die Projektidee der „Bewegung im Dazwischen“ liefern (vgl. Kap. 6.3.3).

Kulturelle Bildung kann in Verbindung mit dem gewünschten Gruppenerlebnis Jugendliche zunächst da abholen, wo sie stehen. Ihre Alltagskultur und die damit verbundenen Ideen müssen wechselseitig mit den ästhetischen Vorstellungen eines Zugangs über die Künste aufeinander bezogen werden (vgl. LIEBAU, 1992: 169f.). Durch die Beschäftigung mit künstlerischen Medien und Inhalten werden Orientierungshilfen gegeben. Im optimalen Fall kann gemäß des Gedankens der „doppelten Parallelität“ über die Öffnung für neue Bedeutungen der Kunst eine Modifikation von Einstellungen und Wertmaßstäben der Jugendlichen erreicht werden. Die heutige Jugendgeneration zeigt sich oft nur nach außen sehr selbstbewusst, oberflächlich gestärkt durch den materiellen Konsum in einer „Fun-Pop-Kultur“. Sie suchen dauernde Lebenslust ohne die wirkliche Integration von schwierigen Zeiten und eigenen persönlichen Schwächen. Denn nach innen hin sind dieselben Jugendlichen eher unsicher und ängstlich; sie sehen die Zukunft der Welt eher schwarz und erleben oft instabile Beziehungen bzw. keine Konfliktlösungsmodelle, so dass ihr eigenes Identitätsbild labil ist. Die Sehnsucht nach Gruppenerlebnissen, Nähe, Sicherheit und Spaß ist groß. Wie viel schwieriger ist die Situation für sozial schwache, subjektiv arme und arbeitslose Jugendliche – hier gibt es zu wenig kontinuierliche Begleitung und Förderung, z. B. durch kulturelle Bildung, somit auch keine bzw. bis heute nur rare wissenschaftliche Untersuchungen (vgl. THOLE/KOLFHAUS, 1994: 221f.). In einem gewissen Gegensatz dazu befinden sich Berichte über die Generation der „jungen Wilden", die risikofreudig, ideenreich und flexibel jetzt ihre Welt gestalten wollen; die schon „Lebenskünstler" sind, aber mit ihren Ideen keine Anschlussmöglichkeiten finden (vgl. BREYVOGEL, 2000: 50f.). Darin liegt der Hinweis, dass im jugendlichen Umgang mit der Konsum- und Kulturindustrie und in der Fähigkeit zur wechselnden Selbstinszenierung auch Kompetenzen von Heranwachsenden verborgen liegen. So ist Lebensqualität nicht direkt an Reichtum in Form von materiellem Wohlstand gebunden. Für einen jungen Menschen ist die Chance ausschlaggebend, im Rahmen der kultur- und gesellschaftsspezifischen Bedingungen ein individuell zufriedenstellendes Leben ohne Ausgrenzungen gestalten zu können.

Das „Ästhetische" kann als Überbegriff zum Themenfeld „Kultur leben lernen" angesehen werden.[6] Die Öffnung der Wahrnehmung, die Beschäftigung mit den Künsten, die Entwicklung der Reflexionsfähigkeit müssen die formale Bildung ergänzen, denn nach von Hentig (vgl. ebd., 1998) heißt Bildung sich bilden, mit allen Sinnen, ein Leben lang. Dieser erweiterte Bildungsbegriff hat auch im bundesweiten Fachkongress „Kinder- und Jugendarbeit – Wege in die Zukunft" (vgl. RAUSCHENBACH, 2003) einen zentralen Stellenwert bekommen. Bildendes Lernen vollzieht sich mit allen Sinnesfähigkeiten, mit Erlebnissen und Emotionen. So könnte eine zukünftig vernetzte Arbeit von kultureller Bildung, Jugendarbeit und Schule in professioneller gleichberechtigter Art und Weise der Bildungsmisere entgegenwirken. Eine wichtige Voraussetzung für diese Arbeit ist die genaue Beobachtung der heutigen Jugendlichen, ihrer Erscheinungsbilder, ihrer Bedürfnisse und Wünsche, ihrer Begriffe und Vorstellungen von Kultur, Bildung und Leben (vgl. Kap. 3.2).

Weiterhin sind aktuelle Sozialisationsbedingungen in den Blick zu nehmen, denn nach Bourdieu (vgl. ebd., 1994) haben die Herkunftsmilieus und ihre Reproduzierbarkeit fast unveränderbaren Einfluss auf die Heranwachsenden. Soziale Gruppen unterscheiden sich sehr deutlich darin, mit welchen

6 Dieses Thema hat den Kongress, an dem die Autorin teilgenommen hat, anlässlich des vierzigjährigen Bestehens der Bundesvereinigung Kultureller Jugendbildung am 3./4. Oktober 2003 in der Akademie Remscheid inhaltlich bestimmt (vgl. BKJ, 2004).

künstlerischen Produkten im weitesten Sinne sie sich beschäftigen. Gerade über die Art und Weise des Kunstumgangs reproduziert sich die Gesellschaft mit ihren Unterschieden immer wieder neu. Bestimmte Kunstformen, mit einer hohen ästhetischen Qualität, erreichen nur ihr ureigenes Publikum. Zusätzlich belastend sind die marginalen offenen Chancen einer kulturellen und sozialen Teilhabe an der Gesellschaft für benachteiligte Bevölkerungsgruppen.

„Wer an die allgemein bildenden Kräfte der Künste glaubt und wer zudem ‚Kultur für alle' als jugend- und kulturpolitisches Ziel für richtig hält, wird sich viele Gedanken darüber machen müssen, wie er andere als die ‚Bourdieuschen' Zielgruppen erreichen kann. Damit wird deutlich: das Konzept einer ‚kulturellen Bildung als Allgemeinbildung' gibt es nicht zum Nulltarif; es stellt vielmehr erhebliche Ansprüche, nimmt man Allgemeinbildung als Bildung für alle ernst" (FUCHS, 2002: 112).

Kinder und Jugendliche dieser Milieus können kulturelle Bildung nur erhalten, wenn sie ihnen in ihrem sozialen Kontext kontinuierlich von Künstlern und Sozialarbeitern oder Kulturpädagogen ansprechend vermittelt wird. In „Mensch und Raum" spricht Bollnow (vgl. ebd., 1984) von Türen, die sich zu einem Zuhause öffnen, doch nur, wenn sie überhaupt geöffnet werden können und weiterhin unter dem „Zuhause" Vergleichbares oder Ähnliches von allen beteiligten Personen verstanden wird. Hier zeigt sich ein hoher Anspruch an die kulturelle Bildung von benachteiligten Jugendlichen, da der Pädagoge sich in ein für ihn in der Regel fremdes Milieu mit andersartigen, zunächst nicht bekannten Mitteln begeben muss. Der ästhetische und künstlerische Bildungsprozess kann nur in Verbindung mit einer professionellen Beziehungs- und Gruppenarbeit gelingen (vgl. Kap. 6). Im übertragenen Sinne muss die Tür schon in ihrem Prinzip eine Durchlässigkeit bieten. Das britische, staatlich geförderte Modell für diese Arbeit nennt sich „social inclusion"[7], durch das ausgegrenzte Stadtteile mit Hilfe von freien künstlerischen Projekten, als eine Kulturbegegnung von Menschen unterschiedlicher Profession und Couleur vor Ort, etwas mehr integriert werden (vgl. KOLLAND, 2004: 45f.). Eine gemeinsame kreative Produktion und Präsentation kann neue Zwischenräume zwischen vormals fremden Milieus oder Sprachen schaffen, ohne dass dabei die Kunst als Medium sozialer Arbeit instrumentalisiert werden muss. Gerade im nonverbalen, gestalterischen Bereich liegt die Chance einer gleichwertigen Begegnung „auf Augenhöhe". Für benachteiligte Jugendliche ist der Einbezug des Sozialraumes zum Abbau von Ängsten oder Vorwürfen der eigenen Fa-

7 Vgl. z. B. E&C, Entwicklung und Chancen junger Menschen in sozialen Brennpunkten, BJKE, 2002/03 in Anlehnung an die Forschungen aus Birmingham/Cultural Studies, oder vergleichbare Theater- und Musikprojekte mit jungen Menschen in benachteiligten Lebenslagen, BKJ, 2000.

milien entscheidend, damit sie weiterhin durch neue Türen der ästhetischen Bildung gehen dürfen (vgl. BECKER/LAUTERBACH, 2004: 26f.). Aufsuchende Kulturarbeit erbringt erstaunliche Erfolge, die Frage der Nachhaltigkeit in der Biografie des Einzelnen kann leider kaum erfasst werden (vgl. Untersuchung von LINDNER a, 2003 und Kap. 5.5). Laut dort vorliegender Teilnehmerstatistik scheint ein Querschnitt aller Bevölkerungsgruppen an Angeboten der kulturellen Bildung teilzunehmen. Das liegt daran, dass hier verschiedene Schultypen als Kooperationspartner für freie Träger fungiert haben (vgl. LINDNER a, 2003: 27ff.). Wichtig bleibt, dass Kinder und Jugendliche, die unter materieller, sozialer und kultureller Armut leiden, nicht von freiwilligen Bildungsangeboten etwa aus finanziellen oder strukturellen Gründen ausgegrenzt bleiben.

Umfassende Dialogstrukturen zwischen den Kulturen unterschiedlicher Milieus bedürfen einer Bereitschaft aller Beteiligten und eines kontinuierlichen Prozesses, der bildungspolitisch gefordert und als demokratisches Fundament angesehen wird. Nur wenn Identität, Vielfalt, Toleranz und Pluralismus erlernt werden, entwickelt sich die Verschiedenheit von Menschen und Kulturen zu einem positiven Gesellschaftselement. Kunst kann bedingt eine Art „Weltsprache" sein, denn Musik, Farben und Bewegung sind zwar nicht universell gleich verständlich, doch die basalen Emotionen, die dahinterstehen, können es sein. In einer Verbindung der Öffnung mit dem Respekt vor dem Anderen kann friedliche Begegnung entstehen; mit anderen Worten gibt es keine universelle Weite ohne regionale Substanz. Jugendszenen oder auch Subkulturen, wie Techno, Hip Hop und Rock dienen hier dem Zugehörigkeitsgefühl und der Identitätsbildung. Sie besitzen durch ihre weltweite mediale Präsenz einen hohen Universalitätsgrad (vgl. Kap. 3.1). Je differenzierter Erfahrungen mit Fremdem sind, desto höher die Öffnungsfähigkeit eines Menschen, einer Kultur, einer Berufsgruppe. Dieser Prozess der kulturellen Bildung ist anstrengend und langwierig, denn das Verschlossene muss immer wieder mühsam eröffnet werden. Im jetzigen Bildungssystem wird dem noch zu wenig Rechnung getragen. Gerade die Künste sind nicht jedem gleichermaßen zugänglich. Künstlerische Formen bieten vielfältige Anlässe und Mittel alternativer Betrachtungsweisen, die die Grenzen intellektueller Auseinandersetzung und herkömmlicher Diskurse sprengen können. Kunst kann durch ihre besondere Ausdruckskraft Verschließung provozieren, um Systeme zu brechen. Das kann aber nur mit bestimmten Wahrnehmungs-, Transfer- und Reflexionsfähigkeiten nachvollzogen werden. Hier müssen Pädagogen und Künstler mit ihrem spezifischen Können im Team arbeiten, respektvoll die Fähigkeiten des anderen schätzen und sich gegenseitig bereichern.

Die pädagogische Diagnostik, die noch wenig professionell verbreitet ist, beweist die ganzheitliche Bildung an „Alternativschulen" (vgl. z. B. die Bielefelder Laborschule, HENTIG, 1985, die Jenaplan-Schule, BJKE 2004/05 oder das Musik-Projekt an Grundschulen in Berlin, BASTIAN, 2002). Hier geht es nicht nur um kognitiv kapitalfähiges Lernwissen, sondern auch um kreative, denkerische und soziale Fähigkeiten; mit einer Achtung vor Fragen, die nicht beantwortet werden können oder vor geöffneten Welten, die nicht begehbar sind. Besonders der Einsatz von Musik und Bewegung wird hier wegen ihrer unmittelbaren Kräfte gefördert; nicht als benotetes Schulfach, sondern als gemeinschaftlich kulturelles Leben. Gute Musik erreicht die Seele eines Menschen, bewegt sie unabhängig von einer musikalischen Vorbildung (vgl. Kap. 5.5.1).

In einer Gesellschaft mit verschiedenen sozialen Schichten besteht die Gefahr von sozialen Schließungsprozessen, wenn Menschen aus bestimmten Milieus die Teilhabe an kulturellen Prozessen verweigert wird. Es ist festzustellen, dass jedes Milieu eine eigene Symbolsprache und Kultur besitzt, die notwendigerweise immer vorhanden ist und sich von anderen Schichten abgrenzt. Diese „feinen Unterschiede" sind systemimmanent und nicht zu überwinden. Sozialisationsprozesse festigen die Zugehörigkeit zu einer sozialen Schicht, man wird in eine Kultur hineingeboren und eine gewisse Aneignung geschieht von selbst. Erst Enkulturation – Bewusstmachung der naturwüchsigen Sozialisation – kann Identitätsbildung und Veränderungswünsche ermöglichen. Doch nur da, wo Menschen aufeinander zu gehen wollen, sind Potenziale kultureller Bildung aktivierbar. Kulturpädagogik hat hier den politischen Auftrag, Räume in und außerhalb von Milieus zu schaffen, die Beteiligung und Aktivierung vieler junger Menschen fördern. Der deutsche Kulturrat fordert dazu eine Rückbesinnung auf die Schiller'schen Briefe ein (vgl. Kap. 2.1), damit die Kulturpolitik wieder mehr Gehalt bekommt. Der erweiterte Kunstbegriff von Beuys, der das Leben als Gesamtkunstwerk versteht, nicht dass jeder vom Beruf her Künstler werden kann, scheint an dieser Stelle von Bedeutung zu sein:

> „Welche Rolle spielt neben dem erlernbaren Wissen die Phantasie? Sie ist kein musischer Winkel für ein paar künstlerisch Begabte, sondern sie ist eine Lebenshilfe für jeden von uns in der technischen Welt. Ich bin kein sachverständiger Liebhaber aller Schöpfungen von Joseph Beuys. Aber ich bin beeindruckt von seinem pädagogischen Kunstgriff und seinen Forderungen, daß wir uns nicht in Künstler und Nichtkünstler einteilen lassen dürften. Vielmehr sollten wir in jedem Menschen einen Mitgestalter von Leben und Zukunft und damit einen auf seine Weise künstlerisch tätigen Mitmenschen sehen" (WEIZSÄCKER, 1985: 80).

3.5 Vergleichende Zusammenfassung

Zahlreiche Studien, Expertisen und Kinder- und Jugendberichte bezeugen die ungleichen äußeren und inneren Bedingungen des Aufwachsens von Kindern und Jugendlichen. Aus den verschiedenen Teilen dieses Kapitels lassen sich einzelne Zusammenhänge in Bezug auf benachteiligte Jugendliche feststellen. Diese kommen in der Regel aus bildungsfernen Milieus und haben sozialisationsbedingt kaum Anschlussmöglichkeiten an die kulturelle Bildung. Sie vermissen für ihre Freizeit günstige, offene und attraktive Räume. So besteht ihre Freizeitpraxis oftmals aus passiven Tätigkeiten wie etwa „Abhängen" oder „Fernsehen". Körperliche Aktivitäten zeigen benachteiligte Jugendliche am ehesten in Taten, die an der Grenze zur Legalität stehen. Ihr Werte- und Rollenbild scheint sozial vererbt zu sein, geprägt von Bedürfnisbefriedigung auf der einen und Perspektivlosigkeit auf der anderen Seite, obwohl sie nicht selten von unrealistisch zu erreichenden Gütern, wie ein eigenes Haus, Auto und eine stabile Familie träumen. Sie fühlen sich nicht zuletzt durch das Schulsystem als Verlierer abgestempelt, was zur Folge hat, dass ihre Misserfolgserwartung und Hilflosigkeit zunehmen sowie daraufhin das Selbstvertrauen fehlt, eigenverantwortlich tätig zu werden oder entsprechende Unterstützungsangebote wahrzunehmen (vgl. z. B. KLAWE, 1996: 63).

Trotz aller gesellschaftlichen Auflösungserscheinungen ist zu bedenken, dass es sich bei den dargestellten Phänomenen um Entwicklungstendenzen handelt, die im Einzelfall keine absolute Gültigkeit beanspruchen können. Nicht jeder Jugendliche ist von allen beschriebenen Problemen gleichermaßen betroffen. Der Rückbezug auf empirische Erhebungen gibt nur an, was für Mehrheiten zutrifft oder an Meinungen vorherrscht. Doch resümierend müssen die aktuellen Tendenzen zur Vereinzelung und Entsolidarisierung in unserer Gesellschaft ernst genommen werden. Die Ergebnisse der Jugendforschung weisen darauf hin, dass ein großer Teil der Jugendlichen durch Perspektivlosigkeit, Motivationsmangel, passive Konsum- und Medienorientierung und Bindungsarmut benachteiligt ist. Die Neigung zum stark ausgeprägten Egoismus könnte auch positiv als Selbstsorge und Eigeninitiative umgedeutet werden. An dieser Stelle wird durch die Methode der „Übernahme von Verantwortungsrollen" in der Jugendarbeit angeknüpft, um Jugendlichen alle Rechte und Pflichten von Selbstentfaltung und Beteiligung in einem geschützten Rahmen zu vermitteln. In der individuellen Persönlichkeitsförderung verbirgt sich eine indirekte Werteentwicklung, so dass der Jugendliche seine hedonistischen Wünsche an soziale und ethische Prinzipien rückbinden lernt. Problematisch bleibt die steigende Segregation von Jugendlichen aus schwierigen Herkunftsverhältnissen sowohl in Haupt- und Förderschulen als auch in den meisten Jugendeinrichtungen und damit eine ständig gleichbleibende Beeinflussung von Mitschülern und Peer Group-Mitgliedern. „Die Jugendzeit, die oft als ‚zweite' oder ‚sozio-kulturelle Geburt' des Menschen bezeichnet wird, bietet aber auch die Chance, bisher Versäumtes in der jugendlichen Identitätsentwicklung nachzuholen" (NAGL, 2000: 66). An diesem Punkt können kulturpädagogische Angebote eine Alternative anbieten, wenn sie einerseits sehr lustvoll, kreativ und partizipierend ausgerichtet sind, andererseits über Beziehungen und Räume Jugendliche aus verschiedenen Zusammenhängen ansprechen können. Eine Mischung von Gruppen und „Wertetypen“ in der Arbeit an einer künstlerischen Idee birgt Spannung, Dynamik und Verständigung in sich. Im Umgang mit jungen Menschen fällt immer wieder auf, dass sie begeistert und mit ihrer Situation zufrieden sind, wenn ihnen Begegnungen mit anderen Jugendlichen und unmittelbare Erfahrungen mit Dingen und kreativen Handlungen ermöglicht werden. „Dies lässt die Verknüpfung von kulturpädagogischen und jugendsozialarbeiterischen Arbeitsansätzen sinnvoll erscheinen“ (KORDFELDER, 2002: 32). Die Jugendhilfe sieht „kulturelle Jugendbildung“ gemäß §11 KJHG eindeutig vor, doch ein eigenständiges Planwerk und ein flächendeckendes Netzwerk zur konkreten Umsetzung fehlen bisher noch (vgl. ebd.: 31). Auch die künstlerischen Fächer in den allgemeinbildenden Schulen führen in der Regel ein Schattendasein, obwohl das Absterben von sozialen, kommunikativen und kreativen Fähigkeiten bei jungen Heranwachsenden schon länger beklagt wird (vgl. z. B. KATHEN/VERMEULEN, 1992: 43). Eine Aufwertung kultureller Bildung in allen Feldern der schulischen und außerschulischen Kinder- und Jugendarbeit gäbe den in jedem Menschen vorhandenen Anlagen eine angemessene Chance (vgl. SEITZ b, 1998: 7f.). Dafür muss auch die Pluralität der Räume und Zeiten dieser Bildung in oder außerhalb von Schulen, Jugendheimen, Jugendkunstschulen und weiteren Jugendtreffpunkten gewährleistet bleiben. „Bilden und/oder unterhalten mit Bildungsabsichten, sozusagen parallel zu existenten Jugendkulturen mit Selbstbildungs- und Unterhaltungsqualitäten bleibt das Feld und die Profession der Kulturpädagogik auf dem jeweiligen ästhetischen und technischen Niveau der Zeit“ (ZACHARIAS, 2001: 126).

Engagierte kulturpädagogische Projekte finden an einigen Stellen bereits statt, wie es vielfältige Beschreibungen bezeugen, doch fehlt es ihnen an einer längerfristigen Absicherung und Vernetzung (vgl. z. B. BKJ, 2000: 225ff.). Ein didaktisch aufbereitetes Konzept in der Kulturpädagogik, das eine sinnvolle Verbindung zur Methodik der sozialen Arbeit berücksichtigt, könnte als Strukturierungs- und Überzeugungshilfe dienen (vgl. Kap. 6). Um ein solches mit einer spezifischen Ausrichtung zu fundieren, wird im Folgenden die als wichtig erkannte Körper- und Bewegungsorientierung in der kulturpädagogischen Arbeit mit benachteiligten, ausgegrenzten Jugendlichen tiefer gehend begründet und weiter ausgestaltet.

4 Körperliche Dimensionen der Kulturpädagogik

„Der Körper ist der Übersetzer der Seele ins Sichtbare." (Christian Morgenstern)

Wir können unseren Körper als Ganzes nie so sehen, wie er von anderen gesehen wird, wir sehen immer nur bestimmte Teile, manche davon überhaupt nur mit Hilfe des Spiegels. Das stundenlange Verweilen vor diesem ist für viele Jugendliche notwendig, um Antworten auf die Fragen: „Wie sehe ich aus?" oder „Was könnten andere über mich reden?" zu finden. Aufschlussreich für die Rolle des äußeren Körperbildes sind u. a. die Ergebnisse der Shellstudien. Für 88% der Jugendlichen ist ein „tolles Aussehen" von enormer Bedeutung; Markenkleidung ist für 78% der Jugendlichen wichtig. Es gibt hier kaum Unterschiede zwischen den Geschlechtern (vgl. DEUTSCHE SHELL, 2002: 76f.). „Das Körpererleben wird durch den ästhetischen und moralischen Beurteilungsrahmen, den die Kultur zur Verfügung stellt, in der sich auch die Sozialisation des Einzelnen ereignet, bestimmt" (DU BOIS, 1990: 29). Welche Maßstäbe gibt unsere Kultur vor? Kann von einer körperfeindlichen Kultur gesprochen werden, in der ein Körper meist in eine als attraktiv bestimmte Form gebracht werden und als Objekt immer optimal funktionieren und wirken soll?

Das kulturelle Körperbild, das den phänomenologischen Teilbereich des individuellen Körpererlebens mit bestimmt, prägt wesentlich die Wertschätzung des eigenen Körpers und korreliert auch mit einer positiven Selbsteinschätzung (vgl. PIETRASS, 1997: 253) – es setzt sich nicht nur aus äußeren, sondern auch aus inneren Erfahrungen zusammen. Der Weg von der Körperanschauung zum Körperempfinden ist nicht als einmaliger Akt, sondern als Teilaspekt einer lebenslangen Wechselwirkung zu betrachten. Somit bleiben Körperbilder stets dynamisch, bewegen sich zwischen anderen Körpern und unterschiedlichen Umräumen. Eine theoretisch und praktisch geschulte Wahrnehmung von jugendlichen Körperhaltungen, -bewegungen und -inszenierungen ermöglicht Pädagogen, die symbolischen Ausdrücke der Jugendlichen auf zugrundeliegende Erfahrungen zu beziehen und zu deuten. Besonders die Existenz, Herkunft und Auswirkung innerer Körperbilder in einer körperlich-sinnlich defizitären Erfahrungsumwelt (vgl. NAGL, 2000: 49) scheinen ein interessanter, aber bisher marginaler kulturpädagogischer Ansatz zu sein.

Lebenserfahrung ist auch Körpererfahrung: Von dieser Idee ausgehend soll in diesem Kapitel die Körperlichkeit von Menschen als elementare Basis für kulturpädagogisches Arbeiten neu entdeckt werden (vgl. Kap. 4.1). Im Körper durchdringen sich natürliche Gegebenheiten und gesellschaftliche Prägungen, intime Empfindungen und kommunikativer Ausdruck. Eine Berührung des Körpers kann Wohlbefinden und Wärme oder auch Unbehagen vermitteln – einen Raum für die Seele, die sich auch im Erscheinungsbild der Haut als Hülle und größtes Organ des Körpers ausdrückt. Diese bildet die Körperoberfläche, die Grenzen bildet und damit hilft, das Selbst und Nicht-selbst voneinander zu unterscheiden.

Das menschliche Urbedürfnis nach Nähe und Geborgenheit wird durch Erfahrungen von frühester Kindheit an beeinflusst und damit auch die Wahrnehmungsfähigkeit eines Menschen an sich (vgl. KLIEBISCH/WEYER, 1996: 124). Über die Körperwahrnehmung werden gerade in den ersten Lebensjahren Erfahrungen mit und in der Umwelt internalisiert, die das innere und äußere Körperbild prägen. Dabei machen Mädchen und Jungen im Laufe ihrer Entwicklung und erzieherischen Begleitung unterschiedliche Körpererfahrungen und verarbeiten diese auch jeweils anders (vgl. HELFFERICH, 1994: 198).

Eine aufrechte, gleichzeitig entspannte Körperhaltung und ein sicherer Stand lassen wahrscheinlich auf das Selbstvertrauen eines Menschen schließen; denn er kann seine Körpersprache nicht so bewusst wie seine verbalen Äußerungen kontrollieren. Der Grenzbereich zwischen Körper und Psyche ist nicht nur im therapeutischen Bereich von hohem Interesse (vgl. BOYESEN, 1987: 30ff. und KAPPERT, 1990: 110ff.)[1], sondern ebenso für Bildungsprozesse mehr in den Blick zu nehmen. Um ein Bildungsziel „ganzheitliche Gesundheit“ anzustreben, muss die sportliche oder kreative Bewegungsvielfalt des Körpers gefördert werden, die dann auch die Seele und den Geist des Menschen bewegen, ihn so zu wechselnden Perspektiven und zu einer gut entwickelten Intuition führen kann. Jeder menschliche Körper ist individuell, ist immer schon unverwechselbar verkörperte Ordnung. Statt Allgemeinaussagen über den Körper herzustellen, sollte es einer kulturpädagogischen Theorie und Praxis eher darum gehen, spezifische Ordnungen aufzuspüren und Zwischenräume für Körper, Geist und Seele im Zusammenhang auszuprobie-

1 In der von ihr entwickelten biodynamischen Körpertherapie geht Gerda Boyesen davon aus, dass Körper und Seele eines Menschen funktionell identisch sind, so dass etwa ein Konflikt ebenso wie ein harmonischer Zustand immer eine Entsprechung auf körperlicher und seelischer Ebene haben.

ren, zu gestalten und zu reflektieren. So werden Körpererfahrungen und Körperwahrnehmungen von weiblichen und männlichen Jugendlichen auch unter einer Gender-Perspektive dargestellt (vgl. Kap. 4.2), um sie anschließend als Basis für bisher selten eingesetzte Körperarbeitsweisen in der Jugendkulturarbeit kreativ zu nutzen (vgl. Kap. 4.3).

4.1 Körper- und Leibverständnis in der Kulturpädagogik

Der Mensch zeigt seine Identität als erstes und am ehesten in seinem Körper, mit dem er lebt und sein Dasein gestaltet. Über und mit dem Körper erzeugen und entwickeln wir das Leben. Jeder Lebensvorgang hat einen körperlichen Bezug, ist ein Gestaltungspunkt mit dem Körper und seinen Sinnen, stellt diesen selbst her. Das Wort „Leib" (ursprünglich: Leben) ist zwar aus dem allgemeinen Sprachgebrauch entschwunden, bedeutet aber mehr als mit dem Wort „Körper" gemeint ist. Dieser bezeichnet zunächst das räumlich Ausgedehnte und Gestaltete (vom Lateinischen: corpus), das sich auf alle möglichen Objekte beziehen kann; darin besteht die Gefahr, dass der menschliche Körper in die Reihe der funktionierenden und berechenbaren „Dinge" eingereiht und beschränkt werden könnte. Der Leib wird eher als der beseelte Körper verstanden. „Leib ist immer Erscheinung des ganzen Menschen" (LEXIKON DER PÄDAGOGIK, 1971, Bd. 3: 80) und vereinigt damit psychische, physische und intellektuelle Komponenten. Auch an anderer Stelle ist zu finden (vgl. PHILOSOPHISCHES WÖRTERBUCH, 1993: 169f.) , dass sich von Aristoteles an die Einheit des Menschen (Körper-Geist-Seele) als Grundauffassung durchgesetzt hat. Dieser Denktradition folgend beschreibt Merleau-Ponty das Phänomen der wechselseitigen Spannung innerhalb des menschlichen Wesens: „Das Rätsel liegt darin, dass mein Leib zugleich sehend und sichtbar ist. Er, der alle Dinge betrachtet, kann sich zugleich auch selbst betrachten und in dem, was er dann sieht, die ‚andere Seite' seines Sehvermögens erkennen" (MERLEAU-PONTY, 2003: 279f.) . Die sinnliche Wahrnehmung und Erkenntnis des eigenen Körpers und der Umwelt geschieht mit dem Körper, der bei jedem Gefühl und jedem Gedanken beteiligt ist. In diesem Leib-Verständnis soll hier der Begriff des Körpers „ganzheitlich" – d. h. wir sind unser Körper, unsere Gefühle, unsere Gedanken und diese sind nie körperlos – gesehen und aufgrund seiner umgangssprachlichen Geläufigkeit benutzt werden. Dies gilt sowohl für eine mögliche Körperorientierung bei jeder Art der Begleitung von Kindern und Jugendlichen als auch im besonderen für die Kulturpädagogik. Die Erziehung zum mündigen Umgang mit der eigenen Körperlichkeit gehört grundlegend zur ästhetischen Bildung, dem Hauptziel kulturpädagogischer Arbeit. In der unmittelbaren ästhetischen Erfahrung erlangt die Körperarbeit ihre Bedeutung hinsichtlich der Persönlichkeitsentfaltung junger Menschen, und zwar nicht nur in Bezug auf ihr optisches Erscheinungsbild oder ihr biologisches Geschlecht.[2] Deshalb sollte der immer auch von innen erlebte Körper mit allen Sinnestätigkeiten in kulturellen und sozialen Arbeitsfeldern miteinbezogen werden, ohne ihn zu einem instrumentellen Medium zu machen, das nur bei Verweigerung oder Dysfunktion bewusst wahrgenommen wird. Indem wir unseren Körper aktivieren, in Tätigkeit versetzen und in Bewegung geraten, setzen wir uns mit der Umwelt in Beziehung und nehmen auf diese Weise wahr, was als Weisheit im Körper angelegt ist, wobei dem menschlichen Körper die Dialektik von Vernunft und Gefühl immanent ist (vgl. VASSEN, 1998: 30). Er bleibt vor allem in der ästhetischen Auseinandersetzung immer ein werdender, gestaltbarer Körper, der seine Umwelt in sich aufnehmen, auch von dieser verschlungen werden kann, deshalb kein rein physikalischer Terminus ist. Die Entwicklung der in einem Körper innewohnenden Möglichkeiten ist also von sozialen und kulturellen Umständen abhängig, von denen der menschliche Körper durch Nachahmung geformt wird, aber sich zugleich selbst eine individuelle Form gibt (vgl. GEBAUER/WULF, 1998: 35).

Das heutige Körperverständnis muss sich mehr und mehr dem Sinngehalt des Wortes „Leib“ annähern. Die traditionellen Vorstellungen von gespaltenem Körper und Geist in der abendländischen Kultur wird auch in der Medizin immer mehr überwunden zugunsten einer Erforschung der gegenseitigen Beeinflussung (vgl. z. B. MILZ, 1998: 37ff.). Doch allein in einem Wort wie „Körperbewusstsein“ liegt schon die Trennung des Menschen, der Körper als Objekt oder Instrument, verborgen (vgl. FELLSCHES, 1991, S. 13). Gerade in erzieherischen Prozessen soll dem Körper, wo er durch Verwahrlosung, Vereinheitlichung oder Instrumentalisierung gefährdet ist, genügend Bedeutung zugemessen werden, denn der Entfremdung vom Körper liegt eine Machtproblematik zugrunde, wie in Disziplinierungsmaßnahmen von Kirche, Militär und auch Pädagogik bis heute zu erkennen ist (vgl. KAMPER/WULF, 1982: 9ff.). Er darf nicht auf seine Funktionen und ein von außen betrachtetes Objekt, abgetrennt von der Einheit mit Geist und Seele, reduziert werden. So wird etwa in der Schule vornehmlich der Kopf (visueller und akustischer Sinn im Vordergrund) und die Schulterpartien des Schülers unabhängig von seinen sonstigen inneren und äußeren Bewegungen beachtet. Mit zunehmendem Alter der Schüler geht die völlige Hingabe an das, was sie tun, die körperlich empfundene Lust oder Unlust gänzlich verloren. Praktisches Lernen und Verstehen über den Körper wird in einer schulischen Kultur der Schriftlichkeit

2 Die Differenzierung zwischen dem biologischen Geschlecht (*sex*) und der kulturell sowie sozial geprägten Geschlechtsidentität (*gender*) – u. a. bei Judith Butler zu finden (vgl. ebd. „Das Unbehagen der Geschlechter“. Frankfurt a. M., 1991) – macht deutlich, dass der menschliche Körper nicht frei und natürlich ist, sondern im wechselseitigen Prozess zwischen *sex* und *gender* ein Leben lang beeinfluss- und veränderbar bzw. auch manipulierbar ist.

und Sprachlichkeit weitgehend ignoriert. „Der Körper und seine Bewegungen werden in der Schule als Mittel der Weltaneignung ausgegrenzt“ (MEYER, 1999: 231).

Dabei ist es überaus wichtig, dass auch der Pädagoge seine persönliche Körpersprache reflektiert, die er weder unterbinden noch sehr bewusst steuern kann, die aber immer Wirkungen zeigt. Das Gelingen der zwischenmenschlichen Kommunikation hängt von wohlwollenden Gefühlen ab, die sich körperlich manifestieren und gleichzeitig verbal vermittelt werden. Mimik, Gestik, Körpergröße und -spannung sowie der Klang der Stimme setzen Signale der Offenheit oder Ablehnung, der Stärke oder Schwäche. Ein Körper, der sich viel Raum nimmt, zeugt von einem hohen sozialen Status. Ein Pädagoge, der Gefühle auch im körperlichen Ausdruck und in Bewegung zeigt, sich auf seine Zielgruppe zu bewegt, überbrückt gegebene Distanzen und motiviert zu authentischen Lernprozessen. Ein körperlicher Kontakt – gezielt und mit feinem Gespür für den Anderen eingesetzt – kann oft mehr erreichen als viele Worte. Eine sanfte Berührung vermittelt nonverbal Aufmerksamkeit und Sicherheit. Die klare Bedeutung und der Ausdruck einer Körperbewegung oder Geste hängen von dem sozialen Kontext ab, in dem sich diese vollziehen. „Auch wenn die körperliche Bewegung einfach ist, kann die emotionale Bewegung vielschichtig sein“ (GEBAUER/WULF, 1998: 89). Dies ist besonders in unbekannten Situationen mit noch wagen und unvertrauten Beziehungen zwischen den beteiligten Personen zu berücksichtigen. Körperlichkeit und Sprachlichkeit prägen in wechselseitiger Bedingung jeden Erziehungsprozess, jede soziale Interaktion und somit auch jede kulturpädagogische Arbeit, die mit Hilfe künstlerischer Medien die Entfaltung menschlicher Eindrucks- und Ausdrucksfähigkeit zum Ziel hat, um eine Beteiligung an der kulturellen Gestaltung des Lebens aktiv zu ermöglichen. Das sensible und reflektierte Erfahren und Einsetzen des eigenen Körpers in Kommunikation mit anderen Körpern gehört grundlegend zur ästhetischen Bildung. Dabei müssen ästhetische Erfahrungen nicht nur angenehm sein, aber durch ihre ganzheitliche Intensität tragen sie zu einem lebendigeren Wahrnehmungs- und Verstehensprozess und zu einem erweiterten Gestaltungsvermögen bei. „Ästhetik geht durch den Körper“ – die Wahrnehmung von Schönem oder Hässlichem, verbunden mit Gedanken und Gefühlen, ist immer eine körperliche Erfahrung, die den Menschen oftmals unbewusst prägt (vgl. MERTEN, 1999: 87). So besteht auch das Geheimnis eines Autors zu einem wesentlichen Teil darin, dass er die Kunst besitzt, mit den abstrakten Mitteln des Geschriebenen den Leser sinnlich-körperlich zu treffen. Doch was wir sagen können, ist nicht dasselbe wie das, was in einer körperlichen Bewegung geschweige denn im Tanz alles geschieht. Bevor gedanklich-sprachliche Beschreibungen und Beurteilungen erfolgen, ist alles Gesagte im sinnlichen Anschauen selbst gegeben.

4.2 Körperliche Erfahrungen bei Jugendlichen

Körperliche Erfahrungen stellen gerade für Heranwachsende Sinn- und Beziehungserfahrungen dar. Bei jeder Körpererfahrung bildet der eigene Körper das Zentrum der Erfahrungen von Verunsicherung sowie des Kennenlernens eigener Wünsche und ist damit Ausgangspunkt der Selbstthematisierung. Der jugendliche Körper beginnt, sich selbst und den anderen wahrzunehmen, gleichzeitig zu bemerken, dass der andere ihn auch beobachtet. Das jugendliche Bedürfnis nach Spürbarkeit, Körperlichkeit, nach Selbstbestimmung von Zeiten und Orten des Lebens sowie nach Aufmerksamkeit für sich und andere Jugendliche in der gemeinsamen Situation ist angesichts der offenen, unsicheren Zukunft enorm hoch (vgl. LIEBAU, 1992: 75). Dabei deutet und gestaltet der menschliche Körper ständig seine eigene Identität in wechselseitiger Beziehung zum Fühlen und Denken (vgl. GENGE, 2000: 119).[3] Die körperliche Organisation von Welt ist ein Prozess des Filterns und Verdichtens, um in der Komplexität eine eigene Form und Gestalt zu finden. So nutzen vor allem Jugendliche Kleidungs-, Musik- und Tanzstile, um sich selbst und ihre Peer Group in einer vorläufigen Eindeutigkeit und zugleich in Differenz zu anderen darzustellen. Sie bilden dadurch eine besonders sensible Zielgruppe für eine Kulturpädagogik, die zur positiven Gestaltung des Körperselbstbildes beitragen möchte (vgl. HÜBNER-FUNK, 2003: 74). Ästhetische Vorlieben und auch Abneigungen sind prägend für die jugendliche Identitätsbildung, bei der ein reflektierter Umgang mit risikofreudigen Körperpraktiken etwa in Extremsportarten oder mit der Machbarkeit des Körpers im Fitness- oder Diätenwahn in der Erlebnisgesellschaft, die einen muskulösen und faltenfreien Körper als attraktiven Werbeträger nutzt, notwendig wird. Im Körpererleben liegt eine enge Beziehung zum Selbsterleben verborgen; es macht einen großen Unterschied aus, ob ein junger Mensch neugierig durch den Wald spaziert oder den vorgegebenen „Trimm-Dich-Pfad" abläuft oder sich nur virtuell bewegt (vgl. RUMPF, 1999: 124f.). In einer Zeit schwindender Seinsgewissheiten wird der Körper gerade für Jugendliche zu einem verfügbaren und beeinflussbaren Medium, mit dem sie sich selbst symbolisch darstellen und sich selbst besser spüren können.

In der Pubertät – als elementare Zeit und Bewegung im „Dazwischen" – stellen sich veränderte Körperbilder, -empfindungen und -empfindsamkeiten

3 Dass jedes Denken emotional und jede Erfahrung eine gefühlte Information ist, geht auf die philosophischen Entwürfe von Susanne Langer zurück (vgl. ebd. „Philosophie auf neuen Wegen". Frankfurt a. M., 1965). Sie unterscheidet weiterhin eine *diskursive* Symbolik der Sprache, die sukzessiv mit dem Verstand entschlüsselt werden muss, von einer *präsentativen* Symbolik, etwa der Kunst oder des Körpers, die ganzheitlich erfasst werden muss und sich dabei nicht auf relativ stabile Bedeutungen beziehen kann. So ist die auch immer körperlich erfahrene Welt eine symbolisch gedeutete Welt.

ein. Durch und in einem permanenten Selbst- und Fremdbeobachtungsprozess beschäftigen sich jüngere Jugendliche ausgiebig mit körperbezogenen Fragen und Aktivitäten, die emotional und kognitiv verarbeitet und vor allem auf die eigene Geschlechtsrolle bezogen werden müssen. Doch Körpererfahrung kann nicht nur im Jugendalter mehr darstellen als die intime Erfahrung von gelebter Sexualität, mannigfaltige sinnliche Erfahrungen können diese ergänzen und auch sensible Erlebnisse jenseits medialer Konsumorientierung ermöglichen. Ein gesteigertes Bedürfnis nach Emotionalität und Expressivität kann ein übertriebenes, fast zwanghaftes Verhältnis zum Körper als Mittel zur Selbstverwirklichung produzieren. Dabei sind viele Körperzuschreibungen aus sozialen und historischen Sichtweisen heraus interpretiert und vorentschieden. Der Körper ist Träger kultureller Symbole und nimmt für Jugendliche eine zentrale Rolle als Selbstdarstellungsmedium auch im Sinne der Kompensation von Unsicherheiten ein (vgl. AIGNER, 2002: 265ff.). „Jugend ist eine körperbezogene ästhetische Kultur“ (FROHMANN, 2003: 155), in der zunächst das Visuelle in Mode und Styling von hoher Bedeutung ist. Dabei findet man eine Art „Kodex“ für den jeweiligen Umgang mit dem Körper in einer jugendkulturellen Szene, der zur „Wir-Identität“ eine Gruppe von Gleichaltrigen beiträgt. Doch die Zufriedenheit mit dem eigenen Körper hängt weniger von der Erscheinung als von einem guten Selbstwertgefühl ab. Trotzdem sind auch rückwirkend Zusammenhänge – wahrscheinlich in gewissem Sinne ebenso in Bezug auf Mode, in der man sich wohl fühlt – festzustellen: Körperarbeit, die Stabilität und Aufrichtung mit einer bewussten Empfindung von angespannten und entspannten Muskeln fördert, wirkt sich auf innere Haltungen aus und kann gegenüber Fremdbewertungen stärken. Körperdiskurse sind oft mit Neid bestückt, deshalb ist es wichtig, dem einzelnen Jugendlichen einen Weg aufzuzeigen, die eigenen Möglichkeiten realistisch und wertschätzend anzuerkennen, gleichzeitig fremde Eigenschaften, äußerliche wie innerliche, als bereichernde Ergänzung in anderen Personen zu sehen. So wird durch den Körper eine jugendkulturelle Wirklichkeit geschaffen, gleichzeitig transformiert und neu gestaltet.

Es soll in dieser Arbeit darum gehen, eine Wahrnehmung dessen zu fördern, was nicht unmittelbar wahrnehmbar ist, eine Anstrengung, das zu sehen, was nicht sichtbar ist, was nur mit einer Art „leiblichen“ Intelligenz – oder anders gesagt mit der Aktivierung allen körperlichen Wissens – möglich wird. „Sensitives und reflexives Vermögen gehen auf diese Weise eine innige Verbindung miteinander ein und begründen eine *leibliche Intelligenz,* die mit völliger Selbstverständlichkeit und traumwandlerischer Sicherheit agieren kann, denn der Leib, diese körperlich-seelisch-geistige Integrität, spürt vieles, was der Geist allein, das reine Denken, nicht ahnt“ (SCHMID, 1998: 198).

Mit der Qualität der Wahrnehmung verändert sich auch die Qualität der Beziehung zur Welt und durch körperliche Bewegung verändert sich die mögliche Erfahrung eines Menschen (vgl. DAUBER, 1997: 76). Das macht eine mannigfaltige kulturelle Bildung mit dem Fokus auf den Körper so notwendig. Die Persönlichkeit des Menschen zeigt sich in kreativer Aktivität, die von innen kommt. Man kann sie finden, indem man sich verliert – in der eigenen Kreativität und Ästhetik. Was bedeutet das? Kreative Aktivität kann hier vieles sein: Malen, Schreiben, Musik machen, Theaterspielen usw., so auch Tanzen. Kreatives Tun heißt, selbst etwas „Neues" in ästhetischen Prozessen, also gebunden an sinnliche Wahrnehmung, Empfindung und Erkenntnis, zu schaffen. Es nimmt den Menschen im Hier und Jetzt völlig in Anspruch und gibt ihm darin ein Stück Freiheit. Besonders die Arbeit mit dem Körper und der Bewegung kann das ermöglichen. Wir erfahren, wer wir sind, indem wir uns dem Prozess anvertrauen, nicht ständig darüber nachzudenken, wer wir sind. Kreativität und ästhetische Erfahrungen sind eng miteinander verbunden, stärken gleichzeitig die Selbst- und Fremdwahrnehmung.

„So wie einer ist, so bewegt er sich und so wie er sich bewegt, ist er" (BUYTENDIJK, 1956: 65; vgl. auch TODD, 2003: 15), wobei jugendliche Körper oft sehr ambivalente Haltungen zeigen – auf der Suche nach der eigenen Person vermischen sich Unausgerichtetheit und Übermaß, Introvertiertheit und unbewusste Mitbewegungen einzelner Körperteile. Dabei spielt für Jugendliche der Prozess um die Auseinandersetzung mit ihrer Geschlechtsidentität im Rahmen der ihnen sozial und kulturell angebotenen und zugemuteten Festlegungen von Weiblichkeit und Männlichkeit eine entscheidende Rolle bis hin zu geschlechtsspezifischen Ästhetisierungsversuchen bestimmter Körperteile (vgl. MERTEN, 1999: 90). Auf einige Beobachtungen zu dieser Fragestellung wird nun kurz eingegangen, um anschließend Anregungen aus dem kreativen Tanz für eine körperorientierte Kulturpädagogik zu geben, die sich der gesellschaftlich kulturellen Ordnung der Geschlechterverhältnisse bewusst ist, doch sich in ihrem ästhetischen Ansatz auch davon lösen und alternative Wahrnehmungen bieten kann (vgl. auch Kap. 5). Geschlechtsspezifische Normen und Werte werden innerhalb des Sozialisationsprozesses individuell unterschiedlich vermittelt. Hierin besteht vor allem für Mädchen eine Möglichkeit, situationsabhängig je nach Beziehung zum Interaktionspartner ein differenziertes Selbstbild, distanziert von einer medial präsenten und gesellschaftlichen Abwertung weiblicher Eigenschaften, zu entwickeln. Auf eine subjektorientierte, geschlechterbewusste Pädagogik, in deren Rahmen auch der vorliegende körperorientierte Praxisentwurf liegt (vgl. Kap. 6), muss aufgrund der nach wie vor zu geringen Wertschätzung weiblicher Leistungen in Schul-, Ausbildungs- und Berufskontexten vermehrt geachtet werden (vgl. FLESSNER/FLAAKE, 2004: 385). „Gerade körperliche Interaktionen sowie Selbstinszenierungen des Körpers sind heute zu einem der auffälligsten Schauplätze sozialer Distinktionsprozesse geworden" (ALKEMEYER, 1995: 23).

4.2.1 Körperbilder von Mädchen

Das Bild vom eigenen Körper und das darauf bezogene Handeln unterliegen sozialen Vermittlungsprozessen und individueller Biografieerfahrungen. In unserer Gesellschaft wird der Körper stilisiert, perfektioniert, bei aller Differenz auch uniformiert – oft in das starke, harte und das schwache, weiche Geschlecht unterteilt. „Im nichtverbalen Verhalten finden die Geschlechtsstereotypien und die mit diesen in unserer Gesellschaft verbundenen Hierarchisierungen und Bewertungen ihren Ausdruck“ (AIGNER, 2002: 313). Die Umgangsformen mit dem Körper sind vielfältig und komplex, sie reichen von Verschwendung bis Askese, von Bewahrung bis Drill und sind abhängig von den Faktoren spezifischer Lebenslagen. Die männliche Grundordnung der Gesellschaft provoziert nach wie vor das Dominanzverhalten der Männer und das Anpassungsverhalten der Frauen, so dass es weniger um Wesensfragen als um die gesellschaftliche Ungleichbehandlung von Personen und deren Tätigkeiten geht, die auch die körperlichen Erfahrungen von Mädchen eher negativ beeinflusst (vgl. BITZAN, 2003: 146).

Tendenziell ist zu beobachten, dass Mädchen oft von anderen Personen, aber auch von sich selbst auf ihr äußeres Erscheinungsbild reduziert werden, besonders wenn sie aus sozial- und bildungsbenachteiligten Milieus stammen. Vor allem durch den immensen Einfluss der Medien herrschen Schönheitsideale vor, die bei Mädchen einen Defizit-Blick auf ihren Körper und ein Misstrauen in eigene Fähigkeiten und Kenntnisse fördern können, wenn sie keine alternativen Seh- und Sinnmöglichkeiten beispielsweise durch jugendkulturelle Arbeit erfahren. In der Pubertät vollzieht sich eine Sexualisierung des Körpers, die negativ zu Missbrauchs- und Gewalterfahrungen führen kann (vgl. HELFFERICH, 1994: 125). Geschlechtliche Bewertung von Mädchen findet da statt, wo sie nach ihren weiblichen Reizen beurteilt werden. Hierbei gilt es zu bedenken, dass in der Adoleszenz auch durch Mädchen selbst gegenseitige Verletzungen durch Be- und Abwertung äußerlicher Attraktivitätsmerkmale erfolgen. Diese schmerzvollen Erfahrungen irritieren das Selbstwertgefühl und müssen in der Regel von betroffenen Mädchen allein verarbeitet werden, wobei sie eine deutliche Tendenz zu internaler Schuldzuweisung zeigen. Frauenkörper sollen eher einer akzeptierten Form von Weiblichkeit angepasst sein, um gesellschaftliche Funktionen zu erfüllen, als männliche Körper dies müssen. So sind Mädchen mit ihrem Körper unzufriedener als Jungen; sie finden schwerer zu ihrer weiblichen Identität (vgl. DU BOIS, 1990: 55).

Weibliche Jugendliche mit einem gewissen Bildungsniveau sind weniger traditionell gegenüber Beziehungen eingestellt als männliche. Je höher der Bildungsstand von Jugendlichen ist, desto stärker wird ihre Akzeptanz von der Gleichberechtigung und Annäherung der Geschlechter, auch wenn Töchter eher spezifische Einschränkungen und Festlegungen ihres jugendlichen Spielraumes in der Familie erfahren als Söhne dies tun (vgl. KING, 2000: 51f.). Jugendliche mit hoher traditioneller Orientierung in ihrem soziokulturellen Milieu und geringerer Schulbildung besitzen ein niedriges Selbstwertgefühl (vgl. VALTIN/WAGNER, 2004: 119). Die Identitätsarbeit in der Adoleszenz sollte besonders für Mädchen mit geringer Ich-Stärke und eingeschränkter, klassischer Rollenauffassung von Pädagoginnen unterstützt werden. Ihr Ringen um normierte Schönheit bzw. Attraktivität, Schlankheit und Verführungskraft stehen stark im Vordergrund (vgl. DITHMAR, 1996: 17). Ihre Bewegungen sind oft beckenbetont, kreisend und kontinuierlich. Einerseits zeigen gerade Hauptschülerinnen und weibliche Auszubildende eine „somatische Kultur der Verschwendung des Körpers“ und damit auch einen frühen Anspruch auf Unabhängigkeit, die sie andererseits in einer Form der Bewahrung des Körpers für die Bindung an einen „festen Freund“ oft wieder aufgeben, um alleinige Stärke durch den männlichen Beziehungspartner zu erhalten, wodurch sie sich wieder entsprechend unterordnen (vgl. HELFFERICH, 1994: 128f.). Jugendliche Mädchen neigen in ihrem Kleidungsstil gerne zu einer aufreizenden Symbolik (vgl. JÄCKEL/BOHR, 2004: 393) – weibliche Stärke zeigt sich zunächst offensichtlich im Aussehen. Ein gewisses „Zur-Schau-Stellen“ ihrer äußerlichen Schönheit, um die Jungen zu beeindrucken, zu „beherrschen“, scheint Mädchen wichtig zu sein und dient ihnen auch, innere Verletzbarkeiten zu überspielen. Andere Machtstrategien, wie etwa „Kraft“ oder „Erfolg“ im konkurrierenden Wettkampf, sind ihnen eher verstellt (vgl. GEBAUER/WULF, 1998: 211). Das äußere Gegenteil – Mädchen mit sehr weiten, oftmals dunklen Kleidungsstücken, selten geschminkt – ist in einer Minderzahl ebenso zu beobachten wie zahlreiche Modemischformen. Jedes Zeitalter, jede Kultur und jede Jugendszene entwickelt eigene Vorstellungen von Schönheit; sie ist in diesem Sinne relativ, aber beeinflusst von den Medien, der Werbung, den vorherrschenden Modetrends. Körperideale verändern sich, doch Grundprinzipien eines gesunden und auch schönen Körpers liegen darunter. Dabei ist für den Jugendlichen wichtig, sich in relativer Unabhängigkeit von äußeren Vorgaben in der eigenen Haut wohl zu fühlen, mit dem Vorgegebenen zufrieden zu sein und spielerisch das zu gestalten, was möglich ist. Mädchen tun sich oft schwer damit, ihre Kraft und Energie in Bewegungen zu zeigen, vor allem, wenn sie aggressiv und gewaltvoll sein sollen. Nur in Verbindung mit einer intensiven Beziehungsarbeit kann hier Bewegungs- oder Tanzarbeit als kulturpädagogisches Thema Optionen ermöglichen, so dass weibliche Jugendliche über den kreativen und präsentativen Weg alle Seiten ihrer Körperlichkeit wahrnehmen und gestalten lernen, um dann bewusster bestimmten Geschlechtsdifferenzen zuzustimmen oder sie für sich eher abzulehnen. Die Greifbarkeit externaler Orientierungsmuster wie etwa „Erfolg“ oder „Anerkennung“ ebenso wie die Zuschreibefähigkeit auf äußere Umstände bei Problemen zeigen positive Auswirkungen auf ein stabiles Selbstwertgefühl bei Mädchen, damit sie eine tendenzielle Freisetzung von der Formung durch Herkunft und Ge-schlecht erreichen können. Dazu kann eine langjährige Beteiligung an Angeboten kultureller Bildung nachhaltig beitragen. „Moderne Mädchen wollen ja genau das sein: gleich – gleich beteiligt, gleich gut, modern, jugendlich fit und Spaß haben“ (BITZAN, 2003: 141).

4.2.2 Körperbilder von Jungen

„Die Erweiterung der weiblichen Rolle um als männlich geltende Anteile und die Abwertung weiblicher Rollenmerkmale kann bei Jungen zu bedrohlicher Orientierungslosigkeit führen. Jungen sind vor allem dadurch Jungen, daß sie anders sind als Mädchen. Wenn Mädchen nun in ihre Bereiche eindringen, verlieren sie die Exklusivität ihres Junge-Seins. Die Übernahme weiblicher Rollenanteile können sie kaum als Chance begreifen, führt sie doch nur zur Abwertung“ (MEYER, 1999: 234).

Macht- und Dominanzdiskurse zeigen sich in den Medien auch in körperlicher Demonstration und prägen vor allem männliche Jugendliche; insbesondere bei sozial benachteiligten Jungen führt dies mangels anderer Optionen oft zu Risikopraxen, in denen Körpergrenzen schmerzhaft erfahren werden. Eher weiche Züge im Auftreten und Verhalten zu zeigen, möchten sicher einige von ihnen, doch eigene und fremde Unsicherheiten hindern sie daran, ihren inneren Kern zu zeigen. Gerade eine Zeit, in der die Geschlechterbilder aufweichen, erhöht den Druck auf Jungen, männlich zu werden und sich der Konkurrenz durch die Mädchen und durch alles Fremde zu erwehren (vgl. BITZAN, 2003: 143). Differenziert kritische männliche Vorbilder in der Erziehung und Sozialisation von Jungen fehlen oft. Mimik und Gestik männlicher Jugendlicher verraten selten authentische Emotionen, die sie im geschlechtstypischen Rollenhandeln erst kennen lernen müssen. Auch wenn es sehr unterschiedliche Jungentypen gibt, so besitzen sie dennoch den gemeinsamen Kern der Suche nach äußerlich starker Männlichkeit, unter der gleichzeitig viele Jungen innerlich leiden, weil ihnen ihre Bedürfnisse nach emotionaler Wärme und sozialer Umsorgung oft versagt bleiben (vgl. JANTZ/GROTE, 2003: 73f.). Im Gegensatz zu Mädchen bevorzugen Jungen etwa im Spiel die Konfrontation und Überbietung von anderen (vgl. GEBAUER/WULF, 1998: 216). „Als Mann musst du dich durchsetzen und kämpfen“, ist immer noch eine Aussage, die dazu beiträgt, dass Gewalt in das Bild der Männlichkeit mit einfließt. Gewalt ausüben zu können, ist ein eindeutiges Zeichen von körperlicher Stärke, aber auch von Durchsetzungskraft, Härte und Risikobereitschaft. Viele Statistiken bekunden eindeutig die viel höhere Gewaltbereitschaft männlicher als weiblicher Jugendlicher (vgl. z. B. MÖLLER, 2004: 238f.). Der Verlust eines typisch männlichen Verhaltensmusters führt zu einer hohen Verunsicherung der Jungen, tendenziell auch zu einer Bereicherung, wenn man vielseitig gebildete männliche Jugendliche in bestimmten Szenen betrachtet. Dazu kommen soziale und kulturelle Widersprüche durch „neue Männerbilder“, die aber in bildungsfernen Milieus nur eine geringe Rolle spielen. Eine zusätzlich stark gefährdete berufliche Karriere schwächt die positive Persönlichkeitsentwicklung von benachteiligten männlichen Jugendlichen enorm. Das Körperempfinden läuft bei ihnen eher peripher ab; eine gewisse Zweiteilung des Körpers ist in ihrer Vorstellung zu finden: Oberkörper – Verstand/Macht versus Unterkörper – Sexualität/Kraft. Ihre Bewegungen zeigen sich oft strukturiert, geradlinig und weit ausgreifend. „So beanspruchen Männer im Gegensatz zu Frauen im Allgemeinen einen größeren Bewegungsraum“ (AIGNER, 2002: 313). Jungen neigen dazu, ihre Körperformen mit weiten Kleidungsstücken zu verhüllen und setzen auf Stärke oder sprachliche Macht. Die Kleidung ermöglicht ihnen eine raumgreifende und entspannte Körpersprache, die männliches Dominieren symbolisiert (vgl. RHODE/MEIS, 2004: 206). Auch bei ihnen sind wie bei den Mädchen spezielle Marken und Labels bei Kleidung und Gebrauchsgegenständen zur persönlichen Selbstdarstellung von höchster Bedeutung (vgl. JÄCKEL/BOHR, 2004: 395). Optisch gut auszusehen, scheint gewisse emotionale oder kognitive Irritationen auszugleichen. Trotzdem sind Jungen schneller einverstanden mit ihrem eigenen Aussehen und ihrem Körper als Mädchen. „Während männliche Jugendliche teils ironisch-distanziert, teils fatalistisch ihr Aussehen kommentieren und hinnehmen, sind sich die weiblichen Jugendlichen der Bedeutung ihres Aussehens (sozialisationsbedingt) bewusster und äußern in der Regel eine größere Unzufriedenheit mit ihrem Aussehen“ (FROHMANN, 2003: 146).

Im Break Dance beispielsweise geht es Jungen durch immer perfektere Körperakrobatik mehr um ihren Status in der Gruppe und die Bewunderung der Mädchen als um tänzerischen Ausdruck; wohl auch um ein respektvolles Sich-Körperlich-Messen mit anderen Jugendlichen (vgl. ECKERT, 2000: 255). Dieser Tanzstil bietet eine gute Einstiegsmöglichkeit, um auch männliche Jugendliche in ein kulturpädagogisches Tanzprojekt mit einzubinden. Sie benötigen den Raum, sich zunächst mit ihren kraftvollen, „abgehackten“ und akrobatischen Bewegungen mit eigener Ästhetik zu zeigen, bevor sie sich für ungewohnte Bewegungsqualitäten öffnen können. Auch spezifische Jungenarbeit unter männlicher Leitung, die bei den konkret stattfindenden Jungenwelten anknüpft, beginnt mit der Sensibilisierung durch Körperarbeitsmethoden, um alle Ressourcen der teilnehmenden Jungen zu aktivieren und diese nach persönlicher Entscheidung einsetzen zu können (vgl. JANTZ/GROTE, 2003: 41ff.).

Durch die permanente Produktion und Reproduktion jugendkultureller Körperbilder in den Medien und im Kommerz wird auch eine enorme Geschwindigkeit der Wechsel und Unüberschaubarkeit der Szenen und Stile hervorgebracht. Das Jugendalter zeichnet sich aber grundlegend durch eine besonders hohe Bedeutung unterhaltsamer, ästhetischer und gemeinschaftsorientierter Erlebnisse und Themen aus. Dabei bereichern sich die Geschlechter in ihrer Differenz auch gegenseitig, doch zu vermeiden sind eindeutig wertende Zuschreibungen von Strukturen und Handlungsweisen zum typisch Weiblichen oder Männlichen.

4.2.3 Körperbilder im erweiterten Gender-Blick

„Den Körper zu integrieren heißt, ihn als Teil der eigenen *Innenwelt* anzuerkennen und ihn nicht (nur) als ein Ding, als einen Gegenstand, einen biologischen Organismus, also als Teil der Außenwelt (was der Körper natürlich auch ist), zu behandeln" (SEEMANN, 2003: 17).

Der Körper stellt also mehr als einen Gegenstand in einer bestimmten Erscheinung dar, er macht darüber hinaus Erfahrungen aller Art, die ihn prägen und ihn zum Zentrum verarbeiteter Erfahrungsinhalte machen. Er spielt eine zentrale Rolle in der sozialen wie der individuellen Konstruktion von Geschlechtszugehörigkeit. *Gender* bedeutet, dass die Wahrnehmung des eigenen Körpers und das darauf bezogene Handeln sozialen Vermittlungsprozessen unterliegt (vgl. z. B. HELFFERICH, 1994: 57). *Gender Mainstreaming,* als Instrument zwischen politischen Forderungen und sozialer Praxis, hat demnach die wirkliche Gleichstellung beider sozialen Geschlechter zum Ziel und fördert damit Mädchen und Jungen, Frauen und Männer gleichermaßen. Neben der Prägung eines biologischen Geschlechtes spielen also noch andere Ebenen eine Rolle, die auch neu erfundene bzw. zusammengesetzte Körperbilder entstehen lassen können. Der erweiterte Gender-Blick würde dann beinhalten, dass in jedem Menschen weibliche und männliche Anteile (oder die Jung'schen Archetypen „anima" und „animus", vgl. FROMM, 2003: 49) mit positiven und negativen Aspekten vorhanden sind, die in verschiedenen Situationen auf unterschiedlichen Ebenen wirksam werden und in einer Persönlichkeit integriert werden müssen. „Menschen leben damit in Körpern, die männliche oder weibliche Geschlechtsmerkmale besitzen. Das Wesen von Männern und Frauen ist aber sowohl männlich als auch weiblich" (HERBST, 2002: 79). Eine erhöhte Sensibilität für Differenzen und Widersprüche bietet die Chance, verkrustete Rollen- und Bewegungsmuster sowohl aus Kindheitserfahrungen als auch aus aktuellen, immer wiederkehrenden Alltagsbewegungen aufzubrechen und Identitätsgrenzen ein wenig zu überschreiten, Zwischenräume der weiblich-männlichen Dichotomie zu entdecken (vgl. ROTH a, 2001: 91). Wahrnehmungsbereitschaft kann zu einem erweiterten Verständnis im Geschlechterdiskurs auch in der Bildungspraxis beitragen. Durch kreative Körperarbeit oder andere künstlerische Medien, die einen mimetischen Prozess ermöglichen, können alternative Teilindividualitäten im Bewusstsein des eigenen Geschlechts nachgeahmt, ausprobiert und darüber hinaus reflektiert und übernommen werden. Bereits „[...] Kindern muss unabhängig vom Geschlecht die Möglichkeit gegeben sein, sowohl positive als auch negative Gefühle leiblich auszudrücken" (AIGNER, 2002: 320).

Auf der Basis mehrerer pädagogisch bedeutsamer Dimensionen der „Leiblichkeit" (vgl. FLEISCHLE-BRAUN, 2001: 173) werden nun vielschichtige Perspektiven auf den menschlichen Körpers entwickelt. Die analytisch getrennte Betrachtung des Körpers als handelndes Subjekt, mit einem spezifischen Aussehen, mit unterschiedlichen Sinnesorganen, mit vielseitigen Sprachmöglichkeiten, der Beziehungen gestaltet und in dem Erlebnisse, Träume und Wünsche ihre Spuren hinterlassen, bietet der Pädagogik erweiterte Handlungsspielräume. Körperformen, -haltungen und -bewegungen, die in zahlreiche, beobachtbare Erscheinungsformen differenziert werden, bilden die Basis für eine kulturpädagogische Körper-, Bewegungs- und Tanzarbeit, die sich in der subjektorientierten Begleitung benachteiligter Jugendlicher bewährt (vgl. z. B. DITHMAR, 1996 oder den Dokumentarfilm „Rhythm is it!", 2004). Sie verfolgt das Ziel, im Ausprobieren neuer Körperbewegungen, durch lustvolles Vermitteln von Körpereindrücken und Körperausdrücken ein anderes Selbst-Wahrnehmen und verbessertes Selbst-Darstellen zu lernen. Darüber hinaus soll zu eigenen kreativen Gestaltungen angeregt werden, die, wie so oft in Gesprächen mit Jugendlichen bestätigt, noch lange in Erinnerung bleiben.

Die folgenden sieben Dimensionen des menschlichen Körpers sind in ihrer beispielhaften Beschreibung als Anregung sowohl für eine genauere Beobachtung als auch für eine methodische Herangehensweise in einer körperorientierten Kulturpädagogik gedacht: Die möglichen Gegensätze oder Pole in Körperhaltungen und -bewegungen können einzeln, in Partnerarbeit oder in jeweils zwei Kleingruppen ausprobiert und gestaltet werden. Bewegung beinhaltet Spannungsfelder und -räume, die sich aufgrund zusammengehöriger Pole ergeben. In der Verbindung der Gegensätze, in den Räumen dazwischen oder in der Hinzufügung eines dritten Elementes befindet sich die durchlässige und gleichzeitig kraftvoll konzentrierte Bewegung. Trotz der getrennten Auflistung der körperlichen Aspekte und Ziele entsprechender methodischer Vorschläge, müssen die wechselseitigen Verbindungen untereinander auch während der Fokussierung mitgedacht werden. Das Neue liegt in der Verbindung von Empfindungsschulung und Körperarbeit verborgen, die auf innere und äußere Körper-Bilder der Jugendlichen eingeht, und zwar mit Hilfe der kreativen Tanzimprovisation als Ausgangspunkt für ein kulturpädagogisches Projekt. Äußere Aspekte der Bewegung, wie das Zusammenspiel von Schwerkraft, Raum und Zeit im Bewegungsfluss, werden mit inneren Aspekten, den emotionalen und intellektuellen Antriebskräften einer Bewegung, verbunden. Die folgende Art der Präsentation begründet sich in dem Wunsch, Gedanken anzuregen, die neue Zwischenräume entdecken lassen, während sich im späteren Projektentwurf genaue Erläuterungen anschließen (vgl. Kap. 6.3.3):

1. „Körper als Werkzeug" – Der Körper, mit dem ich mich bewegen, handeln und arbeiten kann

Mögliche Unterscheidungen: geschmeidig/hölzern, weich/hart, fein/grob, leicht/schwer, stabil/labil, schnell/langsam, zart/fest (vgl. auch LABAN, 1981: 60) ...

Ziele: Einheit von Wollen und Können, Handlungskompetenz – entgegen dem heutigen Produktcharakter des Körpers, der fast beliebig gestaltbar und von der Person losgelöst ist – Geschicklichkeit/Koordination, auch unabhängig von Körperausmaßen, fördern und eigenes Zutrauen aufbauen, ebenso persönliche Grenzen kennen lernen und darüber hinaus zur Gesundheit beitragen

Methodischer Vorschlag: durch Einschränkung der Funktionen von Körperteilen sich des Körpers bewusster werden – Erfahrung von neuer Kraft und Dynamik durch ungewöhnliche, gegensätzliche Bewegungsfolgen

2. „Körper als Erscheinung" – Der Körper, der ich bin und den ich habe, den ich im Aussehen gestalten kann

Mögliche Unterscheidungen: weiblich/männlich, groß/klein, rund/eckig, angepasst/eigenwillig, aufrecht/gebeugt, gebunden/frei (vgl. auch LABAN, 1981: 60) ...

Ziele: Selbst- und Fremdwahrnehmung ohne Wertung nach medialen Normen, differenziertes Geschlechterbewusstsein, Gestaltungsfähigkeit und Selbstsicherheit entwickeln – reflektierter Umgang mit Vorbildern, Erdung und Zentrierung

Methodischer Vorschlag: Verändern der eigenen Körpererscheinung durch Schminken, Körperbemalung, Maskieren, Verkleiden – gezielter Einsatz des Spiegels, Körperbild pendelt zwischen Innen- und Außenblick:

> „Der Spiegel hilft enorm beim Entwickeln einer Bewegungsfolge. Aber dann der Schritt weg vom Spiegel – diese Verlorenheit erst mal. Alles musst du im Grunde neu und anders kreieren. Im leeren Raum musst du eine neue Welt schaffen – denn das Gefühl, das findest du nicht vor dem Spiegel, das findest du nur im leeren Raum" (Ein jugendlicher Tänzer aus einem Projekt).

3. „Körper als Sinnesorgan" – Der Körper, mit dem ich nach innen und außen spüren bzw. fühlen kann

Mögliche Unterscheidungen: echt/unglaubwürdig, differenziert/einseitig, empathisch/egoistisch, gelöst/gespannt, weit/eng, individuell/symbiotisch (vgl. auch RIEMANN, 2002: 15ff.) ...

Ziele: Vielschichtige Wahrnehmungsfähigkeit, Aufwertung aller Sinne, über Wahrnehmung des Körpers Selbstbewusstsein und Ausstrahlung entwickeln, ästhetische Erfahrungsmöglichkeit in einer Zeit der Reizüberflutung und Zerstückelung, Erlebnisfähigkeit fördern
Methodischer Vorschlag: kinästhetischen und taktilen Sinn durch blindes Bewegen erleben; Gruppe findet blind Handkontakt und baut nach einem inneren Bild eine Skulptur – Einsatz von sinnlichen Naturmaterialien

4. *„Körper als Sprache und Symbol" – Der Körper, mit dem ich mich vielseitig ausdrücken kann*
Mögliche Unterscheidungen: kreativ/einfallslos, komplex/einfach, fließend/abgehackt, verständlich/chaotisch, spontan/verlässlich, andauernd/wechselhaft (vgl. auch RIEMANN, 2002: 15ff.) ...
Ziele: Verständliche Darstellungsfähigkeit und Ausdrucksmöglichkeiten schulen; Wahrnehmung einer sprechenden Person fördern, zugleich ihre Blicke, ihre Gesichtszüge, ihre Hände, den ganzen Körper mitsprechen sehen – der mimische und gestische Teil eines Gesprächs werden oft ausdrucksstärker als die diskursive Sprache erlebt
Methodischer Vorschlag: differenziertes Spiel mit Mimik, Gestik und Pantomimik (natürliche und konventionelle Körpersprache) ausprobieren – Spots in Movement: bei Musikstop endet die Fortbewegung im Raum und eine entsprechende Aufgabe muss allein oder mit mehreren Tanzenden gelöst werden

5. *„Körper als Beziehung" – Der Körper, mit dem ich Kontakt aufnehmen, aufbauen und beenden kann*
Mögliche Unterscheidungen: offen/geschlossen, sensibel/rücksichtslos, symmetrisch/asymmetrisch, stark/schwach, unterstützend/bestimmend, direkt/flexibel (vgl. auch LABAN, 1981: 61) ...
Ziele: Soziales Verhalten, Perspektivübernahme, Frustrationstoleranz fördern – im Spiegel des Anderen etwas über sich selbst erfahren, sein Selbst reflektieren, Erfahrung vom Raum, den der eine und der andere einnehmen; Erleben eines kreativen Gruppenprozesses
Methodischer Vorschlag: Nachahmen fremder Abläufe aus verschiedenen Perspektiven (Aufstellung in Rautenform, der Vorderste gibt die Bewegung vor, Richtungs- und damit Führungswechsel durch Vierteldrehung) – Kontaktimprovisation (mit verschiedenen Körperteilen, in mehreren Ebenen) – Bewegungsstudie zu zweit, zu dritt, zu viert usw. zum Thema „Kontakt", beispielsweise zu einer passenden Text- oder Bildvorgabe

6. *„Körper als Biografie" – Der Körper, mit dem ich in der Gegenwart bin, der Spuren der Vergangenheit in sich trägt und die Zukunft vorbereiten kann*

Mögliche Unterscheidungen: konzentriert/abwesend, kontinuierlich/unterbrochen, geradlinig/kurvig, gleichbleibend/veränderbar, gleichzeitig/nacheinander, plötzlich/allmählich (vgl. auch LABAN, 1981: 61) ...
Ziele: Bewusstes Zeit-Erleben, Erinnerungen kennen lernen und verarbeiten, subjektive Zeit-Erfahrungen ästhetisch objektivieren und reflektieren – inneres Bewegtsein in äußere Bewegungen umsetzen lernen
Methodischer Vorschlag: Schattenspiel oder Schwarzlichttheater für Tanz nutzen, um sich auch von schwierigen Erfahrungen distanzieren zu können, die im Körper eingeschrieben sind – ungewöhnliche Haltungen im Dialog der Körper entwickeln und Veränderungen ohne Worte ermöglichen

7. *„Körper als Traum oder als Spiel-Raum" – Der Körper, in dem ich Unbewusstes habe und mit dem ich dieses gleichzeitig annähernd erfahren und verstehen lernen kann*

Mögliche Unterscheidungen: innen/außen, ganzkörperlich/isoliert, dynamisch/statisch, risikofreudig/kontrolliert, bewahrend/erweiternd (vgl. auch HERBST, 2002: 78) ...
Ziele: Zugänge zur Intuition und Fantasie vermitteln, achten und nutzen lernen – ästhetisch umsetzen in Formen, Linien und Farben – Tanz, Malerei und Musik in ihren unterschiedlichen Qualitäten erfahren und sich gegenseitig ergänzen lassen
Methodischer Vorschlag: Fantasiereise – z. B. weibliche und männliche Körperbilder im eigenen Körper erfahren und malen, dann zu geeigneter Musik in tänzerische Bewegungen umsetzen – Einsatz von „Tanzsäcken" (dehnbarer Schlauchstoff, von dem der Körper komplett verhüllt ist), um sich bewusster zu bewegen

Daraus ergeben sich zahlreiche Möglichkeiten der Tanzimprovisation und -gestaltung bis hin zu Aufführungen (vgl. Kap. 5.3 und 6.6). Dafür sollte der Kulturpädagoge Erfahrungen mit dem Medium Tanz an sich sowie didaktisch-methodische Kenntnisse besitzen und bereit sein, mit einer Offenheit für die Jugendlichen und einer Präzision in der Beobachtung des Geschehens, verbindlich die Rolle des Anleiters zu übernehmen. Er trägt die Verantwortung für den schöpferischen und sozialen Prozess, der auch anstrengend und widerständig ist, aber eine unvergleichbare Erfahrung darstellt. „Einen großen Teil der Arbeit verwende ich darauf, die Leute dazu zu bekommen, sich auf sich selbst zu konzentrieren und die Stille zu finden", sagt Choreograf und Tanzpädagoge Royston Maldoom in dem Film: „Rhythm is it!", der seine tänzerische Arbeit mit 250 Kindern und Jugendlichen aus unterschiedlichen Stadtteilen und Schultypen Berlins in Zusammenarbeit mit den Philharmonikern dokumentiert (vgl. auch das Interview: BOXBERGER, 2005). Einer der teilnehmenden Jungen sagt: „Die Bewegung macht Spaß, aber es sind Bewegungen, die ich nicht kann, die ich nicht gelernt habe. Ich kann mich nicht verrenken. Aber ich will es für mich lernen. Deswegen mache ich hier mit, und deswegen mache ich auch weiter." Durch diese Art von kreativen Tanz, durch die neue Art der Bewegung und Körpererfahrung und durch das Erlebnis einer Aufführung kommt Vieles, auch kognitiv und emotional, in Bewegung (vgl. Kap. 5.5.2): „Ich hab' das Gefühl, ich lern hier was für's Leben. So wie hier hab' ich mich noch nie bewegt. Erst ist das komisch, aber jetzt fühlt sich das gut an. Ich spüre mich ganz anders und hab' Spaß, mir was auszudenken" (Jugendliche Teilnehmerin eines Tanzprojektes der Autorin). Oder: „Hallo, kennst du mich noch? Weißt du noch damals den Tanz? Was wir in der Schule aufgeführt haben; meine Schritte gingen so...?" (Förderschülerin aus einem anderen Tanzprojekt bei einer zufälligen Begegnung, auf der Straße vortanzend). Wenn „Jugend Körperjugend ist" (vgl. FROHMANN, 2003: 145), dann kann eine körperorientierte Kulturpädagogik jugendlichen Erfahrungswünschen neue Testfelder und einen Raum für das Mögliche bieten, in denen das Ausprobieren von Alternativen zu unvermuteten Erfolgserlebnissen führen kann (vgl. LINDNER b, 2003: 63f.) . Nur über eine körperliche Thematisierung in spielerischen oder künstlerischen Zusammenhängen kann der Zusammenhang zwischen sozialen und kulturellen Bedingungen und Körper und Sprache transparent gemacht werden, und so zum Abbau der feinen Unterschiede auch in Körperpraktiken beitragen.

> „Diese zweite Aufklärung, bei der die Arbeit mit dem Körper im Zentrum steht, würde nicht in einer letztlich unproduktiven Entlarvungshaltung stecken bleiben, sondern könnte die gesellschaftlichen Grenzen und Möglichkeiten, die dem Verhalten gesetzt sind bzw. zur Verfügung stehen, auf unmittelbar-sinnlichem Niveau thematisieren. Es wäre dies ein lohnendes Projekt ästhetischer Erziehung" (ALKEMEYER, 1995: 24).

4.3 Körperarbeitsweisen in der Jugendkulturarbeit

Explizite Theorien oder Konzepte zur ganzheitlichen Körperarbeit sind in der kulturpädagogischen Arbeit wenig zu finden, obwohl die intellektuelle Einseitigkeit und die festgeschriebene Körperfunktionalität in vielen gesellschaftlichen Bereichen beklagt werden. Eine gewisse Körperorientierung ist entweder in der geschlechtsspezifischen Jugendarbeit, z. B. Selbstverteidigungskurse für Mädchen, oder in der Erlebnispädagogik festzustellen. Hier geht es aber weniger um eine ästhetische Erziehung im Sinne einer Entfaltung der persönlichen Ausdrucks- und Gestaltungsmöglichkeiten des Körpers als um eine erste Sensibilisierung für die körperliche Individualität. Dabei werden vornehmlich spielerische oder sportliche Tätigkeiten durchgeführt, weil sich Jugendliche gerne in Aktion spüren wollen, doch der Körper unterliegt wieder vorgegebenen Bewegungsmustern und oftmals wettkampforientierten Spielregeln. Neben der Dimension des Werkzeugs in einer bestimmten Funktion etwa bei einem Ballspiel bildet auch die Dimension des sozialen Kontaktes im Körper eine entscheidende Rolle für junge Menschen (vgl. WAHLER, 2004: 195). Die anderen, zuvor dargestellten Aspekte des menschlichen Körpers bleiben aber im Hintergrund (vgl. Kap. 4.2.3). Die erlebnispädagogische Arbeit mit der Hauptzielgruppe männlicher Jugendlicher legt vor allem auf die Erfahrung von körperlichen Grenzen und Gruppenzusammenhalt in der freien Natur Wert. „Wer sich selbst kaum spürt, braucht mächtige Reize, um seine Grenzen zu erkennen" (HECKMAIR/MICHL, 1994: 63). Dass neben Kraft, Mut, Geschicklichkeit und Ausdauer auch die gegenteiligen Erfahrungen für ein ganzheitliches und stabiles Körpergefühl von Nöten sind, kommt bei den typischen Kletter-, Boots- oder Fahrradtouren oft zu kurz. Kreativ gestaltende Ansätze mit künstlerischen Ansprüchen als Weiterführung des Körpererlebens sind in diesem Bereich nicht veröffentlicht.

Es gibt viele Theorien, Methoden und Techniken, über Erfahrungen, die man am eigenen Körper und in der eigenen Bewegung macht, zu lernen, so dass möglichst viele Dimensionen des Körpers direkt angesprochen und gefördert werden. Allen professionellen Körperarbeitsschulen sind grundlegende Lernaspekte und pädagogische Handlungsweisen gemein:

- Phänomene beobachten – einen Erfahrungsraum schaffen *(Schwerpunkte: Körper als Werkzeug, als Erscheinung und Sinnesorgan*, vgl. Kap. 4.2.3)
- Zusammenhänge zwischen Innen und Außen aufspüren – Achtsamkeit unterstützen *(Schwerpunkte: Körper als Biografie und Traum)*
- Sich als handelndes Subjekt wahrnehmen – sich begegnen und Beziehung gestalten *(Schwerpunkte: Körper als Sprache und Beziehung);* (vgl. RIESE, 2001, S.160).

Die Feldenkrais-Methode[4] oder das Body-Mind Centering nach Bainbridge-Cohen sind zwei anerkannte und verbreitete Körperarbeitsansätze. Beide bieten spezielle Verfahren zur Gestaltung von Lernprozessen an und somit eine Basis für die Körper- und Bewegungsbildung im kreativen Tanz. Die Wahrnehmung für die eigenen Bewegungen und Haltungen – Körperhaltung wie Lebenshaltung – soll verfeinert und ausgebaut werden. Eine Bewegung oder Gewohnheit kann nur zu mehr Leichtigkeit oder Effizienz beispielsweise verändert werden, wenn sie bekannt und bewusst ist. Allein das Bewusstwerden von Bewegungsabläufen, verändert sie bereits. Individuelle Vollkommenheit

4 Der Physiker Moshé Feldenkrais (1904-1984) entwickelt sein Konzept, das Lernen und Umlernen in der Selbstgestaltung von körperlichen Lernprozessen zu erwerben, auf der Basis der körperorientierten Arbeit von Elsa Gindler und anderen (vgl. Kap. 5.2), die auch an der reformpädagogischen Bewegung beteiligt sind.

und Ästhetik werden unabhängig von genormten Idealen ohne Zwang und Anstrengung erlebt und erreicht. Dabei zeigt Feldenkrais Alternativen zu dem bereits Bekannten auf bzw. Wege, um Alternativen in eigener Verantwortung spielerisch, experimentierend zu finden. „Die Idee, daß Selbstverwirklichung und Glück durch Körpererfahrung und Körperbewußtheit gefunden werden können, ist eines der Leitmotive der Erziehungsphilosophie von Feldenkrais" (FRIEDMANN, 1989: 75). Beim Body-Mind Centering geht es um das Zentrieren als stetigen Prozess des Ausbalancierens, einen Dialog zwischen Innerem und Äußerem, zwischen Körper und Bewusstsein, um die eigenen Ressourcen zu wecken. Die persönliche Präsenz und der authentische Ausdruck werden dadurch intensiviert. „Es zeigt sich also, daß Bewegung eine Möglichkeit sein kann, die Manifestation des Geistes durch den Körper zu beobachten. Sie kann auch ein Weg sein, Veränderungen in der Beziehung von Körper und Geist herbeizuführen" (BAINBRIDGE-COHEN, 1998: 65). Die bewusste Wahrnehmung des eigenen Körpers – also im Körper zu sein statt ihn nur zu haben – und das intensive Erleben jeder Bewegung verweist auf den erweiterten Kunstbegriff als Erfahrung bei Dewey (vgl. Kap. 2.3 und SIEBEN b, 2001: 175). Auch Dewey hat Körperarbeit[5] zur Klärung von Emotionen geschätzt und in ihr eine Chance gesehen, gerade Heranwachsende von gedankenlosen Gewohnheiten zu befreien und zu individueller Verantwortlichkeit zu erziehen

Vor allem für benachteiligte Kinder und Jugendliche ist Körperarbeit eine an Formen sinnlichen und entdeckenden Lernens orientierte Möglichkeit, ihren Körper positiv wahrzunehmen und über Bewegungen neue Bilder von sich selbst zu entwerfen. Grenzen der eigenen Person und anderen können kreativ erfahren und erlernt werden, die Fähigkeit, sich und anderen wohl zu tun, wird somit frühzeitig als feste Größe im Leben installiert. Deshalb sollten Entspannungstechniken, Körperarbeitsmethoden und als künstlerisch-gestalterische Arbeitsweise auch der kreative Tanz in den Alltag von Schulunterricht, Jugendarbeit, -bildung und -kulturarbeit integriert werden. Das Scheitern liegt oftmals an Unkenntnis, fehlendem Know-how bzw. entsprechenden Mitarbeitern oder an Organisations- oder Finanzierungsproblemen. Allein einige Spielarten der Tanzkunst wie Jazztanz oder Break Dance haben besonders in der Kinder- und Jugendkulturarbeit Einzug gehalten (vgl. BAER/ FUCHS, 1993: 122ff und LKJ, 2001: 128f.). Ein entsprechend entwickeltes Handlungskonzept liegt allerdings nicht vor. Die Hauptursache ist in der

5 Insbesondere bezieht sich seine Erfahrung auf die Alexander-Technik, die von seinem Freund F.M. Alexander (1869-1955) entwickelt worden ist. Diese Methode geht davon aus, dass der Mensch in seiner freien Entscheidungsfähigkeit, mit Vererbungs- und Umweltdeterminanten spielerisch und bewusst umzugehen, über taktile und verbale Körperbeobachtung und -korrektur begleitet werden kann.

Skepsis der Jugendarbeit im Allgemeinen gegenüber Didaktik und Methodik zu sehen, die in ihrer Verbindung mit dem System Schule dem eigenen zentralen Prinzip der Freiwilligkeit zuwiderlaufen könnte (vgl. BAER/FUCHS, 1993: 57). Darüber hinaus ist die Planbarkeit von ästhetischen Erfahrungen und künstlerischen Prozessen in systematischer Hinsicht eingeschränkt. Es gilt also didaktische Prinzipien aus der traditionellen Schulpädagogik herauszulösen und sie unter sozialarbeiterischen und künstlerischen Aspekten zu betrachten und neu zu gestalten (vgl. Kap. 6).

In der Körperarbeit, welcher Schule auch immer, werden alternative Erfahrungen angeboten, die zu einer verbesserten Selbstwahrnehmung führen. Hier werden spontane kreative Gesten und Bewegungen, eine Begegnung mit der persönlichen körperlichen Intelligenz zugelassen, die innere Stimmungen ausdrücken und neue ermöglichen kann. Durch sinn- und sinnenbewusste Übungen kann ein ästhetischer Zugang zur Welt, zu sich selbst und zu anderen Menschen wieder in Verbindung mit dem rein verstandesmäßigen Zugang gebracht werden. Doch die Teilhabemöglichkeiten an der Förderung ästhetischer Erfahrungen müssen chancengerecht verteilt sein: Die ästhetische und die soziale Praxis bewegen sich in einem körperorientierten Ansatz in der Jugendkulturarbeit aufeinander zu, wenn sie für alle erreichbar ist. Die erste achtet den „fremden" Jugendlichen mit seinen Kräften und Unwägbarkeiten, die zweite achtet die authentische Wahrnehmung und die Echtheit der Begegnung, wodurch erst ein Miteinander entstehen kann. Beide Praxen sind aufeinander verwiesen und bereichern sich bei Gruppen mit sehr unterschiedlichen Teilnehmern umso mehr. Ästhetischen Erfahrungen und Arbeiten geht immer erst eine soziale Phase des aufeinander Zugehens voraus, ein behutsamer Umgang mit dem Fremden. Das offene Erlebnis eines künstlerischen Prozesses wiederum verstärkt den differenzierten Umgang mit sich und mit anderen Meinungen und Gefühlen. Musik und Bewegung, die im kreativen Tanz als analoge Medien verschmelzen, sind für die Arbeit mit benachteiligten Jugendlichen, wie im Folgenden aufgewiesen wird, sehr geeignet (vgl. Kap. 5.4).

Die ästhetischen und motivierenden Kräfte des Tanzes und der Musik können sehr sinnvoll in kulturpädagogischen Projekten eingesetzt werden. Eine körperorientierte Kulturpädagogik nutzt den kreativen Tanz, um die Körperwahrnehmung und die Bewusstheit des Ausdrucks ihrer teilnehmenden Zielgruppe in allen Dimensionen zu wecken, zu fördern und auf erweiterte, nicht stereotype Körper- und Bewegungsbilder hin zu verändern. Nur die Schulung, Kontrolle und gegebenenfalls eine Korrektur individueller Wahrnehmungsweisen kann eine persönliche Entwicklung junger Menschen herbeiführen. Darüber hinaus liegt der spezifische Beitrag zur kulturellen Bildung Jugendlicher in der Entfaltung des Selbstausdrucks, des kreativen Bewegens und Gestaltens und nicht zuletzt in der Entwicklung sozialer Kompetenzen in und durch die Gruppe. Die gruppendynamischen Prozesse und die Beziehungsarbeit des Pädagogen bereichern das künstlerische Arbeiten. Somit wird das Erleben, unbewusste Nachwirken und manchmal gezielte Reflektieren eines längeren tänzerischen Prozesses in der Gruppe auch den jugendlichen Blick in den Spiegel und das Spiegelbild selbst verändern.

5 Kreativer Tanz in einer körperorientierten Kulturpädagogik

„Ich würde nur an einen Gott glauben,
der tanzen kann." (Friedrich Nietzsche)

Tanzen ist eine ästhetische Erfahrung, also sinnliche Wahrnehmung, Empfindung und Erkenntnis zugleich, in ganz unterschiedlichen Facetten und sozialen Bezügen (vgl. Kap. 5.1). Ästhetische Erfahrungen für junge Menschen werden in der Kulturpädagogik durch die Verbindung von künstlerischen Aspekten (wie Technik, Kreativität, Ausdruck) mit pädagogischen Aspekten (wie Förderung, Individualität, Gruppenprozess) angeregt und ermöglicht. Im ästhetischen Spiel mit der Tanzkunst kann sich der Mensch ein wenig über seine Wirklichkeit erheben, indem er sich eine neue, vielleicht schönere Wirklichkeit schafft, die dann wiederum die Wahrnehmung und Bewertung des Alltags verändert. „Durch gymnastische Übungen bilden sich zwar athletische Körper aus, aber nur durch das freie und gleichförmige Spiel der Glieder die Schönheit" (SCHILLER, 6. Brief: 25).

Der kreative Tanz, der seine Wurzeln im Ausdruckstanz hat, bietet für kulturpädagogische Projekte mit Jugendlichen einen bisher zu wenig berücksichtigten Ansatz. Unterstützt von den Erkenntnissen bekannter Tanzpädagogen aus der Ausdruckstanzbewegung zu Beginn des letzten Jahrhunderts, die sich vom normierten Körper- und Bewegungsrepertoire des klassischen Balletts befreit haben, wird herausgearbeitet, dass der junge Mensch durch die ästhetische und explizit körperliche Verbindung im kreativen Tanz vielfältige Eindrucks- und Ausdruckserfahrungen sammeln kann (vgl. Kap. 5.2). Aufgrund des erweiterten Körperverständnisses im kreativen Tanz und seiner methodischen Vielfalt bildet dieser ein wesentliches Element einer hier vorgestellten Kulturpädagogik. Besonderer Wert wird auf die gebundene und freie Improvisation als Methode gelegt, die in ihrer tänzerischen und gruppenbezogenen Differenziertheit eine Bereicherung für kulturpädagogische Didaktik/Methodik darstellt (vgl. Kap. 5.3). Tanzimprovisationen können besonders die Körperwahrnehmung und damit auch das Selbstwertgefühl benachteiligter Jugendlicher verbessern, was im spezifischen Interesse dieser Arbeit liegt (vgl. Kap. 5.4). Tanz vermag im Rahmen der kulturellen Bildung, unterschiedliche Wirkungsweisen auf Kinder und Jugendliche auszuüben, die durch ihre Zweck- und Bewertungsfreiheit sonst nicht erfahrbar wären. Diese werden auch mit anderen Bereichen der darstellenden Künste im selbst agierenden sowie im rezipierenden Sinne verglichen (vgl. Kap. 5.5). Im Zusammenhang mit dem nachfolgenden Projektentwurf (vgl. Kap. 6.6) und der Grenzziehung zum Laienbereich folgen zum Abschluss einige Überlegungen zum Tanz als professionelle Bühnenkunst (vgl. Kap. 5.6).

5.1 Tanz als Phänomen

„Ich lobe den Tanz, denn er befreit den Menschen von der Schwere der Dinge; bindet den Vereinzelten zu Gemeinschaft. Ich lobe den Tanz, der alles fordert und fördert: Gesundheit und klaren Geist und eine beschwingte Seele. Tanz ist Verwandlung des Raumes, der Zeit, des Menschen, der dauernd in Gefahr ist, zu zerfallen, ganz Hirn, Wille oder Gefühl zu werden. Der Tanz dagegen fordert den ganzen Menschen, der in seiner Mitte verankert ist, der nicht besessen ist von der Begehrlichkeit nach Menschen und Dingen und von der Dämonie der Verlassenheit im eigenen Ich. Der Tanz fordert den befreiten, den schwingenden Menschen im Gleichgewicht aller Kräfte. Ich lobe den Tanz! O Mensch, lerne tanzen, sonst wissen die Engel im Himmel mit dir nichts anzufangen" (AUGUSTINUS, 400 n. Chr.).[1]

Der Körper und seine Bewegungen veranschaulichen die elementare, stetig präsente Kommunikation zwischen Mensch und Welt (vgl. Kap. 4.1). Den eigenen Körper zu erfahren, gelingt am ehesten im aktiven und nichtfunktionellen Bewegen; dabei wird er selbst zum Medium im ästhetischen Spiel. In gestalteter Bewegung, etwa im Tanz oder in der Pantomime, wird der Körper zur ästhetischen Praxis, wird formal und inhaltlich gestaltbares „Drittes". Schon aus alltäglichem Stehen und Arme Heben kann durch Bewusstheit des Fokus (aufrechte Haltung, Erdung, Zentriertheit, Blickeinsatz, gewisse Spannung der Muskeln, Atmung) eine tänzerische Bewegung werden. Im ästhetischen Spiel mit dem Körper und der Bewegung sind die Ausdrucksmöglichkeiten unbegrenzt, verlässt man Bilder und Vorstellungen, wie ein Körper zu sein hat, und lässt man die Einbildungskraft ins Spiel kommen. Innere Bilder können körperlich erfahrbar gemacht werden, und dabei Erlebtes kann besonders durch den kreativen Tanz auf einer symbolischen Ebene aufgegriffen werden. Eingeschnürt von Schwellenängsten ist es aber ein langer und widerständiger Prozess, sich auf die Entdeckung des eigenen Fremden, des eigenen Körpers,

1 vgl. http://www.tanzlust.de/html/augustinus.html

einzulassen – sich verfremden zu lassen. „Etwas suchen, was man erahnt, und etwas finden, was man nicht ahnen konnte“ (vgl. FRITSCH, 1988: 255); das ist der Lohn eines gemeinsamen tänzerischen Projektes, in das künstlerische und soziale Aspekte zusammenfließen und sich gegenseitig bedingen. Über den körperlichen Zugang im Tanz können gerade Jugendliche mit ihren vielfältigen Bedürfnissen und Unwägbarkeiten sich selber und die „Gruppe“ neu erleben. Eine ästhetische Praxis des Körpers und der Bewegung ist durch vielfältige Sinnzusammenhänge gekennzeichnet. Sie ist inhaltlich frei von Zwängen, aber nicht frei von gestaltbaren Spielregeln (vgl. Kap. 5.3.1). Durch den Tanz wird der menschliche Körper und seine schier unendliche Bewegungsvielfalt ins Bewusstsein, in den Mittelpunkt der Betrachtung gestellt.

Tanz kann man in allen Kulturen und Epochen finden, er gehört zum Mensch-Sein dazu. Er gliedert sich, wie schon bei Augustinus, in mehrere Bereiche auf. Diese sollen aber nicht rein additiv nebeneinander stehen, sondern als Vielfalt in der Einheit des Phänomens Tanz im jeweiligen historischen, kulturellen und sozialen Kontext verstanden werden:

- Tanz als Teil der Religion und Kultur (z. B. Ausdruck des Glaubens in Ritualen);
- Tanz als Geselligkeit und Entspannung (z. B. bei Festen und Vorführungen);
- Tanz als Kunstform (z. B. professionelles Ballett oder Tanztheater);
- Tanz als bzw. in der Erziehung (z. B. Erlernen von Körpergefühl in Tanzstilen);
- Tanz als Therapie (z. B. heilender Einsatz zur Behebung von Störungen).

Schon in der frühesten Menschheitsgeschichte, bei Naturvölkern und in der Antike, begegnen wir dem Tanz als Ausdruck der Lebensfreude sowie der kulturellen und religiösen Identität, überliefert etwa durch Höhlenmalereien. Neben der sozialen Funktion dienen bestimmte Tänze der Wissens- und Glaubensvermittlung (vgl. HUBERT, 1993: 115). Geschichtlich gesehen unterscheiden sich die verschiedenen Tänze erheblich im Hinblick auf ihren Charakter, ihre Bedeutung, ihr Ziel und ihre Form. Bei den Naturvölkern beispielsweise besitzt der Tanz einen magisch-spirituellen Charakter. Bekannt sind vor allem Gemeinschaftstänze zu Themen wie „Fruchtbarkeit“ oder „Jagd“. Einige Elemente dieser Bewegungen finden sich bis heute in Volkstänzen wieder. Der Tanz bietet den Menschen darüber hinaus eine Möglichkeit der Entspannung und Abwechslung. Dabei spielt die ursprüngliche Lust, sich unbefangen zu bewegen, eine wesentliche Rolle; sie ist aber in der modernen, „zivilisierten“ Gesellschaft oft nur noch bei Kindern zu beobachten. Tanzen ist also eine spezifisch menschliche Tätigkeit der Erlebnisgestaltung und Erfahrungsübertragung in unterschiedlichsten Bezügen. Neben folkloristischen Formen gibt es in vielen Kulturen auch klassische, jahrhundertealte

Formen, die nur von bestimmten, speziell gebildeten Frauen und Männern getanzt werden. Am französischen Hofe ist eine neue Form des fast „künstlerischen“ Tanzes als Unterhaltung und Vorführung für ein aristokratisches Publikum entstanden. Der erste überlieferte Text über den Tanz als Kunstform auf der Bühne, der sich aus diesem höfischen Tanz entwickelt hat, stammt von Jean Georges Noverre (1727-1810) aus dem Jahre 1760 (vgl. NEFF, 1993: 151-157). Selbst Tänzer und Choreograf, macht sich Noverre in seinen Briefen über die Tanzkunst und über die Ballette für Natürlichkeit und Freiheit im Tanz wider der Erstarrung und Prachtentfaltung im höfischen Ballett stark. Seit der auch reformpädagogisch geprägten Ausdruckstanzbewegung hat sich gerade in den letzten Jahrzehnten eine weltweite, lebendige Vielfalt an künstlerischem Tanz auf verschiedensten Bühnen entwickelt, die wiederum eine tanzpädagogische Methodologie beeinflusst bzw. entstehen ließ. Dabei speist sich die allmählich zunehmende Tanzforschung, die das „Unaussprechliche“ des Tanzes und seine Wirkungsweisen in systematischer Art und Weise zu beschreiben versucht, aus entsprechend wichtigen Bezugswissenschaften, von der Ethnologie über Sport- und Musikwissenschaften bis zur Psychologie (vgl. ARTUS, 1993: 267).

In einer stark kognitiv orientierten Welt erfährt gerade der Tanz, der in verschiedenen Bereichen und Formen institutionalisiert ist, einen neuen Aufschwung. Gesellschaftstanz, Discotanz, Showtanz, Volkstanz, Formationstanz, Ballett, Pantomime, Jazztanz, moderner Ausdruckstanz, freier Tanz, Tanz- und Bewegungstheater, Bühnentanz und weitere Bezeichnungen verdeutlichen die Vielseitigkeit dieses kulturellen Phänomens. Unterschiedliche Tanzarten sprechen Menschen aller Lebensalter an, doch besonders im Jugendalter spielt der Tanz als persönlicher und gruppenspezifischer Ausdruck eine bedeutende Rolle (vgl. Kap. 3). Mädchen favorisieren (auch früheren Jugendstudien zufolge) das Tanzen mehr als Jungen. 57% der 10-12-Jährigen und 80% der 13-18-jährigen Mädchen tanzen. Im Alter von 16-18 Jahren tanzen 59% der Jungen. Mädchen sind flexibler bezüglich ihres Tanzrepertoires, Jungen beschränken sich auf ein bis zwei Tanzarten. Die Tanzarten unterscheiden sich insbesondere bei jüngeren und älteren Mädchen kaum. Als Standardtanz definieren heute Jugendliche das, was in den Discotheken getanzt wird und das, was der Discjockey vorgibt. Favorisierte Tänze sind: Discotänze (52%), eigene Improvisation (32%), Break Dance/Hip Hop (28%), Solotanz (23%). Viele Jungen bevorzugen Break Dance, denn dort können sie ihre spezifische Körperlichkeit ausdrücken; 58% der Jungen (11% der Mädchen) lieben ihn; 78% der 10-12-jährigen Jungen sind Anhänger des Break Dance (vgl. ZINNECKER, 2002: 165f.). In kulturpädagogischen Projekten, wie im vorliegenden Entwurf (vgl. Kap. 6), kann an diesen Motivationen angeknüpft werden, um dann mit Hilfe neuer tanzspezifischer Techniken und Abläufe durch Vor- und Nachmachen das Bewegungsrepertoire des Einzelnen zu erweitern. Anschließend werden durch freie oder an eine Aufgabe gebundene Improvisationen eigene Bewegungsabläufe entwickelt, um dann nach tanzästhetischen Kriterien eine Gestaltung und Komposition eigener und fremder Bewegungsfolgen festzulegen, die auch innere Bilder nach außen zu transportieren vermag (vgl. Kap. 5.3.1). Gewisse Parallelen zum Theaterspielen mit Jugendlichen sind zu erkennen. Seine positiven Wirkungen auf die Körperwahrnehmung und das Selbstwertgefühl, ebenso die Verbesserung sozialer Kompetenzen – bei einigen Jugendgruppen auch empirisch erhoben – sind auf tänzerische Prozesse übertragbar (vgl. FINKE/HAUN, 2001: 101ff. und Kap. 5.5.1).

Tanzen ist eine freie und sehr ästhetische Form der Selbsterfahrung, und es bietet unbegrenzte Möglichkeiten zum künstlerischen Selbstausdruck in Prozessen der Imitation, Improvisation und Gestaltung. Der Erfolg darin hängt allerdings sehr stark von der Didaktik/Methodik ab, die in den veschiedenen Tanzrichtungen und tanzpädagogischen Zusammenhängen entsprechend der jeweiligen künstlerischen und sozialen Ziele angewendet wird. So sind auch die Orte, wo Tanz bzw. Tanz in Erziehung stattfindet, verschieden und reichen von schulischen Kursen, meistens in der gymnasialen Oberstufe, über Jugendkunstschulen, freie Ballett- oder Tanzschulen bis hin zu Projekten in der Kinder- und Jugendarbeit (vgl. Kap. 3.3 und 3.4). Doch der „Unterricht“ wird oft von Lehrkräften erteilt, die nicht für die Tanzpädagogik mit Kindern und Jugendlichen ausgebildet sind (vgl. THOLE/KOLFHAUS, 1994: 104). Der Körper als Ausdrucksorgan sollte auf Anregung einiger um Tanz bemühter Pädagogen möglichst in allen Schulfächern mehr berücksichtigt werden, weil ansonsten Kindern und Jugendlichen viele sinnliche Erfahrungsschätze vorenthalten werden (vgl. bereits RUMPF, 1989). Ergänzend dazu sollte es in jedem Schultyp ein freiwilliges Tanzangebot geben, das außerhalb vom Zeit-, Raum- und Notensystem, am Interesse der jungen Menschen orientiert, von Tanzpädagogen durchgeführt wird. Dabei wird gerade im kreativen Tanz ein offenes Körperverständnis zugrunde gelegt, das durch die zuvor dargestellten Dimensionen des Körpers noch differenzierter einbezogen werden kann (vgl. Kap. 4.2.3 und 6.1); während spezifische Tanzstile stärker an vorgegebenen Erscheinungen und Symbolen in der jeweils eigenen Tanzsprache interessiert sind. Über „Tanzen in der Schule – Tanzpädagogik für die Schule“ und über eine dafür notwendige „anspruchsvolle Tanzpädagogenausbildung“ wird auch im bildungspolitischen Bereich schon länger diskutiert (vgl. KRAMER, 1991: 8 oder FRITSCH, 1997: 15). Hemmungen und Schwierigkeiten der Weiterentwicklung im schulischen Rahmen in Bezug auf eine umfassende ästhetische Erziehung sind bereits erörtert worden (vgl. Kap. 2.4.1) und dieses Problem findet eine Entsprechung in aktuellen Gesprächen, die einzelne Kunstsparten betreffen, etwa auf ein eigenes Schulfach „Tanz“ in den Ganztagsschulen hin.[2] Im Gegensatz dazu sind in den Niederlanden und in Großbritannien eine breite Akzeptanz und eine günstigere finanzielle Unterstützung für kreativen Tanz im Stundenplan aller Schulen zu finden (vgl. VOGEL, 2004: 277ff.). Die Offenheit und Kreativität eines möglichen schulischen Tanzunterrichts und das Erreichen physischer, affektiver, kreativer, sozialer sowie kognitiver Ziele hängt entscheidend von den komplexen Fähigkeiten der Lehrkraft und optimaler Rahmenbedingungen ab, und darf nicht mit einer einfachen Betreuung oder mit dem bloßen Nachahmen von Tanzvideos verwechselt werden. „Die Möglichkeiten der Auseinandersetzung mit bereits gestalteten Tanzformen können vielfältig sein, entscheidend ist, dass der kreative Spielraum von Tanz für individuelle, eigenständige Formen des Sich-Bewegens, Sich-Erprobens und Gestaltens eröffnet und entfaltet wird“ (KLINGE, 2002: 171).

Im Tanz kann sich der Mensch anders spüren als in seinen Alltagsbewegungen. Die Tanzbewegung ist nicht auf ein Ziel hin gerichtet, vielmehr tut sie so, als sei der Raum grenzenlos, weil der Mensch es so empfindet. Sobald Musik erklingt, bringt sie viele unmittelbar in Bewegung, und es wird im Raum wie in der Musik getanzt. Im Gehen zerteilt man den Raum, im Tanzen erfüllt und erfühlt man den Raum. Innere und äußere Bewegungen eines Menschen kommen vor allem im Tanz zum Tragen. Das bewusste Wahrnehmen von kleinsten Veränderungen in der Bewegung und Haltung kann das emotionale Befinden beeinflussen. Der Körper vergisst nichts – ihn als vollkommen, ganz, schön, durch und durch ästhetisch zu empfinden, unabhängig von genormten Idealen, ohne Mühe und Zwang, sondern gerade durch Absichtslosigkeit zu erreichen, ist eines der wichtigsten Ziele von Körperarbeits- und tanzpädagogischen Methoden. Sobald ein Mensch mit anderen tanzt, entsteht eine neues Miteinander, das durch die Präsentheit der Körper intensiver erlebbar wird. Nicht zu vergessen bleibt, dass solche Prozesse auch auf Unwägbarkeiten und Widerstände stoßen können (vgl. Kap. 6.3.4).

Besonders im kreativen Tanz, der sich für kulturpädagogische Projekte eignet, kann die Authentizität des Einzelnen gefördert werden, weil keine festen Körperbilder vorgegeben werden. Durch die Arbeitsweise des kreativen Tanzes kann der Mensch in einen ästhetischen Zustand gelangen. In ihm erfährt er eine symbolische Repräsentation seiner selbst als Idee, so wie es auch in der Anschauung oder im Erleben der tiefen Schönheit anderer gelungener

2 Vgl. das Projekt des NRW Landesbüros Tanz, in dem erfahrene Tanzpädagogen, allerdings bisher nur im Nachmittagsbereich, an zur Zeit 37 offenen Ganztagsgrundschulen unterrichten und in Zukunft verstärkt eingesetzt werden sollen. Die Kinder lernen dadurch neue Bewegungsformen kennen, was nicht nur dem oft beklagten Bewegungsmangel vorbeugt, sondern die Mädchen und Jungen auch ein Gefühl für Raum, Zeit und Kraft in Bezug auf den eigenen Körper entwickeln lässt (www.tanznrw.de).

Kunstwerke gelingen kann (vgl. Kap. 2.2). Diese Idee von einer neuen Möglichkeit des Seins kann durch das Tanzen vielen Jugendlichen sinnenhaft und bewusst mit Hilfe der ästhetischen Maßstäbe dieser Kunstform zugänglich gemacht werden. Auch Tanztherapien, die das Phänomen Tanz nun komplettieren, sind an der Möglichkeit interessiert, kreative Wege zu finden, um innere Gefühle und Bewegungen direkter äußern und darstellen zu können. Im Gegensatz zur Tanzpädagogik, die, ohne von einem Krankheitsbild auszugehen, einen eher präventiven Beitrag zur Körper- und Selbstwahrnehmung in der Gruppe leistet, geht es in der therapeutischen Ausrichtung immer um eine Aufarbeitung und Lösung vorliegender Probleme und Störungen eines Menschen. Doch in der Prozessorientierung, dem hohen Arbeitsanspruch und in dem Ansatz, die ästhetischen Erfahrungen im Tanz als Teil einer Lebenskunst zu nutzen, ähneln sich beide Gebiete (vgl. WILLKE, 1991).

5.2 Pädagogische Bedeutung der Ausdruckstanzbewegung

Der Mensch wird im Tanz in seiner Vielheit seiner Sinne angesprochen; durch die tänzerische Bewegung vermag er etwas auszudrücken, was ihn innerlich betrifft, aber verbal nicht mitteilen kann. Von daher besitzt vor allem der „freie“ oder kreative Tanz, als längerer Entwicklungsprozess einer Verbindung von Eindrucks- und Ausdruckserfahrungen verstanden, einen erziehenden Charakter; er kann gerade dem heranwachsenden Menschen Anregungen geben, in seine eigene Persönlichkeit hineinzufinden. Dies hat auch die Reformpädagogik zu Anfang des letzten Jahrhunderts erkannt und sich damit der überbetont intellektuellen Erziehung entgegen gestellt (vgl. Kap. 2.2 und 2.3). Der Aufbruch der freien Tanzkunst in der Ausdruckstanzbewegung vollzieht sich parallel in dieser reformbewegten Zeitströmung.

„Der Widerspruch zwischen Natur und Technik sowie das erzieherische Anliegen, sich für die Natürlichkeit und Gesundheit des Menschen unter seinem Anspruch auf Ganzheitlichkeit einzusetzen, verbunden mit den methodischen Ideen der Reformpädagogik, waren wesentliche Ausgangspunkte für die Reformbestrebungen im modernen künstlerischen Tanz“ (FLEISCHLE-BRAUN, 2001: 46).

Auch von der Rhythmik und bildenden Kunst bzw. ihrer Suche nach ungebundenen, individuellen Ausdrucksformen gehen wichtige Impulse aus, die zur Etablierung des Ausdruckstanzes als Bühnenkunst sowie für die Laientanzbewegung beitragen. Es entstehen verschiedene Konzepte und Schulen, auf die hier nicht näher eingegangen wird, die als Wurzeln für den heutigen kreativen Tanz im Rahmen einer ästhetischen Erziehung zu sehen sind (vgl. FLEISCHLE-BRAUN, 2001: 101ff.). Gerade in der tänzerischen Bewegung kann sich ein Kind, ein Jugendlicher oder ein Erwachsener in seiner Ganzheit erfahren und wahrnehmen, es entsteht eine Verbindung zwischen seinem Inneren und Äußeren, damit auch zu anderen Menschen (vgl. MISSMAHL, 1989: 13f.). In der Begegnung mit dem anderen kann der Mensch wiederum neue Aspekte seiner Persönlichkeit kennen lernen.

Die heutige Erziehungswissenschaft wagt sich, auch im Bereich der Kulturpädagogik, nur selten dem Tanz zu nähern. Vielleicht hat hierzu die erwähnte reformpädagogische Bewegung unbeabsichtigt beigetragen, da sie durch teilweise einseitig weltanschaulich-idealistische Zielsetzungen die ästhetische Erziehung unrealistisch und unpraktikabel gemacht hat. „Die vielfältigen interessanten Initiativen, gerade auch in der Kunsterziehungs- wie in der Tanzbewegung, sie sind belastet von Erlösungshoffnungen einerseits, von Weltflucht andererseits“ (RUMPF, 1989: 19). Das zeigt sich u. a. in der Eurythmie Rudolf Steiners (vgl. Kap. 2.2), oder bedingt auch in der tänzerischen und tanzpädagogischen Arbeit eines Rudolf von Laban, der den modernen Ausdruckstanz in Deutschland noch vor dem ersten Weltkrieg mit begründet hat und ihm eine geistige und methodische Basis gegeben hat (vgl. DEHARDE, 1978: 20f.). Im Folgenden soll es nicht um die Gesellschaftskonzeptionen gehen, die hinter der Entwicklung der Tanzkunst und Tanzpädagogik stehen, sondern vornehmlich um einige Kerngedanken zum Wesen des „befreiten“ Tanzes und zu seiner Bedeutung für die kulturelle Bildung eines Jugendlichen in der heutigen Zeit.

Das Eigentümliche des Tanzes erschließt sich kaum einer Beschreibung. Letzten Endes erfasst der Mensch das Wesentliche nur im eigenen Tanzen, als ein Sich-Bewegender, oder im Anschauen von Tanzenden, als ein An-Bewegung-Teilhabender. Von der Freude, sich in Bewegung zu spüren und dabei etwa „den Alltagsballast von sich werfen zu können“, bis zur Begegnung mit Tanzkunst, die beschwingen, befreien, fesseln und erschüttern kann (vgl. z. B. MENZE, 1991: 86), reicht das Spektrum, das Berücksichtigung verdient, wenn die Eigenart des Phänomens Tanz erfasst werden soll. Das Wesen des Tanzes tritt nicht in der rein technischen, funktionellen Bewegung zutage, sondern liegt vielmehr in der fantasievollen, dynamischen, ausdrucksstarken Bewegung verborgen. Aufschlussreich sind die Beschreibungen bedeutender Tänzer und Tanzpädagogen der Ausdruckstanzbewegung: „Der Tanz ist eine lebendige Sprache, die vom Menschen gesprochen wird und vom Menschen kündet – eine künstlerische Aussage, die sich über den Boden der Realität emporschwingt, um auf einer übergeordneten Ebene in Bildern und Gleichnissen von dem zu sprechen, was den Menschen innerlich bewegt und zur Mitteilung drängt“ (WIGMAN, 1991: 53).

Mary Wigman (1886-1973) betont den künstlerischen Wert des Tanzes, eines symbolisch-expressiven Tanzes, der sich von den starren Formen des klassischen Balletts losgelöst hat und auch Inspirationen aus den Tanzkulturen fremder Völker gesucht hat. Neben ihr und Laban (1879-1958), dessen

Schülerin sie einige Zeit gewesen ist, wären noch einige Tanz- und Choreografie-Persönlichkeiten (wie Isadora Duncan, Martha Graham, Doris Humphrey, später Maja Lex und Kurt Jooss), die in den ersten Jahr-zehnten des 20. Jahrhunderts und bis heute nachhaltig die Welt des Tanzes und des Tanztheaters beeinflusst haben, zu erwähnen. Die Zeit des Expressionismus hat diese Tänzer dazu geführt, den menschlichen Bewegungen bis auf ihren Grund nachzuspüren und sie weiterzuentwickeln, um bestimmte Gefühle auszudrücken, nicht nur die Erhöhung wie im klassischen Tanz, sondern auch die Erniedrigung zu verkörpern. Alle Themen und Fragen, die den Menschen berühren, werden seitdem im Tanz als Kunstform aufgenommen. Damit ist die Geschichte dieser Tanzgattung für die Begründung heutiger kulturpädagogischer Projekte mit benachteiligten Jugendlichen von Bedeutung. „Die Sprache des Tanzes ist durch seine Leibgebundenheit gekennzeichnet, worin ihre entwaffnende Offenheit und Direktheit gründet, die aus dem Wesen des Tanzes entspringt, das in der rhythmisch-dynamischen und geistigen Disposition des Menschen wurzelt; d. h. Quelle und Ziel des Tanzes ist seine ‚Wurzel' im Menschen" (DEHARDE, 1978: 42).

Steiner entfaltet die Idee einer übersinnlichen Quelle, die vor allem die Seele des Menschen speist und die sich in der Eurythmie, in der „sichtbaren Sprache" offenbart. Wenn der Mensch sich eurythmisch bewegt, „[...] dann spricht in der Tat das ganze göttlich-geistige Weltenall durch das Instrument des Menschen" (STEINER, 1985: 181). So verbindet sich in der Steiner'schen Bewegungskunst, die durch Deklamation oder Rezitation begleitet wird, das Körperliche mit dem Seelischen und dem Geistigen. Dadurch setzt sich die Eurythmie bewusst von der reinen Gymnastik und vom Turnen ab, weil sie nicht nur den Körper in bestimmten Funktionen trainieren will. Trotzdem beinhaltet sie, wie der Tanz auch, stets einen körperbildenden Aspekt, wenn Steiner beispielsweise bestimmte Bewegungen zu den Vokalen immer wieder ausführen lässt. Seine pädagogische Intention ist dabei, dass die Bewegungen, Laute, Töne und Farben bewusst erlebt und gespürt werden. Dieser Ansatzpunkt hat für das Verständnis innerhalb einer kulturellen Bildung seine Bedeutsamkeit, obwohl die spezielle Form der Eurythmie nur in anthroposophischen Einrichtungen gepflegt wird. Steiners beharrliche Suche nach den Rhythmen der menschlichen Bewegungen, auch der Alltagsbewegungen, der Sprache und besonders der Dichtung, seine intensive Beschäftigung mit anderen Kunstformen und deren Bedeutung für die Menschen sind bis heute wichtige Anregungen für die Tanzpädagogik (vgl. z. B. „Über die eurythmische Kunst", STEINER, 1985: 207-220). Allerdings siedelt Steiner die Eurhythmie zwischen der Mimik, die sich andeutend gebärdet, und dem Tanz, der sich ausschweifend gebärdet, an. In der eurythmischen Bewegung wird Sprache sichtbar, hingegen: „Die Tanzkunst tritt dann ein, wenn überhaupt das Wort gar nicht mehr in Betracht kommen kann, wenn der Wille sich so stark auslebt, dass die Seele aus sich selber herausgeht und ihrem Körper folgt, der ihr die Bewegungen vorschreibt“ (STEINER, 1985: 94). So wird das Wesen des Tanzes am stärksten vom Körper her bestimmt, wenngleich andere künstlerische Quellen, wie die Dichtung oder die Malerei hinzufließen können. In der Eurythmie wird eher eine gleichbleibende Harmonie zwischen Körper, Geist und Seele angestrebt. Diese Bewegungskunst hat ihren festen Platz in der Waldorfpädagogik und in gewissem Maße ebenfalls im therapeutischen Bereich aufgrund ihrer ganz- und heilmachenden Wirkung. Die Körperorientierung scheint heute im Therapiekontext weiter voran geschritten zu sein als im Pädagogikkontext. Im Blick auf die Methodik sind die Grenzen heute wie damals fließend (vgl. Kap. 5.1).

So begründet beispielsweise Elsa Gindler (1885-1961), eine interessante Pädagogin dieser bewegten Zeit, ihr Arbeitsfeld im psycho-physischen Lernen, in einer Art „Nachentfaltung“ des Menschen, durch einen ganzkörperlichen Ansatz. Ihre Körperarbeit hat dabei weniger künstlerische als somatische und psychische Ziele, beeinflusst aber darauf aufbauende tanzpädagogische Ansätze wie zuvor erwähnte. Sie geht dabei – ganz bezeichnend für die Reformpädagogik – von der natürlichen Bewegung vom Kind aus, das, wenn man es in Ruhe lässt, sich selbständig die Welt erobert, vollkommen und hingebungsvoll beschäftigt mit dem, was ihm begegnet. Wenn Bewegungen nur mechanisch durchgeführt werden, so finden wir einen von außen statt von innen bewegten Menschen vor. Gindler entwickelt Methoden zum „Stillwerden“ im Sitzen, Liegen, Stehen und Gehen. „Wir müssen fühlen, wie wir unser Gewicht an die Erde abgeben, Pfund für Pfund, und wie dabei die Füße immer leichter werden. Es tritt das Paradoxon ein: Je schwerer wir werden, desto leichter, ruhiger werden wir“ (SIEBEN, 2003: 26). In dieser ruhenden Bewegung liegt die Offenheit und die Erkenntnis für den Augenblick, darüber hinaus die Möglichkeit zu innerem Wachstum. Eine Parallele dazu ist in der vergessenen „emotionalen Intelligenz“ zu sehen, die besonders durch Tanzerziehung entwickelt werden kann (vgl. GOLEMAN, 2004: 353ff. und SIEBEN a, 2001: 41f.). Sowohl die Erfahrung von Stille und Ruhe als auch die Fähigkeit, eine gewisse Zeit still und konzentriert zu sein, fehlt den meisten sozial- und bildungsbenachteiligten Jugendlichen (vgl. Kap. 3.2 und 4.3).

Auch Laban spricht vor allem dem Ausdruckstanz einen erzieherischen und therapeutischen Wert zu, doch zunächst mit dem Vorbehalt, dass der Tanz selbst keinen intrinsischen erzieherischen oder heilenden Zweck habe (vgl. LABAN, 1991: 79). Bei der Suche nach dem „unbeschreibbaren Etwas“, was sich in Anmut, in der Grazie des Tanzes andeutet, widerlegt Laban sich zumindest teilweise, denn er erfasst die Menschen verändernde Wirkung, die Bühnentanz oder Tanzunterricht haben können (vgl. Kap. 5.5.2). Mehrere Beispiele von Schulkindern, die Lernschwächen gezeigt haben und durch den Tanz körperlich und geistig aktiviert worden sind, oder von Arbeitern, die für sie neue, entlastende Bewegungen gelernt haben, bestätigen: „Die Fülle an Erfahrungen, die Tanz eröffnet, ist unbegrenzt" (LABAN, 1991: 87). Die ästhetische Freude am Tanz und sein Erholungswert sind offensichtlich, aber ein tiefer gehender erzieherischer Einfluss tritt nur zufällig ein oder nur mit Hilfe einer „richtigen Leitung" (vgl. LABAN, 1991: 88). Im Selbst-Tun kommt der bildende Charakter des Tanzes zur Entfaltung; dies zeigt sich schon in seinen ursprünglichsten Formen. So verweist Laban auch wieder auf die Kinder: „Kinder können instinktiv empfinden, dass rhythmisches Springen oder Tanzen zu ihrem körperlichen und geistigen Wohlbefinden beiträgt und ihre Fähigkeiten und Kräfte entwickelt" (LABAN, 1991: 90). Für den Jugendlichen oder Erwachsenen kann dann die spezifische Ausdrucksmöglichkeit im Tanz hinzukommen, die über den körperlichen Weg zu einem ästhetischen und bildenden Werk wird. In diesem mimetischen Prozess wird etwas sichtbar, was wir sonst weder hören noch sehen oder überhaupt entdecken könnten.

Die enge Verbindung von Tanz und Leben wird heutzutage wiederentdeckt, doch leider nicht selten auf einer oberflächlichen, rein kommerziellen Ebene. Laban hingegen hat den ganzen Menschen vor Augen, für dessen Zukunft er erhofft: „Kunst darf nicht vom täglichen Leben abgespalten werden. Die dynamischen Kunstformen können als Gesamtheit nur überleben, wenn der Tanz im Alltag überlebt" (LABAN, 1991: 92). Auf dieser Basis hat der Tanzpädagoge Laban Bewegungsprinzipien entwickelt bzw. verdeutlicht, die im Tanz für den Menschen erfahrbar werden. Der Tanzende lernt, seinen Körper besser zu verstehen, und er erkundet seine Möglichkeiten, mit der Zeit, die seine Bewegung rhythmisiert, mit der Kraft, die die Dynamik seiner Bewegung ausmacht und mit dem Raum, in dem seine Bewegung stattfindet, zu arbeiten und zu spielen. „Zeit, Kraft und Raum, das sind die Elemente, aus denen der Tanz lebt" (WIGMAN, 1991: 55). Dabei ist der Tanz eine flüchtige Kunst, doch er übt nachhaltige Wirkungen auf alle körperlichen Dimensionen aus (vgl. Kap. 4.2.3). Das Erleben und der Vollzug der Bewegung stehen im Mittelpunkt des modernen Ausdruckstanzes; dabei kann jede Bewegung unter den genannten drei Faktoren analysiert werden, so wie Laban es intensiv getan hat. Damit der Tanzende bestimmte Bewegungsqualitäten gestalten kann, erweist es sich für die Tanzerziehung als eine elementare Grundlage, nicht nur den Körper nach standardisierten Übungen zu trainieren, sondern Bewegungsaufgaben aus verschiedenen Motivationen heraus zum bewussten Ausprobieren zu stellen (vgl. Kap. 5.3.1). Das schöpferische Potenzial des Einzelnen in seiner eigenwilligen Haltung zu Zeit, Kraft und Raum kommt dadurch zur Geltung. Damit ein Bewegungsablauf im Tanz als harmonisch empfunden wird, darf die willentliche Anstrengung der Bewegungskontrolle nicht spürbar werden.

Der Tanz ist ein Phänomen in der Zeit, er wird zugleich zu Erinnerung; er geschieht mit unterschiedlicher Dynamik – das Verhältnis zwischen Zeit und

Kraft – allein, zu zweit oder in der Gruppe. Der Tanz gestaltet sich als ein werdendes Ganzes in verschiedenartigen Rhythmen: „Rhythmus und die ihm eigene dynamische Komponente geben dem Tanz seine spezifische ‚Farbe', seinen charakteristischen Wechsel von Spannung und Lösung, von Akzentuierung und Zurückfließen der Intensität zum Ausgangspunkt" (DEHARDE, 1978: 68). Der Rhythmus der tänzerischen Bewegung entsteht durch ein Wechselspiel von Zeit und Kraft, er bringt eine gewisse Struktur hervor aufgrund einer von außen kommenden Musik oder einer von den tanzenden selbstgestalteten Rhythmus-, Text- oder Geräusche-Folie.[3] Dabei befindet sich der Tänzer in einem Raum, er erlebt einen je besonderen Raum und er schafft einen „gestimmten Raum", eine Atmosphäre, die wieder auf sein Inneres zurückwirkt (vgl. BOLLNOW, 1984: 229ff.). Der optisch wahrnehmbare Raum fließt mit dem Klangraum und dem gefühlten Raum zusammen, so dass im Tanz alle menschlichen Sinne aktiviert sind. Als Tanzender gewinnt der Mensch ein neues Verhältnis zu seinem Umraum, weil er in der Wahl seiner Raumwege und Raumebenen wie in der dynamischen Struktur seiner tänzerischen Bewegungen frei ist. Dadurch kann sich der Tänzer vom Alltag lösen und fühlt sich befreit, denn: „Im Tanzen erfährt der Mensch einen Durchbruch durch die alltäglich-praktische Welt des zweckhaften Handelns und Gestaltens" (BOLLNOW, 1984: 253f.). Der Tanz macht ganz gegenwärtig; in so einem „präsentischen Raum" ist der Mensch nicht nur von einem Glücksgefühl erfüllt, sondern in ihm liegt auch eine metaphysische Erfahrung verborgen: „Der Tänzer hat in der Bewegung des Augenblicks die Ewigkeit ergriffen" (BOLLNOW, 1984: 253). Es ist so etwas wie ein Geschenk, wenn der Tänzer sich selbst in der Welt als eine Einheit erfährt. Weniger spirituell formuliert könnte man auch mit Csikszentmihalyi von einem „flow"-Erlebnis sprechen.

Das Thema, der Inhalt eines Tanzstückes, sei es improvisiert oder genau choreografiert, ist seit der Ausdruckstanzbewegung bestimmend für die formale Gestaltung der Bewegungen. Im Tanz als Aufführungskunst, und damit auch im Tanz innerhalb der kulturellen Bildung, fließen Wahrnehmungsprozesse, soziale und emotionale Prozesse, Bewegungsabläufe und inhaltliche Darstellungsprozesse zusammen, sie hängen voneinander ab, können aber

3 An dieser Stelle sei noch auf Emile Jaques-Dalcroze (1865-1950), den Begründer der Rhythmik, hingewiesen, der die Ausdruckstanzbewegung mit seiner Arbeit in Hellerau, einer Bildungsanstalt für Musik und Rhythmus, auch stark beeinflusst hat. Ihm geht es vor allem um die Verbesserung des Empfindungsvermögens von Musikern, die zunächst über eine genaue „Eins-zu-Eins-Bewegung" mit dem Körper die Musikstücke erspüren sollen. Dabei nimmt Dalcroze die enge Wechselbeziehung zwischen den musikalischen, körperlichen und emotionalen Erfahrungen als Ausgangspunkt. Seine Bewegungschöre fallen durchaus in eine tänzerische Kategorie und machen Musik beeindruckend sichtbar. Heute spielt die Rhythmik vor allem in der Vorschul- und Heilpädagogik eine große Rolle.

ganz unterschiedlich gewichtet sein (vgl. KRAMER, 1990: 16). Es kann einerseits ein bestimmtes Thema im Vordergrund stehen, das ganz konkret oder auch abstrakt in einem Stück verwirklicht wird, wie oft im modernen Tanztheater. Andererseits können die tänzerische Bewegung an sich, die Tänzer im Raum, die formale Choreografie oder die Umsetzung einer Musik Hauptanliegen eines Stückes sein; und dazwischen finden sich noch vielfältige weitere Möglichkeiten, wie es Aufführungen aus verschiedenen Tanzbereichen verdeutlichen (vgl. Kap. 5.6). Darüber hinaus darf der spontane, nicht wiederholbare Tanz bei einem motivierenden Anlass nicht aus dem Blick geraten. Dieses sehr natürliche Phänomen, das Tanzen von Menschen ohne direkten künstlerischen Anspruch, bestimmt das Wesen des Tanzes mit und ist auch eng mit der Unmittelbarkeit des musikalischen Erlebnisses verbunden (vgl. BUYTENDIJK, 1991: 69) – beide „Funktionen“ von Tanzen spielen in der Jugendkulturarbeit eine große Rolle. Auf dieser Ebene des fast spielerischen Tanzes, des ästhetischen Spiels, findet sich eine Parallele zu dem, was Schiller in seinen Gedanken zur „Ästhetischen Erziehung“ entwickelt hat (vgl. Kap. 2.1). Das Spiel der Schönheit macht den Menschen frei, aus ihm heraus nur kann eine Kunst erwachsen, die immer wieder neue Formen entwickelt, um bestimmte Aussagen zu machen (vgl. DEHARDE, 1978: 46f.). So ist dann auch die Tanzkunst eine Möglichkeit, diese innere Freiheit zu verkörpern. Die körperliche und ästhetische Perspektive hängen zusammen, so wie Natur und Kunst in einer Verbindung stehen; in der Freude am Tanz zeigt sich nicht zuletzt sowohl die Natur des Menschen als auch die mögliche Kunst des Menschen.

„Sie ist ja die Freude am erlebten Leib und der Fülle seiner dynamischen Möglichkeiten, an seinen kaleidoskopartigen inneren Gestaltwandlungen, die sich vollziehen, indem ein einziger Stoß, ein Schritt, eine Wendung, ein Heben der Arme auf einmal die Symmetrie und die harmonische Ausgeglichenheit wie durch ein Wunder hervorruft oder sie in polare Gegensätze, Spannungen, kontrapunktische Melodien umzaubert, in ein Aufblühen und eine Entfaltung oder in eine Verschmelzung und Zerstreuung. Freude erfüllt den Tanz durch die unbedingte Konkretheit des Selbstseins als Leib, der der erdrückenden Schwere des Notwendigen entrückt ist, also durch die Freiheit in dem gewissermaßen zeitlosen Dauern des Sich-selbst-Befreiens und Befreit-Werdens“ (BUYTENDIJK, 1991: 72).

5.3 Grundlagen des kreativen Tanzes

„Alle Menschen sind in der Anlage kreativ und bleiben es auch. Ob sie diese Anlage benützen, anwenden und ausbauen, hängt von der erziehenden Umgebung, von den Lebensumständen, aber auch vom eigenen Selbstverständnis und von der entsprechenden Einstellung ab“ (SEITZ b, 1998: 7). Um das schöpferische Potenzial eines Menschen zu fördern, arbeitet der kreative Tanz nicht nur mit fixierten Bewegungsabläufen, sondern schult den Körper als Instrument des Tanzes durch eigene, spielerische Entdeckungen und durch den vielfältigen Körperausdruck von Erfahrungen der inneren und äußeren Welt. Er hält ein großes Maß an Freiheit bereit, sich durch Bewegungen in einer Gruppe mitzuteilen. Auch Bewegungsnachahmung als wichtige Form der Auseinandersetzung des Menschen mit seiner Umwelt hat seinen Raum in diesem kreativen Ansatz. Das Nachvollziehen der Bewegung eines anderen dient der eigenen Wahrnehmung und dem Vergleich mit dem Selbstgefühl. „Das Ausprobieren neuer Bewegungen dient dazu, die Gegebenheit der Umwelt in die Formen und Empfindungen der eigenen Bewegungen zu übersetzen“ (QUINTEN, 1994: 91). Neben der erweiterten Schulung der Körper- und Bewegungswahrnehmung (vgl. Kap. 4.2.3) und des Erlernens von vorgegebenen Tanztechniken spielt die Methode der *Improvisation* zur Entwicklung der persönlichen Bewegungssprache im kreativen Tanz eine zentrale Rolle. „Die Erkenntnis, daß die Improvisation sowohl eine Gestaltungsmethode als auch ein wichtiges Unterrichtsprinzip darstellt, muß als eine der besonderen Leistungen der Jahrhundertwende angesehen werden“ (POSTUWKA, 1999: 113). Im Ausdruckstanz, der als Gattungsbegriff verschiedener ästhetischer Stile im beginnenden 20. Jahrhundert zu verstehen ist, kommt dem inneren Bewegungsimpuls des Tänzers als Individuum eine wesentliche und verbindende Bedeutung zu. Die kreative Quelle der Ausdruckstänzer liegt im Menschen selbst, weniger in der festgelegten äußeren Form, so dass sich immer wieder neue Inhalte, besonders Emotionen, ihre eigene Formung suchen. Um wieder an die Quellen der Bewegungsfreude und -fantasie vorzudringen, hat Rudolf von Laban[4], der die physiologischen und psychologischen Gesetzmäßigkeiten der freien Bewegung untersucht, als erster in seinem Tanzatelier in München (ab 1912) die Methode der Improvisation im Tanz entwickelt und in seinen Lehrplan aufgenommen (vgl. LOESCH, 1990: 21). Auch wenn die ursprüngliche Gattung so nicht mehr existent ist, setzt der Ausdruckstanz sowohl in modernen Tanzstilen als auch in der Tanzvermittlung, etwa im Tanztheater oder im kreativen Tanz, sein Erbe fort. Kennzeichnend sind für sie immer der persönlichkeitsorientierte Ansatz, die Form und Methode der Improvisation – durchaus mit technischen und leistungsbezogenen Aspekten – sowie der freie Umgang mit der Musik, das Erlebnis der immer neuen Tanzbewegung und auch die Gestaltung alltäglicher Bewegungen, die im künstlerischen Prozess Zeichenqualität erlangen und damit die Emanzipation der Bewegung fördern.

4 Laban emigriert 1938 nach England, wo, aufgrund seiner theoretischen und praktischen Forschungen sowohl über den Körper im Raum als auch über innere und äußere Aspekte menschlicher Bewegung im Tanz als Grundlage für wichtige pädagogische Ziele, der „kreative Tanz“ als Schulfach eingeführt und bis heute, wenn auch abnehmend, staatlich gefördert wird (vgl. LABAN, 1981: 9).

Der „creative dance" (USA/Kalifornien) ist in den siebziger Jahren besonders durch die praktische und theoretische Arbeit von Madeleine Mahler und Barbara Haselbach im deutschsprachigen Raum bekannt geworden und bereichert seitdem die Tanzpädagogik (vgl. MAHLER, 1981 und HASELBACH, 1993). Ebenso sind britische und niederländische Einflüsse zu erwähnen, die sich, wiederum auf der deutschen Ausdruckstanzbewegung fußend, anerkannter als hier im Bereich der gesamten musischen Erziehung im Schulsystem nach dem zweiten Weltkrieg entwickeln konnten (vgl. VOGEL, 2004: 291). Der Ansatz des kreativen Tanzes gliedert sich in die Grundgedanken einer bisherigen kulturpädagogischen Didaktik/Methodik gut ein (vgl. BAER/ FUCHS, 1993 und ZACHARIAS, 2001). Um von einem allgemeinen didaktischen Fundament ausgehend in die methodische Tiefe zu gelangen, muss ein Ausschnitt bezüglich der inhaltlichen Orientierung, der Zielgruppe und des Kontextes aus der Kulturpädagogik gewählt werden (vgl. Kap. 6). Dabei genügt der kreative Tanz allen „Funktionen" einer ästhetischen Erziehung (vgl. Kap. 2.4.1) und bietet gerade für sozial- und bildungsbenachteiligte Jugendliche motivierende Umsetzungswege. Als Gegengewicht zu den häufig ökonomisch geprägten medialen Spektakeln der populären „Event-Kultur" enthält der kreative Tanz Entfaltungsspielräume ästhetischer Bildung. Über die Vermittlung von tänzerischen, gestalterischen und sozialen Kompetenzen hinaus werden durch die motorische Auseinandersetzung mit dem eigenen Körper, durch die Prozesse der Selbstwahrnehmung und -verbesserung sowie durch das tanzimmanent geregelte immer wieder Neubilden und Brechen von Raum- und Zeitstrukturen Veränderungspotenziale angeregt, welche die individuelle Persönlichkeitsentfaltung und Lebensführung von Jugendlichen gleichermaßen anbelangen und zu einer veränderten Wahrnehmung der eigenen Person und der Lebensbedingungen beitragen können.

5.3.1 Improvisation als Methode

Im und durch Tanzen und in der Beschäftigung mit dem Tanz kann ästhetische Bildung im umfassenden Sinne, also den ganzen Menschen betreffend, initiiert und entwickelt werden. Ein guter Tanzunterricht verbindet die Bewegungsschulung, zu der das Vermitteln von bestimmten Formen und Grundelementen des Tanzes gehört, mit der Wahrnehmungsschulung, der Förderung der Aisthesis im Sinne Hartmut von Hentigs, der „Exploration des Möglichen" im Hinblick auf einen Körper in Bewegung (vgl. KRAMER, 1991: 15). Zunächst wird das Bewusstsein für sich selbst im ganzheitlichen Spüren durch Körper- und Bewegungstraining („emotion" vom Lateinischen: emovere, heißt sich bewegen, beinhaltet auch die Emotion als innere Bewegtheit) entwickelt. Durch die Methode des *Improvisierens* („to improvise" heißt, etwas aus dem Stegreif gestalten, beinhaltet auch „to improve", etwas verbessern) kann der Tanzende seine bisherigen Körperbilder erfahren, andere ausprobieren und die eigene Körpersprache verfeinern. Den Körper tanzend zu erforschen und zu bilden, sollte immer wieder als Chance betrachtet werden, zu neuen ausdrucksstärkeren Bewegungsmöglichkeiten zu gelangen. Dabei prägen Prozesse des Vorgebens (Imitation) und Gestaltens oder des Suchens und Improvisierens das Zusammensein von Tanzlehrenden und Tanzlernenden. „Ein solcher mehrphasiger und spiralförmiger, sich in den Phasen wiederholender ästhetischer Lernprozess" (FRITSCH, 1989: 16) benötigt offene Erfahrungsräume. Tanzpädagogische Arbeit geschieht vor allem mit der Körpersprache auf präsentativem Wege. In ihr wird sozusagen von Körper zu Körper vermittelt. Dabei ist die wichtigste Botschaft die der Einmaligkeit des Menschen: jeder noch so schwierige, passive oder anstrengende Jugendliche stellt etwas ganz Besonderes dar, seine Bewegungsmöglichkeiten sind einzig-artig und er kann jederzeit seine Kräfte aufrufen. Vor allem die Methode der Improvisation setzt bei diesen individuellen Kräften an, in dem sich der Jugendliche unter bestimmten Rahmenbedingungen nicht vorgeplant bewegt. Dafür hat sich ein ausreichend großer Bewegungsraum für etwa zwölf Jugendliche (eventuell mit einer zu verhängenden Spiegelwand), ausgestattet mit einer Musikanlage, möglicherweise mit Matten und Gymnastikgeräten (Seile, Bälle, Reifen, Stäbe), als günstig erwiesen. Darüber hinaus sollten mindestens neunzig Minuten Zeit und Ruhe für eine tanzpädagogische Einheit zur Verfügung stehen (vgl. Kap. 6.2). „Wie lange eine Gruppe improvisieren will und kann, das hängt von ihrer Zusammensetzung, ihrem Erfahrungsniveau und Können, ihrer allgemeinen Zielsetzung, aber auch vom Thema ab. Improvisationsanfänger sollten sich zuerst nur kürzere Zeit mit dieser ihnen fremden Arbeitsweise auseinandersetzen, Fortgeschrittene werden von sich aus länger arbeiten wollen" (HASELBACH, 1993: 17).

Ausgangspunkte einer Improvisation können sehr unterschiedlich sein, von einem Bewegungsspiel als eine erfundene Maschine, über einen mitgebrachten Alltagsgegenstand oder eine Skulptur bis hin zu einem Gedicht – Vieles ist möglich, muss aber zur Gruppe passend ausgewählt, thematisch und formal (Zeit, Kraft und Raum) differenziert werden. Dabei kann zwischen einer reinen spielerischen Erfahrung als Einstieg und Sammeln von Bewegungsmaterial einerseits, andererseits einer inhaltlichen und formalen Spontangestaltung zu einem bestimmten Thema, ein Alltagserlebnis oder eine Geschichte, zum Umgang mit den zuvor gesammelten Erfahrungen unterschieden werden. Erstere führt von außen über die Sinneswahrnehmungen nach innen und zielt auf das Kennenlernen der vielfältigen Körperbewegungsfunktionen ab. Die zweite knüpft an den inneren Erfahrungen und Fähigkeiten an und geht über die inhaltlich und formal gestaltete Bewegung und Darstellung nach außen ihren Weg (vgl. HASELBACH, 1993: 6f.). Beide Wege haben ihre Bedeutung und werden abhängig von den Voraussetzungen in der jugendlichen Gruppe eingesetzt. Jede Art von Improvisation fördert die ganz spezifische Bewegungssprache eines Menschen. Damit er zu authentischen Bewegungen gelangen kann, bedarf es mehrerer Schritte und nicht nur einfachen Ausprobierens. Bei der *Vorgehensweise* sind folgende Punkte zu berücksichtigen:

- Der Körper muss eingestimmt und aufgewärmt werden, etwa durch Techniktraining und Bewegungsschulung.
- Entspannung für Körper, Geist und Seele vom bisherigen Alltag sollte gewährt sein, etwa durch Körperarbeit, Fantasiereisen und Massage.
- Die Improvisationsaufgabe wird entsprechend dem Erfahrungs- und Leistungsstand und der Stimmung in der Gruppe gestellt. Mögliche Anregungen bieten der Körper und seine Bewegungsarten, der Raum und die Zeit mit unzähligen Variationen (Ebenen, Richtungen, Tempi etc.), innere oder äußere Themen, Materialien usw. – spontane Bewegungsäußerungen können mit der Zeit in einen sich wiederholenden Ablauf münden.
- Die Gestaltung der Improvisation kann alleine, mit Partner, mit Klein- oder Großgruppe ablaufen mit einem bewusst ausgewählten Musik- und/oder Medieneinsatz.
- Anschließend können und sollten gestaltete Bewegungsthemen gegenseitig gezeigt, besprochen und weiterentwickelt werden. Dabei werden künstlerische Kriterien einer Präsentation (klare Ausrichtung im Raum, deutliches Anfangen und Beenden der Bewegung, Spannungsbogen, Kontakt zwischen den Tanzenden, in der „Rolle" bleiben usw.) erlernt.

„Wenn die Tanzenden sich im Tanzunterricht mit ihren authentischen Bewegungen auseinandersetzen, dann genau ist gewährleistet, daß die Entwicklung der tänzerischen Fähigkeiten sich mit der Entwicklung der Identität sinnvoll verbindet" (ARTUS, 1996: 187). Durch die Verknüpfung von Wahrnehmungs-, Emotions- und Denkprozessen, die sich beim improvisierten und auch beim fest gestalteten Tanzen ereignen, wird die Selbsterfahrung der Tanzenden in die Ausbildung ihrer tänzerischen Fähigkeiten mit eingebunden. In diesem übergreifenden Konzept kommt der Improvisation als Methode eine bedeutende und auch integrative Rolle zu. Denn Stil- und Techniktraining soll nicht ausgeschlossen sein, sondern spielerisch in Tanzaufgaben benutzt werden bzw. dem vorneweg oder hinterher folgen. Im Experimentieren wird aus der vorgegebenen eine persönlich gefärbte Bewegung und sie kann mit einer Alltagsbewegung oder einer spontan individuellen ergänzt oder verfremdet werden. Je größer die Erfahrung der Tanzenden, desto freier oder komplexer können Improvisationsaufgaben gestellt werden, so wie es im Projektentwurf exemplarisch erläutert wird (vgl. Kap. 6.3.2). Zunächst ist es günstig, einzelne Elemente eines Themas oder Einzelheiten von Bewegungsqualitäten in Improvisationen zu entwickeln. Nach mehrmaligem Gelingen kann anschließend ein größerer thematischer Zusammenhang mit mehreren Aspekten als Improvisationsaufgabe gestellt werden (vgl. HASELBACH, 1993: 16). Gerade in der Arbeit mit Anfängern, die noch Hemmungen oder Widerstände besitzen, spielen die Fähigkeiten des Pädagogen sowohl auf der tänzerischen als auch auf der empathischen Seite eine entscheidende Rolle, um die vielfältigen Ziele der Improvisation zu erreichen. Die Achtung des Jugendlichen, der mit dem kreativen Tanzen beginnt, als einen Tänzer, der später etwas präsentieren wird, sollte hoch sein. Weiterhin benötigt der Pädagoge sehr gute Wahrnehmungs- und Verbalisierungsfähigkeiten, damit er zielgruppenspezifisch kreative Aufgaben stellt und diese entsprechend verbal begleitet bzw. ungünstige Entwicklungen ausbalanciert (vgl. auch Kap. 6.4.2). Er braucht viel Einfühlungsvermögen und eine gute Intuition, menschlich wie künstlerisch, um Improvisationen gerade mit benachteiligten, unerfahrenen Jugendlichen durchzuführen. Trotzdem kann es abhängig von der Gruppe sinnvoll sein, einen größeren Teil von spannendem Bewegungsmaterial zunächst vorzugeben, das dann im Nachahmen zum eigenen wird. Die Authentizität des Anleiters und seine gute Methodik fördern im Prozess die Entwicklung einer individuellen Bewegungssprache der teilnehmenden Jugendlichen jenseits von Stereotypen.„Authentisches Tanzen könnte hier als das Gelingen eines individuellen Dialoges und das Entstehen subjektiv-situativer Bedeutungen verstanden werden. Die tanzende Person erlebt ihre Bewegungen als persönlich bedeutsam, weil es eben nicht nur um das Gelingen einer motorischen Aktion geht, sondern weil sie in der Bewegung etwas über sich und die Welt erfährt" (ROSENBERG, 1996: 208).

Jede Art von Improvisation soll für den Tanzenden ein kreativer Prozess sein, d. h. die Aufgabenstellung des Pädagogen soll Anregung und Anreiz für einen authentischen Umgang mit der Bewegung sein, sowie die Aufforderung zur Differenzierung der Bewegung beinhalten. Je enger bzw. partieller die Aufgabenstellung, wie beispielsweise alle Bewegungsmöglichkeiten der Schultern in einem Dialog zwischen den beiden auszuprobieren, desto fantasievoller und intensiver werden die Tanzenden mit ihrem Körper umgehen lernen, so dass sie später auch gut in der Lage sind, ganzkörperlich zu improvisieren. Dabei kann der Pädagoge natürlich die Themen bezüglich der einzelnen Teilnehmer zwischenzeitlich differenzieren. Improvisation beinhaltet auch das Erlernen und Sich-Aneignen von Tanz- und Spielmaterial, die Entwicklung eines Bewegungsrepertoires und das Bewusstwerden über Bewegungen, die man schon kann, um sie besser einzubringen. Improvisieren kann man auf jeder Erfahrungs- und Fertigkeitsebene. Es bedeutet, ohne Unterlass beim Tanzen Fragen zu stellen. Dabei tritt der tanzende Körper in Dialog mit dem Ort, der Musik, den Mittanzenden und den Zuschauenden – die Bewegung vollzieht sich gleichzeitig im inneren und äußeren Körper. Improvisationen ermöglichen Jugendlichen, sich „dazwischen" – zwischen Festgelegtem und Spontanem, zwischen Altem und Neuem, zwischen Hohem und Tiefem – zu bewegen und neue Ideen und Formen für sich auszuprobieren, zu gestalten, später zu beobachten und zu reflektieren. Dieser Zwischenraum ähnelt dem, in dem Schiller den „ästhetischen Zustand" angesiedelt hat. Der Tanz wird dadurch zu einer Kunst, in der Körper, Gefühl und Verstand einander bewegen, fordern und kreativ werden lassen (vgl. LOESCH, 1990: 7). Das Ganze der ästhetischen Erfahrung in der „Bewegung im Dazwischen" bildet für die Tanzenden mehr als die Summe aller Teilerfahrungen (vgl. Kap. 6.3.3). Die *Ziele* des Improvisationsunterrichtes sind vielschichtig:

1. Physische Lernziele (Körperbewusstsein, Wahrnehmungs-, Haltungs- und Bewegungsschulung)
2. Soziale Lernziele (Selbständigkeit, Verantwortung, Kooperation)
3. Emotionale Lernziele (Erlebnisfähigkeit, Ausdrucksbedürfnis, Intensität)
4. Kognitive Lernziele (Problemlösung, Konzentration, Ausdrucksschulung)
5. Kreativ-künstlerische Lernziele (Spontaneität, Fantasie, Bewegungsqualität, Präsentationsfähigkeit); (vgl. auch Kap. 5.5 zu den „Schlüsselqualifikationen").

Eine derart systematische Trennung in einzelne Bereiche ist in der Praxis weder durchführbar noch sinnvoll. Es ist vielmehr wichtig, die Vielfalt der Lernmöglichkeiten zu erkennen und Schwerpunkte zu setzen, ohne die Gruppe mit zu vielen und zu differenzierten Lernzielen zu überfordern. Bei kreativen Ansätzen der Gruppe, die nicht exakt zu den vorgesehenen Zielen des Pädagogen passen, muss dieser flexibel sein und ungewöhnliche Umgangsweisen der Gruppe zulassen. Aufgrund seiner Rolle hat er eine Vorbildfunktion inne, die fachliche und vor allem eigene Improvisationserfahrungen voraussetzt.

Es wird zwischen zwei *Grundformen* der Improvisation im kreativen Tanz unterschieden: Bei einer *gebundenen* Improvisation wird das Thema mit Hilfe einer genauen und klar eingegrenzten Aufgabenstellung und dem behutsamen Einfluss des Anleitenden erarbeitet. Bei einer *freien* Improvisation bleibt die Aufgabenstellung sehr offen und der Anleiter nimmt gegebenenfalls selbst am kreativen Prozess teil. Diese Form eignet sich eher für fortgeschrittene Gruppen (vgl. HASELBACH, 1993: 13f.). Beide Wege des Improvisierens bilden eine gemeinsame Vorbereitung von kleinen Bewegungskompositionen und späteren Choreografien, und sie fördern die gemeinsame Verantwortung für den künstlerischen Prozess. Besonders für jugendliche Tänzer ist diese Erfahrung, auch in der Übertragung auf das eigene Leben, sehr wichtig, dass sie nicht nur Empfangende und Ausführende, sondern aktive und eigenverantwortliche Partner des Pädagogen sind. So wird Tanzimprovisation zu einer besonderen Form der Kommunikation in spontanem und dann gestaltetem Ausdruck.

Improvisation als methodisches Vorgehen eignet sich für viele kreative Bereiche, auch für Bewegungslernen aller Art. Der Pädagoge muss diese Methode verstanden haben und immer neue Erfahrungen mit ihr sammeln. Es geht darum, Aufgaben so zu stellen, dass sie den Teilnehmenden der Gruppe entsprechen und an dem anknüpfen, was zuvor erarbeitet wurde. Sie ist also per se prozessorientiert und trotz guter Vorbereitung kann die konkrete Stunde ganz anders verlaufen, so dass das pädagogische Anleiten selbst reflektiert und improvisatorisch gestaltet wird. Bewährt hat sich in der Tanzimprovisation von Fortgeschrittenen die Orientierung an „Serien", die sich aus der Beobachtung des Anleitenden später auch der Teilnehmenden selbst ergeben. Ausgangspunkt kann eine vorgegebene Bewegung oder eine anatomische Regel, etwa nur mit dem Kopf zu tanzen, sein. Wenn die Gruppe arbeitet, muss der Pädagoge immer aufmerksam sein, damit er sich an den richtigen Stellen einbringt, um den Prozess weiter nach vorn zu bringen. Der Anfang liegt eher in stark gebundenen Einzelimprovisationen, da sich hier Bewegungsstereotype am schnellsten erkennen lassen. Nach Abschluss der ersten Improvisation folgt eine kurze, wohlwollende und einfühlsame Besprechung mit Hinweisen auf gelungene, überraschende oder eher langweilige, weil etwa vorhersehbare Bewegungen. Durch die Veränderung eines Kriteriums, etwa ein Richtungs- (z. B. nur rückwärts) oder Dynamikwechsel (z. B. in Zeitlupe), kann aus einem Stereotyp eine spannende, unerwartete Bewegung werden. Aus dem danach improvisierten Material wird ein interessanter Ablauf herausgefiltert und als Ausgangspunkt für eine weitere, sich anschließende Improvisationsaufgabe genommen. Dies ist zunächst der kreative Akt des Pädagogen, der die Förderung des Einzelnen in seiner Bewegungsvielfalt sowie eine gemeinsame Gestaltung zum Ziel hat, doch den Weg dahin nicht vorher weiß, sondern zusammen mit der Gruppe beschreitet. Im weiteren Verlauf kann paarweise oder in Kleingruppen gut gearbeitet, gespiegelt, crescendiert, verdichtet und nach vielen weiteren Möglichkeiten geformt werden. In der Großgruppe kann sich der Einzelne schneller verlieren, diese dient eher dem Erlebnis- als dem Leistungscharakter der Improvisation als Basis für eine Choreografie. Eine Tanzimprovisation kann auch als Gruppenkunstwerk verstanden werden. Dies kann jedoch nur entstehen, wenn jeder mit jedem in Kontakt ist, wenn die gegenseitige Wahrnehmung durch hohe Präsenz sofortige Reaktion, also Zusammenspiel ermöglicht. Deshalb braucht es zunächst viel Raum und Zeit, damit die jugendlichen Tänzer es zulassen lernen, sich der Improvisation ganz überlassen zu können, damit Bewegungsmotive aus ihrem Inneren herausfließen, und gleichzeitig die anderen Tanzkörper zu spüren (vgl. DEHARDE, 1978: 57). Bewegungs- und Tanzimprovisationen müssen geübt werden, von daher kann es durchaus hilfreich sein, auch während der Durchführung prägnante Verbesserungsvorschläge zu machen (vgl. BLUM, 2004: 30). Diese sind in Bezug auf eine spannende Raum- und Zeitnutzung in der Improvisation sehr wichtig. Sobald mindestens zwei Personen miteinander improvisieren, kann die Technik des Zusammenspiels beobachtet und verbessert werden. Ästhetische und psychosoziale Erfahrungen ergänzen sich und variieren in Abhängigkeit der teilnehmenden Persönlichkeiten. Um diese Möglichkeiten für die kulturpädagogische Arbeit mit sozial- und bildungsbenachteiligten Jugendlichen nutzbar zu machen, werden sie im folgenden handlungsorientierten Teil sowohl aus künstlerischer als auch aus gruppenbezogener Sicht analysiert (vgl. Kap. 6). Jeder Tanzstil kann möglicherweise gut oder schlecht bzw. kreativ oder rein imitativ, auf die Teilnehmenden eingehend oder kaum berücksichtigend, unterrichtet werden. Doch auf die Sozialform „Gruppe“ als verkleinertes Modell der Gesellschaft geht die bisherige Tanzpädagogik oft nur am Rande ein.

„Tanz will heute auch den Tänzer, die Tänzerin, die Tanzgruppe als Reisende betrachten, die unterwegs sind und die die Anregungen und Ereignisse, die unterwegs auf sie eindringen, körperlich und geistig wahrnehmen. So gesehen, sollte es heutzutage schon selbstverständlich sein, daß Tanz auch als pädagogisches Handwerk für die Gruppenarbeit wie geschaffen ist. Schließlich sind die unmittelbaren körperlichen Begegnungen im Tanz dermaßen vielfältig, daß sie fast alle Varianten unserer sozialen Umwelt erfassen können“ (LAND, 1993: 122).

5.3.2 Bezüge zur kulturpädagogischen Didaktik/Methodik

Eine mögliche kulturpädagogische Didaktik zeigt sich entsprechend des institutionellen Rahmens zeitaktuell erweiterter und inhaltlich flexibler als eine schulformtypische oder auf ein einzelnes Fach bezogene Didaktik (vgl. ZACHARIAS, 2001: 168). Sie betreibt kulturpädagogisches Denken, Planen und Handeln nach allgemein kulturellen, pädagogischen, künstlerischen, methodischen und zielgruppenspezifischen Prinzipien, ohne ein didaktisches Gesamtmodell bestimmen zu wollen. Im Gegensatz zu einer formellen Bildung nach festen Curricula sind kulturpädagogische Bildungsprozesse im außerschulischen Bereich eher nichtformell, wie z. B. in einem Jugendkunstschulkurs mit absichtsvoller Beteiligung und Förderung der konkreten Gruppe, oder eher informell, wie z. B. in einem offenen, anregungsreichen Spiel- und Lernraum ohne direkte Anleitung. Zwischen Didaktik, verstanden als Rahmen möglicher pädagogischer Ziele und Inhalte, und Methodik, verstanden als mögliche Handlungsfolgen und Verhaltensweisen, besteht ein enges Wechselverhältnis, das durch den Schrägstrich symbolisiert werden soll. Auch durch den Ansatz der kommunikativen Didaktik wird deutlich, dass der Inhaltsaspekt nicht vom Vermittlungs- oder Beziehungsaspekt zu trennen ist (vgl. BIERMANN, 1972: 54 und Kap. 6.1.4). Aufgrund der vielfältigen Arbeitsfelder verändern sich die Interdependenzen von Zielen, Inhalten, Methoden und Medien; das bedeutet, ausgewählte kulturpädagogische Ziele können nur mit bestimmten kulturpädagogischen Methoden erreicht werden, und wiederum ausgewählte Methoden und Medien eignen sich nur zum Erreichen spezieller Ziele (vgl. SCHILLING, 1995: 68). Von daher scheint die enge Verbindung von kulturpädagogischer Didaktik und Methodik, die Erfahrungen und Kenntnisse der verschiedenen Kunstsparten integriert, im Rahmen einer jugendkulturellen Gruppenpädagogik in Projektform nahegelegt zu sein. Ein Projekt legt die Freiwilligkeit der Teilnehmenden und ihren Wunsch nach absichtsvollem Handeln in einer Gemeinschaft zugrunde. Durch die zeitliche, räumliche und personelle Begrenzung wird soziales und zielgerichtetes Handeln gefördert (vgl. BAER/FUCHS, 1993: 84).

Neben der äußeren Schulung auch die innere Formung der Heranwachsenden zu berücksichtigen, ist nicht nur tanz- sondern auch kulturpädagogisches Ziel und geht auf die Hinwendung zum Individuum und der Gleichwertigkeit von Körper, Geist und Seele zurück (vgl. Kap. 2). Teenager und Jugendliche sind mit Einfühlungsvermögen und Ermutigung sehr gut für den kreativen Tanz zu motivieren; denn Tanz kann nur tanzend erlebt werden. Nach ersten Erfahrungen schätzen sie die Möglichkeit und Freiheit der eigenen Gestaltung von Bewegungsabfolgen und der Mitentscheidung von tänzerischen und choreografischen Prozessen (vgl. GREEN-GILBERT, 1992: 16f.). Die Entdeckung der Bedeutung der Improvisation auf der Suche nach neuen Eindrucks- und Ausdrucksformen der Persönlichkeit in der Kunst, auch als choreografisches Prinzip als Präsentation auf der Bühne möglich, muss von daher als Bestandteil einer kulturpädagogischen Didaktik/Methodik, die sich mit dem komplexen System der Vermittlung kultureller und künstlerischer Inhalte beschäftigt, Platz finden (vgl. ZACHARIAS, 2001: 178). Neben der Frage nach den Ziel- und Inhaltsdimensionen kulturpädagogischen Handelns steht vor allem der Ablauf und die Organisation des aktiven Prozesses im Mittelpunkt dieser Arbeit, denn es gibt hierzu wenig theoretisch-konzeptionelle Reflexionen der Jugendkulturarbeit (vgl. BAER/FUCHS, 1993: 57). Dabei ist die Theorie gerade ästhetischer Bildung immer nur eine Annäherung an die tatsächlich gelebte Praxis in einem bestimmten kulturellen Projekt mit den konkret beteiligten Individuen. Im Rahmen kulturpädagogischer Methodologie, die bisher relativ frei an den Kompetenzen des Leiters oder an der Lebenswelt ihrer jeweiligen Zielgruppe orientiert ist, passen sich bewegungsvermittelnde Arbeitsweisen des kreativen Tanzes gut ein und bereichern sie um interessante Aspekte, die vor allem in der Verbindung von festen Vorgaben und freien Aufgaben mit der Prozessorientierung liegen. Die Methode der Improvisation kann auch in anderen Kunstformen und Stilen in ausgewogener Kombination mit einer Technikschulung die Kreativität und Selbstentfaltung Jugendlicher fördern. Sie erfahren, dass es sich lohnt, in ihre eigenen Ideen zu investieren, neue Möglichkeiten zu entdecken und dann eigenverantwortlich nach bestimmten Gestaltungskriterien Entscheidungen zu treffen. Um gerade Jugendliche zu spontanen Bewegungsäußerungen zu motivieren, bedarf es, wie bereits ausführlich erläutert, eines hohen methodischen und menschlichen Könnens. Zentral ist dabei die kreative Kompetenz des Anleiters, denn man kann nur so ungehemmt und gut improvisieren, wie die dazu gestellten Aufgaben interessant und in ihrer Gebundenheit auf die Fähigkeiten der Teilnehmenden abgestimmt sind. Die Kunst der Improvisation besteht ähnlich wie eine ästhetische Erfahrung sowohl aus dem Moment des absoluten Sich-Gehen-Lassens als auch aus dem Moment des genauen Beobachtens und Analysierens. „Jedoch zur Anleitung beim Improvisieren gehören künstlerische und pädagogisch-schöpferische Fähigkeiten, gepaart mit intensivem Bemühen um die Entstehungs- und Entwicklungsprozesse in jedem einzelnen sowie eine sichere Hand, um sie zu lenken und zu fördern“ (LOESCH, 1990: 53).

Der Weg eines kulturpädagogischen Prozesses hat einen Ausgangspunkt oder Anlass, etwa benachteiligten Jugendlichen neue Handlungsmöglichkeiten zu eröffnen, und eine Zieldimension, etwa eine von dieser Zielgruppe getragene Tanzaufführung. Die Gestaltung des Weges ist hier von zentralem Interesse, da er sich von klassischem Unterricht unterscheidet und für den Bereich Tanz, somit auch für die Ausbildung von Kulturpädagogen, nur wenig Material vorhanden ist (vgl. BAER/FUCHS, 1993: 56). Dieser Weg sollte durch verschiedene Methoden und Sozialformen (vgl. Kap. 6.3) geprägt sein, doch gerade bei der Improvisation wird das allgemeine Ziel der Kulturpädagogik, die ganzheitliche Entwicklung des jungen Menschen, stark gefördert. Tänzerisches Lernen geschieht sowohl über das körperliche Geschehenlassen als auch über die kognitive Reflexion; beides gemeinsam führt zu einem Wissen und Können des Körpers, das bisher in der kulturpädagogischen Didaktik nicht berücksichtigt wird (vgl. POSTUWKA, 1999: 169). Die nicht genaue Planbarkeit scheint dabei das Spannende und gleichzeitig Schwierige zu sein: so pädagogisch zu handeln, dass für die Heranwachsenden immer mehr Möglichkeiten entstehen und ebenso ihre Kompetenz wächst, damit kreativ umzugehen. „Gerade dieses Entstehenlassen von Ideen, das Wartenlernen auf einen Einfall ist wichtig, aber auch das wachsende Vertrauen, ihn aufzunehmen, mit ihm zu spielen, ihn zu verändern oder folgerichtig und konsequent zu entwickeln“ (HASELBACH, 1993: 6).

Im Mut zu pädagogischer Verantwortung, im Sinne einer bewusst wahrnehmenden Begleitung weniger einer wissenden Erziehung, entfalten sich die Ziele in der Jugendkulturarbeit stets weiter, Grenzen werden erweitert, bewegen sich zwischen Leistung und Entspannung, zwischen Anstrengung und Genuss, zwischen Statik und Dynamik. Das Aufgreifen jugendspezifischer Probleme und die Förderung der sozialen Interaktion in und mit künstlerischen Wegen bilden die zentralen didaktischen Überlegungen, die das Handwerk eines Kulturpädagogen ausmachen und somit die Erziehungswissenschaft mit der Erziehungswirklichkeit verbindet. Neben der „lebensweltlichen“ oder auch „befreiten“ Didaktik (vgl. ZACHARIAS, 2001: 174ff.) spielt der Ansatz der kommunikativen Didaktik für kulturpädagogische Projekte eine große Rolle, da hier der Beziehungsaspekt des unterrichtlichen Geschehens als ein Prozess kommunikativen Handelns aller Beteiligten stärker im Vordergrund stehen darf, anders als es in den meisten schulischen Bildungseinrichtungen vorzufinden ist (vgl. BIERMANN, 1972: 57ff.; SCHÄFER/SCHALLER, 1976: 124ff. u. a. und Kap. 6.1). Dadurch erhalten Jugendliche unabhängig bzw. in ihrer sozialen Herkunft eine Chance, eigenverantwortlich und kreativ ihre eigenen Themen, Fragen und Wünsche zu gestalten und sich damit, befreit von einem permanenten Anpassungsdruck, ein persönliches Netzwerk zu schaffen (vgl. BAER/FUCHS, 1993: 65). Diese Prinzipien können gerade durch den kreativen Tanz als Individuum und in einer Gruppe direkt am eigenen Körper erfahren werden. In der tänzerischen Auseinandersetzung mit dem Körper wird man aus sich heraus mit sich selbst aktiv gestaltend tätig, und erfährt immer wieder andere Impulse, Widerstände oder Unlust zu überwinden. Der Jugendliche lernt für sich selbst und im Kontakt mit den Gleichaltrigen, für seine innere Haltung und äußere Bewegung bewusst einzustehen, sein Verhalten zu reflektieren und neu auszurichten (vgl. DEHARDE, 1978: 81). Kulturpädagogische Didaktik/Methodik muss also als mehrschichtiges und subjektabhängiges System gesehen werden und der folgende Projektentwurf kann darin als komplexer Handlungs- und Reflexionsrahmen dienen (vgl. Kap. 6).

5.4 Förderung der Körperwahrnehmung benachteiligter Jugendlicher durch den kreativen Tanz

„Solange wir leben, drückt unser Körper seine Bedeutung aus und erzählt beim Stehen, Sitzen oder Gehen, im Wach- oder Schlafzustand seine eigene Geschichte. Er macht den ganzen Umfang des Lebens sichtbar und spiegelt ihn im Gesichtsausdruck des Philosophen oder in den Bewegungen des Tänzers wider“ (TODD, 2003: 15). Um die Möglichkeiten des Tanzens zu verdeutlichen, wird aus der Vielfalt des Tanzes in der ästhetischen und sozialen Praxis der kreative Tanz herausgegriffen. Dieser stellt durch sein Grundverständnis des Menschen und seine Arbeitsweisen ein wichtiges Feld der Kulturpädagogik dar. Der kreative Tanz legt auf die Persönlichkeitsentfaltung des Einzelnen in der Bewegung Wert und gibt von daher nicht nur Bewegungsabfolgen zur Imitation vor, sondern entwickelt neben dem Körpertraining mit Hilfe von freien und gebundenen Improvisationen authentische Bewegungen der Tanzenden. An diesen wird dann inhaltlich und formal unter choreografischen

Prämissen wie Raum, Zeit und Dynamik weitergearbeitet. Aus einzelnen gestalterischen Kompositionen kann im gemeinsamen Gruppenprozess unter der Anleitung des tänzerisch geschulten Kulturpädagogen ein roter Faden für eine Choreografie entwickelt werden (vgl. Kap. 6.3.3). Eine Motivation, so einen Prozess zu beginnen, bieten die körperlichen Dimensionen des Menschen. Gerade in der Arbeit mit sozial und kulturell benachteiligten Jugendlichen liegt hier ein für sie in der Regel neuer Erfahrungs- und Ausgangspunkt (vgl. Kap. 3.5).

Die Möglichkeiten pädagogischer Einflussnahme auf die Persönlichkeitsentwicklung eines Jugendlichen sind nicht generell, aber zumindest aus manchen neurowissenschaftlichen oder systemischen Sichtweisen heraus in Frage gestellt. Doch öffnende oder heilende Wirkungen von Musik und Tanz sind psychosomatisch in zahlreichen Erfahrungsberichten belegt (vgl. z. B. KAPPERT, 1995: 187f.; 203ff.). In der Selbstwahrnehmung des Körpers, mit den seinen Reaktionen zugrundeliegenden Wirkmechanismen, wird auch das Erkennen und Entfalten der Persönlichkeit gefördert (vgl. QUINTEN, 1994: 91ff.). Das Selbstbild kann aufgrund bisheriger Negativerfahrungen z. B. des Versagens oder des Abgelehnt-Werdens im Zusammenspiel mit dem biologischen Erbe viele Einschränkungen mit sich bringen. Die Entwicklung des Selbstwertgefühls hängt also von den Erfahrungen sozialer Anerkennung bzw. Missachtung entscheidend ab, darüber hinaus vom Wissen über eigene Fähigkeiten und Interessen sowie der wichtigen Erfahrung der Selbstwirksamkeit in erweiterten Spielräumen selbstbestimmten Handelns. Gerade in der tänzerischen Improvisation können benachteiligte Jugendliche ihren persönlichen Weg ausprobieren, im Respekt vor dem Weg des anderen, der andere Möglichkeiten für sich auswählt. Darüber hinaus erleben sie im tänzerischen Tragen und Getragenwerden am eigenen Körper und im übertragenen Sinne die Bedeutung des Einzelnen und gleichzeitig der Gruppe. „Im Tanzen schwinden Unterschiede. Im Tanz erfährt der Einzelne eine kollektive Kraft, die ihn befähigt, über sich hinauszuwachsen“ (REGITZ, 2005: 33). Das Gelingen eines gestalterischen Prozesses und einer abschließenden Aufführung unter professionellen Bedingungen bietet besonders für benachteiligte Jugendliche in der Integration mit anderen Gruppen große Bildungschancen, wie die zahlreichen Berliner Großprojekte unter dem Vorbild Royston Maldooms „social dance“ eindrucksvoll zeigen (vgl. REGITZ, 2005: 34 und Kap. 4.2.3). Auch wenn sich manche Jugendliche anfangs am liebsten in ihrem Körper verkriechen wollen, können sie sich mit Hilfe der Musik und der Bewegung ganz allmählich öffnen. Die Aufdeckung und Bearbeitung möglicher Begrenzungen fallen in den therapeutischen Bereich, doch die Grenzen zum sozial- und kulturpädagogischen Handeln sind fließend, da hier oftmals erste Anregungen gegeben werden. Diese hängen, wie bereits erläutert, von der persönlichen Selbsterfahrung des Pädagogen und seiner methodischen Kompetenz, über seine Stimme und seinen Körper Gefühle und Ideen auszudrücken, ab.

In der Zusammenarbeit mit benachteiligten Jugendlichen im kreativen Tanz liegt das Besondere in der Kombination von Körperarbeitsmethoden mit kreativen Methoden, die innere und äußere Bilder der Jugendlichen vor allem non-verbal thematisieren, aufbrechen und neu gestalten. Sie sind bereits Tänzer im Tanz des Lebens durch ihre natürlichen Bewegungen des alltäglichen Lebens: laufen, stehen, knien, liegen, hocken, die Arme ausbreiten, umarmen oder abwehren, den Kopf heben und senken, sich neigen, sich umdrehen und sich aufrichten, sich öffnen und sich zurückziehen. Dieser unmittelbare Zugang zum Tanz als Medium der Selbsterfahrung ist jedoch in einer körperdistanzierten bzw. -schädigenden Umwelt weitgehend verschüttet (vgl. Kap. 4.1). „Die Vergesellschaftung des Körpers verhindert und blockiert den *authentischen Selbstausdruck,* denn die internalisierte soziale Kontrolle fordert vom Individuum Konformität, Disziplin und Perfektion, insbesondere Gefühls-Beherrschung und Körper-Kontrolle“ (PETER-BOLAENDER, 1991: 465). Improvisationen stellen in allen ästhetischen Erfahrungs- und Gestaltungsfeldern potentielle Formen der Selbsterfahrung dar und fördern im Rahmen des kreativen Tanzes besonders die Körperwahrnehmung und den Körperausdruck. Einerseits spiegeln Bewegungen, Haltungen und Gesten, die der Jugendliche im Tanz erzeugt, differenzierte Gefühle und Gedanken mit unterschiedlichen Bedeutungen wider. Andererseits hinterlässt jede Entwicklung einer tänzerischen Bewegung erlebte Erinnerungsspuren mit dem Ziel, eine komplexe individuelle Gefühlslage zu wiederholen und sie dadurch in den ständig sich weiter entfaltenden Lebenszusammenhang einbetten zu können. In Form von Improvisationen kann die Innenwelt aktiviert und gestaltend herausgetanzt werden. Unter Anleitung kann diese Darstellung in eine formgebundene Gestaltung münden, so dass sie von außen betrachtet zu einem erfahrungsgestützten Entwicklungsmittel für den einzelnen Jugendlichen und die Gruppe werden kann

In einer körperorientierten Kulturpädagogik haben alle Jugendlichen die Chance, ihre Selbstwirksamkeit durch die Bewältigung von kreativen Aufgaben kennen zu lernen und auszuprobieren. Da der Körper Ort der Wahrnehmung ist, hängt die Qualität der Wahrnehmungsfähigkeit eines Menschen direkt von den Funktionsfähigkeiten seines Körpers ab. Jahrelange Fehlhaltungen haben so verzerrte Wahrnehmungen auch unseres Selbst zur Folge. Eine innere und äußere Ausrichtung und Konzentriertheit in der körperlichen, geistigen und seelischen Bewegung sind bei vielen Jugendlichen nicht zu finden. Mit Hilfe des kreativen Tanz werden individuelle Möglichkeiten und Grenzen unter klaren Spielregeln sowie soziale Werte in liebevoller Strenge über einen ganzheitlichen Ansatz vermittelt. Er dient dadurch nicht nur einer Förderung der Körperwahrnehmung benachteiligter Jugendlicher, die Auswirkungen reichen weiter. In der Entdeckung und Entwicklung der individuellen Bewegungssprache, über die Fokussierung und die Improvisation, liegt eine Offenheit für den Raum und die Mittanzenden verborgen, eine Begegnung, die anders kaum zu erreichen wäre. „Der Körper ist ein wunderbares Instrument, um die Probleme der Grenzziehungen und ihrer Überwindung zu erfahren – mein Körper, dein Körper, mein Raum, dein Raum. Man arbeitet sehr intim miteinander und muss ständig kooperieren und aushandeln" (Royston Maldoom in: BOXBERGER, 2005: 31).[5]

Über das Kennenlernen der verschiedenen Dimensionen des Körpers wird auch das Entdecken eigener und fremder Emotionen möglich. Im Bewegungsvollzug können sich unbewusste psychische Inhalte entfalten, ins Bewusstsein gelangen und damit gestaltet werden. Die tanzenden Jugendlichen spüren einerseits ihre „Räume" im Körper und entwickeln ein Bild vom gesamten Körperraum, seinen Grenzen nach außen und seinem Umraum. Andererseits spüren sie ihrem sich bewegenden Körper im Raum nach durch innere wie äußere Bezugspunkte. Besonders benachteiligte Jugendliche, die bisher keine Zugänge zu körperorientierten kulturpädagogischen Projekten haben, können beim kreativen Tanzen gegensätzliche, kontrastreiche Bewegungen erfahren, die ihnen helfen, ihre Gefühle genauer zu definieren und auszudrücken. Sie erhalten dadurch mehr Selbstachtung außerhalb einer Wettkampfsituation. Durch die Erweiterung der Bewegungssprache im kreativen Tanz entstehen neue Ausdrucksmöglichkeiten. „Bewegen heißt immer auch Identität konstituieren" (QUINTEN, 1994: 209), und stellt einen komplexen, höchst subjektiven Prozess dar, so dass allgemeine Wirkungsaussagen individuell sehr unterschiedlich aussehen können. Grundlegend kann sich die Körperwahrnehmung benachteiligter Jugendlicher durch den kreativen Tanz nur verbessern, sie lernen Körperbewusstsein, -kontrolle, -balance und -koordination (vgl. GREEN-GILBERT, 1992: 7). Durch vorsichtigen körperlichen Kontakt in tänzerischen Übungen oder Improvisationen erfahren sie verschiedene Möglichkeiten, mit anderen Jugendlichen positiv umzugehen und mit ihnen zu kooperieren. Kreativer Tanz ist eine gute Methode, Jungen in das Gebiet des Tanzes über Break Dance hinaus zu involvieren (vgl. ebd.: 44). Sie können in der Bewegung für sie neue Kontraste, z. B. sanft und stark oder schnell und langsam, erfahren und eigene neue Bewegungen kreieren bzw. mit anderen imitierten kombinieren. Der Tanz reicht in die Tiefe, wo die Seele, der Körper und der Geist nicht mehr zwischen männlich und weiblich unterscheiden

5 Maldoom gehört zu einer Gruppe von Tänzern und Pädagogen in England, die in der Tradition der Ausdruckstanzbewegung und der stark auf Erziehung ausgerichteten Laban-Schule stehen. Bekannt wird Maldoom durch seine integrativen Tanzprojekte, die er in den Krisengebieten und Brennpunkten der Welt, aber auch in England und Deutschland vor allem mit benachteiligten Kindern und Jugendlichen initiiert hat.

müssen, sondern Jungen und Mädchen gemeinsam kreativ tätig werden können. Darüber hinaus ist kulturelle Bildung selbst als ein dynamischer, ständig fortschreitender Entwicklungsprozess zu verstehen, in dem sich Inhalte und Werte wandeln bzw. neu interpretiert werden: „So zeigt sich Kultur (und Kultiviertheit) heute nicht mehr nur in der Kenntnis und Beherrschung bestimmter Inhalte, sondern in gleichem Maße im Aufbau und in der Beherrschung von ‚Schlüsselqualifikationen' wie Wahrnehmungsfähigkeit, Kreativität, Phantasie, Konzentration und Durchhaltevermögen" (KRAMER, 1998: 24).

5.5 Wirkungsweisen kultureller Bildung

Wirkungen kultureller Bildung zu untersuchen, ist an sich schon problematisch, kein empirisches Messinstrument scheint sinnvoll zu sein. Kunst braucht keinem anderen Zweck zu dienen und ästhetische Praxis trägt ihren Sinn in sich. „Welche sozialen, therapeutischen, ökonomischen und sonstigen Funktionen ihr außerdem zukommen mögen, ist zwar im faktischen Leben keineswegs gleichgültig, darf aber den Begriff dieser Praxis nicht bestimmen. Der generelle Sinn ästhetischer Praxis ist gerade, gegenüber allen diesen externen Funktionalisierungen indifferent sein zu *können*" (SEEL, 1992: 400f.). Aber es sind gerade ökonomische und politische Gründe, die eine Wirkungs- und Rechtfertigungsdiskussion hervorgerufen haben. Eine grundsätzliche Kritik an der Reduktion von Bildungszielen auf „Schlüsselqualifikationen", die Jugendliche arbeitsmarktpolitisch verwendbar machen sollen, muss an dieser Stelle auch einbezogen werden (vgl. KARSCH, 2003: 34ff.). Denn sie bleiben ein Stück weit Leerformeln, wenn sie nicht in einem Zusammenhang mit den nicht operationalisierbaren Intentionen ästhetischer Praxis erscheinen. Durch die Reflexion der subjektiven Erfahrungen in einem kulturpädagogischen Prozess kann jedoch die abstrakte Wertigkeit von Lernzielen, wie Emanzipation, Eigenverantwortung oder Empathie eröffnet werden. „Das heißt, ästhetische Erfahrungen aus Lernvorgängen haben erst dann einen ‚Sinn' für den Lernenden, wenn dieser über die Reflexionsmöglichkeit sein Betroffensein in der Gruppe zum Ausdruck bringen kann, die ihm in der Diskussion darüberhinaus eine mehrfache Spiegelung seiner Ausdrucksweise zu vermitteln vermag" (DEHARDE, 1978: 116). Trotzdem sind die Anforderungen der Leistungsgesellschaft und damit einer pädagogisch professionellen Bewertung der Entwicklung der Heranwachsenden, um sie an geeignete Stellen zu vermitteln, zu sehen. Das würde in einer weniger reduktionistisch geführten Diskussion um „Schlüsselqualifikationen" der kulturpädagogischen Aufgabe der Förderung und Persönlichkeitsentwicklung des einzelnen Jugendlichen nicht widersprechen. „In Anbetracht der angespannten Arbeits- und Ausbildungsplatzsituation, bei der Schule zur Selektionsinstanz wird, Schüler einem zunehmenden Konkurrenzdruck unterworfen sind und kooperatives Verhalten seinen Platz immer schwerer findet, bieten sich Jugendgruppen geradezu an, um den Bedarf an solch zwischenmenschlichen Verhaltensnotwendigkeiten nachzuholen“ (NAGL, 2000: 209).

Wer mittels Jugendgruppen und Jugendkulturarbeit (vgl. auch Kap. 3.3 und 3.4) oder besonders in Kombination beider Ansätze über Jahre begleitet wird und sich gebildet hat, besitzt in der Regel bereits beruflich geforderte Selbst- und Sozialkompetenzen, wie sich Ziele zu setzen, sich als Team zu organisieren, Verantwortung für das eigene Handeln zu übernehmen, Konflikte friedlich zu lösen und kreative Prozesse in Gang zu setzen, um neue Lösungswege zu erhalten und Probleme zu bewältigen. Im Folgenden werden aus einzelnen künstlerischen Bereichen, wie Malerei, Theater und Musik, Wirkungsbeschreibungen dargestellt und die Frage der Bewertung im Rahmen eines „Kompetenznachweises Kultur“ andiskutiert.

5.5.1 Bisherige Untersuchungsergebnisse in verschiedenen Kunstsparten

Die Bedeutung von Kunst im Bildungsprozess des Jugendlichen liegt in der Eröffnung von Möglichkeiten. Sie schafft eine Distanz, aus der heraus sich Selbstwertgefühl entwickeln und eine Persönlichkeit konstituieren kann. Dazu tragen die verschiedenen Kunstsparten auf unterschiedlichem Wege bei, so nun beispielhaft aus den Bereichen Kunst, Theater und vor allem Musik, wegen ihrer Nähe zum Tanz, dargestellt. Die allgemeine Beliebtheit und das Entdecken neuer Horizonte durch jugendkulturelle Angebote werden immer wieder durch Umfragen im Wirksamkeitsdialog gespiegelt (vgl. z. B. LKJ, 2001: 117). Darüber hinaus wird auch versucht, Bildungswirkungen in verschiedenen kulturpädagogischen Projekten konkreter zu evaluieren: „Im Rahmen der durchgeführten Untersuchung hat die kulturelle Kinder- und Jugendarbeit [...] nachweisliche Bildungseffekte zu verzeichnen, die dazu beitragen, Ich-Stärke, Erfahrungen der Selbstwirksamkeit, soziale Sensibilität und die Kultivierung der ästhetischen Expressivität zu entwickeln“ (LINDNER a, 2003: 79).

Wie stellen sich diese vier großen Wirkungsbereiche – Ich-Stärkung, Erfahrung von Selbstwirksamkeit, soziale Sensibilisierung und Entwicklung ästhetischer Ausdrucksfähigkeit – in verschiedenen Kunstsparten dar? Welche Wirkungen entwickeln sich in der Betrachtung und kreativen Auseinandersetzung mit bildenden oder darstellenden Kunstwerken? Wie verbindet und trennt zugleich das künstlerische Medium Subjekt und Objekt einerseits im praktischen Handeln selbst und andererseits im Aneignen und Gestalten von Wirklichkeit? Welche psychosozialen Dimensionen spielen dabei eine Rolle? Die Künste liefern Deutungsmuster als Wahrnehmungs- und Bewertungsformen von Wirklichkeit. Für Künstler ist der Prozess, die ständige Überprüfung und Veränderung, das Ziel. Ungleich eines Forschers richtet sich die Erkenntnis des Künstlers dabei auf sich selbst und thematisiert den eigenen Welt- und Selbstbezug. Sich selbst aus einem Denken und Bewusstsein in der Gegenwart heraus handelnd zu erforschen, stellt sich als das zentrale Anliegen der Kunst und des Künstlers dar. Für den Betrachter von bildender oder darstellender Kunst bedeutet dies, im Werk etwas vom Empfinden und Denken der Menschen in einer bestimmten Zeit aufzunehmen. Fast unweigerlich setzt sich der Betrachter oder Zuschauer besonders in einem angeleiteten Rezeptionsprozess mit seinem eigenen Fühlen und Denken zu den Inhalten des Kunstwerkes in Beziehung. In einer kulturpädagogischen Kunstvermittlung geht es darum, junge Menschen zu animieren, sich selbst auf die Spur zu kommen und so zu einem wahrnehmenden Umgang mit sich selbst, mit anderen und der Umwelt; zu neuen Wegen der Persönlichkeitserfahrung vorzudringen. Ohne den Eigenwert von Kunst aufgeben zu müssen, werden sowohl ästhetische als auch psycho-soziale Dimensionen in der kreativen Rezeption ausgelöst (vgl. Kap. 6.4.3). Dabei kommt dem Kunstwerk selbst die Doppelfunktion zu, einen Zugang zur bildnerischen Handlung und zur reflektierenden Auseinandersetzung offen zu legen. Als wesentliche Technik dient die freie Assoziation zu ausgewählten Kunstwerken etwa durch automatisches Schreiben – eine Form des schnellen, assoziativen Schreibens für einige Minuten, ohne nachzudenken und den Stift abzusetzen –, um dann durch Gedankenaustausch und Collagen in einen sich selbst bildenden Produktionsprozess überzuleiten, der wiederum durch die gemeinsame Betrachtung und den Austausch hierüber in einen sozialen Prozess einmündet. Auch der Gruppe kommt eine Doppelfunktion zu: Auf der einen Seite bringt die Gruppe synergetisch eine Verstärkung der ästhetischen Erfahrung hervor, auf der anderen Seite ist das Kunstwerk in der Tat das Medium, über welches soziales Vertrauen, intensive Kommunikation, Kooperation und Problemlösungshandeln unterstützt werden kann. Diese Fähigkeiten kommen allerdings stärker beim aktiven künstlerischen Handeln, so etwa auch beim Theaterspielen zum Tragen; Rezipieren allein genügt nicht. Die kommunikative Funktion des Rollen-Spielens sowie das besondere Gruppengefühl wird von befragten Jugendlichen aus Theaterprojekten betont (vgl. BKJ b, 2002: 35). Ein sechzehnjähriger Junge beschreibt die Entwicklung seiner ästhetischen Ausdrucksfähigkeit so, „[...] dass man beim Theaterspielen sehr viel Spaß haben kann und dass man auch seinen Gefühlen Ausdruck geben kann durch diese Sachen, was man eigentlich so wahrscheinlich nicht einsetzen würde im alltäglichen Leben“ (LINDNER a, 2003: 68). Und ein ebenso altes Mädchen beschreibt typischerweise die Entwicklung ihrer sozialen Sensibilität so:

„Gelernt habe ich hier auf jeden Fall, dass es beim Theaterspielen nicht nur auf eine Person ankommt, auch wenn der Fokus vielleicht auf einem liegt, sondern auf ganz viele Leute, dass alle irgendwie zusammenhalten müssen und vor allen Dingen, dass man irgendwo auch immer so'n ‚hinteres Auge' haben muss und kucken muss: was macht jetzt der eine, oder: verpasst der seinen Text, oder noch einspringen muss, Spontaneität auf jeden Fall und dann halt dieses Aufeinander-Achten" (ebd.: 68).

Musikerziehung im erweiterten Sinne, Instrumental- und Ensemblespiel, prägt und verbessert mehrere Persönlichkeitsmerkmale (vgl. BASTIAN, 2002: 615). Durch die Musikalisierung, damit auch der Erwerb von Fähigkeiten, wird die positive Persönlichkeitsentwicklung nach Bastian in zirkulären Prozessen verstärkt (vgl. ebd.: 406). Besonders der Einsatz von Stimme und Körper wird hier betont eingesetzt. „Musikmachen und Musikerleben sind eine besondere Art und Weise, sich in der Welt zu befinden und dabei sich zu finden" (ebd.: 29). Eine Form, Musik mit allen Sinnen und mit Freude lustvoll zu erleben, bildet für Bastian vor allem der Tanz, besonders die Tanzimprovisation (vgl. Kap. 5.3.1). Dabei sind die konkreten Wirkungen stets von komplexen und interagierenden Einflussfaktoren der beteiligten Personen in jeweiligen Situationen abhängig, denn kulturelle Bildungsprozesse finden hauptsächlich situativ und rezipientenorientiert statt. In der Langzeitstudie wird die Annahme bestätigt, dass Musik und Musizieren in der Pubertät die Identitätsfindung unterstützt, verstärkt durch die Bedeutung der Jugendmusikkulturen (vgl. BASTIAN, 2002: 60). Die Auswirkung auf die Sozialkompetenz der beteiligten Schüler liegt zunächst am Gruppenprozess, unabhängig vom speziellen Inhalt und Medium, denn jede Gruppe, in der Menschen, möglichst freiwillig und motiviert, an einer gemeinsamen Aufgabe arbeiten, fordert und fördert soziale Fähigkeiten. Das Besondere des eigenen Musizierens, gerade mit der Stimme, ist sicher der Kontakt zu eigenen Gefühlen und Empfindungen sowie die motivierende Kraft des unmittelbaren Erlebens. Musik ist ein Medium, welches in der Lage ist, Erfahrungen, Erlebnisse sowie soziale Beziehungen auszudrücken und diese dann auch anderen Menschen mitzuteilen. Sie ist ähnlich wie der Tanz in allen Epochen und Ländern zu finden und gibt ein Zeugnis von der jeweiligen Kultur. Musikpädagogik bestrebt und erreicht folgende Wirkungen:

- Musik fördert sinnliche Wahrnehmungen.
- Musik ist Ausdrucksmittel für menschliche Emotionen und vermittelt Gefühle auf nonverbaler Ebene, welche über die Beziehung zwischen Ich, Du und Wir informiert.
- Musik hat eine ganz eigene kommunikative Funktion und die Stimme beeinflusst die Qualität jeder zwischenmenschlichen Kommunikation.
- Mit Musik kann eine gemeinsame emotionale Atmosphäre erzeugt werden.

- Musik kann nur durch Bewegung geschaffen werden, denn die Stimme oder ein Instrument werden mit dem Körper gespielt und fordern körperliche Bewegtheit heraus.
- Musik intensiviert den Bewegungsausdruck durch Kontraste, Akzente, Verdichtungen und Tempiwechsel.
- Musik als soziale Funktion motiviert nicht nur zur Bewegung, sondern koordiniert auch Bewegungen mehrerer Menschen beim Tanzen.
- Musik strukturiert das Zusammenwirken von Menschen (es können viele Menschen sinnvoll gemeinsam Singen oder Musizieren, aber nicht Reden).
- Musik ist ordnende Kraft, besitzt rationale Ordnungsprinzipien, welche Kraft geben, Geist und Seele des Menschen „in Ordnung zu bringen".
- Musik ermöglicht neue Ausdrucksformen und -qualitäten.

Können die Auswirkungen kulturpädagogischer Projekte auf das Kompetenzprofil eines Jugendlichen, bezüglich den allgemein gefragten „Schlüsselqualifikationen" wie Kommunikation, Konzentration, Kreativität, Kooperation usw. genauer beschrieben werden?

Die Bundesvereinigung Kulturelle Jugendbildung hat in den vergangenen drei Jahren einen Bildungspass entwickelt, der Schlüsselkompetenzen individuell erfassen soll, die Jugendliche bei ihren Aktivitäten in der kulturellen Bildungsarbeit zeigen. Der so genannte „Kompetenznachweis Kultur" wird von Fachkräften nach einem eigens hierfür entwickelten Nachweisverfahren vergeben. Er ist in seiner Entwicklung und Erstellung aufwendiger als etwaige Ehrenamtlerzeugnisse in der Jugendarbeit. Dabei werden die fünf großen Kompetenzbereiche – künstlerische Kompetenzen (allgemein und spartenbezogen), kulturelle Kompetenzen, Selbst- und Sozialkompetenzen sowie Methodenkompetenzen – in jeweils mehrere Kompetenzarten aufgeschlüsselt, für die dann allgemeine Indikatoren, möglicherweise mit einer Skalenbewertung, vorgegeben sind. Zu den ersten gehören beispielsweise Gestaltungskompetenzen, wie Kreativität, Spielfähigkeit und technisches Können, zu den zweiten zählen die Teilhabe und der Umgang mit kultureller Vielfalt, zu den dritten Selbstwirksamkeit und Flexibilität, zu den vierten Kommunikation, Kooperation und Konfliktfähigkeit und zu den fünften gehören z. B. das geplante Umsetzen von Fachwissen, Lernfähigkeit und Entwicklung innovativer Lösungen (vgl. BKJ b, 2002: 57f.). Dieses Verfahren knüpft an die Methoden pädagogischer Diagnostik an und beinhaltet einen engen Austausch mit den jeweiligen Jugendlichen über die eigenen Erfolge und Kompetenzen. Dabei entwickeln sie ihre Selbstwahrnehmung der eigenen Stärken und erkennen, wie sie etwa von ihrer Kreativität oder ihrem Durchhaltevermögen in anderen Lebensbereichen profitieren. Der einzelne Jugendliche entscheidet sich freiwillig zu Beginn eines Projektes, beim „Kompetenznachweis Kultur" mitzumachen, und beobachtet sich selbst immer wieder im Austausch mit dem Kulturpädagogen während des gesamten Projektverlaufes. Da sich Schlüsselkompetenzen nicht immer offen und objektiv evaluieren lassen, müssen sie im Dialog aus einzelnen Situationen heraus geschlossen werden. Beobachtungsbögen, Protokolle, Tagebücher, Arbeitsproben und Videoaufzeichnungen unterstützen dieses zeitaufwendige und anspruchsvolle Verfahren, mit dem sozial- und bildungsbenachteiligte Jugendliche überfordert wären bzw. bei dem sie ganz starke Unterstützung bräuchten. Der Kompetenznachweis Kultur darf außerdem nur von qualifizierten Fachkräften der kulturellen Jugendbildung mit einer entsprechenden Fortbildung in dem Verfahren ausgestellt werden. Einerseits liegt in diesem Bemühen sicherlich eine Chance, sowohl in der eigenen Reflexionsfähigkeit des Jugendlichen als auch in der Verbesserung seiner Bewerbungschancen mit so einem differenzierten Zeugnis. Andererseits müssen die Grenzen, die über die reine Beschreibung eines kulturellen Projektes und der Auflistung individueller Schlüsselkompetenzen eines Jugendlichen in der Projektzeit hinausgehen, deutlich sein. Der störende Einfluss einer ständigen Beobachtung in einem Bereich des nicht eindeutig abfragbaren Wissens muss kritisch erwähnt werden (vgl. BKJ b, 2002: 97f.). Die ästhetische Erfahrung und kreative Aktivität wird durch den Einsatz einer direkten oder indirekten Beobachtung und Beurteilung eher unmöglich gemacht. Eine weitere Gefahr besteht in den Interdependenzen der Kompetenzbereiche, ihrer notwendigen Reduzierung auf bestimmte Kategorien und der anschließenden wörtlichen oder numerischen Bewertung. Liegt etwa eine künstlerische Perfektion im Zentrum des jugendlichen Interesses, kann Konkurrenz wichtiger werden als Kooperation, und dieses Phänomen kann unterschiedlich gesehen und bewertet werden. Die möglichen Ursachen können sehr vielfältig sein und eine teilnehmende Beobachtung konstruiert und formuliert dann eine andere Wirklichkeit als die des betreffenden Jugendlichen. Darüber hinaus unterliegt die personale Beziehung zwischen dem Pädagogen und dem Jugendlichen dynamischen Prozessen, so dass die Beurteilung trotz scheinbar objektiver Indikatoren ganz spezifisch bleibt. Die Art und Weise der pädagogischen Begleitung, Ideen und Interventionen ist womöglich entscheidend für den Entwicklungsprozess und damit für die Wirkungen auf den einzelnen Jugendlichen (vgl. Kap. 6.4.1). Die Kunst, künstlerisch gestaltete Objekte, Rollen oder Prozesse in einer kompetenzorientierten Weise zu „lesen“ und zu deuten, bleibt eine Annäherung an den konkreten Jugendlichen; die Beschreibung seiner Persönlichkeitsentwicklung ist zwar wichtig, doch deren Beurteilung erweist sich als schwierig.

Trotzdem gehört es zur pädagogischen Professionalität auch in der Kulturpädagogik, Bewusstheit über die pädagogische Wirkung der Arbeit herzustellen. Didaktische Vorüberlegungen können nach der Durchführung einer kulturpädagogischen Einheit in Verbindung mit dem tatsächlichen Verlauf kritisch reflektiert werden und der weiteren Projektplanung dienen. Dabei spielen sowohl das soziale und künstlerische Verhalten der Teilnehmenden als auch des Leiters sowie die allgemeine Atmosphäre entscheidende Rollen. Diese Dimensionen können und sollten an bestimmten Kriterien immer wieder beobachtet und besprochen werden (vgl. Kap. 6.3.5). Wenn Lehrende davon berichten, dass das Sozialklima und der Gruppenzusammenhalt ihrer Klassen nach zwei Jahren erweitertem Musikunterricht deutlich besser geworden sei, sollte das genügend „Beweiskraft“ für die Investition kultureller Bildung haben (vgl. BKJ, 2002 b: 31). Ebenso bestätigen Jugendliche nach einem zweijährigen Theaterspielkurs, dass sie sich in ihrem Selbstbewusstsein und in ihren kommunikativen Fähigkeiten gestärkt fühlten, indem sie durch die Rollenarbeit mit zahlreichen Aspekten von Persönlichkeiten hindurch an sich selbst gearbeitet haben. Sowohl das besondere Gruppengefühl beim Theaterspielen als auch Glücksempfindungen bei der Aufführung, sind ihnen wichtig zu benennen (vgl. FINKE/HAUN, 2001: 102). Eine genaue Beschreibung der Vorgehensweise im kreativen Prozess und der gemachten Beobachtungen anhand bestimmter Fragen können vorherige Aussagen noch unterstützen sowie ein guter Leitfaden für weitere kulturpädagogische Projekte sein. Die oben aufgeführten Kompetenzkategorien werden zwar auf spezielle Weise, abhängig von der Kunstform und der Projektart, doch auf jeden Fall nicht negativ in kulturpädagogischen Angeboten berührt bzw. gefördert. Da benachteiligte Jugendliche dem Sprechtheater oder Orchester gegenüber eher skeptisch eingestellt sind (vgl. auch Kap. 3.1), kann gerade der körperorientierte, kreative Tanzbereich ein offenes und niederschwelliges Angebot kultureller Bildung darstellen.

„Tanz macht Spaß und hat einen sehr unmittelbaren Erlebnischarakter und Befriedigungswert. Die intensive Erfahrung des eigenen Körpers im Tanz ermöglicht und erfordert eine starke Konfrontation des Tanzenden mit der eigenen Persönlichkeit, den eigenen körperlichen Möglichkeiten und Gefühlen. Die Selbstwahrnehmung wird im Tanz geschult und intensiviert. Ein ‚Annehmen‘ der eigenen Person wird gefördert, denn nur dann gelingt ein authentischer Körperausdruck, wenn innere Spannungen und Blockierungen aufgegeben werden“ (ERHART, 1980: 54).

5.5.2 Spezielle Erkenntnisse aus dem Bereich *Bewegung und Tanz*

In der tanzwissenschaftlichen Literatur finden sich einige Hinweise auf die umfassende Persönlichkeitswirkung von Tanz; denn das Körperbewusstsein hängt unmittelbar mit dem Selbstbewusstsein zusammen (vgl. Kap. 4.2). Der kreative Tanz als Medium kultureller Bildung dient der Entfaltung der jugendlichen Persönlichkeit durch das eigenverantwortliche Sich-Erproben und

Gestalten können. Über und durch Tanz können die bereits diskutierten „Schlüsselqualifikationen“ vermittelt werden. Das Vorausgegangene aufgreifend seien sie noch einmal im Überblick dargestellt:

1. Wahrnehmungsfähigkeit, Empfindsamkeit und Flexibilität als Selbstkompetenzen werden durch die enge Bindung an den Körper, in dem alle Erfahrungen verankert sind, gefördert – sowohl im Erfassen von vorgegebenen Bewegungen als auch im Spüren und Entwickeln eigener Abläufe.
2. Gestaltungsfähigkeit, Kreativität und Sinnlichkeit als künstlerische Kompetenzen werden vor allem durch die Methode der Improvisation und der gemeinsamen Erarbeitung einer Choreografie gefördert.
3. Kommunikationsfähigkeit, Durchhaltevermögen und Kooperation als Sozialkompetenzen werden vor allem im sensiblen, ganzheitlichen Miteinander-Schaffen und Miteinander-Ringen um tänzerische Ausdrucksformen bis hin zu einer Aufführung gefördert.
4. Teilhabe am kulturellen Leben, Offenheit und Toleranz für die eigene und die fremde Kultur als spezifisch kulturelle Kompetenzen werden durch die intensiven Erfahrungen einerseits in einer Gruppe aus Individuen mit unterschiedlichen Hintergründen, andererseits in der Auseinandersetzung mit ungewöhnlichen Ausdrucks- und Gestaltungsformen der vielfältigen Tanzkunst gefördert.
5. Reflexionsfähigkeit, Konzentration und Meinungsbildung als Methodenkompetenzen werden durch das Verstehenlernen menschlichen Verhaltens über Bewegungserfahrung und die gemeinsame Diskussion aller Teilphasen eines kulturpädagogischen Tanzprojektes gefördert (vgl. z. B. KRAMER, 1998 oder SIEBEN a, 2001).

Die verschiedenen Tanzgattungen beeinflussen auf unterschiedlich intensive Art und Weise die Entwicklung der jugendlichen Kompetenzen. Dabei kommt es vor allem auf den Entstehungsprozess möglichst authentischer Bewegungen und einer kreativen Choreografie an, nicht so sehr auf den tänzerischen Stil oder das tanztechnische Können. Beim Break Dance, den gerade Jugendliche aus sozial schwachen Stadtteilen ohne pädagogische Anleitung entwickelt haben, geht es vor allem um ein alternatives Kräfte-Messen und ein neues Körpergefühl. In der Regel tanzen die Jungen einer Clique im „Battle“ gegen eine andere Clique, dabei spielen die akrobatischen Einzelleistungen eine entscheidende Rolle, aber kleine choreografische Hip Hop- und Showdance-Elemente gewinnen zunehmend an Bedeutung. Den Tanz-Kampf zu gewinnen und möglichst „cool“ auszusehen, steigert das Selbstbewusstsein dieser Jugendlichen.

„Die Breaker sind Jugendliche, die aus einem Brennpunktviertel kommen und dort eine ausgesprochen günstige Gelegenheitsstruktur für eine kriminelle Karriere hatten. Zunächst schlugen die Jugendlichen diesen Weg auch ein. Über die Begeisterung für Breakdance ist es den Jugendlichen gelungen, eine Clique zu konsolidieren, die eine gewaltarme Selbstdefinition ermöglicht. Dies hat nicht nur Konsequenzen für die Gruppe, die zunehmend erfolgreich ist, und aus der die Jugendlichen eine positive soziale Identität ableiten können. Ihnen gelingt es auch gleichzeitig, die eingeschlagene Schulkarriere in den Griff zu bekommen und gesellschaftliche Anschlüsse zu finden" (ECKERT, 2000: 261).

Da nicht alle Mädchen und Jungen die körperlichen Voraussetzungen für Break Dance mitbringen und er darüber hinaus auf eine bestimmte Musik- und Bewegungsrichtung hin angelegt ist, kann in einem kulturpädagogisch begleiteten Projekt an den individuellen Gegebenheiten der Jugendlichen angesetzt werden, um von dort aus die ungeahnte Vielfalt der Tanzwelt bis hin zu einer Aufführung vor Publikum zu entdecken. So arbeitet Maldoom beispielsweise mit sehr einfachen Choreografien, die ein Maximum an Freiheit erlauben, in der einige Abschnitte improvisiert sind und die sich in der gemeinsamen Kreativität der Gruppe ausformen (vgl. BOXBERGER, 2005: 31). Tanzpädagogische Angebote erreichen besonders dann Jugendliche aus unteren Sozialschichten, wenn sie dort etwas einbringen können, mit dem sie sich sicherer fühlen als in der kopf- und konkurrenzgesteuerten Schule. „Der Aufbau des Selbstbewusstseins beim Tanz resultiert daraus, dass Bewegungsaufgaben meist schnell beherrscht werden [...]" (VOGEL, 2004: 305), ohne große leistungsmäßige Voraussetzungen. Da das Gelingen pädagogischer Prozesse von der Subjektorientierung abhängt, kann ein lustvolles und kreatives Arbeiten an einem selbstbestimmten Thema – sei es mehr inhaltlich, räumlich-körperlich oder medial orientiert – mit einem gemeinschaftlichen Ziel, wie etwa in einem Tanzprojekt, viel für ansonsten oft frustrierte Jugendliche erreichen. Dies bestätigen sowohl Mädchen und Jungen selbst, als auch beteiligte Lehrkräfte, die den Entwicklungsprozess beobachtet haben. Über das Gefühl beim Tanzen, das sich zwischen Spaß, Leistung, Rausch und Kontrolle bewegt, berichtet ein Jugendlicher: „Also, wenn ich Breakdance nicht hätte, dann würde ich immer nur durch die Gegend laufen und überlegen, aber so, dreh' ich mich auf dem Kopf und dann vergess' ich so wie so alles, das find' ich viel besser, [...], das ist voll das schöne Gefühl eigentlich ganz ehrlich gesagt" (LIELL, 2003: 143). Oder die Mädchen aus einem kreativen Jazztanzkurs: „Wir finden gut, dass wir was zusammen arbeiten. [...] Wir treten gern auf, weil es ein schönes, immer wieder neues Erlebnis ist" (LKJ, 2001: 128). Das Tanzen hilft den Jugendlichen nicht nur eine körperliche Beziehung zum ganzen Dasein zu finden, sondern ebenso ihren inneren Energien Ausdruck zu verleihen. Über die Methode der Improvisation und über die Partizipation der Jugendlichen etwa bei der Auswahl der Musik oder der Tanzthemen können diese Ziele erreicht werden. So beschreibt es ein Jugendlicher: „Das ist auch etwas, was ich gelernt habe, dass man sich nicht vorher alles genau einplanen muss, sondern dass eben auch viel über Improvisation und Spontaneität kommen kann" (LINDNER a, 2003: 69). Der notwendige tänzerische Spielraum befindet sich zwischen dem alleinigen Einstudieren fertiger Choreografien und der gänzlichen Offenheit, eine Gestaltung entstünde bei genügend Freiraum ganz von selbst. Es zählt, was jeder einzelne Jugendliche in die Bewegung bzw. in die Verbindung von Emotion, Bewegung und Bedeutung einbringt. In so einem tänzerischen Prozess stärkt der Jugendliche sein Vertrauen in sich und setzt gewisse Selbstbeschränkungen durch die Begegnung mit völlig Neuem außer Kraft. Gerade der Tanz als körperliches, non-verbales Medium verhilft benachteiligten Jugendlichen zu Ausdrucksmöglichkeiten, die durch rein pädagogische oder psychologische Methoden oft nicht erreicht werden können (vgl. KAPPERT, 1995: 187). Viele Eltern und Lehrer formulieren am Ende eines Tanzprojektes ihr Erstaunen und ihre neue Perspektive auf ihre Kinder und Schüler. So beschreibt Barbara Haselbach selbst aus ihrer reichhaltigen Erfahrung in der Arbeit mit Schülern die Wirkungen des kreativen Tanzes: „Zuallererst soll Tanzen in der Schule Lebensqualität für den Einzelnen, die Klasse und die ganze Schule bringen. Aber vergessen wir auch nicht, dass Tanzen die kinetische, räumliche, musikalische, die inter- und intrapersonale Intelligenz fördert und damit ein unverzichtbares Medium der Erziehung darstellt" (HASELBACH, 2005: 11).

Die Begeisterung für den Tanz kann oft ein Leben lang anhalten, zahlreiche persönliche Erfahrungsberichte zeugen davon und manche Schüler sind heute selbst als Tanzpädagogen oder Tänzer tätig, die über ihre Körper Brücken zwischen den Menschen bauen. Durch körperorientierte, kulturpädagogische Begleitung können „entfremdete" Jugendliche in einem sicheren und kreativen Umfeld zusammengebracht werden, um sie in Projekte einzubinden, die physische, soziale, emotionale und spirituelle Stimulanz beinhalten, und sie damit mit ihrem Körper, ihren Gefühlen und Wünschen sowie mit fremden Umgebungen vertraut zu machen. Bewegung und Tanz in einer persönlich gestalteten Gruppenatmosphäre können als regelmäßige Erfahrung den menschlichen Grundbedürfnissen nach Nähe, Sicherheit und Verlässlichkeit einen Raum im Einzelnen selbst sowie in der Gruppe geben.

5.6 Tanz als Bühnenkunst

Einer selbst präsentierten Tanzaufführung auf einer professionellen Bühne wohnt gerade für benachteiligte Jugendliche eine hohe Bedeutung inne. Nicht nur, dass sie sonst nie die Gelegenheit dazu hätten, sondern die Mobilisierung sämtlicher Kräfte im Moment, in dem die Scheinwerfer angehen, stärkt sie in ihrer Körperwahrnehmung und in ihrem Selbstwertgefühl. Die Bühnen- und Zuschauersituation lassen die Präsenz und authentische Bewegung jedes einzelnen Jugendlichen wachsen. Es braucht inspirierenden Tanz und ein engagiertes Publikum, damit eine Aufführung zu einem Ereignis und die darstellende Tanzkunst zur Begegnung werden kann. „Das Erleben von Selbstwirksamkeit, die Kulturarbeit ermöglicht, geht einher mit Prozessen der Anerkennung durch andere – und dies heißt oft genug: öffentliche Präsentation mit all den Aufregungen und Anstrengungen, die dazu gehören“ (FUCHS a, 2002: 113).

Worin liegt die Magie dieses Raumes und worin im Weg bis dahin? Professionelle künstlerische Tänzer erleben die Aufführung oft als Belohnung ihres harten Trainings. In ihrer Ausbildung kommen sowohl eine allgemeine Körper- und Bewegungsbildung als auch ein spezifisches Techniktraining in verschiedenen Tanzstilen zum Tragen. Das Lernen über offene Unterrichts- und Übungsformen nimmt darüber hinaus einen immer höheren Stellenwert ein. „Aus Bewegungsmaterial mit ausschließlich konventionell festgelegter Bedeutung wird nie ein Kunstwerk entstehen. Gerade das ungewöhnlich zusammengestellte Bewegungsmaterial regt das Interesse des Publikums an“ (LABAN, 1988: 95). Das Anschauen und Erleben verschiedener professioneller Tanzproduktionen sowie das „Berührt-Werden-Können“ von authentischen Tänzern sollten auf jeden Fall Bestandteile eines körperorientierten kulturpädagogischen Projektes mit benachteiligten Jugendlichen sein, um sowohl eine erste Begegnung mit der Bühnenwelt und ihrer differenzierten Wahrnehmung als auch kreative Anregungen für das eigene Tanzen zu ermöglichen. Die Beschäftigung mit professionellen Performances führt zwar nicht unbedingt in eine eigene produktive Praxis, aber ohne sie kann das künstlerische Verstehen der vielfältigen Tanzsprachen nirgendwo anknüpfen.

> „Begegnungen mit künstlerischem Tanz müssen so gewählt werden, dass nicht das tanztechnische Können (klassisches Ballett), sondern ein einfallsreiches, experimentelles Umgehen mit Musik, Bewegung und Materialien im Vordergrund steht. Statt durch gekonnte Technik zu verblüffen (und die Zuschauenden eventuell zu frustrieren), geht es darum, Phantasie und Gestaltungslust zu wecken“ (FRITSCH, 1997: 18).

Der Tanz in seiner ganzen Formenvielfalt ist ein unbestritten wichtiger Bestandteil im kulturellen Leben einer Gesellschaft. Allerdings hat die sinnliche, schöpferische und symbolische Auseinandersetzung mit dem Körper in den augenblicklichen Zeiten eines dynamischen Gesellschaftswandels und einer zunehmenden Marktorientierung weniger Konjunktur – trotz der ungebrochen hohen Anziehungskraft von Aufführungen bekannter Tanzkompanien bei einem kulturinteressierten Publikum und der Faszination von modischen Tanztrends bis hin zur „Love Parade“ und großen Tanzfestivals bei jüngeren Zuschauern. Dazwischen gibt es gerade in Nordrhein-Westfalen eine spannende Tanzlandschaft, die weder der reinen „Hoch“- noch der „Event-Kultur“ zugehörig ist, und damit für Jugendliche Erfahrungsspielräume ästhetischer Bildung bieten kann. Der Bogen eines kulturpädagogischen Projektes schließt sich, wenn die Jugendlichen selbst am Ende mit ihrem eigenen Stück auf einer professionellen Bühne auftreten dürfen. Das bedeutet eine hohe Wertschätzung ihrer harten Arbeit. Dabei kann auch schon während der Entstehung eines Stückes der Unterrichtsraum immer wieder als Bühnensituation mit wenigen technischen Hilfsmitteln und geladenen Gästen genutzt werden. Weiterhin können die Jugendlichen durch die Auseinandersetzung mit ihren eigenen Tanzgestaltungen und mit Videobeispielen oder durch den Besuch von Tanzvorstellungen professioneller Tanzkompanien, was für viele sozial- und bildungsbenachteiligte Jugendliche sonst nie erreichbar wäre, für ästhetische Fragen interessiert und sensibilisiert werden. Damit werden sie auch befähigt, in allen Bereichen des eigenen kulturpädagogischen Projektes verantwortlich mit zu entscheiden.

Was ist nun das Besondere der professionellen Tanzkunst, etwa des berühmten Tanztheaters von Pina Bausch?[6] Wenn sie ein neues Stück entwickeln will, stellt Bausch zunächst Fragen und regt ihre Tänzer zu einem improvisatorischen Suchen nach ihren persönlichen Körpergesten, Erfahrungen, unbeachteten Verhaltensweisen und Fantasien an (vgl. FRITSCH, 1988: 269). Aus mehreren gefundenen Antworten gestaltet sie eine Szene, die sie wiederum mit vielen anderen mosaikhaft zusammensetzt und immer weiter verbessert. Sie ist in ihrer choreografischen Arbeit um eine Distanzierung von den unbewussten Strukturen des Körpers bemüht, in dem sie diese durch ungewöhnliches und widerständiges Bewegungsmaterial, das der einzelne Tänzer improvisatorisch erarbeitet, aufbricht und bewusster werden lässt. Formale Aspekte des Tanzes stehen weniger im Vordergrund als die vielschichtige Aufdeckung der Frage, was die Menschen bewegt, nicht nur wie sie sich bewegen. Dabei scheut Bausch vor keinem Thema, Konflikt, keiner Geschlechterbeziehung und Kultur zurück, so dass sie – neben anderen wichti-

6 Pina Bausch, 1940 in Solingen geboren, studiert Tanz an der Folkwang-Hochschule u. a. bei Kurt Joos, in dessen Nachfolge sie ab 1969 das Folkwang-Tanzstudio leitet. So ist sie neben ihren anschließenden Studien in New York vor allem durch das Erbe des deutschen Ausdruckstanzes geprägt. Ab 1973 übernimmt Bausch die Leitung des Wuppertaler Balletts, das sie in „Tanztheater Wuppertal“ umbenennt, ihrer eigenen Kunstform, in der sie die Elemente Bewegung, Sprache, Musik und Objekte auf einzigartige Weise verbindet. Seitdem kreiert sie unermüdlich abendfüllende unkonventionelle Stücke, die ihr heute weltweiten Ruhm und große Verehrung einbringen. Während Pina Bausch in den siebziger und achtziger Jahren eher Tabuthemen (wie z. B. Gewalt an Frauen) begleitet von dissonanter Musik verarbeitet, wirken ihre Stücke ab den neunziger Jahren etwas wohlgefälliger und ihre Musikcollagen enthalten nicht selten harmonische Soul- oder Jazzsongs. Interessanterweise greift sie aber auch ihre alten Choreografien unverändert auf, um sie mit neuen Tänzern auf verschiedenen Bühnen der Welt zu zeigen.

gen zeitgenössischen Choreografen – für eine körperorientierte Kulturpädagogik mit Jugendlichen, die sich auf einer ähnlichen Suche befinden, spannende Anregungen gibt. „Pina Bausch transportiert zunächst die individuellen Körpererfahrungen ihrer Tänzer und damit auch das gesellschaftlich geprägte Bewegungsmaterial, dies wird aber am Ende in der Komposition durch Wiederholungen und Verfremdungseffekte wieder objektiviert" (WELTZIEN/ VOLKMANN, 2003: 98).

Tanzkünstlerische Kriterien sollen durchaus in die tänzerische Arbeit mit Jugendlichen einfließen, die dennoch die pädagogischen Implikationen ästhetischer Praxis berücksichtigt. Die Arbeitsweise des Tanztheaters ist in der Regel durch strukturierte Improvisationen geprägt, die einerseits über die Bewegung das Aufbrechen traditioneller Konventionen provozieren, andererseits über neue Ausdrucksformen des Körpers Wege der Identitätsfindung erkunden. In der kreativen Auseinandersetzung mit einer Bausch-Choreografie während eines Projektes wird ein Beitrag zur ästhetisch-pädagogischen Arbeit geleistet, die sich den Unsicherheiten Jugendlicher im Bezug auf ihren Körper mit allen Eindrucks- und Ausdruckserfahrungen stellt. „Bei Pina Bausch fallen die TänzerInnen aus ihrer Rolle, fällt die Bühne aus ihrem Rahmen" (SEITZ, 1996: 235). Dabei sind auch scheinbar eindeutige Bewegungen, Haltungen und Situationen vieldeutig und verschieden lesbar. „Sie paktieren mit dem Fremden, dem Schwierigen, dem Unbekannten, das unter dem scheinbar Wohlvertrauten lauert" (RUMPF, 1991: 143). An diesem Vorbild können Jugendliche lernen, mit der steigenden Zahl der Fremdeinflüsse auf ihre soziokulturelle Entwicklung umzugehen und Differenzen im Aushandeln körperlicher Fragen anzuerkennen. „Überflüssiges zu erkennen und loszulassen, um Natur freizulegen und effektives, von Zwängen, Spannungen, Einschränkungen, Voreingenommenheiten befreites Handeln möglich zu machen" (SIEBEN b, 2001: 174), ist dabei der Weg in vielen verschiedenen künstlerischen Sparten. Gerade die tanztheatralische Arbeit kann neue Sichtweisen auf Zusammenhänge zwischen Körpererfahrungen und sozialen Erfahrungen sowie Möglichkeiten für eine bewusste Persönlichkeitsgestaltung eröffnen.

Doch im Laienbereich sind im Gegensatz zu professionellen Tänzern andere physische und psychische Voraussetzungen gegeben. Sie liegen einerseits in der spezifischen Materialität des beweglichen und sich bewegenden Körpers, mit dem der Tänzer unmittelbar auf den Körper des Zuschauers einwirkt, andererseits im Ausdruck und in der Bedeutung von Bewegungen, die emotionale und rationale Wirkungen zeigen (vgl. FISCHER-LICHTE, 2004: 138). Ein durch tägliches Training über viele Jahre geschulter und begabter Körper kann dies in einem höheren Ausmaß als ein weniger trainierter, trotzdem sehr engagierter Körper erreichen. Die Freiwilligkeit und der Spaß als wichtige motivationale Faktoren im Laienbereich erlauben in psychischer Hinsicht sogar viel weniger Druck und Kontrolle, die auf Berufstänzern lasten. Auch Jugendliche, die über längere Zeit an einem entsprechenden kulturpädagogischen Projekt teilnehmen, können eine starke Präsenz, die den Bühnen- und Zuschauerraum erfüllt, gemeinsam mit ihrer Gruppe entwickeln. „Die Magie der Präsenz besteht in der besonderen Fähigkeit des Darstellers, Energie in einer Weise zu erzeugen, dass sie für den Zuschauer spürbar im Raum zirkuliert und ihn affiziert, ja tingiert" (FISCHER-LICHTE, 2004: 169). Diese Energie muss nicht von einer rein technischen Brillanz abhängen, die einige Jugendliche in bestimmten Formen des Hip Hop durchaus besitzen, sie wird eher durch die Intensität und Authentizität der Darstellenden beeinflusst und kann von den meisten Jugendlichen in einer körper- und bewegungsorientierten Sprache auf dem Hintergrund einer adäquaten Musik und Choreografie annähernd erreicht werden. Beim Erfinden und Festlegen von tänzerischen Bewegungsabläufen ist auf Klarheit und Spannung zu achten. Unter Berücksichtigung der Zuschauerperspektive soll einerseits auf den genutzten Raum Wert gelegt werden, andererseits auf das Durchhalten der tänzerischen Rolle (vgl. Kap. 5.3.1). Der Kulturpädagoge besitzt dafür andere Qualitäten als der professionelle Choreograf, wobei eine Zusammenarbeit, gerade in der Endphase eines Projektes, durchaus möglich sein kann. Neben der Entwicklung von Tanz- und Ausdrucksfähigkeiten erhalten hier, ausgehend von den spezifischen Teilnehmern, vor allem gruppenpädagogische Aspekte, vom ersten Kommen und Begegnen über das Wiederkommen und Motivieren bis hin zum Durchhalten bis zum Abschluss, eine besondere Bedeutung. Um die zentralen Schritte auf dem Weg bis hin zu einer Aufführung transparenter zu machen, folgt nun ein körperorientierter Projektentwurf für die kulturpädagogische Arbeit mit benachteiligten Jugendlichen durch die Einbindung des kreativen Tanzes in ein gruppenbezogenes Konzept.

6 „Bewegung im Dazwischen" – ein Projektentwurf

„Kein Mensch fühlt im anderen eine Schwingung mit,
ohne daß er sie selbst in sich hat." (Hermann Hesse)

Ein kulturpädagogisches Projekt kann in schulischen, besonders in ganztagsbetriebenen, und/oder außerschulischen Praxisfeldern durchgeführt werden, wozu der vorliegende Entwurf eine Basis und Orientierung liefert. Durch die Einbindung des kreativen Tanzes in ein gruppenbezogenes Konzept ist dieser Ansatz sowohl in der Körperorientierung als auch in der Zuschneidung auf sozial- und bildungsbenachteiligte Jugendliche ungewöhnlich und neu. Die kulturpädagogische Praxis enthält immer eine didaktisch-methodische Ebene (vgl. Kap. 5.3.2), die mit emotionalen, gruppendynamischen, kommunikativen und kreativen Aspekten zusammenhängt. Unter Berücksichtigung der bisherigen Erkenntnisse zur Beschaffenheit der ästhetischen Erziehung (vgl. Kap. 2.5) und der kulturellen Praxis von benachteiligten Jugendlichen (vgl. Kap. 3.5) sowie aller Ausführungen zur Tanzpädagogik (vgl. Kap. 5.3) wird der Ausgangspunkt dieses Entwurfes gestaltet. Dabei geht es vor allem um die Entwicklung des Selbstwertgefühls und Empfindungsvermögens von Jugendlichen, beispielsweise aus Förder- und Hauptschulen, durch die Sensibilisierung aller Sinne und inneren Antriebe in den verschiedenen Körperdimensionen (vgl. Kap. 4.2.3). Darüber hinaus soll über die Gestaltung eines eigenen künstlerischen Produktes die reflektierte Entscheidungs- und Handlungsfähigkeit bisher benachteiligter Jugendlicher gefördert werden. „Gestaltete Umwelten für ästhetische Erfahrung und kulturelles Lernen herzustellen, erfordert ‚didaktische Kompetenz' bzw. ‚didaktisches Wissen' im Umgang mit der Strukturierung kulturpädagogischer Lernumwelten, Angebote und Projekte" (ZACHARIAS, 2001: 179). Diese werden nun in einer zur Praxis gewordenen Fassung mit einer bisher kaum berücksichtigten Zielgruppe kultureller Bildung konkreter definiert. Da der Begriff „Projekt“ weit verbreitet und vielfältig genutzt wird, gestaltet sich dieser Entwurf sehr umfänglich, beginnend mit allgemeindidaktischen Überlegungen (vgl. Kap. 6.1-6.2) zum handlungs- und lebensweltorientierten Lernen in einem kulturpädagogischen Projekt. Darauf hin folgen zunehmend spezifische Beschreibungen eines kulturpädagogischen Vorgehens, das sich an den typischen Entwicklungsverläufen einer Gruppe orientiert (vgl. Kap. 6.3-6.5), mit einem besonderen Augenmerk auf die Rolle des Kulturpädagogen. Eher allgemeine Gedanken zur Präsentation und Auswertung eines Projektes im künstlerischen Bereich schließen den Entwurf ab (vgl. Kap. 6.6-6.7).

6.1 Didaktische Reflexion

6.1.1 Voraussetzungen

Zunächst werden didaktische Vorüberlegungen angestellt, die für eine allgemeine Kulturpädagogik zutreffen, worauf fachspezifische Planungen für ein konkretes Projekt aufbauen können (vgl. auch Kap. 6.3). Die drei Leitfragen der Kulturwissenschaft als Orientierung für die Kulturpädagogik lauten: *Woher kommen wir?* Dies ist die Frage nach dem menschlichen Ursprung – Ursprungsmythen sind dabei nichts anderes als die ersten kulturtheoretischen Spekulationen. Die zweite Frage lautet: *Was sind wir?* Dies ist die Frage nach der menschlichen Selbstdefinition und Identitätsfindung. Die dritte Frage widmet sich der menschlichen Zukunft: *Wohin gehen wir?* Auf der Suche nach einem Lebenssinn ist der Mensch, vor allem der junge, auf soziale und kulturelle Leistungen angewiesen. „Heute wird die soziale Identitätssicherung als vordringlichstes Problem der Jugendlichen gesehen. Die Beantwortung der Fragen ‚Wer bin ich?‘ und ‚Wie will ich sein?‘ ist unter dem schnellen Wechsel von Wertmaßstäben, Orientierungen, Moden und Lebensstilen immer schwieriger“ (NAGL, 2000: 66). Die Motivation dieses Projektes ist es, für Partizipationsmöglichkeiten mehrfach benachteiligter Jugendlicher (sozial schwach, subjektiv arm, ausbildungs- oder arbeitslos) Sorge zu tragen und „soziale Brennpunkte“ (Stadtteile oder „Lebensthemen“ mit Erneuerungsbedarf) neu gestalten zu wollen. Als Voraussetzung benötigt der Kulturpädagoge Kenntnisse über die physischen und psychischen Ressourcen des Einzelnen, der gesamtbeteiligten Gruppe und ihrer Lebensumwelt sowie über vorangegangene Beziehungserfahrungen der Jugendlichen (vgl. Kap. 3.1 und 3.2). Der Projektentwurf bietet vor allem im methodischen Teil konkrete Anregungen und Vorschläge im fachdidaktischen Sinne für die kulturpädagogische Arbeit mit sozial- und bildungsbenachteiligten Jugendlichen, darüber hinaus Hinweise für die Konzeptionierung und Auswertung eines gesamten Projektes. Die Grundlage dafür bilden allgemeine Prinzipien der Projektmethode, wie die freiwillige Teilnahme der Jugendlichen, das ganzheitliche und sinnenbetonte Erfahren und Lernen sowie der konkrete Handlungsbezug, das bedeutet eine Nähe zur Lebenswelt der Teilnehmenden (vgl. BAER/FUCHS, 1993: 63). Mit Hilfe der Projektmethode in der kulturellen Arbeit soll zielgruppen- und ressourcenorientiert in einem begrenzten Zeitrahmen ein gesetztes Ziel erreicht werden (vgl. HONGLER/WILLENER, 1998: 16ff.) Projektpädagogisches Arbeiten erfordert entsprechende Strukturen, die Selbständigkeit, handlungsorientierte Erfahrung und Partizipation ermöglichen. Dieser Ansatz geht u. a. auf John Dewey zurück und versteht sich als Gegenbewegung zur formalen Wissensvermittlung, eignet sich von daher für zahlreiche Themen und Bildungsprozesse (vgl. Kap. 2.3). Ein kulturpädagogisches Projekt mit sozial- und bildungsbenachteiligten Jugendlichen sollte sich an folgenden Leitlinien orientieren:

- Kulturelle Bildung ist Teil einer Allgemeinbildung, auf die jeder Jugendliche einen Anspruch hat.
- Kulturarbeit mit benachteiligten Jugendlichen benötigt keine Extra-Methoden, sondern Fantasie für sinnvolle Varianten.
- Die Eröffnung von Lernchancen für möglichst alle Teilnehmer eines Projektes kann durch Aufteilung komplexer Übungen in viele kleine zu bewältigende Schritte und ganzheitliche Zugangsweisen erreicht werden.
- Die Auswahl zwischen ästhetischen Alternativen fördert die Entscheidungsfähigkeit und individuelle Geschmacksbildung der beteiligten Jugendlichen.
- Kooperative Methoden- und Rollenwechsel zwischen Pädagogen und Jugendlichen motivieren zur Übernahme von Verantwortung.
- Freude und Rollengestaltung stärken mehrdimensionales Denken und einen aktiven Bezug zur Umwelt.
- Kulturpädagogisches Arbeiten setzt an den Ressourcen des Einzelnen an und schenkt jedem Jugendlichen die Erfahrung, etwas ganz Besonderes zu sein, wenn er an seine Kraft glaubt und mit Disziplin an etwas arbeitet, was ihn wirklich zufrieden macht.

Grundlegend wichtig bei der kulturpädagogischen Arbeit mit benachteiligten Jugendlichen ist die materielle und inhaltliche Niederschwelligkeit des Projektes und die Bereitschaft der Leiter, sich auf junge Menschen aus für sie in der Regel fremden sozialen Milieus einzulassen, sich mit ihnen auf den Weg zu machen (vgl. BAER, 2000: 112f.). Im Laufe der Projektzeit können gemeinsame Fahrten, verbunden mit dem Besuch oder der Teilnahme an einem kulturpädagogischen Wettbewerb und anderen schönen Freizeitaktivitäten, den Kontakt unter den Jugendlichen und zum Leiter sehr verbessern (vgl. Kap. 6.5). Dabei sollen die Interessen der Jugendlichen im Vordergrund stehen, um mit ihnen das demokratische Verhandeln von Vorgehensweisen und das Übernehmen von Verantwortung sukzessive, entsprechend des Projektgedankens, einzuüben.

6.1.2 Zielgruppe

Ganz allgemein stellen Jugendliche im Alter von etwa vierzehn bis achtzehn Jahren die Zielgruppe dieses körperorientierten kulturpädagogischen Projektes dar, doch vor allem jene, die durch individuelle und/oder soziale Probleme oft mehrfach belastet sind (vgl. Kap. 3.2). Für die Kontaktaufnahme ist es wichtig, eventuell mit entsprechenden Ausschreibungen, auf Jugendliche einer Klasse, Schule, eines Jugendheimes oder Straßentreffpunktes zu zugehen, erste Beziehungen zu schaffen oder schon vorhandene zu nutzen, weiterhin die Ideen vorzustellen und mit der Zielgruppe abzustimmen bzw. diese an der genauen Konzeptionierung des Projektes partizipieren zu lassen. Ein bereits bestehender Kontakt etwa durch einen beteiligten Schulsozialarbeiter, der mit den Jugendlichen schon eine Vertrauensbasis besitzt, hat sich als vorteilhaft erwiesen. Es kann sich um eine konkrete Zielgruppe handeln, wie etwa schwererziehbare Jugendliche, die durch ein Tanzprojekt gefördert werden sollen. Je nach Entwicklung kann es zur Teilnahme einer weiteren Gruppe kommen, beispielsweise lernbehinderte Kinder, wodurch die erstgenannten Jugendlichen in eine für sie völlig neue Rolle kommen. Im Projekt können sie jetzt diejenigen sein, die anderen eine Unterstützung geben, eine Umkehrung ihrer sonstigen Rollenerfahrung und ihres Rollenleids. Ein anderes Beispiel für Integration wären Schüler zweier sehr unterschiedlicher Schultypen (vgl. LINDNER a, 2003: 31f.), die über das gemeinsame Körper- und Bewegungslernen ihre Konkurrenz untereinander abbauen.

In den heutigen Prozessen der Individualisierung und Pluralisierung benötigen Jugendliche die Erfahrung der Gruppe mit allen Prozessen der Findung, Konfliktverarbeitung, des Aushandelns und vor allem der Intimität und des Erfolges, damit ihre Individualität gestärkt wird. Dabei scheint die Projektform mit der verbindlichen Teilnahme für einen festgelegten Zeitraum für Jugendliche sehr günstig zu sein, da sie ihnen eine flexible Freizeitgestaltung erlaubt. Dieser Ansatz ermöglicht Jugendlichen, die etwa als Besucher von Jugendheimen eher unverbindlich erscheinen und keine Erfolgserlebnisse besitzen, neue Umgangsformen miteinander in zeitlich strukturierten und inhaltlich sinnvoll gefüllten Prozessen zu erfahren (vgl. Kap. 3.3). In der Anfangsphase kann eine gemeinsame, kurze Probezeit vereinbart werden, so wie die teilnehmenden Jugendlichen von Beginn an am Gestaltungsprozess des Projektes beteiligt sein sollten, um sie selbst als Agenten ihrer eigenen Veränderung und Gestaltungsfähigkeit handeln zu lassen. Identitätsbildung ist eine Leistung des Individuums, die nur in sozialer Interaktion möglich ist (vgl.

LÜSCHOW/MICHEL, 1996: 16f.). Sie ist ein Balanceakt zwischen den Ansprüchen und Erwartungen anderer und den eigenen Bedürfnissen.

Sozial- und bildungsbenachteiligte Jugendliche, wie etwa Haupt- und Förderschüler, fallen oft durch ihre mangelnde Körperbeherrschung und fehlende Konzentration auf. Ein Zeichen dafür ist das ständige Reden mit Schulkameraden oder auch verbal und non-verbal aggressives Verhalten gegenüber anderen. Die Ursache bildet oftmals das niedrige Selbstwertgefühl und die fehlende Erfahrung von Vertrauen und Sicherheit (vgl. Kap. 3.2). Durch den körperlichen Umgang im Tanz sollen die Jugendlichen in dieser für die Identitätsbildung bedeutenden Entwicklungsphase unterstützt werden. Von daher kann es auch sinnvoll und notwendig sein, geschlechterdifferenzierte Projektphasen einzubauen, gerade wenn es um Körperthemen geht, die sensibel bearbeitet werden sollten (vgl. Kap. 4.2). Die Interessen der Zielgruppe und ihrer Lebenswelt bilden dabei immer den Ausgangspunkt eines Projektes, für das sich die Jugendlichen freiwillig entscheiden sollten.

6.1.3 Ziele

Am Vorbild der Unterrichtslehre orientiert werden nun im erweiterten Sinne planerische Vorüberlegungen aufgrund der bisherigen gründlichen Analyse angestellt, die für ein konkretes Projekt in der Praxis noch spezifiziert werden müssen. Dies geschieht in dem Bewusstsein, dass sich ästhetische Erfahrungen als grundlegendes Element der Selbstbildung sowie aller Lernvorgänge, als vorbegriffliches sinnliches Erleben und Erkennen nur schwerlich nach den didaktischen Mustern für frontalen Schulunterricht erschließen lassen. In der kulturellen Bildung geht es nicht im engen Sinne um zu benotende Arbeit, die unter Leistungsdruck entsteht, sondern um die Ermöglichung von Räumen, in denen sich Jugendliche freiwillig bewegen, um durch eigenständige Erfahrungen mit konstruktiver Rückmeldung für sich persönlich dazu zu lernen. Es geht um die Entwicklung der eigenen Gestaltungsfähigkeit auf der Basis eines reflektierten Selbstbildes, einer sozial und kulturell entwickelten Ich-Stärke. Dies möchten viele Lehrer für ihre Schüler auch erreichen, müssen sich jedoch im heutigen System Schule mit ganz anderen Voraussetzungen und Einschränkungen auseinandersetzen.

Nach Ansicht von Viertklässlern, die an einem Philosophiekurs teilgenommen haben, gehören „mein Körper, meine Gedanken und Gefühle, meine Träume, Ängste, Wünsche und mein Mut zum Ich, aber auch die Familie und die Freunde“ (MOYA: „Kinder – Philosophen der einfachen Worte“, in: NGZ, 8.3.2005: 10). Diesem Ich nähert sich die Kulturpädagogik über Formen und Inhalte künstlerischer Medien und hat die ästhetische Erfahrung als erstes Ziel. Die beteiligten Jugendlichen erfahren am eigenen Körper, was es bedeutet, sich mit viel Zeit, und nicht nur durch punktuelle Reize, auf eine kreative

Arbeit einzulassen. Sie bilden sich selbst durch die Sensibilisierung und das Spiel mit Selbstentwürfen (vgl. Kap. 2.1), so dass künstlerische Ansprüche mit psycho-sozialen, gerade durch reflexive Phasen des Projektes, zusammenfließen. Auf der personalen Ebene werden sie neben der eher kognitiv orientierten Schulbildung ganzheitlich gefördert, um vor allem ihre körperlichen und seelischen Ressourcen zu stärken, darüber hinaus werden auch ihre geistigen, kreativen und sozialen Fähigkeiten geweckt (vgl. REBEL, 1990: 23f. und Kap. 5.3.1). Auf der strukturellen Ebene verfolgt ein kulturpädagogisches Projekt das Ziel, eine breite Öffentlichkeit für die Belange benachteiligter Jugendlicher zu sensibilisieren und ein möglichst stabiles Netzwerk für diese Arbeit zu schaffen (vgl. BAER, 2000: 113f. und Kap. 2.4.2). Darüber hinaus trägt es zur Integration und Akzeptanz sozial schwacher, als schwierig bezeichneter Jugendlicher bei. Das kann aufgrund der Erfahrungen nur bei einer Projektdauer von mindestens einem Jahr, mit einer stabilen Beziehungsarbeit und spannenden künstlerischen Arbeit, gelingen. Kleinere Projekte über mehrere Tage oder Wochen haben auch ihre Berechtigung im Rahmen einer Kurzzeitpädagogik, eignen sich jedoch aufgrund mangelnder Nachhaltigkeit nicht als alleinige Begleitung von benachteiligten Jugendlichen. Durch die Förderung personaler und sozialer Kompetenzen auf eine motivierende, kreative und nicht ausschließende Art und Weise – wie etwa bei festgelegten Sozialtrainings als Disziplinierungsmaßnahme – werden die Prozesse der individuellen Selbstwerdung und der Eingliederung in die Gesellschaft als zentrale Aufgaben des Jugendalters verbessert. Ästhetische Prozesse können in spontanen Wahlgruppen, als zielorientierte Gruppenarbeit, besser gelingen als in Pflichtgruppen sozialtherapeutischer Arbeit, die eher defizitorientiert Verhaltensabweichungen Jugendlicher ausgleichen müssen (vgl. SCHMIDT-GRUNERT, 2002: 56ff.). Die Ziele der kulturpädagogischen Arbeit, die speziell mit dem kreativen Tanz als Basis für ästhetische Erfahrungen erreicht werden, können so zusammengefasst werden (vgl. auch FRITSCH, 1988: 280ff. und Kap. 5.3):

1. Die Jugendlichen lernen sich selbst über die Auseinandersetzung mit ihrem Körper und ihrer Bewegung besser kennen.
2. Die Jugendlichen erfahren, dass Rhythmen sie ergreifen und in Bewegung bringen und sie selbst welche gestalten können.
3. Die Jugendlichen erspüren, dass sie den Raum tänzerisch gliedern, füllen und dadurch erleben können.
4. Die Jugendlichen erfahren, dass sie im Tanz auf neue Art und Weise mit anderen kommunizieren können.
5. Die Jugendlichen entwickeln die Fähigkeit, sich ihre Welt mimetisch-tanzend anzueignen und auch fremdes Tanzgut zu eigen zu machen.
6. Die Jugendlichen erfahren, dass sie mit tänzerischen Mitteln selbst gestalten und etwas ausdrücken können.

7. Die Jugendlichen erkennen, dass die Tanzkunst eine sinnliche und präsentative Form der Weltdeutung und -beeinflussung sein kann.
8. Die Jugendlichen erfahren Anerkennung für ihre Leistung und spüren, dass sie als eigenständige Person viel wert sind.

6.1.4 Inhalt

Kulturpädagogisches Arbeiten basiert inhaltlich auf künstlerischen Maßstäben, hier im Speziellen tänzerischen, und methodisch auf pädagogischen Ansätzen, hier besonders sozialpädagogischen. Zunächst ist „Inhalt“ des Projektes der Tanz mit allen Erscheinungsformen und im Besonderen ein selbstgestaltetes künstlerisches Produkt, das über den langen Prozess zum vielseitigen Kompetenzerwerb beitragen soll (vgl. Kap. 5.4). Darüber hinaus kommen viele Themen, die von den beteiligten Jugendlichen eingebracht und verhandelt werden, zum Tragen. Das können Fragen ihrer jetzigen Lebenssituation und Alltagskultur sein oder Zustände, die sie stören und die sie verändern wollen. Ausgangspunkte für die tanzpädagogische Arbeit können ganz vielfältig sein, wichtig ist einerseits die gemeinsame Entscheidung der Gruppe für bestimmte Inhalte und andererseits die Fähigkeit des Leiters, mit abzuwägen, welche Fragen sich für den Anfang und auch grundsätzlich für den kreativen Tanz eignen (vgl. Kap. 5.3.1). Dabei können im Laufe des Prozesses einzelne Bewegungsszenen zu einem bestimmten Thema entwickelt werden, die am Ende spannend vermischt oder gereiht zu einer „Geschichte“ choreografiert werden.

Musik und Tanz aller Art, auch auf hohem künstlerischen Niveau, müssen für jeden jungen Menschen zugänglich sein – sie bilden eine Sprache, die das Innerste der Person betrifft und die einen hohen Aufforderungscharakter für benachteiligte Jugendliche besitzt. Sie kann frei machen, so zu sein, wie man wirklich sein möchte, und Belastendes los zu lassen. Im kreativen Tanztraining wirkt sich die körperliche Erfahrung der Aufrichtung und Stärke (z. B. aufrechter Stand, Arme hoch, Schultern tief, Hände gestreckt, Blick diagonal nach oben) auf die innere Kraft aus, die jeder besitzt. Diese lässt sich bereits im Hip Hop finden, wenn die Jungen und Mädchen aller Nationalitäten ihre eigenen „Styles“ zeigen, begeistert und authentisch unter der Anfeuerung der Gruppe tanzen. Dabei ist das Tanzenlernen als Inhalt eines Projektes durchaus eine ernste Angelegenheit; im Prozess immer noch mehr erfahren zu können, dies kann zu einem Glückserlebnis führen.

Jeder Jugendliche nimmt auf seine Art, mit seinen Fähigkeiten und Ideen an einem Tanzprojekt teil, mit dem Ziel einer öffentlichen Aufführung, die am Ende das eigentliche Können erst richtig hervorruft. Die Wertschätzung des Publikums ist eine unvergessliche Erfahrung, gerade bei der Premiere. Die scheinbare Strenge des Choreografen bzw. Kulturpädagogen während des

Projektes ist notwendig, um Durststrecken der Motivation und Leistungsbereitschaft zu überwinden und den Jugendlichen auch Grenzen zu zeigen, die sie dann aber verändern können. Überzeugt von der Kompetenz der Jugendlichen und ihrer Lernfähigkeit, in diesem Zutrauen liegt das Verständnis von Erziehung durchaus verbunden mit künstlerischer Strenge. Die Phase der Stille und Konzentration, wo die Körper der teilnehmenden Jugendlichen bereit und offen werden, zu fühlen, zu hören, zu sehen und zu tanzen, ist die entscheidende. Die Gelenkigkeit und Geschmeidigkeit in der Bewegung kommen mit der Zeit und durch Training dazu. Die Integration derer, die sich tänzerisch noch weiter entwickeln wollen, mit Jugendlichen, die bereits regelmäßig Kurse für kreativen Tanz besuchen, kann in einer gemischten Gruppe durch das gemeinsame Projektinteresse gelingen und begünstigt sogar die Fortentwicklung aller. Diese Erfahrung von einer Kultur des Miteinanders und der eigenen Willenskraft verändert das Leben dieser Jugendlichen in einer schwierigen, sozial und kulturell ausgrenzenden Gesellschaft. Sie stellt einen ebenso wichtigen Inhalt als Prozess wie das Tanzen selbst und die Aufführung als Produkt dar.

Der Ansatz der kommunikativen Didaktik kommt diesen Anliegen und der Projektarbeit an sich sehr nahe. Er sollte für jede Form von Lehr-Lern-Prozessen stärker berücksichtigt werden, da hier Inhalte, Methoden und soziale Beziehungen als gleichwertige und jeweils miteinander in Verbindung stehende Dimensionen betrachtet werden (vgl. LÜSCHOW/MICHEL, 1996: 21).

„Im Unterricht, dessen Grundform faktisch und prinzipiell die kommunikative Interaktion aller Beteiligten ist, gehen Menschen lehrend, lernend, führend, folgend, diskutieren, gemeinsam arbeitend oder suchend miteinander um. Bei jedem Einzelnen der Beteiligten finden deshalb laufend kommunikative oder soziale Lernprozesse von mehr oder weniger großen Gewicht statt. Jede Meinungsäußerung oder Handlung eines anderen kann zu einer mitunter wichtigen Information für den eigenen Entscheidung-Handlungs-Prozess, für das erneute Ausbalancieren der Ich-Identität werden“ (ebd.: 18f.).

Soziale Gruppenarbeit als pädagogischer Prozess besteht immer aus kommunikativem Handeln, so wie tanzpädagogische Prozesse auch, die mit einer spezifischen Erweiterung der gestalteten non-verbalen Kommunikation umgehen. Wir kommunizieren bereits durch das, was wir sind und wie wir sind, nicht erst durch das, was wir sagen oder tun. Der Kulturpädagoge trägt als Leiter die Verantwortung dafür, dass seine Kommunikation verstanden wird und Anschlussmöglichkeiten bietet, so dass Überlegungen zum planmäßigen Vorgehen sinnvoll sind:

1. Kommunikative Didaktik beobachtet und reflektiert zunächst die Beziehungsseite zwischen den beteiligten Subjekten.

2. Diese wird zum einen durch alle Ausdruckserscheinungen (Stimme, Mimik, Gestik, körperliche Erscheinung und Haltung), zum anderen durch die zwischenmenschliche Gefühlsbeziehung sowie die sozialen Positionen mit ihren Rollenerwartungen geprägt.
3. Ziel ist eine sinn-stiftende und sinn-erschließende Qualität der Kommunikation, die sich positiv auf die Persönlichkeitsbildung auswirkt.
4. Alle Beteiligten, etwa Projektleiter und -teilnehmer, werden als gleichberechtigt Handelnde, Lernende und Kommunizierende verstanden.
5. Erst im nächsten Schritt werden mögliche Inhalte, Fragen, Antworten, Methoden, Lernziele und -erfahrungen berücksichtigt, die von der Qualität der Kommunikation abhängen.
6. Wo sich die Dynamik von „Frage und Antwort“ oder von „Aufgabe und Bewegung“ mit einer gewissen Eigengesetzlichkeit entfalten kann, da wird die Projektgruppe für den Einzelnen zu einem wichtigen Experimentierfeld für soziale Erfahrungen.
7. Diesem Verständnis von kommunikativer Erziehung liegt ein humanistisches Menschenbild zugrunde, das für viele Bereiche der sozialen und kulturellen Arbeit angemessen zu sein scheint.

Eine sich ständig bewegende Beziehungsarbeit in einem wertschätzenden Umfeld mit zahlreichen ästhetischen Anstößen, die wiederum auf jeden Einzelnen ganz verschiedene Wirkungen ausüben können, stellt den offenen, manchmal auch wilden, nicht genau planbaren Inhalt eines körperorientierten, kulturpädagogischen Projektes dar (vgl. MIES/SOMMER, 1999: 146). Konkrete Bedeutungen sind nur in der jeweiligen Gruppe zu einem bestimmten Zeitpunkt aufzuspüren.

6.1.5 Vorgehensweise

Die im Projektentwurf vorgestellten Methoden und genauen Beschreibungen eines prozessorientierten Vorgehens dienen als orientierender Leitfaden, sie möchten keine curriculare Machbarkeit ästhetischer Prozesse vortäuschen, dennoch einem künstlerischen Anspruch genügen (vgl. Kap. 6.3). Grundlegende Kriterien für den Arbeitsweg eines Projektes finden sich in der Vorgehensweise wiederum der kommunikativen Didaktik, die der Kulturpädagoge bei jedem Treffen mit der jugendlichen Gruppe berücksichtigen sollte, und von daher an dieser Stelle erwähnt werden (vgl. auch MARTIN, 1997: 32):

- Weitgehende Offenheit der vorbereitenden Planung für spontane Entwicklungen zulassen;
- Transparenz der persönlichen Absichten und Arbeitsformen des Leiters;
- Gemeinsame Planung als Bestandteil des Gruppenprogramms einführen;

- Die Lebenswelt und die bisherige Sozialisation der Gruppe und des Einzelnen berücksichtigen;
- Ausbildung von Vertrauen zwischen Leiter und Teilnehmenden;
- Stärker die Prozesse der Weiterentwicklung als die Ergebnisse beachten;
- Kreative Ideen und Impulse der Teilnehmenden aufgreifen;
- Gemeinsames Handeln statt konkurrierender Einzelleistungen in einer Gruppe fördern: eine Gruppe erreicht das beste Ziel, wenn der Einzelne das Beste für sich und gleichzeitig für die Gruppe anstrebt;
- Aktuelle Kommunikationsprobleme zum Thema machen und bearbeiten;
- Bei besonderen Konflikten die Ausgangslage genau erfassen und ein angemessenes Vorgehen planen;
- Grenzen aufzeigen, wenn gemeinsam erstellte Regeln verletzt werden bzw. helfen, dass Regeln eingehalten oder verbessert werden;
- Dominantere Teilnehmer bremsen und defensivere ermutigen;
- Didaktische Prozesse miteinbeziehen:
  a) Analysieren der personalen und sozialen Voraussetzungen
  b) Planen der Lernziele, Inhalte und Methoden
  c) Handeln in der konkreten Praxis – Stundenverlauf
  d) Auswerten der vollzogenen Praxis – Reflexion
  e) Erfinden neuer Möglichkeiten.

Bei kulturpädagogischen Projekten wird vom Leiter ein hohes Maß an methodischer Fantasie und Flexibilität erwartet, da er beim Stagnieren des kreativen Prozesses, bei physischer und psychischer Erschöpfung ebenso wie beim Bedürfnis der teilnehmenden Jugendlichen nach Aktion und Produktorientierung den Verlauf mit adäquaten Impulsen wiederbeleben und aufrechterhalten muss. Ein wichtiger theoretischer Bezug findet sich im Modell der themenzentrierten Interaktion, einem pädagogisch-therapeutischen Gruppenverfahren aus der Tradition der humanistischen Psychologie (vgl. COHN, 1975). Die Wirksamkeit eines Entwicklungs- und Lernprozesses, hier in einem kulturpädagogischen Projekt, hängt davon ab, wie stark auf die physische, psychische und intellektuelle Besonderheit des Einzelnen eingegangen werden kann. Daher wird in der themenzentrierten Interaktion auf die Ausgewogenheit zwischen den Ebenen des Subjektes (Ich), des einzelnen Jugendlichen, der Gruppe (Wir), alle Teilnehmer und der Leiter, und der Sachebene (Es), der ästhetische Prozess, in Rückkopplung zum Umfeld des Projektes (Globe), der soziale und kulturelle Kontext, Wert gelegt. Die psycho-soziale Ebene der beteiligten Personen ist nicht von der sachbezogenen Tanzproduktionsebene zu trennen und umgekehrt. Bei der Anwendung des Modells muss beachtet werden, dass die Grenzen der verschiedenen Ebenen oft kaum zu bestimmen sind, sondern sich einerseits aufgrund der „Doppelexistenz“ der Teilnehmenden als Jugendliche und als Tänzer in einer Rolle, andererseits aufgrund der vielschichtigen Interaktionsprozesse im gesamten Verlauf häufig vermischen. Es ist mitunter schwer auszumachen, ob sich der Probenprozess primär auf der ästhetischen oder eher auf der persönlichen Ebene vollzieht. Dennoch muss der Leiter bemüht sein, die jeweils vernachlässigte Ebene zu erahnen und falls angebracht, zu einer angemessenen Balance zurückzufinden. Darüber hinaus gibt die themenzentrierte Interaktion hilfreiche Impulse im Hinblick auf die verschiedenen Gruppenphasen, wie jeweils günstige Strategien der Leitung aussehen, damit die teilnehmenden Jugendlichen eine hohes Maß an Eigenverantwortung übernehmen lernen (vgl. Kap. 6.5). Inhaltlich zentrierte Ratschläge zur Verbesserung des künstlerischen Produktes sind in manchen Situationen nützlich und anregend (vgl. SADER, 2000: 147). In anderen, eher stockenden Situationen sind Anstöße zur Verbesserung der Kommunikation innerhalb der Gruppe förderlich. Wenn die Kunst, Fesseln zu lösen und Verkümmertes zu wecken, therapeutische Arbeit ist, dann stellt Pädagogik die Kunst dar, das gelöste Potenzial zu erweitern und neue Möglichkeiten zu gestalten. Für die angemessene Ausbalancierung der ästhetischen und sozialen Dimensionen eines kulturpädagogischen Projektes durch die Leitung und die Jugendlichen selbst stellt das bewährte Modell der themenzentrierten Interaktion noch immer ein geeignetes Analyse- und Handlungsinstrument dar. Dabei bleibt das Ideal eines stetigen Gleichgewichtes in der Praxis höchst unwahrscheinlich, da die Vorstellungen der beteiligten Personen und des Umfeldes darüber, was die Kultur oder der Körper im Projekt sein oder werden sollen, sowie die Beschreibungen von möglichen Kausalitäten zwischen Ideen, Handlungen und Wirkungen immer sehr unterschiedlich sein werden (vgl. MIES/SOMMER, 1999: 177).

6.1.6 Medien

In einem körper- und bewegungsorientierten Projekt mit benachteiligten Jugendlichen können verschiedene Medien und Materialien zum Tragen kommen. Zunächst stellt die Person des Kulturpädagogen an sich ein „Medium“ für die gruppenpädagogische Arbeit im allgemeinen Sinne dar, darüber hinaus bildet natürlich der Körper mit seinem Bewegungsreichtum das wichtigste „Darstellungsmedium“ beim Tanzen. Von ihm sollte nicht mit zu vielen materiellen Medien abgelenkt werden. Die Musik spielt eine zentrale Rolle, sie kann gerade in der Live-Begleitung zu einem spannenden Medium der Kommunikation werden. Eine stark rhythmisch geprägte Musik spricht viele Jugendliche an, wie beim Hip Hop oder beim Techno, mit seinen schneller werdenden Beates, die bis zu Trance-Erfahrungen führen können. Diese sind durch ein nicht enden wollendes Bewegen, Kreisen und Schütteln gekennzeichnet, um das eigene Ich auch einmal in einer Welt ohne Zeit- und Raumgefühl zurück zu lassen, so wie es in vielen Kulturen zu spirituellen und ekstatischen Anlässen von Männern und Frauen gleichermaßen gepflegt wird. Beim Einsatz von Musik zur Tanz- oder Improvisationsbegleitung ist auf das richtige Tempo und den passenden Charakter sehr viel Wert zu legen; das erfordert neben Erfahrung einige Vorbereitungszeit, vor allem wenn die Jugendlichen ihre Lieblingsmusik einbringen möchten. Bei aktuellen Hits, zu denen Musikvideos existieren, muss allerdings auf bereits bestehende „Bewegungsbilder" geachtet werden.

Neben Objekten aus der rhythmischen Sportgymnastik können verschiedenste Alltagsgegenstände, wie Stühle, Kisten oder Schirme, in eine Improvisation oder Gestaltung einbezogen werden. Darüber hinaus spielen auch tanzgeeignete Kostüme, Trikots, weite Hosen und Oberteile oder etwa spezielle „Tanzsäcke" (vgl. Kap. 6.3.3) sowie weitere Verkleidungen eine wichtige Rolle, um sich entsprechend zu verbergen oder zu offenbaren, je nach dem welche genauen Themen in dem konkreten Projekt mit den beteiligten Personen dargestellt werden. Für sozial- und bildungsbenachteiligte Jugendliche spielen Kostüme eine entscheidende Rolle bei der Identifikation mit dem Projekt. Meistens setzen sie sich zum ersten Mal damit auseinander, in passender Kleidung und Schminke zu einer tanzenden Figur in einem Stück zu werden. Aus eigener Erfahrung kann berichtet werden, dass die für die Tanzgruppe des Projektes mit einer Förderschule angeschafften Jacken von den Jugendlichen fortan täglich als Symbol ihrer Gruppenzugehörigkeit getragen worden sind.

6.2 Organisationsaspekte

Projekte können an verschiedenen Orten mit einem oder mehreren Kooperationspartnern geplant werden; diese Konzeptionsphase bildet eine wesentliche Grundlage und trägt bei rechtzeitigem und gründlichen Vorgehen mit zum Gelingen eines Projektes bei. Im kulturpädagogischen Bereich bietet sich die Vernetzung von Schule/Schulsozialarbeit, Jugendzentrum, Jugendkunst- oder Musikschule, Ballettschule, Museum, Theater oder Verein an, und somit die Zusammenarbeit von unterschiedlichen Professionen, möglichst mit beiden Geschlechtern besetzt. Öffentliche und freie Träger, wie z. B. Kirchengemeinden, können je nach Struktur unterschiedliche finanzielle Quellen ausnutzen (vgl. z. B. www.kulturstiftung-bund.de). Im Fall der vorliegenden Zielgruppe kann ein jugendkulturelles Projekt auch im Bereich der Gesundheitshilfe angesiedelt sein. Zentraler Anknüpfungspunkt ist die Lebenswelt der teilnehmenden Jugendlichen, um sie auch wirklich zu erreichen. Erste kulturpädagogische Anfänge in Stadtteilen mit Erneuerungsbedarf oder in ländlichen Gebieten sind aufgrund hochengagierter Pädagogen und Künstler sowie Verbandsmitarbeitern bereits zu finden (vgl. BJKE, 2002/03). Vor allem dann, wenn sie sich nicht von der umfassenden Vorarbeit und der Mühe der

Antragstellung, die trotz der Offenheit der kreativen Prozesse sehr präzise ausformuliert sein muss, abschrecken lassen (vgl. BAER/FUCHS, 1993: 85).

Bei der Planung, Vorbereitung und Durchführung eines Projektes sind verschiedene Aspekte und Phasen zu beachten, die hier aufgrund zahlreicher Projekthilfen auf dem Markt nur angedeutet werden (vgl. z. B. HONGLER/ WILLENER, 1998: 36f. oder www.musikschulen.de): Rechtzeitiger Vorlauf, Finanzierung, Anträge, räumliche und personelle Ressourcen, Klärung von Vertretungen in Urlaubs- oder Krankheitsfällen, Dienst- und Fachaufsicht, Versicherungs- und Rechtsfragen, Verträge bei Kooperationen, Öffentlichkeitsarbeit etc. – dies sind Fragen des professionellen Kultur-Managements, die mit unterschiedlicher Schwerpunktsetzung auf jedes Kulturprojekt zukommen. Nach dieser Vorphase der Projektdefinition müssen in der ersten Projektierungsphase neben der Konzeptionierung und Zeitplanung rechtzeitig Finanzierungsanträge beispielsweise an die Kommune oder das Land gestellt werden (vgl. z. B. www.bildungsportal.nrw.de). Entsprechendes Werbematerial bei Kontaktbesuchen unterstützt die Suche nach den teilnehmenden Jugendlichen. Die Akquise privater Mittel und die Suche nach Proben- und Aufführungsräumen wird durchgeführt. Weiterhin wird eine didaktisch-methodische Grobplanung, wie hier im Projektentwurf vorliegend, aufgeführt, während die Feinplanung der einzelnen Einheiten mit den Jugendlichen, wie in einem Ausschnitt im Kap. 6.3.3 vorgestellt, jeweils kurz vor der Durchführung stattfindet. Die zweite Phase beinhaltet die Umsetzung des Projektes, wobei Ferienzeiten durchaus als sinnvolle Einschnitte eingeplant sein sollten. Für die Arbeit mit benachteiligten Jugendlichen, die sich möglichst verbindlich entscheiden lernen sollen, hat sich gerade bei Anfängern ein Zeitraum von mindestens einem Jahr, bei Fortgeschrittenen auch von einem halben Jahr, als günstig erwiesen. Je kürzer die Zeit und je knapper alle Ressourcen, desto kleiner die Möglichkeit, mit den Jugendlichen gemeinsam ein Stück zu erarbeiten. Die öffentliche Aufführung und Auswertung des Projektes bilden die dritte Phase, die für alle Beteiligten einen Höhepunkt, aber auch einen Abschied beinhaltet. Für die teilnehmenden Jugendlichen ist es wichtig, dass ihnen anschließend weitere kulturelle Beziehungsangebote gemacht werden. Die Erfahrungen aus der professionellen Jugendarbeit zeigen, dass die frühzeitige Integration von ehrenamtlich engagierten, jungen Erwachsenen an dieser Stelle von Bedeutung sein kann, da sie oftmals eine Art „Brückenfunktion“ innehaben. Aufgrund des geringeren Altersunterschied zu den teilnehmenden Jugendlichen und der lokalen Anbindung, etwa in einer Gemeinde, können sie eine angefangene Beziehungsarbeit weiterführen, die der in der Regel nur für den Projektzeitraum eingestellte Kulturpädagoge oder Choreograf nicht leisten kann. Eine insgesamt hohe Begeisterungs- und Einsatzfähigkeit der beteiligten Projektpartner ist für die Durchführung und Gestaltung aller Ressourcen sehr wichtig. Die Kunst der Improvisation hilft in Zeiten der geringen öffentlichen Mittel über manche organisatorischen Schwierigkeiten hinweg. In Stadtteilen mit Erneuerungsbedarf sollte es feste jugendkulturelle Einrichtungen geben, in denen nicht nur Projekte, sondern auch kontinuierliche Angebote stattfinden.

Ein geeigneter Bewegungsraum stellt eine unabdingbare Bedingung eines körperorientierten Projektes dar (vgl. Kap. 5.3.1). Es sollte nicht unbedingt die Turnhalle einer Schule sein, atmosphärisch besser geeignet ist ein außerschulischer Treffpunkt im entsprechenden Stadtteil, der für dieses Jahr etwa zweimal pro Woche für drei Stunden frei ist. Oftmals bieten sich Häuser der offenen Tür als Projektpartner an, die für viele Jugendliche ein vertrauter Ort sind (vgl. Kap. 3.3). Je nach dem wie stark der Integrationsaspekt mit weiteren Jugendgruppen aus anderen Institutionen im Projekt miteingeplant ist, sollten auch deren Räume aufgesucht werden, um Wege dorthin bzw. die Zwischenräume mit den Teilnehmenden zu gestalten. Vielleicht sind es sogar Außenplätze, die sich durchaus für Bewegung und Tanz eignen können, die dem Projekt einen entsprechenden inhaltlichen Rahmen geben. Das ist von den lokalen Gegebenheiten abhängig. Durch intensive Kontaktarbeit des Kulturpädagogen und/oder der Projektträger kann gelingen, was vorher unvorstellbar gewesen ist.

6.3 Prozessorientiertes Vorgehen

Kulturelle Bildung und künstlerische Tätigkeit von Jugendlichen stehen seltener im Mittelpunkt wissenschaftlicher Diskussionen als ästhetische Elementarerziehung oder Unterricht in musischen Fächern (vgl. z. B. RICHTER, 1990: 529). Das liegt einerseits an der geringen Strukturiertheit, Lehrplanorientiertheit und Öffentlichkeitsarbeit der außerschulischen Jugendbildung in den letzten Jahrzehnten (vgl. SELLE, 1990: 11). Andererseits erfährt die erziehungswissenschaftliche Analyse, wie bereits diskutiert, ihre Grenzen, wenn sie der besonderen Beschaffenheit des ästhetischen Erfahrungs- und Bildungsprozesses gegenübersteht (vgl. Kap. 2).

Sich bewegen heißt auch, sich zu verändern. Etwas Gewohntes verlassen zu können, Muster zu verändern, etwas Neues zu versuchen, kostet den Jugendlichen Mut und Überwindung; es gehört zu seiner Fortentwicklung. In dem Maße, wie der einzelne Jugendliche seinen Körper und seine eigenen Bewegungen als die Verkörperung seines Ichs ansieht und akzeptiert, sie als zu seiner individuellen Persönlichkeit gehörend erleben kann, findet eine Ich-Stärkung statt. Dieses Stadium kann als Ausgangspunkt für die Erweiterung von bisherigen Grenzen angesehen werden. Indem der Jugendliche Vertrauen zu sich und seinem Körper bekommt, sich mit seinem ganzen Körper ausdrückt und darüber mit anderen kommuniziert, gewinnt der Jugendliche Vertrauen und Verständnis bei anderen in der Gruppe. So bedingen und überlagern sich ästhetische und soziale Prozesse gegenseitig, die Grenzen sind fließend und müssen stets reflektiert werden (vgl. Kap. 6.3.1-6.3.3). Es geht darum, Bewegungen aus ihren funktionalen Abläufen zu befreien, wieder selber hören, sehen, tasten, fühlen zu lernen und eigene Bewegungen zu erfinden – dadurch zu empfinden, was man kann und lernen will. Jugendliche erfahren, neu wahrzunehmen und alte Verhaltensweisen durch die Entdeckung neuer Bewegungsmöglichkeiten sowie durch die Beobachtung und Rückmeldung der anderen Jugendlichen und des Leiters in Frage zu stellen (vgl. Kap. 6.3.5). Im ästhetischen Spiel kommen subjektbezogene, künstlerische und soziale Aspekte für den an einem kulturpädagogischen Projekt teilnehmenden Jugendlichen zum Tragen, von der Entwicklung innerer und äußerer Erlebniswelten über einen starken Selbstbezug im tanzenden Körper einerseits, durch Selbstdistanzierung im Spiel einer tänzerischen Rolle andererseits, bis hin zur sozialisierenden Funktion einer spielenden Gruppe. Besonders für lernfrustrierte Jugendliche bieten diese spielerischen und anwendungsbezogenen Erfahrungsprozesse die Chance, Lernen und Üben wieder positiver zu empfinden. Darüber hinaus erleben sie eine nicht sanktionierende, sondern eine wertschätzende und an ihnen interessierte Erziehungs- und Beziehungsweise, die in unteren sozialen Milieus mit einem hedonistischen Lebensstil kaum zu finden ist (vgl. RAITHEL, 2005: 568ff.). Diese Art und Weise ist auch für den Umgang mit Unsicherheiten und Widerständen bei den beteiligten Personen von entscheidender Bedeutung (vgl. Kap. 6.3.4). So wird nun eine Auswahl von Methoden aus den Fachrichtungen „Sozialpädagogik“ und „Kreativer Tanz“ vorgestellt, die sich gegenseitig unterstützen und vielseitige Variationen ermöglichen. Diese begegnen sich auf der Basis allgemeindidaktischer Überlegungen zur Projektarbeit und setzen diese kongruent um (vgl. Kap. 6.1). Mit dem Blick auf die individuelle Förderung der Jugendlichen nähren sich die Vorschläge sowohl aus den sozial- als auch aus den tanzpädagogischen Arbeitserfahrungen. Eine Verbindung liegt im ästhetisches Handeln, das sich in Prozessen vollzieht, in denen kreativ und ganzheitlich mit einer Aufgabe oder Fragestellung umgegangen wird und deren Bearbeitung immer auf einem Selbstbezug basiert.

6.3.1 Sozialpädagogische Methoden

Der Körper, der wahrnimmt, die Welt erfasst, der sichtbar ausdrückt und in Verbindung mit dem inneren Erleben steht, der Informationen enthält, die dem Intellekt nicht direkt zugänglich sind – der Körper steht im Mittelpunkt dieses kulturpädagogischen Projektes. Ein erstes Ziel ist dabei die Aktivierung des „Erscheinungs- und Sinnenkörpers“ (wie soll ich sein?/wer bin ich?), weiterhin geht es um eine Bewusstmachung der bisherigen Lebensgeschichte, die sowohl den Wahrnehmungs- und Erwartungshorizont als auch die Haltungs- und Bewegungsmuster eines Menschen nachhaltig prägt. Dafür eignen sich sozialpädagogische Arbeitsweisen, durchaus auch non-verbale, spielerische oder Interaktionsübungen, die auf einer empathischen Beziehungsarbeit gründen, d. h. der Leiter bemüht sich einfühlend um jeden einzelnen Jugendlichen. Die eigene Individualität kann in Relation zu den anderen Gruppenmitgliedern thematisiert, emotional erlebt, eventuelle Positionskämpfe können gelöst werden. Beispielhaft für die Anfangs- oder auch Konfliktphase eines Projektes sei hier eine Nähe- und Distanzübung angeführt: Jeweils zwei Jugendliche stehen sich mit weitem Abstand gegenüber. Sie gehen nun ganz langsam aufeinander zu, möglichst in aller Ruhe und Stille. Wenn einer von beiden das Gefühl hat, den für ihn richtigen Abstand zum anderen zu haben, bleibt er stehen, behält dabei Augenkontakt. Der andere Jugendliche möchte womöglich mehr Nähe und bleibt dann erst stehen. Daraufhin kann sein Gegenüber auch wieder etwas zurückgehen. Diese Übung vollzieht sich so lange, bis beide die richtige Distanz gefunden haben. Später kann von dieser Erfahrung ausgehend als Voraussetzung für tänzerische Bewegungen auch eine choreografische Gestaltung zur Idee eines günstigen, bereichernden Zwischenraumes zwischen Menschen entwickelt werden.

Von der Körpererfahrung bis zur Thematisierung der weiblichen und männlichen Anteile in den verschiedenen Körperdimensionen gestaltet sich danach die Arbeit (vgl. Kap. 2.2 und 4.2). Das Wissen aus alltäglichen Bewegungen wird beobachtet, reflektiert und in Nuancen neu gestaltet, um die Ich- und Wir-Identität der Jugendlichen zu fördern. Beispielsweise darf eine Annäherung der Körperbilder nicht nur in eine einseitige Richtung der Vermännlichung weiblicher Körper gehen als Ausdruck einer vermeintlichen Gleichberechtigung (wie möchte ich sein?/wo gehe ich hin?). Mit verschiedenen Methoden der Körper- und auch der Gruppenarbeit ist das Projekt auf der Suche nach der Ganzheit der Person unabhängig ihres Geschlechtes, ihrer sozialen oder kulturellen Herkunft und Stellung. Hier ist eine noch auszubauende Chance, benachteiligte Jugendliche positiv anzunehmen, sie erfahren zu lassen, was sie mit ihrer Motivation lernen können.

Die körperorientierte Arbeitsweise kann eine Möglichkeit sein, fehlende basale Kommunikationskompetenzen auszugleichen und darauf aufbauend in einer motivierenden Lern-Kultur ganzheitliches Wissen zu vermitteln. Ein erster Schritt stellt z. B. ein bereits durchgeführtes Tanzprojekt mit Förderschülern dar, die nach eineinhalb Jahren signifikant bessere Ergebnisse in ihren schulischen Leistungen zeigten, mehrere der Jugendlichen sogar den Hauptschulabschluss erreichten – eine gelungene Kooperation von Jugendkulturarbeit und Schule. Noch wichtiger scheint die Rückmeldung aller teilnehmenden Jugendlichen, dass sie mit viel Freude und Engagement am Tanzprojekt teilgenommen haben und anschließend selbstsicherer und „aufrechter“

auftreten konnten (vgl. auch andere Praxisfelder wie das Streetwork-Dance-Projekt in Düsseldorf, www.hungryfeet.de).

Vor allem die zur Orientierung und Sicherheit dienende Anfangsphase eines Projektes mit benachteiligten Jugendlichen erfordert viel Einfühlungsvermögen und Geduld. Sozialpädagogische Arbeitsweisen eignen sich gut, um das Kennenlernen untereinander und eine geregelte Gruppenatmosphäre zu entwickeln. Mit Hilfe von witzigen Namensspielen, über ein Brainstorming zum Umgang miteinander bis hin zum Partnerportrait kann diese Phase gestaltet werden. Gemeinsame Rituale, wie etwa eine zehnminütige Ankommenszeit zum freien Austausch aktueller Befindlichkeiten, eine Getränke- und Essenszeit zwischendurch oder eine Blitzlichtrunde zum Abschluss einer Einheit, werden von Anfang an eingeübt (vgl. auch Kap. 6.5).

Eine gemischte Partnerarbeit kann einerseits eher sozialpädagogisch beginnen, so dass sich jeweils zwei Fremde ihre Lieblingsfarbe, ihr Leibgericht und ein Geheimnis anvertrauen und andererseits eher tanzpädagogisch, wenn diese Informationen symbolisch in Bewegung ausgedrückt und dann zu einem gemeinsamen Ablauf entwickelt werden. Eine abwechselnde „Blindenführung“ (ein Jugendlicher führt den anderen, der die Augen verbunden hat, eine ganze Weile durch den Raum, über Hindernisse, nach draußen usw.) würde das Vertrauen weiter stärken und an beide Arbeitsweisen anknüpfen. Durch noch intensivere Vertrauensübungen, wie das „Pendeln“ – sich mit geschlossenen Augen von der Kreismitte aus von den Personen außen auf der Kreisbahn hin- und herwiegen lassen – oder von einem Tisch herunter in eine Gruppe, die mit ihren Händen verschränkt ein Spalier bildet, springen, kann sowohl die Selbstwahrnehmung als auch die Empathie für Andere über den körperlichen Weg gefördert werden. Derartige Übungen eignen sich für einen fortgeschrittenen Zeitpunkt des Projektes. Verbal-kreative Kleingruppenarbeit kann diese Prozesse ergänzen, in dem etwa die Jungen an einem Körperumriss auf einem Plakat ihr „Traummädchen“ und die Mädchen ihren „Traumjungen“ darstellen, beschriften und malen, um das Bild anschließend den Anderen vorzustellen und zu diskutieren. Darüber hinaus kann sich die Ambiguitätstoleranz der Jugendlichen aufbauen, indem sie konkurrierende und widersprüchliche Erwartungen in den verschiedenen Aufgaben und deren Ergebnissen wahrnehmen, respektieren und damit umgehen lernen.

Eine eher konfrontierende Methode, die sich für eine konfliktreiche Phase der Gruppe eignet, stellt beispielsweise die „Anmachergasse“ dar, durch die sich jeweils einer der Jugendlichen „durchkämpfen“ muss. Während dieser vor der Tür wartet, stellen sich die anderen paarweise gegenüber auf und vereinbaren pro Paar eine non-verbale oder verbale „Anmache“. Der Leiter bereitet den Einzelnen vor, macht ihn stark und stellt sich als Zielorientierung am Ende der Gasse auf. Viele alltägliche Erfahrungen werden hier aus der Perspektive der Beteiligten und des Beobachters nicht nur spielerisch aufbereitet.

Es kann sowohl um die Ursachen von Konflikten gehen als auch um eine angemessene Reaktion, die verschiedene Lösungen von Vermeidung über Auseinandersetzung bis hin zu Toleranz beinhaltet. Aus aggressiven Gesten könnte nun Bewegungsmaterial gewonnen werden, das tänzerisch durch Übertreibung, Verlangsamung oder Verzerrung bis hin zu einem „Kampftanz“, in Anlehnung an Capoeira[1] aus Brasilien, zu entsprechender Musik gestaltet werden kann. „Die Bildung geschieht durch *Begegnung*“ (QUINTAS, 1989: 491), auch durch die Begegnung von Körpern. Körper- und Bewegungsübungen bereichern sozialpädagogische Arbeitsweisen durch die Entwicklung einer äußeren und inneren Balance über die Körperwahrnehmung sowie durch die Steigerung der Expression über die Beweglichkeit und durch non-verbale Ausdrucksweisen. Um aktuelle Konflikte zwischen einzelnen Jugendlichen oder insgesamt in der Gruppe zu klären, sowie die kreativen Prozesse zu reflektieren, sind sozialpädagogische Methoden hilfreich; die eine Perspektivenübernahme unterstützen (vgl. z. B. VOPEL, 2002 und Kap. 6.3.4). Konflikte können natürlich auch in einer tänzerischen Auseinandersetzung bearbeitet werden, die mit in das Endprodukt einfließen kann. Gruppenbezogenes Arbeiten in einer Atmosphäre, die individuelle Verschiedenheiten schätzt, Fehler toleriert, Veränderungen fördert und bewegliche Regeln hat, passt sich in den Ansatz des kreativen Tanzes genuin ein und umgekehrt. Beide Ansätze bereichern sich gegenseitig und dienen einem selbstbestimmten Lernprozess in einem pädagogisch begleiteten „Lebensraum“, der Jugendlichen eine Begegnung mit Respekt, Wertschätzung und Gestaltungsmöglichkeiten für ihr Leben bietet.

6.3.2 Künstlerische Methoden

Bei dem Weg aus künstlerischer Sicht geht es um den Versuch, das, was Jugendliche berühren, ergreifen und in Bewegung setzen kann, näher zu beschreiben. Ein kulturpädagogisches Projekt enthält und vollzieht sich in sozialer und künstlerischer Perspektive. Die nur dem Menschen eigene Erfahrung des Ästhetischen, als Anregung zu neuer Gestaltung, lässt sich, genauso wenig wie soziale Kompetenz, nicht erzwingen. Wahrnehmen und Erkennen,

1 Die Urform der Capoeira stammt von afrikanischen Sklaven, die in der portugiesischen Kolonialzeit nach Brasilien gekommen sind. Dort entwickeln sie eine Selbstverteidigungstechnik, als Tanz getarnt, zu eigenen Gesängen und Rhythmusspielen. Die Bewegungen, die oft dem Tierreich entnommen sind, dienen heute einem ästhetischen Kampftanz, bei dem die Freude, Beweglichkeit und Geschmeidigkeit im Vordergrund steht. Die Capoeira hat sich auch in Deutschland als Kunstform verbreitet und wird in der Projektarbeit mit Jugendlichen z. B. in Jugendheimen oder Tanzschulen angeboten. Durch ihre kulturelle Geschichte kann sie, ähnlich wie Break Dance, gerade in der Begleitung von benachteiligten Jugendlichen motivierend und stärkend wirken.

Fühlen und Gestalten fließen in der tänzerischen Arbeit zusammen mit den Maßstäben der Tanzkunst, die sich für die Begleitung von benachteiligten Jugendlichen besonders eignet (vgl. Kap. 3.4). Die Innen- und Außensicht einer tänzerischen Bewegung oder Handlung gehen ständig ineinander über. Wie im Kap. 5.3.1 bereits dargestellt, mischen sich in einem körperorientierten, kulturpädagogischen Projekt verschiedene Methoden, doch die künstlerischen Hauptkriterien bleiben in der tänzerischen Improvisation und Gestaltung immer der kreative Umgang mit „Zeit, Raum und Kraft“. Mit ihrer Hilfe kann an der Ausdrucks- und Gestaltungsfähigkeit der Jugendlichen gearbeitet werden.

Die Basis schafft ein auf verschiedene Tanztechniken zurückzuführendes, körperbildendes Aufwärmtraining, durch das Konzentration, Formverständnis und Empfindungsvermögen eher imitativ gefördert werden. Die Lust und Freude an der Bewegung und Musik, die das Training begleitet, wirkt sich positiv auf die Gruppenatmosphäre aus. Es hat sich als günstig erwiesen, ein bestimmtes Aufwärmtraining über einige Wochen hinweg zu wiederholen, weil die persönliche Körperarbeit, in der die verschiedenen Voraussetzungen der Jugendlichen zum Tragen kommen, dadurch effektiver wird. Eine weitere Basis bilden Improvisations- und Gestaltungstechniken, die parallel in den körperorientierten Einheiten geübt werden können (vgl. auch BLUM, 2004: 124f.):

- Zeitgestaltung (Verlangsamen, Wiederholen, Schneller werden, Nutzen verschiedener Rhythmen, Bewegungsfluss usw.);
- Raumgestaltung (Berücksichtigung starker und schwacher Positionen, Ebenen, Richtungen, Kontaktpunkte mit Anderen usw.);
- Inhaltliche Gestaltung (Arbeit mit mentalen Vorstellungen, Körperlich-Nehmen von Sprachausdrücken, Ideen kommen und gehen lassen usw.);
- Formale Gestaltung (Spiel mit Bewegungsansätzen und -kräften, Durchlässigkeit des Körpers, Verbinden verschiedener Medien usw.).

Genauso gut kann zu Beginn einer Einheit eine freie Aufgabe stehen: Entweder gibt der Leiter z. B. ein kleines Bewegungsthema für jeden Einzelnen vor, wie die Erkundung der Bewegungsmöglichkeiten von Gelenken und deren Auswirkung auf den gesamten Körper; oder es finden sich Aufgaben für eine Partnerarbeit, was gerade zu Beginn eines gesamten Projektes, in dem sich die Jugendlichen noch nicht gut kennen, sinnvoll zum Sich-Näher-Kommen beiträgt. Dabei kann es beispielsweise um Körperkontaktpunkte gehen, wenn sich zwei Teilnehmer mit verschiedenen Körperteilen berühren und sich mit diesem Kontaktpunkt über längere Zeit weiter bewegen; anschließend kann es dynamische Wechsel geben. Ohne Worte, nur mit ihren Körpern verständigen sich hier zwei Menschen, später auch mehrere, bis hin zur ganzen Gruppe; in dieser Sprache können neue sozial-kommunikative Formen gefunden werden. In Aktion, im Impuls-Geben oder Form-Führen und in Reaktion, im Gegen-

Bewegen oder im Nach-Geben, erlebt man sich und den Partner in einer Phase höchster Bewusstheit. Durch eine gute räumliche Atmosphäre und durch ein stetiges Zusammenkommen erfährt diese Gruppe Tanzender schon bei kleineren Improvisationsaufgaben eine steigerungsfähige Intensität: „Im Tanzen kann ein Miteinander in anderer Weise als üblich spürbar werden" (FRITSCH, 1988: 282).

Durch tanzkünstlerische Arbeitsweisen können verschiedenartige Erfahrungen gesammelt werden; zu Beginn eines Improvisationsprozesses stehen oft bestimmte Aspekte des Tanzens bei einem Bewegungsthema im Vordergrund. Bei einer anderen Partneraufgabe dominiert beispielsweise der Form-Aspekt: Jeweils ein aktiver Partner darf den anderen, der sich passiv verhält, in unterschiedliche Formen bringen. Diese können entweder entspannt sein, meist am Boden, oder in Spannung gehalten werden. Durch dieses Figurenbauen werden neben den kreativen Fähigkeiten auch grundlegende motorische Kenntnisse über Körperbau und Körperhaltungen angesprochen. Ähnliches geschieht bei einer Aufgabe in Dreiergruppierungen, bei der zwei Teilnehmer eine Figur bilden und der Dritte diese mit ihren körperlichen Möglichkeiten ausfüllt, ergänzt, umspielt. Neben der Form können auch verschiedene Rhythmen oder der Raum im Zentrum eines tänzerischen Themas sein (vgl. BLUM, 2004: 78ff.). In einer Anfangsphase des Improvisierens sollten überschaubare, gebundene Aufgaben gestellt werden, so dass sich jeder darauf einstellen kann. Dieser Lernprozess im improvisierten, also im nicht festgelegten Tanzen, bildet die zentrale Arbeit im Projekt, weil es wichtig ist, dass jeder Teilnehmer seine persönliche Bewegungs- und Ausdrucksvielfalt entwickelt. In einigen Gruppen gelingen nach längerer Übungszeit auch freiere Improvisationen. Alle beschriebenen Aufgaben sind in einen Gesamtprozess eingebunden, der mehrschichtig zu einem guten Körperverständnis und -gefühl und zur eigenen tänzerischen Gestaltungsfähigkeit führt. Dabei ist der Lehrende ein entscheidender Wegbegleiter, der sich für das konkrete tänzerische Tun in seiner Weiterentwicklung zunehmend überflüssig macht (vgl. REBEL, 1990: 25 und Kap. 5.3.1).

Um die in einer Improvisation gemachten Erfahrungen ins Bewusstsein zu rufen, werden die körperaktiven Phasen von Reflexionsphasen unterbrochen, in denen das Erlebte und Gefühlte annäherungsweise in Worte gefasst wird. Der Leiter, als Beobachter, und die Teilnehmer, die manchmal auch Zuschauende sind, geben ihre Rückmeldung; dabei kommt sowohl gut Gelungenes als auch Problematisches zur Sprache, wie etwa das Gefühl, in eingefahrenen Bewegungsmustern zu verbleiben. Eine konstruktive Kritik und weitere Übungen, beispielsweise eine „Spiegelbild-Aufgabe", können weiter helfen. Durch das genaue Kopieren von Bewegungen anderer Menschen wird auch das eigene Vermögen befruchtet, wenn es z. B. in einer Dreiecksaufstellung darum geht, dass die jeweils hinteren genau den vorderen Teilnehmer nachahmen, solange er in ihrem Blickfeld ist. Schon bei einer Vierteldrehung des Kopfes wird der dort Stehende zur Vorgabe der Bewegung bestimmt. Nach gewisser Zeit, ganz ohne Worte, getragen von einer leisen Instrumentalmusik, sind weiche, fließende Übergänge zu beobachten. Diese Übung bildet eine Grundlage für das Gelingen einer offenen Improvisation, in der ein Element das Aufgreifen einer fremden Bewegung sein kann, die dann verändert, vergrößert, verkleinert und damit weiter entwickelt wird. Dabei spielt auch das ausdauernde Verharren bei einer Bewegung eine entscheidende Rolle. Erst durch das genaue Erspüren ihrer Energie – das heißt, wo kommt die Bewegung her und mit welcher Qualität geht sie wohin – kann diese Bewegung wirklich getanzt und weiter getanzt werden. Durch diese Bewusstmachung können tänzerische Gestaltungsprozesse in Gang gesetzt werden. Dazu gehört ebenfalls das Nacherleben von meist unbewussten Alltagsbewegungen, die eine Basis für Improvisationen oder für spätere feste Gestaltungen bilden können. Nachdem jeder Jugendliche etwa eine für ihn typische Alltagsbewegung gefunden hat, welche auch die Bewegung eines alltäglichen Gegenstandes z. B. eines fallenden Blattes sein kann, die mit dem eigenen Körper nachempfunden wird, bewirkt ein Wechsel im Ausmaß oder in der Dynamik eine Veränderung der Ursprungsbewegung. Schon eine neue Raumebene gibt einer bestimmten Bewegung einen anderen Charakter, ebenso kann ein Rhythmus ein besonderes Gefühl erzeugen. Hier eröffnen sich fast unendlich scheinende Möglichkeiten, neue ausdrucksstarke Bewegungen zu entwickeln. In solchen Lernphasen werden Improvisationen zu kreativen Prozessen, in denen künstlerische Gestaltung ausprobiert wird.

In den folgenden sieben Einheiten, orientiert an den pädagogisch bedeutsamen Körperdimensionen (vgl. Kap. 4.2.3), kommen sowohl Aspekte zum Auf- und Anwärmen des Körpers als auch tänzerische oder spielerische Improvisations- und Gestaltungsaufgaben zum Tragen. Sie sind als „Unterrichtsentwurf" zu verstehen und gehen damit über eine rein methodische Beschreibung hinaus. Einem Gruppenprozess entsprechend, bauen sie in ihrer Intensität aufeinander auf, jede Einheit kann aber auch für sich stehen. Für die einzelnen Einheiten, zugeschnitten auf die jugendliche Zielgruppe, sollte genügend Zeit zur Verfügung stehen. Aus dem Prozess heraus können sich zu einem Thema, durchaus in Kombination mit anderen Einheiten, mehrere Treffen entwickeln. Da eine Improvisation den Weg zur Erfindung von Einfällen und Bewegungsszenen der Jugendlichen selbst darstellt, werden hier verschiedene Ausgangspunkte und Anlässe dargestellt, aus denen heraus in einem konkreten Projekt eine Präsentation entwickelt werden kann. Mit der choreografischen Hilfestellung des Kulturpädagogen gestalten die Teilnehmer in verschiedenen Sozialformen ihre eigenen Szenen, die sich mit der Zeit zu einem Mosaik fügen lassen. Eine Aufführung des Gesamten könnte dann die „Bewegung im Dazwischen" heißen, als Thema von Jugendlichen für Jugendliche, und alltägliche oder ungewöhnliche Geschichten vom „Sich-Dazwischen-Fühlen“ tänzerisch erzählen.

6.3.3 Sieben körperorientierte Einheiten

Einheit 1: „An- und Entspannen“ – Körper als Werkzeug
Z(iele): Diese erste Einheit beschäftigt sich zunächst mit dem einzelnen Jugendlichen und seinem individuellen Körper als „Werkzeug“ bzw. „Darstellungsmedium“, der auch in ungewöhnlichen Bewegungssituationen genauer wahrgenommen werden soll. Dabei steht die bewusste ganzkörperliche Erfahrung von Anspannung und Entspannung im Vordergrund, was den meisten Jugendlichen im Alltag fremd ist. Weiterhin sollen die Jugendlichen den Gegensatz von Aktivität und Ruhe äußerlich wie innerlich erleben und möglichst auch auf ihre Lebensweise übertragen können (vgl. Ergebnisse der Jugendforschung in Kap. 3.2).
V(orbereitung): Der Raum, wo sich alle frei bewegen können, wird mit entsprechender Beleuchtung und Belüftung sowie passender Musikbegleitung vorbereitet. Es ist notwendig, zeitlich vor den Jugendlichen da zu sein, um sie entsprechend empfangen zu können.
D(urchführung): Nach der lockeren Ankommens- und Begrüßungszeit startet die kreative Arbeit. Zunächst gehen alle Jugendlichen frei durch den Raum und achten darauf, dass jeder seinen eigenen Weg nehmen kann, ohne den anderen zu stören. Dann gibt der Leiter ein Stopp-Signal und alle frieren in ihrer Bewegung ein. Nun soll jeder abwechselnd mit einer Hand eine Faust machen, fest anspannen, dann die Finger spreizen, auch anspannen, und danach die Hand ganz locker lassen, entspannen. Nach mehrmaliger Wiederholung sollen alle Jugendliche einmal ausprobieren, wie man mit dem Oberkörper und anschließend mit dem ganzen Körper eine Faust machen kann. Dazwischen kann man immer wieder die entspannte Hand darstellen lassen und dabei eventuell einen Gedanken in den Raum sprechen, wie „es ist gut, wenn ich einfach nur da bin, ich brauche mich nicht anzustrengen, um gemocht zu werden.“ Neben der Bewegungsgrundform Gehen kann zwischendurch das Laufen mit einer entsprechend schnellen Musik eingesetzt werden. Eventuelle Hinweise zur Körperhaltung oder zur Bewegungskoordination können während der Durchführung vom Leiter verbal oder non-verbal einfließen.
R(eflexion): Alle kommen in einem Sitzkreis auf dem Boden zusammen und sprechen darüber, wie sich die Übung angefühlt hat. Folgende Fragen können das Gespräch anregen: Kannst du besser Anspannen oder Entspannen? Was ist angenehmer? Gibt es Situationen, wo du dich eher anspannst? Was oder wer kann dir helfen, zu entspannen?

Nach dieser ersten eher psycho-sozialen Auswertung kann nun eine ästhetische folgen, die bei einer erneuten Improvisation den Bewegungsausdruck

des Einzelnen verbessern soll. Es gibt viele verschiedene Lösungsmöglichkeiten zu dieser Aufgabe. Der Leiter benennt Unterschiede etwa in der räumlichen oder zeitlichen Gestaltung. Daraufhin gibt er bestimmte Aspekte als Vorgaben für die nächste Durchführung vor, z. B. mit einem Partner gemeinsam eine Faust darzustellen. Er fördert damit die Fähigkeit, mehr an einer Bewegung wahrzunehmen, als sie auf den ersten Blick zu sein scheint. Einengungen – wie etwa die Anspannungsaufgabe nur noch vom Körpermittelpunkt aus durchzuführen – sind Erschwerungen, die sich im Sinne eines Gewinns an Intensität auswirken. Über diese Art von Improvisationen wird die Bewegungstechnik der teilnehmenden Jugendlichen verfeinert. Eine weitere Einschränkung könnte sein, dass die Füße beim Bewegen fest am Boden verankert sind und – etwa beim Ausbalancieren des Gleichgewichtes – nicht von der Stelle gerührt werden dürfen.
W(eiterführung): Weitere Improvisationsaufgaben ergeben sich durch mögliche Unterscheidungen, wie „zart und fest“ „schnell und langsam“ oder „geschmeidig und hölzern“, aus denen sich der einzelne Jugendliche einen Gegensatz aussucht, um einen Bewegungsablauf von der geöffneten zur geschlossenen Hand in unterschiedlichen Qualitäten zu gestalten. Anschließend werden die verschiedenen Lösungen gezeigt, besprochen und verfeinert, um sie daraufhin mit einer Fortbewegungsart zu kombinieren. Immer zwei Jugendliche mit verschiedenen Gegensatzpaaren gehen durch den Raum und halten dabei möglichst immer den gleichen Abstand voneinander, der frei gewählt werden kann. Auf einen bestimmten Impuls hin, entweder genau festgelegt nach einer Anzahl von Schritten oder aus dem Gefühl heraus, führen beide ihren Ablauf durch, um anschließend weiterzugehen. Während dieser Zwischenzeit tanzt ein anderes Paar seinen Ablauf und geht danach weiter etc. – wenn alle Paare im Spiel sind, kann der Einsatz kanonartig sein; das geht so lange, bis z. B. der Leiter von außen durch ein Tonsignal einen Punkt markiert, an dem alle gleichzeitig in der momentanen Bewegung einfrieren. Als Abschluss dieser Einheit kann noch einmal die allererste Übung folgen.

Einheit 2: „Ich mag deine...“ – Körper als Erscheinung
Z: Jetzt kann eine etwas fröhlichere Partnerarbeit folgen, um den Kontakt zwischen „Ich“ und „Du“ zu fördern und sich damit der Selbst- und Fremdwahrnehmung zu nähern. Anfängliche Berührungsängste werden geachtet und allmählich überwunden. Wenn der Leiter ganz natürlich mit seinem Körper umgeht, können sich die Jugendlichen am Vorbild orientieren. Es geht darum, sich mit dem Erscheinungsbild des einzelnen Körpers spielerisch zu beschäftigen. Die Jugendlichen sollen ihr äußeres Körperbild reflektieren und Nuancen feststellen, dabei haben gerade Mädchen die Chance, sich von bestimmten Normen und Zwängen zu befreien (vgl. Kap. 4.2.1). Darüber hinaus geht es um den Respekt untereinander, so dass die Jugendlichen lernen, unabhängig

vom Äußeren eines anderen angemessene Bewertungen und Verhaltensweisen zu finden, was ihnen in der Regel sehr schwer fällt.
V: Es wird so viel Platz benötigt, dass alle Jugendlichen immer zu zweit voreinander stehen können und etwas Bewegungsspielraum haben; weiterhin sollten ausreichend Stühle und verschiedene Begleitmusiken bereit gehalten werden.
D: Wenn nun alle mit ihrem Partner ca. einen Meter auseinander stehen – bei ungerader Zahl macht der Leiter mit, sonst setzt er nur den Start und das Ende – beginnt einer der beiden mit dem Satz, „Ich mag deine..." und benennt ein Körperteil, zeigt oder weist mit einer Geste aber auf ein anderes. Zum Beispiel, „ich mag deine Ohren" (auch anhimmelnd sprechen) und strecke meine Hände zum Bauch des anderen und verharre in dieser Position. Der andere sagt jetzt, „Ich mag deinen Bauch..." und berührt aber z. B. mit dem Finger die Nase des anderen. Im Spiel kann sowohl der Satz als auch die Geste gestaltet, verändert, vergrößert oder verkleinert werden. Ebenso können die beiden Jugendlichen verschiedene Abstände zwischen sich ausprobieren. Es muss auch nicht zwingend das Körperteil benannt werden, welches zuvor gezeigt oder berührt wurde. Es kommt vor allem darauf an, dass die zwei Partner ganz aufeinander konzentriert sind, in eine ungewöhnliche Kommunikation miteinander geraten und viel Spaß, keine vordergründige Belustigung, miteinander haben.
R: Jugendliche nehmen ihre Körperteile in der Regel nur von außen wahr und entwickeln unter Umständen ein negatives Körperbild von sich selbst. Es ist hilfreich, über folgende Fragen nachzudenken und im Laufe des Projektes Veränderungen zu beobachten: Auf welche Körperteile bist du stolz und mit welchen bist du nicht so zufrieden? Wie wichtig sind dir Schönheit und sportliche Leistungsfähigkeit? Was ist das Beste, das du im Augenblick über deinen Körper sagen kannst? Was kannst du tun, um deine innere Einstellung zu einigen Körperteilen zu verbessern?
W: Als weitere Improvisation können zwei Stühle zur Hilfe genommen werden, die mit jeweils drei Jugendlichen bewegt werden. Einer sitzt sozusagen zwischen zwei Stühlen und versucht, sowohl mit dem einen als auch mit dem anderen Jugendlichen non-verbal Kontakt aufzunehmen. Die Stuhl- und Sitzpositionen können frei gewählt bzw. während der Improvisation verändert werden. Zwei kommunizieren, etwa sich gegenüber sitzend, mit der Bewegungssprache aus der ersten Übung, während der dritte Jugendliche vielleicht auf seine eigenen Körperteile zeigt, sich dann einmischt oder bewusst versucht, sich zwischen die beiden Stühle zu schlängeln, zu schieben, zu drängen. Daraus könnte ein Positions- oder Rollenwechsel folgen. Die Sitz- und Körperhaltungen werden immer ungewöhnlicher, eine kurze „Dreiergeschichte" entwickelt sich. Der Leiter begleitet den Gestaltungsprozess mit hilfreichen Verbesserungsvorschlägen, falls eine Kleingruppe nicht weiterkommt

oder unzufrieden ist, in dem er etwa vier Sitzpositionen, die ihm in der Improvisation als besonders gelungen aufgefallen sind, der Gruppe entsprechend spiegelt und sie darauf fokussiert.

Einheit 3: „Blinde Skulpturen" – Körper als Sinnesorgan
Z: Durch die zeitweise Ausblendung des Sehsinnes sollen die anderen Körpersinne geschult werden, um den Jugendlichen eine vielschichtige Wahrnehmungsfähigkeit und Neugierde zu vermitteln. Im Alltag registriert das Bewusstsein nur einen Bruchteil der vom Körper zur Verfügung gestellten Informationen, etwa über Muskeln, Gelenke, innere Organe oder über die Haut. Wenn die Sinne geschärft sind, verändert sich dies. Beim Tanzen werden alle Sinnesorgane angesprochen: Die Haut erfährt den Gegenwind beim Laufen, spürt den Boden, berührt die Haut eines Anderen. Kinästhetisch erlebt der tanzende Jugendliche seinen Muskeltonus, sein Gleichgewichtssinn schult sich beim Drehen, beim Laufen und plötzlichen Stoppen. Er hört die Musik und sieht, wie die anderen Jugendlichen tanzen. Er spürt das Gewicht eines anderen Jugendlichen, der sich gegen seinen Körper lehnt und erfährt, was es bedeutet, das eigene Gewicht einem anderen Menschen anzuvertrauen. Nach der körperlichen Betätigung schmeckt er auch das Wasser intensiver und die frische Luft riecht anders. Die Jugendlichen können dadurch mehr Vertrauen untereinander aufbauen, weil sie immer mehr spüren, wer sie selbst sind. Daraus kann sich eine Teamfähigkeit entwickeln, die sie für zahlreiche Alltagssituationen und ihre berufliche Zukunft benötigen (vgl. Kap. 5.5.2).
V: Der Raum sollte etwas abgedunkelt sein und mit Duftölen o. ä. vorbereitet sein. Eine Klangschale sowie ruhige Instrumentalmusik, klassisch-leichte Musik mit einem angemessenen Gehtempo und rockig-rhythmische Musik sollten vorhanden sein.
D: Zunächst suchen sich alle Jugendlichen einen Platz am Boden, wo sie sich auf dem Rücken lang ausstrecken können und versuchen, mit der Zeit die Augen zu schließen. Eine ruhige Instrumentalmusik kann im Hintergrund laufen. Der Leiter geht zu jedem Einzelnen und lässt ihn eine Sorte Duftöl riechen und erraten. Danach soll sich jeder auf sich konzentrieren und einmal nachspüren, welche Kontaktpunkte der Körper mit dem Boden hat. Nach einer gewissen Zeit sollen die Jugendlichen mit geschlossenen Augen aufstehen und versuchen, blind in der Raummitte einen Kreis zu bilden. Am Ende dürfen sie die Augen öffnen und überprüfen, wie gelungen diese Raumform allein durch den kinästhetischen Sinn geworden ist (vgl. auch BLUM, 2004: 44). Anschließend werden die Augen wieder geschlossen und die Jugendlichen probieren aus der Kreisaufstellung heraus, nun ohne weitere Vorgaben der Richtung eine Reihe zu bilden. Daran anschließend soll die Hälfte der Teilnehmenden, gut im Raum verteilt, jeweils zu einer versteinerten Skulptur werden. Die anderen lustwandeln sehend durch diesen Skulpturenpark zu ei-

ner passenden Musik. Hinter einer beliebigen Skulptur dürfen sie stehen bleiben und aus der vorgegebenen Haltung eine eigene, durchaus neue entwickeln. Die vorderen spüren mit der Zeit, dass jemand hinter ihnen steht, erst dann dürfen sie, ohne sich umzuschauen, los gehen und damit die Rolle der anderen einnehmen. In einer darauf aufbauenden Partnerarbeit geht es darum, dass einer der Jugendlichen die Augen schließt und der andere eine feste Figur, die vielleicht eine Emotion darstellt, mit seinem Körper formt. Wenn er fertig ist, beginnt der andere, ihn blind abzutasten und mit seinem inneren Bild diese Figur nachzubauen. Am Ende darf er die Augen wieder öffnen. Als Alternative kann der eine Jugendliche den anderen in ein Standbild modellieren, das einen emotionalen Zustand ausdrücken soll und vom anderen erraten wird. Zum Abschluss wird in der Gruppe improvisiert: Aus dem Gehen heraus, auf den Ton der Klangschale hin, wird eine abstrakte Gruppenskulptur mit Körperkontakt untereinander erstellt. Auf einen erneuten Ton schmilzt die Skulptur in sich zusammen, aber so lange und langsam wie der Ton noch zu hören ist. Auch diese Aufgabe kann mit geschlossenen Augen durchgeführt werden. Der Leiter wählt drei besonders kreative Gruppenskulpturen aus, die nun zur klassischen Musik durch den Raum gehend, immer wieder nacheinander gebaut werden. Auf einen Bewegungsimpuls eines Jugendlichen hin alle anderen reagieren und die Skulptur formen. Räumlich kann es immer wieder Variationen geben, die entweder eine hohe Spannung oder Ausgewogenheit repräsentieren.

R: Wie erlebst du das blinde Bewegen? Wie gut ist es dir gelungen, eine Emotion körperlich darzustellen? Was wird durch das Blindsein intensiver und was macht dich unsicher? Helfen dir die geschlossenen Augen, dich zu konzentrieren? Kannst du dich für eine Zeit lang nur mit einer Sache beschäftigen? Wie hast du die Anregungen des Leiters empfunden? Ist es angenehm, wenn er bei einer Improvisation mitmacht? – Diese und andere Fragen werden diskutiert und entsprechend können einige der Improvisationsaufgaben mit neuen Akzenten in der Begleitung wiederholt werden.

W: Wenn die Skulpturen schmelzen, können sie in eine vorher geübte Bodenabfolge gelangen, die sie nebeneinander oder hintereinander tanzen, und die sie am Ende wieder in den Stand bringt. Diese kleine Bewegungsabfolge kann aus verschiedenen Sitz- und Liegepositionen bestehen, die fließend miteinander verbunden werden, wobei immer ein anderes Körperteil die Bewegung anführt. Der Leiter kann sie vorher im allgemeinen Aufwärmtraining vorbereiten. Durch den Einsatz von zwei konträren Musikstücken werden die Jugendlichen zu einer differenzierten Bewegungsausführung motiviert.

Einheit 4: „Zwischenzeitlich“ – Körper als Sprache und Symbol

Z: In dieser Einheit sollen die vielseitigen Ausdrucksmöglichkeiten des Körpers kennen gelernt und geschult werden. Dadurch werden neben den non-verbalen auch die verbalen Fähigkeiten der Jugendlichen gefördert (vgl. FRISCH, 1999: 189ff.). Damit erhält diese Zielgruppe, die oft Schwierigkeiten hat, sich überhaupt bzw. angemessen mitzuteilen, über die Entwicklung ihrer Anlagen höhere Teilhabechancen im institutionellen und gesellschaftlichen Kontext (vgl. auch Kap. 5.4).

V: Die Jugendlichen und der Leiter haben die Aufgabe, Sprichwörter über den Körper und seine Bewegungsmöglichkeiten (z. B. „Jemandem den Kopf verdrehen“ oder „Den Kopf in den Sand stecken“) sowie Informationen oder Geschichten über ihre Vornamen mitzubringen. Weiterhin sollten verschiedene Musiken für Fortbewegungsarten, Seile und Stäbe in entsprechender Anzahl vorbereitet sein.

D: Wie sieht es zwischen dir und mir aus? Mit dieser Frage kann der Leiter einen Einstieg liefern. Welche Sprichwörter oder Aphorismen gibt es zu diesem Thema, die als Anregung zur Improvisation dienen können? Während alle Jugendlichen frei durch den Raum gehen, spricht der Leiter zwischendurch die mitgebrachten Sprichwörter, die spontan in eine Geste allein oder zu zweit umgesetzt werden soll. Daran anschließend sollen die Jugendlichen jeweils mit einem Partner ihrer Wahl drei für sie typische Sprichwörter in einer Bewegungsfolge umsetzen, die später zu einer Musik rhythmisiert werden soll. Alternativ kann mit der einfachen Übung des Figurenwerfens gearbeitet (vgl. MAHLER, 1981: 18). Die Jugendlichen führen zu zweit eine kreisende „Windmühle“ durch, lassen irgendwann die Hände los, drehen allein weiter, bleiben aus der Bewegung heraus in einer Figur hängen und frieren diese ein. Diese Figur könnte eines der Sprichwörter darstellen; das sollte mehrmals geübt und differenziert werden. Nach dem eher erlebnisorientierten Anfang sollen darauf aufbauend originelle Ideen generiert werden, so dass sich folgende Aufgabe anschließt: Jeder Jugendliche sucht sich zwei auseinanderliegende Punkte im Raum aus, die er mehrmals durch verschiedene Fortbewegungsarten, mal fließend mal abgehackt, verbindet. An dem jeweiligen Punkt findet er Gesten für die Buchstaben seines Vornamens und improvisiert einmal eine einfache und an dem anderen Ort eine komplexe Bewegungsverbindung zwischen den einzelnen Gesten. Dabei kann die Geschichte des eigenen Namens eine mentale Vorstellungshilfe sein.

R: Was drückt diese Figur aus? Welche Bewegungen hast du bzw. haben die anderen für den eigenen Namen gewählt? Was drückt die Sprache des Tanzes aus? Wie könnten die Gesten noch verfeinert werden? Ein lyrischer Text kann bei der Auswertung mit einbezogen werden, wie beispielsweise: „Regt sich – rötet sich – bewegt sich. Berührt – verspürt – ergreift. Wird bewegt – wird berührt – begreift. Sieht – sichtet – spricht“ (GOMRINGER, 1969: 62). Welche Bewegung hat dich ergriffen oder hast du begriffen?

W: In der Weiterarbeit bietet sich eine Partneraufgabe an. Jeder lernt den Namensablauf des anderen. Dann startet jeder an einem neu festgelegten Punkt im Raum. Wenn sich die Partner auf dem Weg zwischen den zwei Punkten treffen, tanzen sie in Zeitlupe jeweils ihren eigenen Namen. Anschließend bewegen sie sich zum Punkt des anderen, wo sie den Namen desjenigen im normalen Tempo tanzen. Um die Namensabläufe noch etwas zu verfremden, könnten anschließend noch jeweils ein Seil und ein Stab an den jeweiligen Punkten liegen, die bei der Bewegung integriert werden sollen. Daran kann eine weitere Aufgabe anknüpfen: Einer baut immer wieder neue Zwischenräume mit seinem Körper und dem Seil oder Stab. Wenn der andere Jugendliche ohne Objekt hinzu kommt, muss er sich verschiedenartig durch die entstandenen Öffnungen schlängeln. Die Rollen können wechseln, ein Jugendlicher gestaltet eine Öffnung, der andere bewegt sich hindurch und übernimmt dann fließend das Objekt, um einen neuen Zwischenraum zu schaffen usw. Aus der Improvisation heraus werden wieder besonders überzeugende Abläufe festgelegt und gestaltet.

Einheit 5: „Ich seh' den Sternenhimmel" – Körper als Beziehung
Z: Nun wird eine thematische Einheit vorgestellt, mit der einerseits die Gruppe als Gemeinschaft, als „Wir", angesprochen wird, andererseits das Erlernen tänzerischer Bewegungstechnik im Vordergrund stehen soll. Damit können die Jugendlichen ihr Einfühlungsvermögen und ihre Kooperationsfähigkeit schulen. Sie müssen lernen, miteinander in Verbindung zu treten und in den gleichen Rhythmus zu kommen, so dass alle Beteiligten mitkommen und Freude haben können.
V: Dafür notwendig sind ein großer Bewegungsraum, eine Musikanlage, passende Musik, die ruhig und atmosphärisch, aber trotzdem schwingend im Rhythmus und in ihren musikalischen Bögen ist, sowie ein Schwungtuch, welches im günstigsten Fall einen Sternenhimmel als Motiv trägt; man kann alternativ mit einer mittelstarken Malerfolie arbeiten und diese selber gestalten.
D: Das Schwungtuch wird unausgefaltet in die Raummitte gelegt, alle Jugendlichen und der Leiter sitzen oder liegen darum herum. Sobald die Musik startet, darf nicht mehr gesprochen werden. Die Jugendlichen entfalten gemeinsam das Schwungtuch, den Sternenhimmel, und beginnen noch im Sitzen damit, es in Wallung zu bringen. Mit einem Schwung nach oben stehen alle gemeinsam auf – alle achten aufeinander. Nach einigen Wellen auf und ab nehmen alle nur noch ihre rechte Hand an das Schwungtuch, drehen sich ein Viertel, um auf der Kreisbahn zu stehen, und der linke Arm wird weit nach außen gestreckt. Dann startet der Leiter die Fortbewegung, erst Gehen, dann Laufen, und wieder zurück, auch in die andere Richtung. Wenn alle Gruppenmitglieder wieder ruhig stehen, zur Kreismitte zurückgedreht, der Sternenhimmel auf halber Höhe zwischen ihnen, wird folgende kleine Schrittkombination gleichzeitig erklärt und durchgeführt:

1. Pendeln nach rechts und nach links und drei kleine Schritte seitlich – rechts, links, rechts – , so dass jeder wieder offen steht und die gleiche Abfolge nach links starten kann.
2. Nun ein Schritt mit rechts nach vorn und links anstellen, das gleiche zurück.
3. Einmal das Schwungtuch hoch schwingen und wieder hinunter.
4. Vier Anstellschritte nach rechts, d. h. rechten Fuß seitlich wegstellen und mit dem linken Fuß nachziehen. So bewegt sich der ganze Kreis auf eine neue Ausgangsposition.
5. Nun erfindet der Leiter oder einer der Jugendlichen spontan noch eine eigene Idee, die in die kleine Abfolge eingebaut wird.

R: Macht das gemeinsame Tanzen, auch mit dem Leiter, Spaß? Welche Art von Beziehung stiftet der Tanz? Warum gibt es so viele Tanzformen in der Kreisaufstellung? Wie kannst du gleichzeitig dich selbst und die anderen im Kreis wahrnehmen? Welche Gemeinsamkeiten und Unterschiede gibt es zum Tanzerlebnis in einer Diskothek? Zur vertieften Reflexion könnten passende Filmbeispiele von Ritualtänzen aus verschiedenen Ländern oder von künstlerischen Tanzformen angeschaut werden.

W: Diese Einheit kann auch einmal zu einer ungewöhnlichen Zeit und an einem anderen Ort durchgeführt werden. Im Rahmen einer „Aachener Nacht im Dom“ hat die Autorin dieses Angebot mit einer Vielzahl von Jugendlichen in den frühen Morgenstunden durchgeführt. Die leergeräumte Fläche unter der Kuppel hat einen faszinierenden Tanzraum gebildet. Eine andere Art der Weiterführung läge im Weglassen des Materials zwischen den Bewegenden, so dass sie im Kreistanz ihre Hände und Arme freier benutzen können. Vielleicht steht eine Skulptur in der Raummitte. Darüber hinaus gibt folgender Text treffliche Bewegungs- und Improvisationsanlässe zu den Themen „Körper als Beziehung“ und „Gruppenprozesse bzw. -phasen“ (vgl. Kap. 6.5). Diese können mit der Groß- oder Kleingruppe, aber auch in einer Partnerarbeit – als kleinste Parzelle intensiver Erfahrung und Begegnung zwischen zwei Jugendlichen, aus der heraus alles andere wächst – umgesetzt werden. Dabei geht es darum, von spontanen Bewegungsäußerungen, die man sich bereits beim Lesen vorstellen kann, hin zu ungewöhnlichen Lösungen zu kommen. Der Text kann dazu zeitgleich oder versetzt von einem der Jugendlichen, vom Leiter oder von der tanzenden Kleingruppe selbst gesprochen werden:

„einanderzudrehen und
aufeinandereinstellen

ineinandergreifen und
einandermitteilen

miteinanderdrehen und
voneinanderlösen

auseinanderkreisen und
einanderzudrehen

aufeinandereinstellen und
ineinandergreifen

einandermitteilen und
miteinanderdrehen

voneinanderlösen und
auseinanderkreisen

einanderzudrehen und" (GOMRINGER, 1969: 60).

Einheit 6: „Zwischen gestern und morgen" – Körper als Biografie
Z: Die Zeit bewusst zu erleben, sich an vergangene Zeiten zu erinnern und morgige spielerisch zu entwerfen, stellen die Ziele dieser Einheit dar. Darüber hinaus geht es um den Umgang mit weiblichen und männlichen Bewegungsmustern und Rollenbildern. Die Überprüfung und Neugestaltung überkommener Geschlechterrollenmuster ist für diese Jugendlichen eine in der Regel unbekannte und von daher wichtige Erfahrung (vgl. auch Kap. 4.2).
V: Die Jugendlichen bringen unterschiedliches Schuhwerk sowie ihre Lieblingsmusiken mit. Es werden große Pappen und Kreiden für Lebenslinien, darüber hinaus Entspannungsmusik und eventuell für jeden Teilnehmer eine Kerze benötigt.
D: Zunächst wird gemeinsam das Fortbewegen vom Boden (Robben, Kriechen, Krabbeln usw.) bis zum aufrechten Stand miteinander geübt. Jeder Jugendliche improvisiert seinen eigenen Ablauf. Dann werden verschiedene Gangarten, typisch weibliche oder männliche, ausprobiert, dazu können unterschiedliche Schuhe genutzt werden. Im Verlauf kann partnerweise gearbeitet werden, z. B. hinter, neben dem Partner oder immer wieder aufeinander zu gehen. Zusammen entwickeln sie ein bestimmtes Wegemuster und wählen dafür drei Gangarten aus, die ihnen am besten gefallen. Nach einer Strecke halten sie an einem Punkt inne und bewegen sich zu Boden. Anschließend gestalten sie ihren Ablauf in den aufrechten Stand und ein neuer Weg beginnt. Impulse zur Begleitung der Wege können etwa Übertreibung in der Form, ungewohnte Tempi oder ein interessantes Raummuster sein. Zwischendurch kann jeder Jugendliche mit seiner individuellen Gangart spielen. Der Gang als Ergebnis der individuellen Lebensgeschichte beeinflusst Mädchen und Jungen

zugleich, beide können gleichmäßig fließendes oder dynamisch strukturiertes Gehen aufzeigen (vgl. PETER-BOLEANDER, 1994: 57ff.).

Anschließend skizzieren die Jugendlichen ihre persönlichen Lebenslinien mit unterschiedlichen Symbolen (Punkte, Pfeile, Striche, Kreise, Spiralen usw.) und Linienführungen, die in der Improvisation für verschiedene Raumrichtungen oder Bewegungsqualitäten stehen können. Der Partner, mit dem zuvor schon improvisiert wurde, setzt diese Skizze in einen Bewegungsablauf um. Danach vergleichen und reflektieren beide Jugendliche ihre „Lebensläufe" und improvisieren den möglichen „nächsten Schritt" auf ihrem Lebensweg.

R: Hier bietet sich eine Fantasiereise in die eigene Kindheit an. Nach einigen Atem- und Entspannungsübungen im Stand legen sich alle rücklings auf den Boden und schließen mit der Zeit die Augen. Der Körper liegt ganz schwer und ruhig auf dem Boden. Die Jugendlichen versuchen, die Kontaktpunkte der Körperrückseite zu spüren. Mit einigen Formeln aus dem autogenen Training kann die Entspannung vertieft werden, z. B. „du bist ganz ruhig, gelöst und entspannt". Allmählich kann folgende Fantasiereise, natürlich auch mit Variationen, langsam und mit Pausen zwischen den Sätzen vorgelesen werden:

„Stell dir vor, du bist wieder Kind, 9 Jahre alt. Du gehst in die Grundschule. Stell dir vor, wie du morgens geweckt wirst, wie du dich in deinem Zimmer umschaust, dich anziehst und vielleicht mit den anderen frühstückst. Dann packst du deine Schultasche und ab geht's zur Schule. Die Glocke schellt, der Lehrer betritt das Klassenzimmer, der Unterricht beginnt. Lass den Unterricht an deinem inneren Auge vorüberziehen. Dann die letzte Schulstunde, die Glocke schellt wieder. Du verlässt das Klassenzimmer. Stell dir nun vor, wohin du gehst, was du machst. Es ist Nachmittag. Wie verbringst du ihn? Mit wem bist du zusammen? Was spielst du? Und wo? Was machst du gerne? Langsam wird es Abend. Es wird dunkel. Abendessenszeit. Lass den Abend vor deinem inneren Auge vorübergehen: Wie gestaltest du ihn, was erlebst du, bevor du schlafen gehst? Wer ist alles dabei? Jetzt sind wir am Ende unserer Reise in die Kindheit angelangt. Wir kommen wieder in die Gegenwart, in unseren Raum, bewegen die Arme und Beine ein wenig und öffnen langsam die Augen. Den ganzen Körper strecken und räkeln."

Die Erinnerungen werden im Gespräch miteinander ausgetauscht, eventuell kann ein Plakat zum Thema „Kind-Sein" oder „Mädchen/Junge" erstellt werden. Dabei wird reflektiert, was für die Jugendlichen schwierig, traurig oder konfliktträchtig in der Kindheit gewesen ist. Ebenso werden die Erfahrungen von Geliebt- und Ernstgenommen-Werden thematisiert. Typische „Lieblings-Bewegungen" aus der Kindheit können jetzt von den Jugendlichen bewusst gestaltet werden, wie z. B. ein pantomimisches Ballspiel.

W: Unter Einbeziehung der Idee von den weiblichen und männlichen Anteilen in einer Person kann es auch in der Arbeit mit den Jugendlichen spannend sein, sie etwa mit Gabrielle Roth (Musikerin und Tanzpädagogin) zu konfrontieren. Sie hat fünf Grundrhythmen musikalisch verarbeitet, in denen der Tanzende diesen Anteilen nachgehen kann (vgl. ROTH a, 2001). Indem der Geist mit der Beobachtung des Körpers beschäftigt wird, kommt der alltägliche Gedankenfluss zur Ruhe. Danach ergibt sich die Entspannung durch den Tanz, weil durch die verschiedenen Rhythmen der Musik alle Regionen des Körpers angesprochen und trainiert werden, er abschaltet und los lässt. Die Wärme geht wie eine Welle durch den Körper. Die fünf Rhythmen sind: „flowing", das weibliche Prinzip; „staccato", das männliche Prinzip; „chaos", die Verbindung beider Prinzipien (oder auch Verwirrung); „lyrical", die Lebensfreude (oder auch Veränderung) und „stillness", der ruhende Pol als Möglichkeit des Neuanfangs. Die Musiken und Themen bieten im fortgeschrittenen Prozess des Projektes spannende Improvisationsausgangspunkte.

Einheit 7: „Bewegung im Dazwischen" – Körper als Spiel-Raum

Z: Die Jugendlichen erfahren auf verschiedenen Wegen und mit Unterstützung unterschiedlicher Medien Zugänge zu mentalen Vorstellungen, zur Intuition und zur Fantasie. Darüber hinaus erlernen sie einen komplexen künstlerischen Gestaltungsprozess. Dadurch können sie sich anschließend bestimmte Situationen anders vorstellen und erhalten auch den Mut, ihre Bedürfnisse und Ideen zu äußern. Die Beteiligung bei der Entwicklung und Durchführung einer Aufführung ihrer tänzerischen Szenen stärkt das jugendliche Selbstbewusstsein und Durchhaltevermögen (vgl. auch Kap. 3.4).

V: Benötigt werden eine Musikanlage und eventuell ein Mikrofon, falls ein Text gesprochen wird, verschiedene Instrumentalmusiken, Seile, Schnüre, Stoffbahnen und andere Dekorationsmaterialien sowie „Tanzsäcke", die aus dehnbarem Schlauchstoff hergestellt werden, so dass ein Menschenkörper ganz darin verschwinden kann. Darüber hinaus können eventuell Musikinstrumente, falls Teile der Aufführung live begleitet werden sollen (je nach Begabungen in der Gruppe), besorgt werden. Eine Videokamera sollte auch vorhanden sein: Ausgewählte Sequenzen aus der Probenarbeit könnten während der Darbietung auf einer Leinwand abgespielt werden – ein „Tanz zwischen uns" in Zwischen-Räumen –, dabei können mögliche Variationen durch Tanzbewegungen, die einzelne Jugendliche etwa aus dem Hip Hop bereits gut beherrschen, in die Tänze, die aus der Improvisation entstehen, eingebaut werden.

D: Der leitende Kulturpädagoge übernimmt eventuell mit einer zweiten Person die Choreografen-Rolle, das bedeutet den kreativen Prozess zu steuern und an geeigneten Stellen Entscheidungen zu treffen. Ein Ziel ist am Ende das Stück selbst und seine Aufführung, aber genauso wichtig ist der Weg des Entstehens und Entwickelns des Ergebnisses, an dem alle Gruppenmitglieder beteiligt sind. Dieser gemeinsame kreative Prozess, mit allen Höhen und Tiefen, beeinflusst die Gruppenatmosphäre und umgekehrt.

Bevor die eigentliche Arbeit mit den Tanzsäcken beginnt, die symbolisch für einen Zwischenraum stehen, sollten einige Aufwärmübungen für den Körper vorbereitet sein. Anschließend werden mit der Gruppe Wirkungsweisen bestimmter Körperhaltungen und Fortbewegungsarten in gebundenen Improvisationen ausprobiert (vgl. Kap. 5.3.1). Die Hälfte der Teilnehmer ist aktiv auf der Bühne, die anderen sind Zuschauer, dies wechselt im weiteren Ablauf immer wieder. Der Leiter gibt Begriffe vor, die dargestellt werden sollen, wie etwa Emotionen, „ängstlich", „wütend", „erleichtert", „glücklich" oder Tätigkeiten, „schlendern", „eilen", „meditieren", „Kontakt suchen". Es wird so lange improvisiert, bis die Darstellenden nicht mehr stereotyp sind, sondern einen Begriff ungewöhnlich umsetzen. Bestimmte Vorgaben des Raumweges, z. B. nur in rechten Winkeln fortbewegen, können dabei helfen. Wenn etwas besonders Kreatives während der Improvisation entstanden ist, sollte es in Gedanken, schriftlich oder mit Video festgehalten werden.

Nun wird ausgetestet, wie man sich in den Tanzsäcken verhalten und bewegen kann und welche Haltungen besonders ausdrucksstark sind, da der menschliche Körper nur schemenhaft zu erkennen ist. Diese Art „Hülle" ermöglicht auch schüchternen Jugendlichen, sich in einer verfremdeten Form zu präsentieren. Zunächst könnte versucht werden, Gegensätze darzustellen, wie etwa „groß und klein", „eckig und rund" oder „stabil und labil". Diese Skulpturen könnten immer wieder an bestimmten Plätzen auf der Bühne auftauchen. Mit den Parametern „Raum" und „Zeit" kann gespielt werden: Wo wirken Bewegungen und in welcher Zeit (z. B. Zeitlupe) besonders intensiv? Wo könnte wie durch mehrere Körper in den Tanzsäcken eine Art „Brücke zwischen Räumen" dargestellt werden? Auf welchen Wegen sind sie dahin gekommen? Welche Ebenen und Raumrichtungen können dabei unterschiedlich berücksichtigt werden (gehen, rutschen, kriechen, robben, rollen etc.)?
R: Zwischendurch werden Entspannungssequenzen angeboten, wie z. B. eine „Farbenreise". Auf einem Overhead-Projektor befindet sich eine Glasschale mit Wasser und Öl. In diese werden verschiedene Farbtropfen nacheinander dazugegeben und mit unterschiedlichen Musiken dazu experimentiert. Anschließend können gemachte Erfahrungen besprochen werden. Allmählich werden dann erste Szenen der Aufführung festgelegt – ein wenig Freiraum zur Improvisation wird kunstvoll eingefügt. Die Intensität einer Choreografie lebt vom Anfang, von Höhepunkten, von Pausen, von der Botschaft und vom Ende der Geschichte. So können sich Paare bilden, die mit- oder gegeneinander mehrere Positionen des sich Öffnens und Schließens entwickeln. Diese Abfolge kann zur Dynamisierung mit Musik begleitet werden. Gerade in den Tanzsäcken sehen ganz weite und große Bewegungen mit viel Kraft sehr inte-

ressant aus; genauso wie zwei ineinander verschlungene Körper, wo man Anfang und Ende nicht genau erkennen kann. Man kann auch ausprobieren, wie einer den anderen stützen oder tragen kann, und wie weit man dann mit einem anderen gehen kann. Die Ideen der Jugendlichen sind wichtig ebenso wie der Prozess, diese in Bewegungen umzusetzen und entsprechend zu begleiten.
W: Eine weitere Phase der Gestaltung könnte darin bestehen, dass aus der Partnerarbeit ein Kreis aus individuellen Körpern entsteht, der eine kleine gemeinsame Abfolge tanzt. Dann könnten alle nacheinander in der Bewegung einfrieren und aus den Tanzsäcken heraus schlüpfen. Die Musik könnte abklingen und jeder nimmt in der Stille eine ihm angenehme Position ein. Ein kurzer Text, ein Gedicht oder ein Aphorismus, in die Dunkelheit hinein gesprochen, könnte diesen Teil der Gestaltung beschließen. Je nach dem, wie die Bühne mit den Stoffbahnen und Seilen ausgestattet ist, kann nun ein kreativer Tanz in den gebildeten Zwischenräumen folgen. Dabei können die Jugendlichen die Raumformen mit ihrem Körper nachbilden, Gegensätze dazu entwickeln oder auch die Raumgrenzen überwinden und verändern. Vielleicht bildet eine gänzlich leergeräumte Bühne den Abschluss.

In einem konkreten Projekt kann durch den vielseitigen Umgang mit dem Raum, der Musik, dem Material oder das Aufeinandertreffen verschiedener Szenen auch aus den anderen Körpereinheiten, das zu einer wechselseitigen Kommentierung führt, ein Stück der Jugendlichen zu ihrer „Bewegung im Dazwischen" entstehen. Dieses Stück sollte vor einem Publikum, z. B. im Rahmen einer Schulfeier oder eines Stadtteilfestes, aufgeführt werden (vgl. Kap. 5.6). Es liegt in der Verantwortung des Kulturpädagogen, die Jugendlichen, die sich sonst als Versager und Verlierer der Gesellschaft fühlen, zu stärken, so dass sie ihre eigenen Ideen und Fähigkeiten überzeugend auf der Bühne präsentieren können. Der kreative Tanz bietet dafür einen wertschätzenden und fördernden Handlungsrahmen, in dem ein Potenzial zur Veränderung bestehender Ungerechtigkeiten steckt, wenn die Kraft der präsentativen Sprache in pädagogischen Angeboten dauerhaft genutzt und reflektiert wird.

6.3.4 Umgang mit Unsicherheiten und Widerständen

Unsicherheiten, Widerstände und Konflikte bieten eine wichtige Lernchance für den Einzelnen und die gesamte Gruppe. Davon gibt es ganz unterschiedliche Arten und Formen, mit verschiedenen Ursachen und Bedingungen, und somit ebenso zahlreiche Möglichkeiten bzw. Strategien mit ihnen umzugehen. Unsicherheiten im Umgang miteinander oder mit einer Aufgabenstellung zeigen sich oft spontan im Verhalten der Jugendlichen. Eine inhaltliche Korrektur der Bewegungs- oder Improvisationsaufgabe bezogen auf den Schwierigkeitsgrad oder die Personenkonstellation kann hier schon Abhilfe leisten. Stärkere Widerstände gegen ein bestimmtes Vorgehen könnten auf Unerfahrenheit, Unlust, Angst oder auch auf einen Interessenskonflikt, bei dem verschiedene Bedürfnisse konkurrieren, zurück zu führen sein. Störungen solcher Art sollten Vorrang vor dem nächsten inhaltlichen Schritt haben, sie können mit einem non-verbalen Standbild, das der zentralen Emotion einen Ausdruck verleiht, aufgedeckt werden. Der Versagensangst von sozial- und bildungsbenachteiligten Jugendlichen muss mit einer Arbeitsatmosphäre, die durch Sicherheit und Akzeptanz nicht-konformer Lösungen geprägt ist, begegnet werden, um ihre Befürchtungen vor erneutem Scheitern abzubauen. So können auch weitere Konflikte, hinter denen in der Regel Ängste und Sorgen liegen, vermieden werden.

Der leitende Kulturpädagoge muss eine gute Beobachtungsgabe und Sensibilität für das Ausmaß der Widerstände entwickeln. Dies ist insbesondere notwendig, wenn sie mit seiner eigenen Person zu tun haben sollten, wie z. B. verdrängte Autoritätskonflikte, die ein Jugendlicher an ihm abarbeitet, so dass sie zum Teil toleriert, aber bei Grenzüberschreitungen auch benannt und geregelt werden müssen. Einerseits sind im Laufe eines kulturpädagogischen Projektes Unsicherheiten und Widerstände bei den teilnehmenden Jugendlichen zu beobachten, die sich in einer Pause oder kreativen Auszeit mit einem Gespräch klären lassen. Die Gründe können im Beziehungsgeflecht innerhalb oder in familiären oder schulischen Erlebnissen außerhalb des Projektes liegen. Das ständige Aushandeln der Beziehungen zwischen den Jugendlichen im Verlauf der gemeinsamen Arbeit bietet eine selten gewordene Chance für erfolgreiches Rollenverhandeln als zentraler Bestandteil sozialer Kompetenz. Andererseits können eher un-spezifische, intrapersonelle Schwierigkeiten auftreten, die nicht immer zu lösen sind, sondern in den gesamten Prozess integriert werden müssen. Wenn die grundlegende Beziehungsatmosphäre von Vertrauen, Ermutigung und Fehlertoleranz geprägt ist, kann die gemeinsame Körper- und Tanzarbeit dazu beitragen.

Bei der Präsentation einer Improvisation als Zwischenergebnis lernen die Jugendlichen, dass es in Ordnung ist, wenn etwas nicht richtig rund läuft oder man noch nicht zufrieden ist. Unsicherheiten können sehr hilfreich für den kreativen Prozess sein. Dadurch kann nicht nur die Bereitschaft wachsen, konstruktive Kritik zu äußern, sondern auch zu lernen, mit ihr umzugehen. Es handelt sich um einen falschen Ehrgeiz, immer fehlerlos sein zu wollen; dieser bekommt zunehmend einen Ausdruck von Angst und Einsamkeit. Widerstände, etwa vor einem Publikum aufzutreten, können sukzessiv über spielerische Annäherungen genommen werden; die Jugendlichen wachsen daran. Der empathisch wahrnehmende Pädagoge erkennt, wann es wichtig für Einzelne sein kann, sich an kreativen Aufgaben oder schwierigen Bewegungen zu reiben, zu üben, zu verbessern. Zwei bekannte Pantomiminnen und gleichzeitig Lehrende aus Frankreich beschreiben die Arbeit des kreativen Pädagogen sehr treffend:

„Vorschlagen. Erneuern. Erfinden.
Horchend. Aufmerksam. Wachsam.
Suggerieren. Stimulieren. Tragen. Weiterbringen. Mit Diskretion.
Das richtige Wort am richtigen Platz. Jeder ist anders. Schüchterne. Hast du mich gesehen. Empfindliche. Systematische Zweifler.
Entwickeln lassen. Einen Gegenpol zur Erstarrung und Routine bieten.
Je nach Beschaffenheit der Gruppe und der Lösungen, die gefunden werden, muß der Unterrichtende andere Vorschläge erfinden, neue Perspektiven entdecken.
Eine vornehme, eine mühsame, eine manchmal undankbare Aufgabe.
Die Existenz des Schülers darf allerdings nicht den Tod des Unterrichtenden zur Folge haben" (PINOK&MATHO, 1987: 34).

Auch der Leiter muss mit seinen Unsicherheiten und Widerständen umgehen lernen, er kann nie allen Jugendlichen gleichermaßen sowie gleichzeitig kulturellen und gesellschaftlichen Ansprüchen gerecht werden. Die Erkenntnis, dass er einerseits ästhetische Bildungsprozesse nur anstoßen kann und andererseits immer nur seinen Blickwinkel auf die Gruppengeschehnisse richten kann, entlastet ihn und konzentriert seine eigentliche Verantwortung (vgl. Kap. 2.5). In einer gewissen pädagogischen Selbstbeschränkung kann er sich ganz seinen vielfältigen kreativen Aufgaben widmen und dem Erfolgsdruck die Möglichkeiten des Augenblicks entgegen setzen. Wenn der Kulturpädagoge mit höchster Klarheit und Präzision in seinen Beobachtungen und Äußerungen arbeitet, kann ein Arbeitsprozess entstehen, der die jugendliche Gruppe zu einer verbindlichen Zusammenarbeit führt, die auch unsichere Phase bestehen und nutzen kann (vgl. LAND, 1993: 125). Der professionelle Umgang mit den Widersprüchen des pädagogischen Alltags stellt eine zentrale Komponente kulturpädagogischen Handelns dar.

6.3.5 Beobachtungs- und Reflexionskriterien während des Prozesses

Die Beobachtung eines kulturpädagogischen Projektes kann auf verschiedene Arten geschehen, die von dem angestrebten Ziel abhängen. Sie sollte entsprechend geplant werden: Geht es vornehmlich um die Außenwirkung des Projektes oder um die Veränderungsprozesse bei den Jugendlichen oder um die Analyse und Verbesserung des künstlerischen Arbeitens? Dabei stellt sich die Schwierigkeit, dass immer nur Ausschnitte des komplexen Gruppengeschehens zu beobachten sind, die sich flüchtig und augenblicklich vollziehen. Eine permanente Aufzeichnung mit Hilfe von Kameras kann sehr störende Wirkungen auf das Verhalten der Jugendlichen und des Leiters haben, ähnlich wie außenstehende Beobachter, selbst wenn sie vorher angekündigt werden. Diese können mit einer anderen Aufmerksamkeit wahrnehmen als der Leiter. Günstigstenfalls steht ein Team bzw. ein zweiter Mitarbeiter für das gesamte

Projekt zur Verfügung, der von Anfang an bei jeder Einheit und Probe unterstützt. Dieser könnte auch, mit vorheriger Zustimmung der Beteiligten, Improvisations- und Gestaltungsergebnisse filmisch festhalten, woran die Jugendlichen selbst Interesse entwickeln, weil sie der eigenen Verbesserung dienen.

Die Beobachtung erfolgt immer anhand bestimmter Kriterien. Eindrücke sollten möglichst zeitnah formuliert und jeweils nach der Einheit ausgewertet werden. Die Reduzierung und Kategorisierung der wichtigsten sozialen und ästhetischen Komponenten im folgenden Beobachtungsbogen stellen einerseits eine Hilfe zur Selbstreflexion des Kulturpädagogen und der Jugendlichen dar, sind aber andererseits wie bereits diskutiert, vorsichtig und sensibel zu benutzen (vgl. Kap. 5.5). Die Beobachtungs- und Reflexionskriterien beziehen sich auf fünf Bereiche, zum Verlauf einer Einheit, zum psychosozialen Verhalten der Jugendlichen, zum Anleitungsverhalten, zu den kreativen Ergebnissen und zur allgemeinen Gruppenatmosphäre (vgl. CISTECKY, 1984: 163ff.). Sie stellen einen Maximalkatalog dar; wenn in der Arbeit mit den Jugendlichen einzelne Aspekte erreicht werden, ist dies bereits ein großer Erfolg.

1 Zum Verlauf einer Einheit

1.1 Aufbau:

- Aufwärmen und Einstimmen themenbezogen?
- Methodische Schritte sinnvoll?
- Dauer einzelner Übungsteile angemessen?
- Lernziele für Jugendliche deutlich?
- Jugendliche differenziert ausgelastet?
- Geplante oder andere Ziele erreicht?
- Bezug zu Inhalten aus anderen Einheiten vorhanden?

1.2 Medien:

- Werden Medien eingesetzt?
- Passend und an richtiger Stelle ausgewählt?

1.3 Planung:

- Stimmen Planung und tatsächlicher Verlauf überein?
- Welche Abweichungen gibt es?
- Zusätzliche Inhalte oder Methoden eingebaut?
- Raum günstig ausgenutzt?

1.4 Methoden:

- Arbeitsweisen imitativ oder kreativ, ganzheitlich oder analytisch?
- Wie kommen Spielprozesse in Gang?

- Sozialformen (einzeln, Partner, Gruppe) richtig gewählt und organisiert?
- Improvisation mit Gestalten und Präsentieren durchgeführt?
- Reflexionen an geeigneter Stelle?
- Entspannungsübungen in sinnvoller Abwechslung?

1.5 Weitere Beobachtungen und Eindrücke zum Verlauf der Einheit

2 Zum Verhalten der Jugendlichen

2.1 Individuelle Voraussetzungen:
- Lernfähigkeit und -bereitschaft der Jugendlichen berücksichtigt?
- Verhalten vor und nach der Einheit unterschiedlich?
- Über- oder Unterforderung?

2.2 Wahrnehmungsfähigkeiten der Jugendlichen:
- Reagieren und sich konzentrieren können?
- Beobachten und sich äußern können?
- Viele Sinne benutzen können?
- Nachmachen und sich umstellen können?

2.3 Sensomotorische Fähigkeiten der Jugendlichen (vgl. auch Kap. 5.3.1):
- Qualität der Bewegungstechnik?
- Verbesserung des Bewegungsrepertoires?
- Transformation von Inhalten in Bewegung?
- Ausprobieren unbekannter Bewegungen?
- Ausdauer über den gesamten Zeitraum?
- Tänzerische oder spielerische Grundfertigkeiten vorhanden?

2.4 Soziale Fähigkeiten der Jugendlichen:
- Sich gegenseitig zuhören und helfen können?
- Etwas gemeinsam tun und sich anpassen können?
- Miteinander bewegen und kommunizieren können?
- Sich berühren lassen und berühren können?
- Unterschiedliche Partner oder Kleingruppen wählen können?

2.5 Emotionale Fähigkeiten der Jugendlichen:
- Intensiv erleben können?
- Sich über eigenes Empfinden äußern können?
- Gefühle ausdrücken und darstellen wollen?
- Kritisieren und kritisiert werden können?

2.6 Kognitive Fähigkeiten der Jugendlichen:
- Fragen stellen können?

- Probleme lösen können?
- Sich an der Reflexion beteiligen können?
- Rhythmisieren und Stilisieren können?

2.7 Kreative Fähigkeiten der Jugendlichen:
- Begeisterungsfähigkeit und Aktionslust?
- Fantasie und Bewegungsfreude bei Improvisationen?
- Ideenfindung und Gestaltungsfähigkeit?
- Musik- und Bewegungsinterpretation?
- Tanzvielfalt vorhanden?

2.8 Präsentationsfähigkeit der Jugendlichen:
- Umsetzung der entsprechenden Kriterien?
- Intensität und Durchhaltevermögen?
- Beobachtung anderer Teilnehmer?

3 Zum Verhalten des Leiters

3.1 Allgemein:
- Aktiv oder passiv?
- Dominierend oder partizipierend?
- An Improvisationen beteiligt?
- Gelöst und ruhig in schwierigen Situationen?

3.2 Leitungsstil:
- Sozial-integrativ?
- Emotional zugewandt?
- Auf einzelne eingehend?
- Deutliche und freundliche Sprache?

3.3 Handlungsweisen (vgl. auch BIERMANN, 1972: 62):
- Maßnahmen zur Motivation? Bitten, wünschen oder anordnen?
- Maßnahmen zur Disziplinierung? Kritisieren, tadeln oder ermuntern?
- Unterstützung und Korrektur bei Unklarheiten oder Problemen?
- Experimentelle Haltung?
- Improvisationsbegleitung gelungen?
- Reaktion auf Unvorhersehbares?
- Gute Vorstellungshilfen?

3.4 Interaktionen:
- Gemeinsame Planung mit den Jugendlichen?
- Gleiches Verhalten zu allen?
- Anstöße und Gelegenheiten zum Ausprobieren?

- Gestaltung von Einzel- und Gruppenaktivitäten?
- Eigene Bewegungsvorgaben gelungen?

4 Zu den kreativen Ergebnissen

4.1 Allgemein:
- Unerwartet oder überraschend?
- Zufriedenstellend oder überzeugend?
- Fantasievoll oder etwas chaotisch?

4.2 Darstellungsprinzipien:
- Klar und deutlich bewegt?
- Bei der Darstellung Zeit gelassen?
- Auf das Wichtigste konzentriert?
- Einen Stil durchgehalten?
- Neue Tanzstile ausprobiert?
- Spannungsbogen entwickelt?
- Zuschauerkontakt gehalten?

5 Zur allgemeinen Gruppenatmosphäre

Als Kriterien zur Beobachtung der allgemeinen Stimmung und der Beziehungen untereinander können folgende Aspekte hilfreich sein:
- Interesse?
- Ruhe?
- Energie?
- Spaß?
- Unerwartetes?
- Vertrauen?
- Konzentration?
- Abwechslung?
- Körperbewusstsein?
- Lernbereitschaft?
- Kontaktfreude?
- Miteinander und Nebeneinander?
- Spannung und Entspannung?
- Rücksicht auf Schwächen und Stärken Einzelner?

6.4 Rollen des Kulturpädagogen

Die Rollen der Pädagogen und Künstler, die bei einem Projekt mitarbeiten, stellen sich sehr vielfältig dar, so wie es die Beobachtungskriterien schon angedeutet haben, und fordern eine reife Persönlichkeit, die mit Belastungen und Ambivalenzen umgehen kann. Eine Auswahl wäre:

- Vorbildrolle in der eigenen „ästhetischen Identität“ (vgl. MOLLENHAUER, 1990: 488)
- Eröffnung und offen halten von ästhetischen Erfahrungsspielräumen aller Art (vgl. MIES/SOMMER, 1999: 191)
- Anleitung des kreativen Prozesses (vorbereiten, vorschlagen, austesten, zusammenfassen, ordnen, wieder in Frage stellen, weiter suchen)
- Entwicklung verschiedener Wahrnehmungs- und Bewertungsmöglichkeiten
- Stützen, Auffangen und Weiterbringen des Einzelnen und der Gruppe
- Begleitung der Jugendlichen bei allen Prozessen, die sie zur Selbstbestimmung und Mündigkeit in der gesellschaftlich-kulturellen Umwelt führen (vgl. Kap. 2.1)
- Veränderungschancen bei bestehenden Ungerechtigkeiten suchen
- Reflexion und Weiterentwicklung von Methoden
- Berücksichtigung folgender Fragen: Wie mache ich es und wie arbeiten und verhalten sich andere Kollegen? Wie könnte ich es besser machen?
- Bewusstwerden über Lebensumstände der Jugendlichen: Welche sind gegeben und welche kann ich gestaltend beeinflussen?
- Welche Hilfen brauche ich, um meine nächsten Ziele zu erreichen?

Mit diesen Aufgaben ist der Leiter Teil des Projektes, er nimmt eine besondere Stellung ein, die er mit unterschiedlichen Haltungen und Handlungsweisen füllen kann. Der Kulturpädagoge muss eine Beziehung zu den teilnehmenden Jugendlichen aufbauen können, seine Kompetenzen kontinuierlich schulen und sich des Spannungsfeldes zwischen künstlerischer und sozialpädagogischer Arbeit bewusst sein bzw. sich zwischen diesen Feldern bewegen können (vgl. Kap. 6.4.1-6.4.3).

6.4.1 Beziehungsaspekte

Anders als ein Lehrer, der als Funktionsträger immer eine höhere Machtposition verkörpert (auch wenn er sie anders gestaltet), wird der Kulturpädagoge als erwachsener Partner im Miteinander des Handelns erlebbar. Dabei ist die ästhetisch-bewegungsorientierte Arbeit mit Gruppen immer auch ein gruppendynamischer Prozess, dessen Gelingen vor allem von den psycho-sozialen Fähigkeiten des Gruppenleiters abhängt. Der Kulturpädagoge muss sich als Gruppenleitung demnach über die persönlichen und gruppenbezogenen Ausgangslagen, Rahmenbedingungen und möglichen bzw. tatsächlichen Folgen des tänzerischen Prozesses im Klaren sein. Die körperorientierte Arbeit kann im Gegensatz zu primär diskursiven Arbeitsformen zu einer Intensivierung gruppen- und beziehungsbezogener Prozesse führen. Ein positives, von Akzeptanz bestimmtes Gruppenklima, durch eine persönliche, dennoch nicht private, pädagogische Beziehung geprägt, fördert nicht nur das Engagement für das gemeinsame Projekt, sondern stellt auch die Basis für die persönliche Entwicklung des Jugendlichen als eigenständige Person und als Gruppenmitglied dar. Die kreativen Prozesse können die Jugendlichen als Gruppe einerseits zusammenschweißen. Andererseits können kreative Erfolge bzw. Misserfolge die Gruppenatmosphäre beeinflussen: Störungen könnten sowohl überdeckt als auch noch mehr hervorgerufen werden. An diesen Stellen bekommt der Kulturpädagoge eine wichtige Aufgabe in der Beziehungsklärung durch Einfühlungsvermögen und in der Schaffung neuer Möglichkeiten durch passende Improvisationen, die der Entspannung und dem Motivationsaufbau dienen. Die Bewältigung überschaubarer Aufgaben mit gewissen kreativen Unsicherheiten stärkt die beteiligten Jugendlichen im fairen Miteinander. Hier zeigt sich der Unterschied zwischen didaktisch planvollem und taktvollem Handeln, wofür der Pädagoge eine dramaturgische Fähigkeit braucht (vgl. MUTH, 1967: 82ff.). Es geht darum, im Takt mit den Jugendlichen zu sein; diese nicht nur als Nachfolgende vielmehr als Mitspieler zu verstehen. Auch im übertragenen Sinne improvisieren zu können, bereichert das gemeinsame Arbeiten. Wenn man beispielsweise spürt, dass einige Jugendliche im Prozess außen vor sind, sollten spontan neue Raumformen für eine Unterrichtssituation geschaffen werden. „Das spielerische Moment, das zur Improvisation gehört, die Leichtigkeit des Handelns, das Vertrauen auf den glücklichen Einfall, sie lassen die Improvisation als eine Seite des pädagogischen Taktes erscheinen" (MUTH, 1967: 89). Die Kenntnisse und Erfahrungen in der Anleitung von Tanzimprovisationen stärken somit auch die Kompetenzen, kommunikativ didaktisch zu handeln (vgl. Kap. 6.1.5).

Das wechselseitige Beziehungsgefüge von erzieherischer Einwirkung des Kulturpädagogen und zunehmend aktivierter Fähigkeit der Selbstbildung des Jugendlichen sowie die Bestimmtheit beider durch Gehalt und Gestalt der als Natur und Gesellschaft vorhandenen Umwelt kann indessen nur dialektisch adäquat begriffen werden. Dies ist vor allem dann notwendig, wenn die Befähigung zur Veränderung des Bestehenden in die inhaltlichen Zielvorstellungen der Erziehung aufgenommen wird (vgl. Kap. 6.1.3 und 6.1.4). Bei der Zielgruppe benachteiligter Jugendlicher ist ihr Wunsch nach symmetrischer Interaktion mit Erwachsenen beim Motivations- und Beziehungsaufbau besonders zu beachten; dafür können vor allem freie „Zwischenzeiten" genutzt werden. Weiterhin sollte möglichst ein gleicher quantitativer und qualitativer Anteil aller Beteiligten am Kommunikationsprozess (verbal und non-verbal) gewährleistet werden (vgl. BIERMANN, 1972: 57). Ein kulturpädagogisches Projekt bietet höhere Bindungsmöglichkeiten an als etwa die offene Jugendarbeit, so dass sich die Beziehungsqualität zwischen dem Leiter und den teilnehmenden Jugendlichen intensiver gestaltet. Diese beeinflusst auch maßgeblich die Entscheidung der Jugendlichen, überhaupt mit- und weiterzumachen (vgl. BIMSCHAS/SCHRÖDER, 2004: 107). Der Verlauf des Beziehungsprozesses in einem konkreten Projekt ist schwer vorhersehbar. Das auf freiwillige und selbstbestimmte Teilnahme angewiesene Arbeitsfeld ist strukturell der „Störung“ durch seine Adressaten ausgesetzt. Benachteiligte Jugendliche wissen oft nicht, wie sie Verbindlichkeit und Respekt gegenüber Erwachsenen gewährleisten können, ohne in Abhängigkeiten zu verfallen, ohne ihre Unsicherheiten preiszugeben. Insbesondere in der Adoleszenz ist die psychische und physische Offenheit in der Bedürfnisstruktur sehr hoch, so dass die Beziehungs- und auch die inhaltliche Programmgestaltung im kulturpädagogischen Prozess dynamisch mit den Spannungen zwischen Freiheit und Halt, zwischen unbändiger Energie und Unlust der Jugendlichen umgehen muss. „Gefühle beeinflussen den Umgang des Menschen mit sich selbst und mit anderen sowie die sozialen Beziehungen in Gruppen; wie überhaupt soziales Lernen ohne Gefühle und emotional-affektive Fähigkeiten und ihr Zusammenspiel mit den kognitiven nicht möglich ist“ (LÜSCHOW/MICHEL, 1996: 43). Der vorgestellte Ansatz der kommunikativen Didaktik bestätigt die hohe Bedeutung der Beziehungsaspekte für alle Arten von Lernprozessen in einem kulturpädagogischen Projekt. Die personale Dimension trägt sowohl zum pädagogischen Erfolg oder Misserfolg als auch zur Gefahr zu großer pädagogischer Beeinflussung bei. Der leitende Kulturpädagoge ist von daher zu steter Reflexion seiner Beziehungsarbeit und Rollenvielfalt (Leiter, Künstler, Erwachsener, Dienstleister, Erziehender etc.) verpflichtet. Es gibt keinen sicheren, eindeutigen pädagogischen Standpunkt, doch die Jugendlichen müssen spüren, dass sie ein freundliches und verbindliches Gegenüber haben, das sich meistens von der Rolle der Eltern und Lehrer deutlich abgrenzt.

„Die unsteuerbaren physischen und psychischen Schübe und mit ihnen verbunden die Aufgabe, eine eigene, sozial verankerte Identität zu finden, nötigen viele Jugendliche zu Suchbewegungen und Experimenten gerade in der Gestaltung von Beziehungen. Dafür bietet die Jugendarbeit einen nahezu idealen Raum“ (BIMSCHAS/SCHRÖDER, 2004: 109). Ein körperorientiertes kulturpädagogisches Projekt bietet Jugendlichen darüber hinaus einen ganzheitlich und kreativ gestalteten Raum an. Wenn sie sich in ihm wohl fühlen, können sie vor allem über die Methode der Improvisation neben der Intensivierung ihrer Erfahrungen und Kreativität große Anerkennung für ihr Können erhalten (vgl. TIEDT, 1995: 247). Die Chance liegt also in der Verbindung der pädagogischen Beziehungsarbeit mit den tanzpädagogischen Gestaltungsprozessen. Dabei wird weder das körperliche Training oder das künstlerische Ergebnis noch das persönliche Erleben im Gruppenprozess zum ständigen Hauptinhalt gemacht, auch die pädagogische Beziehung bewegt sich im „Dazwischen“ (vgl. KAPPERT, 1995: 211).

6.4.2 Kompetenzen des Kulturpädagogen

„Die Ausrichtung aufs Lebenlernen trägt zu einer Entlastung der Pädagogik von ihrer Theorielastigkeit bei; ohnehin sind theoretische Verallgemeinerungen im Hinblick auf das pädagogische Verhältnis nur begrenzt möglich, da zu vieles abhängig ist von den persönlichen Besonderheiten der Individuen, die im Spiel sind. Was die theoretische Ausstattung des Pädagogen angeht, wäre eher der Eklektik das Wort zu reden, die ihm freistellt, selbst die Auswahl zu treffen, die er als eigene auch persönlich vertreten kann; die Eklektik bewahrt die Erziehung zudem vor ideologischer Einseitigkeit. Von größter Bedeutung ist die Bildung und Selbstbildung der *Persönlichkeit* des Pädagogen, denn sie befähigt ihn, die Ausübung pädagogischer Macht im Maß zu halten und den reflektierten Umgang mit Macht durch die kalkulierte Wechselseitigkeit von Machtbeziehungen im pädagogischen Verhältnis einzuüben. Die Persönlichkeit des Pädagogen allein bürgt auch für die Glaubwürdigkeit, von der der pädagogische Erfolg abhängig ist, und ermöglicht seine Vorbildfunktion – nicht um nachgeahmt zu werden, sondern um die Gestalt zu verkörpern, mit der die ihm Anvertrauten sich auseinandersetzen können, um sich selbst zu gestalten: Ein Prozess des Lebenslernens, der auch dann stattfindet, wenn er negiert wird“ (SCHMID, 1998: 316f.).

Zu diesem Lebenlernen können kulturpädagogische Projekte besonders für benachteiligte Jugendliche sehr viel beitragen. Neben den oben geschilderten persönlichen Fähigkeiten muss der Kulturpädagoge unbedingt vertiefte Kenntnisse in einer oder mehreren Kunstsparten haben. Wenn am Ende eines Projektes etwa eine tänzerische Aufführung steht, muss er selbst praktische Erfahrungen damit haben. Neben dieser Fachlichkeit trägt er die Verantwortung für die organisatorischen Rahmenbedingungen und muss koordinierende und kommunikative Kompetenzen besitzen. Wenn er mit der Methode der Improvisation arbeitet, wird der Kulturpädagoge zum lernenden, handelnden und genießenden Vorbild für die teilnehmenden Jugendlichen. Seine Aufgabenstellungen sollten präzise und lebendig formuliert werden, so dass die Gruppe möglichst gut agieren kann. „Hat ein Großteil der Gruppe Schwierigkeiten mit der gestellten Aufgabe, dann muß der Leiter überprüfen, ob das Thema zu kompliziert, die Entwicklung des Lernprozesses zu rasch oder zu oberflächlich, die Gruppierung ungünstig war“ (HASELBACH, 1993: 19). Darüber hinaus können die Jugendlichen selbst ermuntert werden, Themenvorschläge einzubringen. Nach dem Experimentieren folgt fast immer eine Reflexionsphase, die eine Grundlage für spätere Ausarbeitungen darstellt. Am Ende einer Einheit werden alle Ergebnisse vorgeführt, evaluiert und weiterentwickelt.

Die wichtigsten Kompetenzen eines Kulturpädagogen können in zwei Bereiche aufgegliedert werden:

a) im sozialen Bereich:
- aufmerksam sein, gute Wahrnehmungsfähigkeit haben
- verbindliche Beziehungsatmosphäre herstellen
- verantwortlich organisieren können
- unterschiedliche Zugänge zu den Jugendlichen finden
- zuhören können und decodieren versuchen
- Grenzen setzen und einhalten
- Konflikte aushalten und zur Verständigung nutzen
- Frustrationstoleranz und Perspektivenübernahme besitzen
- zur Selbsttätigkeit, auch bei Widerständen, anregen
- Selbstbeobachtung und Selbstreflexion ritualisieren

b) im künstlerischen Bereich:
- geeignete Einführungen und Begrüßungen gestalten
- prägnante und motivierende Formulierungen bei der Improvisationsanleitung nutzen
- Fokussierung der Improvisationsbegleitung beherrschen
- imaginative Verbalisierungsfähigkeit besitzen
- Vormachen von Bewegungen klar und präzise ausführen
- weiterentwickelnde Verbesserungsvorschläge geben
- souverän mit verschiedenen Medien umgehen
- gelassen sein, beim Improvisieren nicht sofort eingreifen
- künstlerische Ideen und spontane Gestaltungsfähigkeit haben
- aktiv Spiel-Räume bzw. Szenen und Choreografien gestalten

In der kulturpädagogischen Arbeit können Jugendliche sich selbst frei ausprobieren, neue Erfahrungen in ästhetischen Experimenten sammeln, sich selbst in oder durch Körperarbeit spüren und von innen her erleben. Bei der Unterstützung der jugendlichen „Bildungsgänge“ spielen fünf Aspekte eine wichtige Rolle, die der Leiter immer wieder berücksichtigen und reflektieren sollte (vgl. SCHERPNER, 1992: 95ff.):

1. Wertschätzende Haltung, lebensnahe Verortung sowie umfängliches Wissen und Können als Voraussetzungen
2. Vermittlung von Informationen (der Pädagoge lernt auch von seiner Zielgruppe – Jugendliche aus sozial benachteiligten Familien haben z. B. ihre eigenen kreativen Bewältigungsstrategien)
3. Vermittlung durch entsprechende Methoden (Sensibilisierung, Selbstbestimmung, Freude)
4. Anregung zur Selbsterkenntnis: Wer bin ich? Was will ich? Was kann ich? (z. B. Untersuchung der Teil-Identitäten der Jugendlichen und der persönlichen Motivation für bestimmte Pläne)

5. Biografie und Lebensplan (ästhetische und spirituelle Erfahrungen ermöglichen: Woher komme ich und wohin gehe ich? – vgl. Kap. 6.1.1).

Bei der Aus- und Fortbildung von zukünftigen Kulturpädagogen, die vornehmlich mit benachteiligten Jugendlichen arbeiten wollen, müssen von daher verschiedene Ansätze berücksichtigt werden. Zunächst ist der jugendliche Drang nach Selbstbestimmung und Eigenlernen ohne pädagogische Begleitung zu sehen. Dann ist der besondere Ansatz der „aufsuchenden Stadtteilarbeit" für die Förderung von Benachteiligten wesentlich: Kontinuierliche Wegbegleitung durch ein Team. Ein Stück gemeinsames Leben von Jugendlichen und Pädagogen ist besonders wichtig für arbeitslose Jugendliche oder subjektiv arme Jugendliche, die an mangelndem Selbstwertgefühl leiden. Die von allen Teilnehmern partizipierte Gestaltung eines Gruppenprozesses besitzt eine zentrale Bedeutung, denn benachteiligte Jugendliche fühlen sich oft als Außenseiter in einer Clique. Eine angemessene Mischung aus offenen und geschlossenen Angeboten kommt diesen jungen Menschen entgegen (vgl. auch Kap. 3.5). Die Orientierung an ihrer Alltagswelt zeigt sich in der räumlichen Entscheidung von kulturpädagogischen Projekten. Benachteiligte Jugendliche können in Häusern der offenen Tür eher mit kulturellen, ihnen örtlich und persönlich nahen Angeboten erreicht werden als im schulischen Kunstunterricht. In diesem Feld ist der „Motor" die Spannung zwischen jugendlichen und kultur- oder sozialpädagogischen Ausdrucksformen (vgl. NACHTWEY, 1987 und TREPTOW, 1991). Diese Reibung unterschiedlicher Vorstellungen und Haltungen ermöglicht den Jugendlichen die Weiterentwicklung ihrer Persönlichkeit. Es kann ein offenes Konzept spezifisch für den Ort und sein Umfeld entwickelt werden. Dort können neue Formen des Lernens ausprobiert werden und Künstler wie Kulturpädagogen können immer wieder an einem Projekt mitarbeiten, vor allem auch in dezentralen Gebieten. Das wichtigste Ziel ist die Stärkung der Person des einzelnen Jugendlichen. Seine Lebensqualität ist nicht allein von materiellem Wohlstand abhängig. Trotzdem sind echte Chancen der Teilhabe am gesellschaftlichen Umfeld immer wieder strukturell abzusichern, so dass Jugendliche eine direkte Einflussnahme auf ihre soziale und kulturelle Lebenswelt auch über pädagogische Begleitung hinaus erhalten.

6.4.3 Kulturpädagogik im Spannungsfeld zwischen künstlerischer und sozialpädagogischer Arbeit

Pädagogik im Sinne der Erziehungskunst bedeutet zunächst, den Heranwachsenden anzuleiten, zu beraten und zu lehren, ihn bei seiner individuellen Entwicklung und Integration in die Gemeinschaft zu begleiten. Das Spezifische der Sozialpädagogik ist die Verortung (Lebensweltorientierung) der Arbeit, die Verbesserung von Sozialisationsbedingungen und die dazugehörige Zielgruppe, die eine spezielle, intensive Begleitung im Sinne einer Hilfe zur Selbsthilfe erforderlich macht. Für diese Aufgaben und darüber hinaus für die Förderung kultureller Ausdrucksformen in der Gesellschaft eignet sich die Arbeit mit künstlerischen Medien, hier im Speziellen mit dem Ansatz der kreativen Körper- und Tanzarbeit. Der Kulturpädagoge muss also in beiden Bereichen Kompetenzen und eine hohe Reflexionsfähigkeit entwickeln, seine persönlichen Stärken und Schwächen kennen. Das Ziel einer Begleitung ist eine möglichst hohe Autonomie des Jugendlichen, damit verbunden die Stärkung des Selbstwertgefühls und darüber hinaus die Fähigkeit, das eigene Leben möglichst gut für sich gestalten zu können, im Rahmen der persönlichen Sozialität (Familie, Freunde, Gesellschaft). Auf der einen Seite muss der Kulturpädagoge die Individualität des Heranwachsenden achten. Er kann über eine annehmende Beziehungsarbeit versuchen, gewisse Werte und moralische Prinzipien zu vermitteln. Auf der anderen Seite muss er viele positive Erfahrungen der Selbstbetätigung in kreativen Spiel-Räumen ermöglichen, denn diese können vor allem die emotionalen Gedächtnisschichten der Jugendlichen erreichen (vgl. ROTH, 2001 b: 373). Dabei ist jedes Erleben subjektiv, so auch das von Bewegungen und Bewegungsabläufen. Mimik, Gestik, Körpersprache, Farbe und Form, Handlung und Musik wirken in einem Tanzstück zusammen und werden gefiltert durch die Aufnahmefähigkeit und -bereitschaft des Betrachters. Ein Tanz ist das Spiegelbild des Menschen mit seinen Sehnsüchten, Erfüllungen und Enttäuschungen, an dem immer wieder reflektiert werden kann – er bietet sich für die Auseinandersetzung mit Jugendlichen gezielt an.

In kulturpädagogischen Projekten werden sowohl sozialpädagogische als auch künstlerische Kenntnisse und Erfahrungen benötigt, die sich gegenseitig ergänzen aber ebenso ausschließen können, wenn beispielsweise ein dominant wirkendes Choreografieren erforderlich ist und weniger Rücksicht auf persönliche Befindlichkeiten genommen werden kann. Neben dem beruflich-praktischen Wissen, wie dem Verstehen und Deuten von Ereignissen, den richtigen Handlungsstrategien und der Reflexion, ist wissenschaftlich-theoretisches Wissen von Nöten. Wissenschaftliche Erkenntnisse sollen als Erklärungsmodelle und als Weiterentwicklung des eigenen Handlungsrepertoires genutzt werden. Der Kern des fachlichen Wissens, durch den Jugendkulturarbeit zur professionellen Tätigkeit wird, ist nicht einfach gleichzusetzen mit der Summe wissenschaftlicher Kenntnisse über Zielgruppen und ihre inneren und äußeren Lebensbedingungen, auch nicht mit dem praktischen Know-how, wie die Arbeit zu organisieren ist, noch mit speziellen Methoden und Techniken etwa aus dem künstlerischen Bereich. Der Kern ist vielmehr eine bestimmte Haltung der von Ausbildung und Beruf geformten Persönlichkeit, die durch all dieses Wissen und Können gestärkt werden kann, die aber damit nicht identisch ist. Wenn ein Pädagoge in der Jugendkulturarbeit tätig wird, muss er den Tatbestand bewältigen und nutzen, dass ein Sich-Aussetzen gegenüber dem Lebenszusammenhang seiner Adressaten Voraussetzung ist. Pädagogische Ziele und Ideen sind von denen der Jugendlichen mit abhängig. Es ist nicht einfach Handeln am Anderen, sondern ein Verhandeln und Aushandeln, selbst dort, wo es beeinflussen will (vgl. auch LÜSCHOW/MICHEL, 1996: 90ff.). Es ist auf Partnerschaft angewiesen, was den Gebrauch von autokratischen Mitteln nicht ausschließt. Darüber hinaus ist sozialpädagogisches und künstlerisches Handeln anderen externen Kontrollinstanzen unterworfen, die alle Arbeit bewerten und zukünftige Leistungen verteilen. So befindet sich die Kulturpädagogik mehrfach in Spannungsfeldern, zwischen denen sie sich bewegen lernen muss.

6.5 Gruppendynamische Prozesse

Eine Gruppe durchläuft während des Zeitraums ihres Bestehens mehrere zirkuläre Prozesse. Diese werden durch die Strukturmerkmale, die Zusammensetzung und die Umgebung einer Gruppe beeinflusst (vgl. SADER, 2000: 115). Die Dynamik des gesamten Prozesses – von vor dem Projektbeginn bis nach dem Ende – entspringt aus den Beziehungen der Gruppenmitglieder untereinander. Diese sind niemals statisch. Sie werden durch die Individualität des einzelnen Jugendlichen und des Leiters hervorgerufen und verändern sich im Laufe des Prozesses, während sich auch alle anderen Jugendlichen verändern. In der Gruppe können die Teilnehmenden die Wechselwirkungsprozesse der eigenen Interaktionen in ihren Wirkungsweisen erfahren, reflektieren und neu erproben. Das Gruppenziel, hier eine gemeinsame Tanzaufführung, prägt die Frage nach den Werten und Normen einer Gruppe. Dabei geht es grundlegend um die Art des Miteinanderumgehens und die Bedeutung des Ziels für jedes Gruppenmitglied. Die Rollenverteilung sowie die Kommunikationsstruktur einer Gruppe werden dadurch gestaltet, die wiederum auf den Prozessverlauf und das Endprodukt Einfluss haben. Um für seine Bewertung und Handlungsweise Unterscheidungen treffen zu können, muss der leitende Kulturpädagoge die Komplexität dieses Prozesses reduzieren und einzelne Aspekte mit dem Wissen um das notwendige Ausblenden anderer fokussieren. Dabei ist es sehr wichtig zu berücksichtigen, dass etwa eine objektiv günstige Umgebung oder Zusammensetzung der Gruppe nicht unmittelbar dem Erleben der teilnehmenden Jugendlichen entspricht. Auch was der einzelne Jugendliche aus einer bestimmten Erfahrung macht, ist nicht objektiv zu bewerten – es sind nur aus langjährigen Leitungskenntnissen heraus einige Wahrscheinlichkeitsaussagen zu treffen (vgl. SADER, 2000: 34).

In der einzigartigen Eigendynamik von Gruppen kann das Ausmaß der Neigungen füreinander durch die Häufigkeit und Intensität der Interaktionen zwischen den Teilnehmenden erhöht werden, und zwar von der ersten explorativen Kennenlernphase an. Verschiedene Modelle zur Entwicklung von Gruppen gehen in der Regel von fünf Phasen aus, die trotz unterschiedlicher Bezeichnungen ähnliche Gruppensituationen beschreiben, die zu irgendeinem Zeitpunkt vielleicht in abgewandelter Reihenfolge in jeder Gruppe auftauchen (vgl. z. B. PALLASCH, 2003: 83 oder SCHERPNER, 1992: 48). Die freiwillige Teilnahme, die Größe der Gruppe, die Art der Leitung und der Aufgaben usw. beeinflussen die Qualität dieser Phasen. Durch Interaktion und Kommunikation entsteht eine Gruppenatmosphäre, die zur Identifikations- oder auch Klärungsphase aller Gruppenmitglieder beiträgt, in der einzelne Rollen und Positionen der teilnehmenden Jugendlichen durchaus über Konfliktaustragung geklärt werden. Widerstände gegenüber dem Leiter, seinen Aufgabenstellungen oder auch gegenüber anderen Teilnehmern müssen je nach Intensität mit verschiedenen Methoden bearbeitet werden (vgl. Kap. 6.3.1-6.3.4). Aus dieser wichtig zu durchlebenden Phase müssen gemeinsame Ziele, Verhaltensnormen und Symbole gesucht und geformt werden, um den Zusammenhalt zu stärken und sich gegenüber anderen Gruppen abzusetzen. Darauf folgt eine Phase des Vertrauens und der Intimität untereinander. Mit der Zeit kann der Einzelne in der Gruppe immer stärker seine persönliche Rolle gestalten und ausdifferenzieren. Die Leistung der Gruppe insgesamt und des Einzelnen wird stark durch die Form und Gestalt der Kommunikationsstruktur in dieser Differenzierungsphase beeinflusst. Durch die Erweiterung der Kommunikationskanäle mit Hilfe der Körperorientierung und der tänzerischen Arbeit wird der Gruppenprozess intensiviert. Die Gruppe wird immer stärker zu einem sich selbst regulierenden System ihrer Möglichkeiten, so dass das Selbstwertgefühl und die Eigenverantwortung des einzelnen Jugendlichen gefördert werden. Dieses Wachstumsmodell der Gruppe baut auf dem Gleichgewichtsgedanken von einer Gruppe der themenzentrierten Interaktion auf bzw. führt diese weiter fort (vgl. Kap. 6.1.5). Bei einem zeitlich befristeten Projekt ergibt sich die Abschiedsphase von selbst, sollte entsprechend vorbereitet sein und mögliche Angebote in der Zukunft bereitstellen.

Für die ästhetisch-tänzerische Arbeit an den sieben Körperdimensionen eignen sich bestimmte Gruppenphasen bzw. werden diese dynamisch unterstützt (vgl. Kap. 6.3.3). Um zunächst von außen her in der „Kennenlernphase“ der Gruppe zu beginnen, bieten sich der Körper als „Werkzeug“ und „Erscheinung“ an. Um den Status und die Struktur der Gruppe in der „Klärungsphase“ auch non-verbal auszuformulieren, können die Methoden zum Körper als „Symbol“ und „Beziehung“ genutzt werden. Wenn das Zutrauen untereinander gewachsen ist und noch mehr unterstützt werden soll, kann der Weg von innen her über den Körper als „Sinnesorgan“ und „Biografie“ beschritten werden. Gerade in dieser „Vertrautheitsphase“ der Gruppe können die Jugendlichen mit Hilfe der vorgestellten Arbeitsweisen ungewöhnliche und intensiv ästhetische Erfahrungen sammeln. Den Körper als „Spiel-Raum" zu nutzen, bietet sich besonders in der „Differenzierungsphase" der Gruppe an, da hier jeder Einzelne in seiner Persönlichkeit geschätzt und für den Gruppenprozess gebraucht wird. Wenn die Jugendlichen bereits so weit gestärkt sind, kann sich der Leiter immer mehr von seiner steuernden Funktion zurückziehen. Wenn das Projekt dem Ende entgegen geht, beginnt die „Abschiedsphase" der Gruppe, die bewusst thematisiert und noch einmal mit dem Körper als „Biografie" gestaltet werden kann.

Für ein körperorientiertes kulturpädagogisches Projekt über den Zeitraum von einem Jahr, mit dem Ziel einer Aufführung, sollte nach einer kurzen Probezeit von einer konstanten Gruppe ausgegangen werden, auch wenn Ausstiege, Auszeiten oder Ausfälle vorkommen können. Durch einen personalen Wechsel in der jugendlichen Gruppe gerät der Beziehungsprozess erfahrungsgemäß wieder in eine Klärungsphase (vgl. SCHMIDT-GRUNERT, 2002: 174ff.). Manchmal kann eine Veränderung in der Gruppenkonstellation auch sehr bereichernd sein.

Festzuhalten bleibt, dass es unterschiedliche Phasenmodelle von Gruppen gibt und dass sie dem Leiter zur besseren Einschätzung der Gruppensituation und der daraus folgenden Arbeitsweisen dienen sollen. In der Praxis laufen diese Phasen nicht systematisch, sondern eher zirkulär und von Gruppe zu Gruppe sehr verschieden ab. Ein Modell bietet von daher keinen Ersatz für die situationsspezifische Erklärung beobachteter Verhaltensphänomene in der Gruppe.

6.6 Aufführung und Präsentation eines Projektes

Wenn am Ende eines kulturpädagogischen Projektes ein Stück aufgeführt werden soll, ist ein künstlerisches Gesamtkonzept von Nöten, das in der Regel eine gelungene Verbindung von Inhalten und Formen gewährleisten sollte (vgl. BLUM, 2004: 132). Das widerspricht nicht der Partizipation der teilnehmenden Jugendlichen oder weiterer Mitarbeiter, es erfordert vielmehr pädagogisches und ästhetisches Geschick des leitenden Kulturpädagogen, eventuell in Zusammenarbeit mit einem professionellen Choreografen, der passend zur Projektidee ausgesucht werden sollte. Ansonsten läuft man Gefahr, dass eine Aufführung nur Stückwerk und damit kontraproduktiv zu den ursprünglichen Zielen wird. Ein Tanzstück muss zwar nicht professionell im Sinne einer brillanten Technik getanzt sein, aber es muss mit Bewegungsstereotypen brechen und überraschen, präsent in der Darstellung sein und neue Möglichkeiten in der Betrachtung eröffnen. Dafür ist in den letzten Wochen vor der Aufführung sowohl eine intensive Probenarbeit, vor allem auf der entsprechenden Bühne mit der dortigen Technik, von Nöten als auch eine gelungene

Öffentlichkeitsarbeit, um Publikum, so etwa auch Schulklassen, vielleicht für mehrere Präsentationstermine, zu werben.

Jugendliche sind nach „ihrem“ Auftritt stolz und selbstbewusst, beflügelt durch ihr kreatives, selbstbestimmtes Handeln vor einem Publikum (vgl. LKJ, 2001, S.128ff.). Das Theater ist heutzutage einer der letzten Orte, wo Menschen für eine bestimmte Art von Interaktion und Kommunikation zusammen kommen, und der eine besonders gestimmte Atmosphäre ausstrahlt. Tanzaufführungen ermöglichen eine starke Verbindung zwischen Darstellenden und Zuschauenden, die aufgrund einer geringen Distanz des Tanzes mit allen körperlichen Sinnen angesprochen werden. Der Projektentwurf bietet einen möglichen Weg an, um mit Jugendlichen zu einer „Performance“ zu gelangen, in der über mehrere Sparten hinweg, fächerübergreifend, bis zuletzt Vieles möglich sein kann. Doch es widerspricht dem subjektorientierten, kreativen Ansatz eine konkrete Aufführung vorzustellen, die immer einmalig bleibt. Im Folgenden sollen die wichtigsten Anknüpfungspunkte aus dem methodischen Entwurf heraus unter einer künstlerischen Perspektive zusammengefasst werden, die zu einer Präsentation führen können.

„Allgemein gesehen bedeutet Improvisation soviel wie: etwas aus dem Stegreif erfinden, lösen, bewältigen. Es ist kein Ziel fest gelegt. Nur die – die jeweilige Situation bestimmenden – Bedingungen gelten quasi als Spielregeln“ (DEHARDE, 1978: 87). Je geübter die Jugendlichen mit diesen „Spielregeln“ umgehen können, desto intensiver kann der ästhetische Bildungsprozess im Tanz sein. Weitere Aufgaben- und Fragestellungen, die im Projekt von Bedeutung sind, seien noch angedeutet. Das bewusste Erleben des Tanzraumes, in dem etwa bestimmte Grenzen festgelegt werden oder Linien, Kreise, Diagonalen, die Bewegungen lenken sollen, aufgezeichnet sind, spielen bei einer Improvisation eine entscheidende Rolle. Überlegungen zu einem imaginären Publikum, zu einer interessanten Raumaufteilung, zu einer spannungsreichen Aufstellung betreffen alle Jugendlichen. Die Arbeit mit der Zeit steht in einem engen Verhältnis dazu: Wann genau beginnt und endet das Stück? Empfinden alle Beteiligten diesen Moment gleich? Wie werden die Rhythmen gestaltet? Prägt eine bestimmte Musik das Stück? Wann soll der Rhythmus gebrochen werden? Wie lange muss etwas gleich gestaltet sein, damit eine Brechung deutlich wird? Diese und ähnliche Fragen prägen den tänzerischen Prozess, so dass besonders das Improvisieren zur Entfaltung der eigenen Persönlichkeit und der ganzen Gruppe im Hinblick auf die Ausdrucks- und Gestaltungsfähigkeit beiträgt.

Diese Weiterentwicklung kann beispielsweise anhand von Videoaufnahmen bei einem Treffen der Projektgruppe von den Teilnehmern selbst festgestellt werden, wenn die Aufzeichnung einige Zeit danach angeschaut wird. Grundsätzlich wirken sich weitere Zusammenkünfte über die Gruppenzeiten hinaus, etwa der gemeinsame Besuch einer Tanzaufführung, sehr positiv auf das soziale Klima der Gruppe aus, auch in Bezug auf die weitere tänzerische Arbeit. So kann es gelingen, etwaige negative Umwelteinflüsse, die zum Treffen mitgebracht werden, aufzufangen. Betroffenheit kann im Tanz artikuliert werden, wie es die professionelle Tanzkunst veranschaulicht, von der auch derjenige viel lernen kann, der den Tanz nicht zum Beruf macht (vgl. FRITSCH, 1988: 294ff. und Kap. 5.6). Überdies helfen Entspannungs- und Atemübungen, die immer wieder in den Prozess mit eingebracht werden, Verkrampfungen abzubauen und freier zu tanzen. Bedürfnisse und Intentionen der Tanzlernenden und der Tanzlehrenden fließen zusammen; dabei sind vor allem die Freude und die Hingabe starke Motoren des nicht immer gradlinigen tänzerischen Prozesses. „In ihrer gelungensten Form schließen Unterrichtung und Erziehung Faszination und Begeisterung ein. Fehlt die Freude im Lernprozess, sinkt auch der Lernerfolg und die Atmosphäre ist bestimmt von Lustlosigkeit und Angst. Der Lernende arbeitet nur noch mit einem Bruchteil seines Potentials" (DEHARDE, 1987: 90).

Nach einigen Monaten hat sich im Projekt eine offene, gemeinschaftliche Atmosphäre entwickelt, nicht zuletzt durch die Offenbarung des Körpers in seiner Bewegungsvielfalt. Der ästhetische Bildungsprozess ist hier stärker ein Gruppenphänomen als etwa im Bereich der bildenden Künste oder in der Jugendarbeit. Auch eine Darbietung im Rahmen etwa eines Schulfestes oder auf einer Theaterbühne stellt ein gemeinsam erarbeitetes und geübtes Werk dar, entweder ein komplett choreografiertes Stück oder eine Improvisation mit einem bedingt festgelegten Verlauf. Jede Improvisation ist einzigartig, trotz eines gleich bleibenden Themas oder eines abgesprochenen Spannungsverlaufes. Die tänzerische Arbeit bzw. das zu präsentierende Stück ist ebenfalls von den konkret tanzenden Jugendlichen abhängig. Die speziellen ästhetischen Erfahrungen im Laufe des Projektes können sich für eine andere Tanzgruppe ganz anders gestalten. Es liegt am Kulturpädagogen, aus der Fülle der Möglichkeiten auszuwählen und dabei ein gutes Gespür für die jeweiligen Jugendlichen zu entwickeln. „Das Ziel der Erziehung durch Tanz in der ästhetischen Erziehung ist die Fähigkeit zu unverstellter Aussage." (DEHARDE, 1978: 81). Die kann sich allerdings nur in einem Raum entfalten, der durch Ungezwungenheit, Offenheit, Wärme und Fantasie geprägt ist. Die ästhetische Bildung im Tanz verläuft in Phasen mit verschieden starker Aktivität und Intensität, der Mensch wird dabei als Ganzheit aus Körper, Seele und Geist angesprochen. Die beschriebenen Phänomene sind als eine Annäherung zu verstehen, da der Tanz bei einer Aufführung letztlich nur selber für sich sprechen kann.

6.7 Auswertung – Erfinden neuer Möglichkeiten

Durch die Einführung des „Wirksamkeitsdialoges" als schriftliches Zeugnis der jährlich zu erneuernden Antragstellungen für Fördergelder sind die Mitarbeiter im Bereich der Jugendhilfe, so auch der kulturellen Jugendarbeit, seit einigen Jahren dazu aufgefordert, ihre Angebote zu evaluieren. Die Instrumente dazu werden immer noch weiterentwickelt und diskutiert, doch der hohe Bildungsbeitrag der Kinder- und Jugendhilfe ist dabei inzwischen deutlich geworden (vgl. LKJ, 2001: 135f.). Die Auswertung einerseits mit den Jugendlichen selbst, als grundlegender Bestandteil einer Projektarbeit, und andererseits im Leitungsteam ist von hoher Bedeutung für die öffentliche Anerkennung und mögliche Verbesserung der Arbeit, aber auch für das Erfinden neuer Projektideen. Dafür können notierte, fotografierte oder gefilmte Beobachtungen der einzelnen Projektphasen als Basis dienen (vgl. Kap. 6.3.5).

In Projekten mit Haupt- und Förderschülern hat sich gezeigt, dass diese sich auf ungewöhnliche Körper- und Tanzmethoden einlassen, wenn die Gruppe sich gut im Prozess befindet sowie Wertschätzung und Vertrauen untereinander und zum Leiter besteht. Diese Jugendlichen fühlen sich ernst genommen und entwickeln Freude und Stolz, in einer solchen Gruppe mitmachen zu können. Nach einer gelungenen Aufführung vor Freunden und Familien entwerfen die Jugendlichen oftmals selber Ideen für ein neues Stück. Weitere Anregungen können auch Texte aus ihrem Deutschunterricht oder selbst verfasste geben, wie der eines Jugendlichen:

„Dazwischen,
zwischen den Seiten,
zwischen gut und böse,
zwischen Spiel und Ernst,
zwischen Traurigkeit und Freude,
zwischen Angst und Vertrauen,
zwischen Hoffnung und Leere,
zwischen Himmel und Hölle,
zwischen Diesen und Jenen,
zwischen mir und mein,
dazwischen, wie eine Insel,
alleine,
die Verbindung zum Festland suchend,
‚nur‘ dazwischen?“

Darüber hinaus können Bilder, Skulpturen sowie ungewöhnliche Räume, beispielsweise die Museumsinsel Hombroich – Kunst parallel zur Natur –, die Fantasie anregen (vgl. www.inselhombroich.de). Vielfältige Sinneseindrücke und ästhetische Erfahrungen entstehen bei einem Tag auf der „Insel“. Dort gerät der Körper in einen neuen Dialog mit Architektur, Kunstwerken und teilweise gestalteter sowie fast unberührter Natur. Die Orte, die die Jugendlichen am stärksten bewegen, könnten zum Ausgangspunkt eines neuen Projektes werden. Zusätzlich können durch derartige Ausflüge neue Multiplikatoren ge-

gefunden werden. Weiterhin spielen Musikstücke bei der Ideenfindung eine entscheidende Rolle, so dass bereits die Kooperation mit einem Komponisten viele Möglichkeiten eröffnen kann. Allein die Fragen einer Improvisationsgestaltung zeigen neue Anschlüsse auf: „*Wer (macht) wann was (z. B. welche Bewegung) in welchen räumlichen Verhältnissen an welcher Stelle des Raumes mit welcher Musik?*" (BLUM, 2004: 132). Der Kulturpädagoge kann sowohl über formal-strukturelle als auch über inhaltlich-stoffliche Wege weitere Projektansätze erfinden. Als Themenkreise dienen der Körper selbst, seine Erfahrungen im Alltag und seine Bewegungsmöglichkeiten unter den Parametern Zeit, Raum und Kraft, oder die innere Welt des Menschen, die durch Gedanken und Gefühle Anregungen zur Bewegung gibt sowie die äußere Welt mit ihrer ungeahnten Vielfalt an Fragen, Ideen und Herausforderungen (vgl. MAHLER, 1981: 31ff.). Und ein letzter Hinweis zum Erfinden neuer Möglichkeiten: „Erst mal einfach anfangen; die Ideen kommen, wenn der Lehrer oder die Lehrerin etwas mitbringt und etwas zu verteilen hat: bewegliches und bewegtes Spielzeug, die Bewegung" (TIEDT, 1995: 251).

7 Resümee und Ausblick

„Das Leben ist vielleicht auch nur ein höchster Begriff wie Raum und Zeit; es ist die Kategorie der Möglichkeit.“ (Friedrich Hebbel)

7.1 *Bewegung und Tanz* als Beitrag zur Kulturpädagogik

Jugendliche wachsen heute in einer Gesellschaft auf, deren Dynamik zu mehr Individualisierung, zu mehr Autonomie führt, verbunden mit einem größeren Konkurrenzkampf und vielen Zukunftsängsten (vgl. Kap. 3.1). Junge Menschen erfahren, dass Solidarität und Werteorientierung immer weniger gelebt werden. Ebenso leben sie in einer Medien- und Konsumlandschaft, der die Ideen der Unterhaltung, des Spaß-Habens und des Showbusiness zugrunde liegen, die auf andere Lebensbereiche übertragen werden. So nehmen gerade Jugendliche auf eine empfindsame Art eine Gesellschaft wahr, in der der Einzelne zunehmend auf sich gestellt ist, in der der Mensch zum Konsumenten degradiert und nicht als ganzheitliches Wesen angesprochen wird (vgl. Kap. 2.1). Sie wachsen in einer Umwelt auf, in der zahlreiche soziokulturelle Unterschiede und Konkurrenzsituationen existieren, die Integrationschancen schwächerer Menschen verhindern.

In den komplexen und sich rasch verändernden Gesellschaftsstrukturen sind sozial- und bildungsbenachteiligte Jugendliche besonders herausgefordert, meistens überfordert. Sie werden in ihrer immer unsicherer werdenden Lebensgestaltung in praktischer, emotionaler und ethischer Hinsicht oft allein gelassen. Ein Ansatzpunkt der Kulturpädagogik muss deshalb die Stärkung der Persönlichkeiten dieser Jugendlichen durch die Ermöglichung von Sinn- und Sinneserfahrungen aus „erster Hand“ sein, und zwar in Bewegungen, die sowohl Freiheit als auch Halt zum Wachsen anbieten (vgl. Kap. 4.1). Dabei ist der Körper das wichtigste Medium, um bei der Achtsamkeit auf sich selbst und den anderen zu beginnen. Die körperliche Selbstvergewisserung und das unmittelbare Erleben in vielfältigen Arbeitsweisen werden für die Kompetenz- und Selbstwirksamkeitserfahrungen des einzelnen Jugendlichen sehr wichtig. Über die Schulung der Körperwahrnehmung, des Körperausdrucks und der Bewegungsvielfalt werden nicht nur emotionale, sondern auch kognitive und soziale Kompetenzen aufgebaut.[1]

Jugendliche erleben in der Adoleszenz die sprunghaften körperlichen Veränderungen meist so, dass sie wenig Kontrolle und Differenzierungsfähigkeit besitzen, dabei ist der Blick von innen auf den eigenen Körper oft noch kindlich (vgl. BIMSCHAS/SCHRÖDER, 2004: 109 und Kap. 3.2). Durch den bewussten Eigenkontakt im Experimentieren mit Bewegungsmöglichkeiten, oder man könnte auch sagen, durch die Kommunikation mit dem eigenen Körper verändert sich die Wahrnehmung des Außen. Es kann erlebt werden, dass die Umgebung nicht mehr abstoßend, feindlich oder fremd ist, sondern alles und alle einen berechtigten Platz haben. Die Arbeit und die Erfahrung mit dem eigenen Körper holt vor allem benachteiligte Jugendliche aus ihrem rezeptiven, trägen und lustlosen Verhalten heraus (vgl. Kap. 3.5 und 4.3). Ebenso kann den unruhigen oder aggressiven Verhaltensmustern Einzelner begegnet werden, weil jeder seine Aufmerksamkeit zunächst auf sich selbst richtet. Körperarbeit in verschiedenen künstlerischen Formen kann die Jugendlichen in Fühlung mit ihrer gegenwärtigen Situation bringen, ihnen eine Erfahrung des Ganz-im-Augenblick-Aufgehens und ein Gefühl für mögliche Alternativen geben. Eingefahrene Bewegungs- und Beziehungsmuster können durch Bewegungsspiele und Tanzimprovisationen aufgebrochen und neu gestaltet werden (vgl. Kap. 5.3.1). „Wesentlich beim Improvisieren ist das Wecken der Vorstellungskraft, die in allen Lebensbereichen große Bedeutung hat, da das Lösen von Problemen vom Vorstellungsvermögen abhängig ist" (FRISCH, 1999: 71). Dies scheint angesichts des vielstündigen Sitzens im Schulalltag und vor den Bildschirmen angebracht zu sein. Solche Möglichkeiten bieten vor allem die darstellenden Künste, doch eine stärkere Körperorientierung ist auch in den bildenden Künsten, also für alle Bereiche der Kulturpädagogik umsetzbar. So bieten sich kunstübergreifende Projekte in der Jugendkulturarbeit an, etwa mit der Verbindung von Malerei und kreativem Tanz (vgl. HASELBACH, 1991). Die Jugendlichen sollen erfahren, bewusst als Darsteller anderen etwas zu zeigen oder auch bewusst als Zuschauer anderen

1 Für die integrierte Haupt- und Realschule in Berlin Kreuzberg, die inzwischen nur noch von ausländischen Jugendlichen besucht wird, hat die Beteiligung bei „Rhythm is it" einen Höhepunkt des Schullebens dargestellt. 30 Schüler sind in dem zweijährigen Tanz- und Filmprojekt über ihre bisherigen Fähigkeiten hinausgewachsen und haben für sie einmalige Erfahrungen und Erfolgserlebnisse gesammelt (vgl. HOLSTEIN: „Kein Deutscher mehr da", in: NGZ, 6.9.2005: 7 und Kap. 4.2.3 sowie Kap. 5.4).

zuzuschauen, zu genießen und anschließend zu reflektieren. Der vorliegende Projektentwurf stellt ein didaktisch-methodisches Modell dar, das die besondere Qualität der ästhetischen Erfahrung als Basis einer Kulturpädagogik hervorhebt und körperorientierte Umsetzungsmöglichkeiten anbietet (vgl. Kap. 6).

Die Bedeutung des Körpers wird in der kulturpädagogischen Diskussion bisher nur wenig beachtet (vgl. Kap. 4). Ganzheitliche Begleitung und Förderung von Jugendlichen kann jedoch nur unter Einbezug aller Dimensionen, so auch die des Körpers stattfinden. Eine dezidierte Körperorientierung wirkt sich durch die Verbesserung der Körperwahrnehmung und die Steigerung des Selbstwertgefühls im individuellen Bereich positiv aus. Durch die gruppenbezogenen Erfahrungen der Jugendlichen in einem kulturpädagogischen Projekt finden Verbesserungen im interaktionellen Bereich statt. Weiterhin werden Partizipationsgelegenheiten im kulturellen Bereich durch die Schulung der Ausdrucksmöglichkeiten und Wertschätzung ihrer kreativen Arbeit geschaffen. Jugendliche erfahren als Teilnehmer und Mitveranstalter eines kulturpädagogischen Projektes soziale Anerkennung und gesellschaftliche Teilhabe, insbesondere durch ihre körperlichen und tänzerischen Fähigkeiten. Bewegungs- und Tanzangebote, mit den hier begründeten und dargestellten Intentionen als eine mögliche Antwort auf jugendliche Sehnsüchte, erweitern die Kulturpädagogik um ihre körperliche Dimension (vgl. BECKER, 1995: 145). Je stärker der junge Heranwachsende eine Beziehung mit sich selbst und seiner Umwelt aufbaut, desto wahrscheinlicher ist es, dass er die Ansprüche der inneren und äußeren Welt in ein ausgewogenes Verhältnis bringen kann. Das Bedürfnis Jugendlicher nach Räumen, in denen sie sowohl ihre Neugierde als auch ihre Kontakt- und Orientierungswünsche befriedigen können, wird in der Bewegung und Begegnung im Dazwischen, mit dem, was sich zwischen zwei oder mehreren Jugendlichen im Tanz ereignet, aufgegriffen. Der Körper als Basis allen sinnlichen Wahrnehmens und Verstehens wird darüber hinaus in Verbindung mit den ästhetischen Erfahrungen ins Zentrum jedes Bildungsprozesses mit Kunst und Kultur gerückt. Dabei können die sieben pädagogisch und künstlerisch bedeutsamen Perspektiven auf den Körper unterschiedlich ins Spiel kommen: Sie können differenziert nach der Zielgruppe, den künstlerischen sowie den psycho-sozialen Intentionen eines kulturpädagogischen Projektes und der konkreten methodischen Vorgehensweise des Leiters berücksichtigt werden (vgl. Kap. 4.2.3 und 6.3.3). Bewegung und Tanz als ästhetisches Spiel tragen ihren Sinn in sich und dienen dem Jugendlichen in einer durch nichts anderes zu ersetzenden Art und Weise; so liegt eine Begründung der Kulturpädagogik in Schillers Theorie zur ästhetischen Erziehung des Menschen nahe (vgl. BJKE b, 2005).

7.2 *Bewegung und Tanz* als Beitrag zur Lebenskunst

„Vergleicht man die Schulformen miteinander, so wird deutlich, dass das Gymnasium gemäß seinem definierten Bildungs- und Erziehungsauftrag deutlich mehr Möglichkeiten bietet, dem Anspruch gerecht zu werden, seine Schülerklientel durch ein entsprechendes Unterrichtsangebot an vielfältige kulturell-kreative Aktivitäten heranzuführen und zu fördern. In Verbindung mit dem Bildungsstatus der Eltern erweisen sich die GymnasiastInnen als die aktiven Teilnehmer am musisch-kulturellen Leben" (WAHLER, 2004: 152).

Da die Leistungen von Kindern und Jugendlichen in der Schule in Deutschland sehr stark von ihrer sozialen Herkunft abhängen, geht es in dieser Arbeit darum, besonders die Förderung benachteiligter Jugendlicher mit einer alternativen Form von Bildung innerhalb und außerhalb der Institution Schule anzusprechen (vgl. Kap. 3). Bisher gehen gerade einmal 8% der jungen Menschen, die eine Musik- oder Jugendkunstschule besuchen, auf Hauptschulen, so dass auch strukturell neue Zugänge zur kulturellen Bildung für sozial- und bildungsbenachteiligte Jugendliche geschaffen werden müssen (vgl. BJKE a, 2005: 13). Auf einer kreativen Ebene soll ein Können im Erschließen von Möglichkeiten angeregt werden, um diese dann auf einer eher technischen Ebene auch realisieren zu können. Gerade eine körperorientierte Kulturpädagogik kann diese Jugendlichen erreichen und betreffen; Bewegung und Tanz tragen allgemeine Bildungswirkungen durch die Beschaffenheit des tänzerischen Prozesses selbst in sich (vgl. Kap. 5.1-5.5). Dabei ist die Diskrepanz zwischen den Ansprüchen zu berücksichtigen, denen Jugendliche in ihrem Schulalltag ausgesetzt sind, und der Anforderung, plötzlich umzuschalten und aus sich heraus zu gehen, die Noten und die Bewertungssituation zu vergessen und kreativ statt reproduktiv zu sein (vgl. Kap. 2.4.1). Das kunstvolle Können, das aus den Erfahrungen der „Bewegung im Dazwischen" erwächst, bezieht sich auch auf die Bewältigung und Gestaltung des alltäglichen Lebens benachteiligter Jugendlicher, auf ihre Formen von Lebenskunst. „Das Zusammenziehen von Leben und Kunst im Kompositum *Lebenskunst* unterstellt also in keiner Weise ein Identischwerden der beiden Ausgangsbegriffe, sondern meint eine Anwendung von Kunst aufs Leben im beschriebenen Sinne" (SCHMID, 1998: 73); also die bewusste und unbewusste Anwendung von Erfahrungen und Können aus einem körperorientierten kulturpädagogischen Projekt auf die persönliche Lebensweise. Tanz und Improvisation eröffnen im besonderen Maße die Chance, unterschiedliche Bewegungserfahrungen und andere, nichtsportliche Sinngebungen erlebbar zu machen, um dem entsinnlichten, vom Körper entfremdeten Sozialisationsprozess ästhetische Erfahrungen entgegen zu setzen (vgl. Kap. 2.2).

Ein offenes, weites Bildungskonzept hat die Vermittlung von Gestaltungskompetenz im Zeichen der Modernisierung oder auch „Lebenskunst" im Zeichen einer oftmals paradoxen Lebenswirklichkeit zum Ziel. Denn Bildung wird heute als das Erfolgskriterium für Menschen in postmodernen Gesellschaften angesehen. Bewegung und Tanz spielen als analoge, nicht verbale Medien bei diesem Konzept eine entscheidende Rolle, da eine intensive Bildung gleichermaßen kognitive wie emotionale, ästhetische wie soziale und körperliche Aspekte des Menschseins berücksichtigt. Der Wunsch nach einer Ästhetik der Existenz umfasst auch das Misslingen, entscheidend ist, ob das Leben insgesamt als bejahenswert erscheint. An dieser Stelle geht es einer körperorientierten Kulturpädagogik um die bescheidene und mühevolle Arbeit einer punktuellen Verbesserung spezifischer Verhältnisse. Die Menschen haben sehr verschiedene Vorstellungen davon, was zu einer gelungenen Lebensführung gehört. Diese ist einem ständigen Wandel unterworfen. Wichtig ist das Erkennen und Erleben eigener Handlungsmöglichkeiten, gerade weil die Lebensphase Jugend schon lange keinen Schonraum mehr darstellt. Somit verwirklicht die kulturelle Praxis Jugendlicher einen grundlegenden Teil ihrer Lebenskunst. Einerseits werden Erfahrungen aufgearbeitet, die den Jugendlichen verstehen lassen, dass jeder Mensch auf seine Art mit Brüchen, Unwahrscheinlichkeiten und Widerständen leben muss und kann (vgl. MÜNCHMEIER, 2001: 69). Andererseits erweitern Jugendliche als Teilnehmer eines entsprechenden Projektes auch durch die Vernetzung verschiedener Träger sozialer und kultureller Arbeit ihren Horizont. Und je höher ihre eigene soziale Kompetenz durch die kulturpädagogische Arbeit wird, desto besser können sie auch in Zukunft, wenn es für sie notwendig wird, von Unterstützungssystemen oder Bildungsangeboten Gebrauch machen (vgl. HURRELMANN, 1994: 158).

Durch Bewegung und Tanz können sich benachteiligte Jugendliche ein neues Bild von sich machen. Körper und Gefühl bekommen einen größeren Bezug zueinander, Reaktionen anderer können besser eingeschätzt werden. Die Jugendlichen erfahren eine Unterstützung in ihrer Mitteilfähigkeit. Über die Bewusstmachung des individuellen Körperausdrucks und das Experimentieren (Variieren, Verfremden, Übertreiben, Stilisieren etc.) mit diesem Ausdruck und dem einer Gruppe, sowie über die tänzerische Ausgestaltung von Handlungsideen entwickelt sich der Möglichkeitssinn. Möglichkeitssinn bezeichnet die Fähigkeit, alles, was ebenso sein könnte, zu denken und zu gestalten und dabei das, was zur Zeit da ist, nicht wichtiger zu nehmen als das, was noch nicht ist (vgl. GLASER, 2001: 56). Damit trägt eine bewegte kulturelle Bildung zu einer Lebenskunst der selbstgewählten Wege sozial- und bildungsbenachteiligter Jugendlicher bei. In spielerischen Bewegungs- und Tanzsituationen können die Jugendlichen in eine andere Welt eintreten, um mit bisher Gegebenem umzugehen, es weiterzutreiben und sich mit dem Anderen des eigenen Seins zu konfrontieren (vgl. SEITZ a, 1998: 27). Alleinige Fixierungen auf vertraute Muster führen auch biografisch gesehen oft in Sackgassen. Durch den Tanz wird der gesamte Körper stimuliert, sensibilisiert sowie sein kinästhetischer Bewegungssinn verfeinert und damit die Chance für neue Wege und andere Gangarten verbessert.

Eine gelingende Lebenskunst hängt entscheidend von den Begegnungen des Jugendlichen mit erwachsenen Vorbildern ab. Der professionelle Pädagoge sollte dabei von seinen Eigenbewegungen Kenntnis haben, nicht nur Begleiter, Beobachter und Anreger sein, sondern auch ein positives Beispiel mit seiner Persönlichkeit geben (vgl. Kap. 6.4). Mit seiner Achtung vor der Praxis des Körpers achtet er zugleich auch den Menschen – sich selber und jeden einzelnen Jugendlichen. Durch die Elemente des kreativen Tanzens wie Bewegungslernen, Improvisation und Gestaltung werden das körperliche, emotionale und geistige Wachstum der Jugendlichen durch das Anregen von Vorstellungen und Empfindungen sowie das Planen und Strukturieren gefördert. Im Tanz selbst kommen alle Elemente als eine Einheit zum Ausdruck und können sich über das Tanzen hinaus auf andere Lebensbereiche übertragen. So trägt dann die Eigenbewegung des Jugendlichen im kreativen Tanz und im alltäglichen Leben zu seiner Selbstbildung und zum Auskosten aller Facetten des Lebens bei (vgl. QUINTEN, 1994: 209f. und BMFSFJ, 2005: 228).

7.3 *Bewegung und Tanz* als Beitrag zur Geschlechtergerechtigkeit

„Zum einen sind Mädchen und junge Frauen nach wie vor mit dem Problem der späteren Vereinbarkeit von Beruf und Familie strukturell allein gelassen, zum zweiten sind sie, gerade auch deshalb, in vielen Bereichen des Berufsbildungs- und Berufssystems trotz vielfach besserer oder höherer Bildungsabschlüsse immer noch benachteiligt" (KING, 2000: 51). Gleichberechtigte Partizipation von Mädchen in allen gesellschaftlichen Bereichen ist unweigerlich mit dem Ziel einer entwickelten, selbstbestimmten Persönlichkeit verbunden. Mädchen werden sich aber nur einmischen, wenn sie erleben, dass ihre Erfahrungen, ihr Wissen und Können gefragt sind und ernstgenommen werden. Insofern ist der Aspekt der Öffentlichkeit für kulturelle Produktionen von Mädchen alleine oder auch gemeinsam mit Jungen ein pädagogisches Qualitätskriterium für eine parteiliche Mädchenarbeit.

Obwohl es zahlreiche Gleichberechtigungsgesetze gibt, sind Frauen und Männer in vielen Berufen, auch in künstlerischen, nicht wirklich gleichgestellt (vgl. z. B. BRUHNS, 2004: 33). Kenntnisse und Erfahrungen über geschlechtsspezifische Ungleichheiten und Ungleichzeitigkeiten müssen sich noch mehr verbreiten und kritisch reflektiert werden. Vielleicht liegt eine Chance darin, wenn Pädagogen lernen, die Art, wie sie es gewohnt sind zu denken, zu interpretieren und zu bewerten, gewohnheitsmäßig in Frage zu stellen. Darüber hinaus sind in pädagogischen Arbeitsfeldern zu einem überwiegenden Teil Frauen beschäftigt, lediglich bei Gymnasiallehrern ist die Zahl ausgewogen, weil das Image dieses Berufes höher einzuschätzen ist. Doch für Kinder und Jugendliche ist es enorm wichtig, dass sie in ihrer Erziehungslaufbahn Vorbilder beider Geschlechter erleben. Im Bereich der kulturellen Bildung kann dies durch die Kooperation gerade mit männlichen Künstlern oder Sozialarbeitern etwas ausgeglichen werden, zumindest kann auf eine geschlechtergerechte Ressourcenverteilung geachtet werden.

Die individuelle Ausgestaltung von Weiblichkeit und Männlichkeit kann, wie diese Arbeit aufgezeigt hat, durch kulturelle Bildung mit Bewegung und Tanz angeregt werden. In körperorientierten Erfahrungsräumen des kreativen Tanzes werden ganz neue Ideen vom Geschlechterverhalten jenseits von festgelegten Normen kommuniziert. Die präsentative Symbolik eignet sich besonders gut, Unsagbares zu entwerfen und emotionale Wertschätzung zu entwickeln. Ein kulturpädagogisches Projekt schafft einen Raum außerhalb der alltäglichen Umgebung und erleichtert damit Mädchen wie Jungen, bisher ungewohnte geschlechtsspezifische Handlungsmuster auszuprobieren. Inhaltlich sollte es in der Arbeit mit benachteiligten Jugendlichen über die Einbeziehung der körperlichen Dimensionen immer wieder um Geschlechterfragen gehen, die durch das Neuerfinden von Geschlechtsidentitäten künstlerisch aufgesprengt und anschließend reflektiert werden können. Nur außerhalb eines Systems, wie das der geschlechtstypischen Rollenverteilung, kann man eine Möglichkeit finden, seine inneren Abläufe zu verändern. Eine wirkliche Gleichberechtigung der Mädchen kann nicht ohne eine Entwicklung der Jungen gelingen. Ihnen müssen noch stärker Zugänge zu kreativen Bewegungs- und Tanzangeboten ermöglicht werden, wo sie sich mit ihren Ausdrucksfähigkeiten experimentell und inhaltlich einbringen können. Das Verstehen vollzieht sich in der Unmittelbarkeit der körperlichen Begegnung zwischen zwei körperlich situierten Subjekten und ihrem Bewegungsausdruck (vgl. AIGNER, 2002: 443ff.). Die hier vorgestellte kulturelle Jugendarbeit trägt somit zu Freundschaften und Beziehungen zwischen Jungen und Mädchen „auf gleicher Augenhöhe“ bei. „Männer sind ja genauso betrogen um ihr eigenes Leben, wenn sie nicht das Weibliche, das Gefühlvolle, das Schwache in sich selbst lieben können, genauso wie wir uns um etwas bringen, wenn wir uns nicht erlauben können, aggressiv zu sein und unsere Stimmen auch in der Politik hörbar werden lassen“ (COHN, 1993: 102); so verdeutlicht es die Begründerin der themenzentrierten Interaktion. Dieser Ansatz trägt auch zur Humanisierung der Bildungsinstitutionen durch den Abbau des Rivalitätsprinzips zwischen den Geschlechtern bei und könnte durch eine körperorientierte Kulturpädagogik als Unterrichtsinhalt sinnvoll ergänzt werden (vgl. Kap. 6.1). Eine nachhaltige Wirkung der hier begonnenen Geschlechtergerechtigkeit im pädagogischen Kontext kann allerdings nur durch eine gesellschaftliche Veränderung der ungleichen Zugangsmöglichkeiten von jungen Frauen und Männern zur Erwerbstätigkeit und der nach wie vor bestehenden geschlechtsspezifischen Arbeitsteilung in der Familie erreicht werden (vgl. BMFSFJ, 2005: 21).

7.4 *Bewegung und Tanz* als Beitrag zur politischen Diskussion

Seit der Veröffentlichung der PISA-Studien der OECD[2] gibt es eine breite Diskussion über das deutsche Bildungssystem. Diese Diskussion wird oft verkürzt geführt und zu sehr auf das Schulsystem allein bezogen. Eine ernsthafte bildungspolitische Auseinandersetzung muss alle Orte des Lernens in den Blick nehmen – Lernprozesse müssen sinnvoll und wirkungsvoll gestaltet werden – vor, neben und in der Schule. Wenn außerschulische Träger, wie etwa die Jugendkulturarbeit, mit Schulen kooperieren, sollten sie darauf achten, dass die Lehrerschaft auch der Entwicklung und Förderung von unterrichtsbefreiten Projekten dient und nicht nur umgekehrt. Hier liegt noch ein hoher Bedarf vor, ganzheitliche und verbindliche Konzepte zu entwickeln, die einen Tag von acht bis sechzehn Uhr in der Schule und an anderen Orten gleichberechtigt und abwechslungsreich gestalten. Dabei sollte ein breiter Bildungsbegriff zugrunde gelegt werden, denn Bildungspolitik hat die Aufgabe, Jugendliche bei der Bewältigung und Gestaltung des gesellschaftlichen Wandels zu unterstützen. Neben allen diskursiven Formen muss eine wie die hier vorgestellte präsentative Arbeitsweise gerade in der Förderung von benachteiligten Jugendlichen mehr Beachtung erhalten bzw. im Bildungssystem fest implementiert werden (vgl. BMFSFJ, 2005: 230). Die Qualität der kulturpädagogischen Arbeit ist dabei von entscheidender Bedeutung; sie muss in den Dialog zwischen Jugendhilfe, Schule und Politik noch stärker einfließen, um dann entsprechend finanziell, personell und räumlich ausgestattet zu werden.

---

2 Die OECD (Organisation for Economic Cooperation and Development) ist von wirtschaftspolitischen Interessen geprägt und verfolgt einen funktionalistischen Bildungsbegriff, ganz im Gegensatz zur kultur- und bildungspolitisch orientierten UNESCO (United Nations Educational, Scientific and Cultural Organisation). Dies wird auch in den PISA-Instrumentarien der von der OECD in Auftrag gegebenen Bildungsstudien deutlich. Ihre Macht- und Einflussposition auf die Bildungs- und Sozialpolitik ist stärker einzuschätzen als die der UNESCO, die ein weites Bildungsverständnis vertritt. Auch in den politischen Verlautbarungen der bundesdeutschen Parteien wird Bildung leider oft funktionalisiert und auf kognitives und berufsqualifizierendes Wissen enggeführt (Quelle: nichtveröffentlichter Vortrag von Prof. Dr. Max Fuchs, Vorsitzender des deutschen Kulturrates, am 17.9.2005 in der Akademie Remscheid; vgl. auch ders.: Kulturelle Bildung, PISA und Co. 2002: 5ff., http://www.bkj.de).

Der Förderbedarf von Kindern und Jugendlichen im Rahmen der Ganztagsschule durch kompetentes Personal und die notwendige Investition in die Ausbildung solcher Mitarbeiter ist durch die vorliegende Arbeit deutlich geworden. In keinem anderen OECD-Land ist die Wahrscheinlichkeit, dass in bildungsfernen Milieus geborene Kinder und Jugendliche lebenslänglich bildungs- und sozialbenachteiligt und von kulturellen Angeboten ausgeschlossen bleiben, so hoch wie in Deutschland. Diesen Teufelskreis zu durchbrechen, muss erstes Ziel der Bildungs- und Sozialpolitik sein. Es kann aber nur mit qualifizierter Förderung auf der Basis entsprechender Konzepte, nicht mit Betreuungsangeboten durch Ehrenamtliche oder Honorarkräfte allein gelingen.

Darüber hinaus dürfen die ursächlichen sozialen Probleme der Benachteiligung nicht aus dem Blick geraten. Vor allem Jugendliche aus sozial schwachen Milieus, die nicht über die nötige formale und informelle Bildung verfügen, bleiben oft ohne Ausbildungsplatz. Die Förderung dieser Zielgruppe darf nicht erst mit der Jugendberufshilfe beginnen, sondern setzt umfassende Veränderungen des gesamten Bildungssystems voraus. So ist auch die Jugendhilfe gefordert, sich noch offensiver in lokale Netzwerke zu begeben bzw. diese zu initiieren und zu fördern. Sie muss berufsvorbereitend mit Schulen und ausbildungsbegleitend mit Betrieben kooperieren, um der Ausgrenzung von benachteiligten Jugendlichen möglichst frühzeitig entgegenzuwirken. Insbesondere kooperative und aufsuchende Bildungskonzepte sind weiterzuentwickeln, die eine Integration von Jugendlichen im Sozialraum ermöglichen (vgl. www.bundesjugendkuratorium.de). Von daher sind größere Investitionen in kulturpädagogische Projekte, die vor allem mit Bewegung und Tanz arbeiten, für benachteiligte Jugendliche immer wieder politisch einzufordern. Dafür müssten Pädagogen die Sprache der Politiker lernen, um sie von der Bedeutung und den hohen Ansprüchen einer körperorientierten kulturellen Bildung zu überzeugen (vgl. BJKE b, 2005: 11). Nur durch neue integrative Konzepte, vor allem auf kommunaler Ebene, könnten die dafür notwendigen Ressourcen aus verschiedenen Finanzhaushalten kombiniert als verbindliche Förderung bereit gestellt werden.

Diese Arbeit stellt den Versuch dar, eine wissenschaftlich begründete Basis für die kulturelle Bildungsarbeit mit einer bisher vernachlässigten Zielgruppe vorzulegen. Dies geschieht aufgrund einer Analyse der Beschaffenheit ästhetischer Prozesse, der kulturellen Praxis Jugendlicher sowie der klaren Zielorientierung und didaktisch-methodischen Umsetzung eines körper- und bewegungsorientierten Ansatzes. Eine differenzierte Betrachtungsweise des Eigensinns von Bewegung und Tanz, der möglichen Potenziale der Kulturpädagogik und ihrer gesellschaftlichen Bedeutung soll dadurch angeregt werden. Diejenigen, die kulturelle Bildung vertreten und vermitteln wollen, müssen sich auch selbst bewegen, um zu bewegen, oder wie Eugen Gomringer (1969: 65) es formuliert:

„bleibt bewegt“

sucht und
lernt

seht und
fasst

lehrt und
führt

ruht und
kreist

bleibt
bewegt

Nachwort

„Schön sind die Dinge, die wir sehen. Schöner jene, die wir verstehen. Am schönsten jene, die wir nicht begreifen." (Niels Steenson)

Die Dissertation wurde von Herrn Prof. Dr. Bernhard Dieckmann betreut. Ihm gilt mein besonderer Dank für seine wertvollen Anregungen und kritischen Hinweise. Auch Herrn Univ.-Prof. Dr. Gerhard Michel möchte ich herzlich für seine Bereitschaft, das Zweitgutachten sowie eine inhaltliche Begleitung der Arbeit zu übernehmen, danken. In meiner Arbeit als Jugendbeauftragte beim Bistum Aachen, als nebenberufliche Rhythmikpädagogin im Tanzraum Neuss sowie als Dozentin am Fachbereich Sozialwesen an der Hochschule Niederrhein wurde ich stets gefordert und gefördert. Das dadurch zum Ausdruck gebrachte Vertrauen, vor allem auch von den Kindern, Jugendlichen und jungen Erwachsenen selbst, war immer ein Ansporn für mich und ich empfinde bis heute für diese Zusammenarbeit eine große Dankbarkeit. Herzlich möchte ich mich bei meinen Kolleginnen und Kollegen an der Hochschule, besonders bei Prof. Dr. Theodor M. Bardmann, ebenso bei den Dozentinnen und Dozenten der Akademie Remscheid bedanken. Die freundschaftlichen, konstruktiv-klärenden und ermutigenden Gespräche mit ihnen waren für mich sehr wertvoll und bereicherten den Fortgang meiner Arbeit. Während der Manuskripterstellung fand ich in Catrin Strahlegger und Alexander Lamprecht zuverlässige und mitdenkende Helfer. Neben dem gesamten Freundes- und Familienkreis waren einige Menschen stets anregende, geduldige und unterstützende Begleiter meines Arbeitens und Lebens: Susanne Cistecky, Sebastian Delißen, Gisela Dransfeld-Nießen, Ursula Lowinski, Karen Pilatzki, Susanne Weins und Angelika Wienen. Ihnen möchte ich von ganzem Herzen danken. Ohne ein tragendes Netzwerk kann so ein intensives Vorhaben nicht gelingen.

Felicitas Lowinski

Literatur- und Quellenverzeichnis

ABRAHAM, Anke: Der Körper im biographischen Kontext. Ein wissenssoziologischer Beitrag. Wiesbaden, 2002.

ADORNO, Theodor W.: Ästhetische Theorie. Gesammelte Schriften 7. Frankfurt a. M., 1970.

AIGNER, Wilma: Nichtverbal-leibliches Verhalten in der erzieherischen Interaktion. Frankfurt a. M., 2002.

ALBRECHT, Helfried T.: Über den Zusammenhang von Kontrollüberzeugungen und psychosozialer Anpassung im Jugendalter. Frankfurt a. M., 1994.

ALKEMEYER, Thomas: Gesellschaft, Körper, Tanz. In: Gesellschaft für Tanzforschung e. V. (Hg.): Tanzforschung. Jahrbuch Bd. 6, Wilhelmshaven, 1995, S. 9-26.

ARTUS, Hans-Gerd (Hg.): Gestaltung in Tanz und Gymnastik. Handeln im Sport in Theorie und Praxis, Bd. 4. Universität Bremen, 1987.

ARTUS, Hans-Gerd: Zu Struktur und Inhalt eines Studienganges Tanzwissenschaft. In: Gesellschaft für Tanzforschung e. V. (Hg.): Tanzforschung. Jahrbuch Bd. 4, Wilhelmshaven, 1993, S. 261-279.

ARTUS, Hans-Gerd: Authentizität, authentische Bewegung und Tanz. In: Gesellschaft für Tanzforschung e. V. (Hg.): Tanzforschung. Jahrbuch Bd. 7, Wilhelmshaven, 1996, S. 176-194.

BAACKE, Dieter: Jugend und Jugendkulturen – Darstellung und Deutung. Weinheim, 2004.

BAER, Ulrich/FUCHS, Max (Hg.): Methoden und Arbeitsformen der Kulturpädagogik. Expertise 5, Kinder- und Jugendkulturarbeit in NRW. Unna, 1993.

BAER, Ulrich (Hg.): Lernziel Lebenskunst. Spiele, Projekte, Konzepte und Methoden für Jugendarbeit und Schule. Seelze, 1997.

BAER, Ulrich/**Thole**, Werner (Hg.): Kultur-Pädagogik studieren. Hildesheim, 1997.

BAER, Ulrich: Kulturpädagogische Prinzipien für die Arbeit mit vernachlässigten Kindern und Jugendlichen. In: BKJ (Hg.): Kulturarbeit und Armut.

Konzepte und Ideen für die kulturelle Bildung in sozialen Brennpunkten und mit benachteiligten jungen Menschen. Remscheid, 2000, S. 109-114.

BÄUML-ROSSNAGEL, Maria-Anna: Sinnennahe Bildungswege als aktuelle Bildungsaufgabe. In: BIEWER, Gottfried/REINHARTZ, Petra (Hg.): Pädagogik des Ästhetischen. Bad Heilbrunn, 1997, S. 188-203.

BAINBRIDGE-COHEN, Bonnie: Spüren – Fühlen – Handeln. Die Grundlagen des Body-Mind Centering. In: MILZ, Helmut/VARGA VON KIBÉD, Matthias (Hg.): Körpererfahrungen. Anregungen zur Selbstheilung. Zürich, 1998, S. 65-79.

BASTIAN, Hans Günther: Musik(erziehung) und ihre Wirkung. Mainz, 3. Aufl., 2002.

BECKER, Rolf/**LAUTERBACH**, Wolfgang (Hg.): Bildung als Privileg: Erklärungen und Befunde zu den Ursachen der Bildungsungleichheit. Opladen, 2004.

BECKER, Peter: Verheißungen des Körpers. In: PAWELKE, Rainer (Hg.): Neue Sportkultur. Von der Alternativen Bewegungskultur zur Neuen Sportkultur – Neue Wege in Sport, Spiel, Tanz und Theater. Lichtenau, 1995, S. 143-150.

BECKERS, Edgar: Kunst und ästhetische Erziehung – eine Möglichkeit zur Neuorientierung des Sportunterrichts? In: Kölner Beiträge zur Sportwissenschaft. Bd. 8/9, 1979/80, S. 7-43.

BECKERS, Edgar: Ästhetische Erziehung: ein Erziehungsprinzip zwischen Tradition und Zukunft. Sankt Augustin, 1985.

BELGRAD, Jürgen/**NIESYTO,** Horst (Hg.): Symbol. Verstehen und Produktion in pädagogischen Kontexten. Hohengehren, 2001.

BENJAMIN, Walter: Das Kunstwerk im Zeitalter seiner technischen Reproduzierbarkeit. Frankfurt a. M., 6. Aufl.1973.

BERNHARD, Armin/**ROTHERMEL**, Lutz: Handbuch Kritische Pädagogik. Weinheim, 1997.

BIERMANN, Rudolf: Unterricht. Ein Versuch zur Beschreibung und Analyse. Essen, 1972.

BIEWER, Gottfried/**REINHARTZ**, Petra (Hg.): Pädagogik des Ästhetischen. Bad Heilbrunn, 1997.

BIMSCHAS, Bärbel/**SCHRÖDER**, Achim: Bildung und Beziehung in der außerschulischen Jugendarbeit. In: Deutsche Jugend. H. 3, 2004, Teil I S. 107-114. H. 4, 2004, Teil II S. 167-170.

BITZAN, Maria: Geschlechtsbezogene Bildung in der Kinder- und Jugendarbeit. In: LINDNER, Werner u. a. (Hg.): Kinder- und Jugendarbeit als Bildungsprojekt. Opladen, 2003, S. 139-152.

BJKE (Hg.) – Bundesverband der Jugendkunstschulen und Kulturpädagogischen Einrichtungen e.V.: Bitte wenden! Kunstaktionen auf der Rückseite der Stadt. Modellprojekt 2002 im Rahmen des Programms „Entwicklung und Chancen junger Menschen in sozialen Brennpunkten." Infodienst – Kulturpädagogische Nachrichten. H. 66, 2002/ 2003.

BJKE (Hg.): Jugend&Kultur. Zwischen Polarisierung und Integration. Infodienst – Kulturpädagogische Nachrichten. H. 63, 2002.

BJKE (Hg.): Kultur in die Schulen. Ganztag als Gestaltungschance. Infodienst – Kulturpädagogische Nachrichten. H. 69, 2003.

BJKE (Hg.): Kultur im Ganztag. Neue Wege zum Bildungserfolg. Infodienst – Kulturpädagogische Nachrichten. H. 74, 2004/2005.

BJKE (a) (Hg.): Voll das Leben! Jugendkulturelle Wettbewerbe. Infodienst – Kulturpädagogische Nachrichten. H. 75, 2005.

BJKE (b) (Hg.): Betrifft Schiller. Wie kommt die große Kunst zum kleinen Menschen. Infodienst – Kulturpädagogische Nachrichten. H. 77, 2005.

BKJ – Bundesvereinigung Kulturelle Jugendbildung (Hg.): Zukunft Jugendkulturarbeit. Gesellschaftliche Herausforderungen und kulturelle Bildung. Remscheid, 1994.

BKJ (Hg.): Lernziel Lebenskunst. Konzepte und Perspektiven. Remscheid, 1999.

BKJ (Hg.): Kulturarbeit und Armut. Konzepte und Ideen für die kulturelle Bildung in sozialen Brennpunkten und mit benachteiligten jungen Menschen. Remscheid, 2000.

BKJ (Hg.): Kulturelle Bildung und Lebenskunst. Ergebnisse und Konsequenzen aus dem Modellprojekt und „Lernziel Lebenskunst". Remscheid, 2001.

BKJ (a) (Hg.): Kultur leben lernen. Bildungswirkungen und Bildungsauftrag der Kinder- und Jugendkulturarbeit. Remscheid, 2002.

BKJ (b) (Hg): Schlüsselkompetenzen durch kulturelle Bildung. Grundlagen, Sachstand. Positionen. Remscheid, 2002.

BKJ (Hg.): Kultur öffnet Welten. Soziale und kreative Kompetenz durch kulturelle Bildung. Remscheid, 2004.

BLUM, Ronald: Die Kunst des Fügens – Dance Theatre Improvisation. Oberhausen, 2004.

BMBW – Referat Presse- und Öffentlichkeitsarbeit des Bundesministeriums für Bildung und Wissenschaft. Aktuell Bildung Wissenschaft: Kulturelle Bildung. H. 11, 1990.

BMFSFJ – Referat Presse- und Öffentlichkeitsarbeit des Bundesministeriums für Familie, Senioren, Frauen und Jugend: Elfter Kinder- und Jugendbericht. Bericht über die Lebenssituation junger Menschen und die Leistungen der Kinder- und Jugendhilfe in Deutschland. 2002.

BMFSFJ – Referat Presse- und Öffentlichkeitsarbeit des Bundesministeriums für Familie, Senioren, Frauen und Jugend: Zwölfter Kinder- und Jugendbericht. Bericht über die Lebenssituation junger Menschen und die Leistungen der Kinder- und Jugendhilfe in Deutschland. 2005.

BOEHM, Gottfried: Über die Konsistenz ästhetischer Erfahrung. In: Zeitschrift für Pädagogik. H. 4, 1990, S. 469-480.

BÖHNISCH, Lothar: Sozialpädagogik des Kindes- und Jugendalters. Eine Einführung. Weinheim, 2. Aufl., 1993.

BÖTTCHER, Wolfgang: Schule und soziale Ungleichheit: Perspektiven pädagogischer und bildungspolitischer Interventionen. In: MÄGDEFRAU, Jutta/SCHUMACHER, Eva (Hg.): Pädagogik und soziale Ungleichheit. Aktuelle Beiträge – Neue Herausforderungen. Bad Heilbrunn, 2002, S. 35-57.

BOLLNOW, Otto Friedrich: Mensch und Raum. Stuttgart, 5. Aufl., 1984.

BOURDIEU, Pierre: Die feinen Unterschiede. Kritik der gesellschaftlichen Urteilskraft. Frankfurt a. M., 7. Aufl., 1994.

BOXBERGER, Edith: Mein Körper, dein Körper. Royston Maldoom, Pionier einer neuen Breitenarbeit im Tanz, über die Kunst, Differenzen zu überwinden. Ein Interview. In: ballettanz. H. 6, 2005, S. 26-31.

BOYESEN, Gerda: Über den Körper die Seele heilen. München, 1987.

BRAUN, Elisabeth: Von der Evaluation des Nicht-Evaluierbaren. In: Bundesvereinigung Kulturelle Jugendbildung (Hg.): Kulturelle Bildung und Lebenskunst. Ergebnisse und Konsequenzen aus dem Modellprojekt und „Lernziel Lebenskunst". Remscheid, 2001, S. 153-162.

BRENNER, Gerd (Hg.): Pädagogik mit Jugendlichen. Weinheim, 1996.

BREYVOGEL, Wilfried: (Un)-Sichtbarkeit und symbolische Kreativität der Jugendlichen. In: BKJ (Hg.): Kulturarbeit und Armut. Konzepte und Ideen für die kulturelle Bildung in sozialen Brennpunkten und mit benachteiligten jungen Menschen. Remscheid, 2000, S. 47-57.

BRUHNS, Kirsten (Hg.): Geschlechterforschung in der Kinder- und Jugendhilfe. Praxisstand und Forschungsperspektiven. Wiesbaden, 2004.

BUDDRUS, Volker (Hg.): Humanistische Pädagogik. Eine Einführung in Ansätze integrativen und personenzentrierten Lehrens und Lernens. Bad Heilbrunn, 1995.

BUYTENDIJK, Frederik J. J.: Allgemeine Theorie der menschlichen Haltung und Bewegung. Berlin, 1956.

BUYTENDIJK, Frederik J. J.: Zur allgemeinen Psychologie des Tanzes. In: WILLKE, Elke u. a. (Hg.): Tanztherapie – Theorie und Praxis. Ein Handbuch. Paderborn, 1991, S. 69-78.

CAPRA, Fritjof: Der kosmische Reigen. Bern, 1982.

CISTECKY, Susanne: Vorbereitung – Durchführung und Auswertung eines Unterrichtsprojektes im Darstellenden Spiel/Bewegungstheater im Sportunterricht der Sekundarstufe II. Deutsche Sporthochschule Köln, 1984.

COHN, Ruth C.: Von der Psychoanalyse zur themenzentrierten Interaktion. Von der Behandlung einzelner zu einer Pädagogik für alle. Stuttgart, 1975.

COHN, Ruth C.: Es geht ums Anteilnehmen. Die Begründerin der TZI zur Persönlichkeitsentfaltung. Freiburg i. Br., ergänzte Neuausgabe, 1993.

CRIEGERN, Axel von: Handbuch der Ästhetischen Erziehung. Stuttgart, 1982.

CSIKSZENTMIHALYI, Mihaly: Das flow-Erlebnis. Jenseits von Angst und Langeweile: im Tun aufgehen. Stuttgart, 1991.

CSIKSZENTMIHALYI, Mihaly: Kreativität. Wie Sie das Unmögliche schaffen und Ihre Grenzen überwinden. Stuttgart, 1997.

DANNER, Helmut: Methoden geisteswissenschaftlicher Pädagogik. München, 1979.

DANNER, Helmut: Was ist pädagogische Hermeneutik? In: Pädagogische Rundschau. H. 2, 2003, S. 201-211.

DEHARDE, Tai F.: Tanz-Improvisation in der ästhetischen Erziehung unter dem Aspekt ihrer Sinnhaftigkeit. Bern, 1978.

DAUBER, Heinrich: Grundlagen humanistischer Pädagogik: Integrative Ansätze zwischen Therapie und Politik. Bad Heilbrunn, 1997.

DEUTSCHE SHELL (Hg.): Acht Jugendporträts. Ergänzungsband zur 12. Shell Jugendstudie. Opladen, 1997.

DEUTSCHE SHELL (Hg.): Jugend 2000. 13. Shell Jugendstudie. Bd. 1 u. 2, Opladen, 2000.

DEUTSCHE SHELL (Hg.): Jugend 2002. 14. Shell Jugendstudie. Frankfurt a. M., 2002.

DEUTSCHES INSTITUT FÜR FERNSTUDIEN (Hg.): Ästhetische Bildung und Kultur – Begriffe, Untersuchungen, Perspektiven. Tübingen, 1988.

DEWEY, John: Kunst als Erfahrung. Frankfurt a. M., 1980.

DIEKMANN, Bernhard: Der Erfahrungsbegriff in der Pädagogik. Weinheim, 1994.

DIETRICH, Cornelia/**WERMELSKIRCHEN**, Maria: Zur musikalischen Dimension der Bildung. Anregungen aus Musikästhetik und Musiktherapie. In: Zeitschrift für Pädagogik. H. 4, 1990, S. 537-550.

DITHMAR, Ute u. a. (Hg.): Körperbilder – Körperszenen. Bewegungstheater als Medium der körper- und bewegungsorientierten Mädchenarbeit. Butzbach, 1996.

DU BOIS, Reinmar: Körper-Erleben und psychische Entwicklung. Göttingen, 1990.

DUESING, Wolfgang (Hg.): Friedrich SCHILLER: Über die ästhetische Erziehung des Menschen in einer Reihe von Briefen. Text, Materialien, Kommentar. München, 1981.

DUNCKER, Ludwig: Begriff und Struktur ästhetischer Erfahrung. In: Bundesvereinigung Kulturelle Jugendbildung (Hg.): Kultur leben lernen. Bildungswirkungen und Bildungsauftrag der Kinder- und Jugendkulturarbeit. Remscheid, 2002, S. 131-138.

ECO, Umberto: Wie man eine wissenschaftliche Abschlussarbeit schreibt. Heidelberg, 1993.

ECK, Bernd-Joachim: Erwachsengerechte Bildungsarbeit mit sozial benachteiligten Jugendlichen. Villingen, 1988.

ECKERT, Roland (u. a.): „Ich will halt anders sein wie die anderen." Abgrenzung, Gewalt und Kreativität bei Gruppen Jugendlicher. Opladen, 2000.

EHRENSPECK (a), Yvonne: Kulturpädagogik, Bildung und die Erreichbarkeit von Jugendlichen. In: Infodienst – Kulturpädagogische Nachrichten. H. 63, 2002, S. 12-13.

EHRENSPECK (b), Yvonne: Ästhetisch/mediale Bildung als Versprechen. Schlüsselkompetenzen und Wirkungsdiskussion. In: Bundesvereinigung Kulturelle Jugendbildung (Hg.): Kultur leben lernen. Bildungswirkungen und Bildungsauftrag der Kinder- und Jugendkulturarbeit. Remscheid, 2002, S. 139-148.

ERHART, Kurt (u. a.): Die Jugendkunstschule. Kulturpädagogik zwischen Spiel und Kunst. Regensburg, 1980.

FELLSCHES, Josef (Hg.): Körperbewußtsein. Essen, 1991.

FERCHHOFF, Wilfried: Sozialwissenschaftliche Perspektiven zu Jugend und Jugendkulturen in Deutschland im Medium sozialer Ungleichheit. In: MÄGDEFRAU, Jutta/SCHUMACHER, Eva (Hg.): Pädagogik und soziale Ungleichheit. Aktuelle Beiträge – Neue Herausforderungen. Bad Heil-brunn, 2002, S. 105-134.

FINKE, Raimund/**HAUN**, Hein: Psychosoziale Wirkungen aktiven Theaterspielens bei Jugendlichen. In: Bundesvereinigung Kulturelle Jugendbildung (Hg.): Kulturelle Bildung und Lebenskunst. Ergebnisse und Konsequenzen aus dem Modellprojekt und „Lernziel Lebenskunst". Remscheid, 2001, S. 97-107.

FISCHER, Arthur: Freizeit und Jugendkultur. Bd. 2 der Reihe: Jugendwerk d. dt. Shell (Hg.): Jugendliche und Erwachsene '85. Generationen im Vergleich. Leverkusen, 1985.

FISCHER-LICHTE, Erika: Ästhetik des Performativen. Frankfurt a. M., 2004.

FLEISCHLE-BRAUN, Claudia: Der Moderne Tanz. Geschichte und Vermittlungskonzepte. Butzbach, 2001.

FLESSNER, Heike/**FLAAKE**, Karin: Jugend, Geschlecht und pädagogische Prozesse. In: Deutsche Jugend. H. 9, 2004, S. 381-387.

FRANK, Manfred (Hg.): Friedrich D. E. SCHLEIERMACHER: Hermeneutik und Kritik – mit einem Anhang sprachphilosophischer Texte Schleiermachers. Frankfurt a. M., 1977.

FRIEDMANN, Elly: Laban, Alexander, Feldenkrais – Pioniere bewußter Wahrnehmung durch Bewegungserfahrung. Paderborn, 1989.

FRISCH, Christine: Künstlerisches Tanzen als wesentliches Element eines ganzheitlichen Unterrichts. Frankfurt a. M., 1999.

FRITSCH, Ursula: Tanz, Bewegungskultur, Gesellschaft. Verluste und Chancen symbolisch-expressiven Bewegens. Frankfurt a. M., 1988.

FRITSCH, Ursula: Ästhetische Erziehung: Der Körper als Ausdrucksorgan. In: Sportpädagogik. H. 5, 1989, S. 11-16.

FRITSCH, Ursula (Hg.): Tanzen: Ausdruck und Gestaltung. Butzbach, 2. Aufl., 1994.

FRITSCH, Ursula: Tanzprojekte. Raum für unterschiedliche Annäherungen an den Tanz. In: Sportpädagogik. H. 5, 1997, S. 14-23.

FRITZSCHE, Claudia: Vom Nutzen der verhinderten Wunscherfüllung. Einblicke in die Populärkultur jugendlicher Popfans. In: LUIG, Ute/SEEBODE, Jochen (Hg.): Ethnologie der Jugend. Soziale Praxis, moralische Diskurse und inszenierte Körperlichkeit. Münster, 2003, S. 177-198.

FROHMANN, Matthias: Aspekte einer körperbezogenen Jugendsoziologie. Jugend – Körper – Mode. In: MANSEL, Jürgen u. a. (Hg.): Theoriedefizite der Jugendforschung. Standortbestimmung und Perspektiven. Weinheim, 2003, S. 144-156.

FROMM, Erich: Die Kunst des Liebens. München, Jubiläumsausgabe, 2003.

FUCHS, Max: Kulturelle Bildung und ästhetische Erziehung: theoretische Grundlagen. Köln, 1986.

FUCHS, Max: Mensch und Kultur. Zu den anthropologischen Grundlagen von Kulturarbeit und Kulturpolitik. Opladen, 1999.

FUCHS (a), Max: Kulturelle Bildung in der Jugendhilfe. In: MÜNCHMEIER, Richard u. a. (Hg.): Bildung und Lebenskompetenz. Kinder- und Jugendhilfe vor neuen Aufgaben. Opladen, 2002, S. 107-117.

FUCHS (b), Max: Bildung ist Leben im aufrechten Gang. Impulse für die Weiterentwicklung der Theorie kultureller Bildung. In: Bundesvereinigung

Kulturelle Jugendbildung (Hg.): Kultur leben lernen. Bildungswirkungen und Bildungsauftrag der Kinder- und Jugendkulturarbeit. Remscheid, 2002, S. 319-330.

FUCHS (c), Max: Die Formung des Menschen. Künste wirken – aber wie? Eine Skizze von sozialen Wirkungen der Künste und ihrer Erfassung. In: http://www.kulturrat.de/texte/mf-DieFormungdesMenschen.htm, 2004, S. 1-31.

FUCHS (d), Max: Leerstelle „Kultur" in der Kulturpädagogik? In: Bundesvereinigung Kulturelle Jugendbildung (Hg.): Kultur öffnet Welten. Soziale und kreative Kompetenz durch kulturelle Bildung. Remscheid, 2004, S. 165-177.

GEBAUER, Gunter/**WULF,** Christian: Spiel, Ritual, Geste. Mimetisches Handeln in der sozialen Welt. Reinbek, 1998.

GEPHART, Werner: Sozialarbeit zwischen System und Lebenswelt. Über die Chancen menschlichen Handelns in den Sozialstrukturen der Jugendarbeitslosigkeit. In: ELTING, Agnes (Hg.): Menschliches Handeln und Sozialstruktur. Leonhard Lowinski zum 60. Geburtstag. Opladen, 1986, S. 255-270.

GESELLSCHAFT FÜR TANZFORSCHUNG E. V. (Hg.): Tanzforschung. Jahrbuch Bd. 4, Wilhelmshaven, 1993.

GESELLSCHAFT FÜR TANZFORSCHUNG E. V. (Hg.): Tanzforschung. Jahrbuch Bd. 6, Wilhelmshaven, 1995.

GESELLSCHAFT FÜR TANZFORSCHUNG E. V. (Hg.): Tanzforschung. Jahrbuch Bd. 7, Wilhelmshaven, 1996.

GREEN-GILBERT, ANNE: Creative dance for all ages. A conceptual approach. Reston, 1992.

GLASER, Hermann: Über die ästhetische Erziehung des Menschen und die Zukunft der Industriegesellschaft. Neue Aufgaben für die Kulturpädagogik. In: Zeitschrift für Pädagogik, Beiheft 23, 1988, S. 290-299.

GLASER, Hermann: Raum für das Mögliche. Kulturelle Bildung in der postmodernen Spaßgesellschaft. In: Erwachsenenbildung, H. 47, 2001, S. 56-61.

GOLEMAN, Daniel: Emotionale Intelligenz. München, 16. Aufl., 2004.

GOMRINGER, Eugen: Worte sind Schatten. Konstellationen, 1951-1968. Reinbek, 1969.

GÖRLING, Reinhold: Rahmen – Zeuge – Körper: Das Feld der *performance.* In: VASSEN, Florian u. a. (Hg.): Wechselspiel: KörperTheaterErfahrung. Frankfurt a. M., 1998, S. 50-62.

GÖTZ, Bernd: Erfahrung und Erziehung. Prinzipien der pragmatischen Erziehungstheorie. Freiburg i. Br., 1973.

GROOTHOFF, Hans-Hermann: Ästhetische Erziehung. In: ELLWEIN, Thomas u .a. (Hg.): Erziehungswissenschaftliches Handbuch. Bd.1, Berlin, 1969, S. 211-226.

GUDJONS, Herbert (Hg.): Handbuch Gruppenunterricht. Weinheim, 2. überarb. Aufl., 2003.

HALDER, Alois/**MÜLLER,** Max: Philosophisches Wörterbuch. Freiburg i. Br., 1993.

HAMMERICH, Kurt/**SCHIRRA-WEIRICH,** Liane: Katholische Kinder- und Jugendkulturarbeit. Expertise 9, Kinder- und Jugendkulturarbeit in NRW. Unna, 1994.

HAMMERSCHLAG, Carl: Die tanzenden Heiler. Lebensjahre eines Arztes bei den Indianern. Heidelberg, 2003.

HASELBACH, Barbara: Improvisation – Tanz – Bewegung. Stuttgart, 6. Aufl., 1993.

HASELBACH, Barbara: Tanz und Bildende Kunst. Stuttgart, 1991.

HASELBACH, Barbara: Tanzen in der Schule. In: Die Grundschulzeitschrift. H. 184, 2005, S. 6-11.

HECKELEI, Norbert: New Dance – Neuer Tanz. Didaktische Relevanz für die Tanzerziehung. In: Gesellschaft für Tanzforschung e. V. (Hg.): Tanzforschung. Jahrbuch Bd. 6, Wilhelmshaven, 1995, S. 78-96.

HECKMAIR, Bernd/**MICHL,** Werner: Erleben und Lernen. Einstieg in die Erlebnispädagogik. Berlin, 2. überarb. Aufl., 1994.

HEITMEYER, Wilhelm (Hg.): Interdisziplinäre Jugendforschung. Fragestellungen, Problemlagen, Neuorientierungen. Weinheim, 1986.

HELFFERICH, Cornelia: Jugend, Körper und Geschlecht. Die Suche nach sexueller Identität. Opladen, 1994.

HENTIG, Hartmut von: Das Leben mit der Aisthesis. In: OTTO, Gunter (Hg.): Texte zur Ästhetischen Erziehung. Braunschweig, 1975, S. 25-26.

HENTIG, Hartmut von: Ergötzen, Belehren, Befreien. Schriften zur ästhetischen Erziehung. München, 1985.

HENTIG, Hartmut von: Kreativität. Hohe Erwartungen an einen schwachen Begriff. München, 1998.

HERBST, Jaya. Schon wieder ich! Über die Opferrolle und wie wir uns davon befreien. München, 2. Aufl., 2002.

HERDER&CO: Der Neue Herder. Freiburg i. Br., 1949.

HESSE, Hermann: Lektüre für Minuten. Frankfurt a. M., 1971.

HOMFELDT, Hans Günther (Hg.): „Sozialer Brennpunkt“ Körper. Körpertheoretische und -praktische Grundlagen für die Soziale Arbeit. Hohengehren, 1999.

HONGLER, Hanspeter/**WILLENER,** Alex: Die Projektmethode in der soziokulturellen Animation. Luzern, 1998.

HUBER, Andrea: Das Phänomen Tanz. Gesellschaftstheoretische Bestimmung des Wesens von Tanz. Ahrensburg, 1993.

HÜBNER-FUNK, Sibylle: Wie entkörperlicht ist die Jugend der Jugendsoziologie? In: MANSEL, Jürgen u. a. (Hg.): Theoriedefizite der Jugendforschung. Standortbestimmung und Perspektiven. Weinheim, 2003, S. 67-74.

HUMPHREY, Doris: Die Kunst, Tänze zu machen. Zur Choreographie des modernen Tanzes. Wilhelmshaven, 1985.

HURRELMANN, Klaus: Lebensphase Jugend. Eine Einführung in die sozialwissenschaftliche Jugendforschung. Weinheim, 3. überarb. Aufl., 1994.

JÄCKEL, Michael/**BOHR,** Jeanette: Jugendkulturelle Stile und Moden. Eine empirische Untersuchung des Modeverhaltens. In: Deutsche Jugend, H. 9, 2004, S. 388-396.

JANTZ, Olaf/**GROTE,** Christoph (Hg.): Perspektiven der Jungenarbeit. Konzepte und Impulse aus der Praxis. Opladen, 2003.

KAMPER, Dietmar/**WULF,** Christoph (Hg.): Die Wiederkehr des Körpers. Frankfurt a. M., 1982.

KAMPER, Dietmar: Die große Illusion. In: ZACHARIAS, Wolfgang (Hg.): Schöne Aussichten. Ästhetische Bildung in einer technisch-medialen Welt. Essen, 1991, S. 107-119.

KAPPERT, Detlef: Tanztraining, Empfindungsschulung und persönliche Entwicklung. Bochum, 1990.

KAPPERT, Detlef: Kleines Handbuch für den Unterricht in Tanztheater, Tanzimprovisation und Körpersymbolik. Bochum, 1995.

KAPPERT, Detlef: Archetypen, innere Bilder und Körpersymbolik: ein Weg zu Selbstheilungskraft und persönlichem Wachstum. Bochum, 1997.

KARSCH, Manfred: Identität als Einheit des Heterogenen. Bochum, 2003.

KATHOLISCHE LANDESARBEITSGEMEINSCHAFT KINDER- UND JUGENDSCHUTZ NW E. V. (Hg.): Thema Jugend. Zeitschrift für Jugendschutz und Erziehung. Was tun mit den Schwierigen? H. 3, 2002.

KATHOLISCHE LANDESARBEITSGEMEINSCHAFT KINDER- UND JUGENDSCHUTZ NW E. V. (a) (Hg.): Thema Jugend. Zeitschrift für Jugendschutz und Erziehung. Prädikat: Sehr wertvoll. H. 1, 2003.

KATHOLISCHE LANDESARBEITSGEMEINSCHAFT KINDER- UND JUGENDSCHUTZ NW E. V. (b) (Hg.): Thema Jugend. Zeitschrift für Jugendschutz und Erziehung. Ein Jahr nach PISA. H. 2, 2003.

KATHOLISCHE LANDESARBEITSGEMEINSCHAFT KINDER- UND JUGENDSCHUTZ NW E. V. (Hg.): Thema Jugend. Zeitschrift für Jugendschutz und Erziehung. Kontexte: Jugendkulturen und Szenen im Wandel. H. 4, 2004.

KATHEN, Dagmar von/**VERMEULEN**, Peter: Handbuch Jugendkunstschule. Konzepte – Organisation – Finanzierung. Ein Ratgeber für kulturelle Initiativen. Unna, 1992.

KEMOLA, Timo: Der Rahmen, der Blick und die Bewegung. Zur Phänomenologie des Tanzes. In: Ballett international. H. 2, 1991, S. 13-17.

KERBS, Diethart: Spiel und Freiheit – Über das Verhältnis von pädagogischer Utopie und politischer Strategie in der Theorie der ästhetischen Erziehung. In: Kunst und Unterricht. H. 9, 1970, S. 17-21.

KERBS, Diethart: Zum Begriff der ästhetischen Erziehung. In: OTTO, Gunter (Hg.): Texte zur Ästhetischen Erziehung. Braunschweig, 1975, S. 12-24.

KING, Vera/**MÜLLER,** Burkhard K. (Hg.): Adoleszenz und pädagogische Praxis. Bedeutungen von Geschlecht, Generation und Herkunft in der Jugendarbeit. Freiburg, 2000.

KIPPERT, Klaus (Hg.): Einführung in die Soziologie der Erziehung. Freiburg i. Br., 1970.

KLAWE, Willy: Arbeit mit Jugendlichen. Einführung in Bedingungen, Ziele, Methoden und Sozialformen der Jugendarbeit. Weinheim, 4. überarb. Aufl., 1996.

KLEIN, Gabriele: Tanzkunst und ästhetische Erkenntnis. In: Tanzdrama. H. 4, 1995, S. 26-29.

KLIEBISCH, Udo/**WEYER,** Dirk: Selbstwahrnehmung und Körpererfahrung. Mülheim a. d. R., 1996.

KLINGE, Antje: Tanz als Medium kultureller Bildung. In: Bundesvereinigung Kulturelle Jugendbildung (Hg.): Kultur leben lernen. Bildungswirkungen und Bildungsauftrag der Kinder- und Jugendkulturarbeit. Remscheid, 2002, S. 171-177.

KOCH, Lutz u. a. (Hg.): Pädagogik und Ästhetik. Weinheim, 1994.

KOLLAND, Dorothea: Grenzen öffnen, um Welten zu erkennen. Kulturelle Bildung im kultur- und sozialpolitischen Kontext. In: Bundesvereinigung Kulturelle Jugendbildung (Hg.): Kultur öffnet Welten. Soziale und kreative Kompetenz durch kulturelle Bildung. Remscheid, 2004, S. 37-56.

KORDFELDER, Angelika: Jugendkulturarbeit im Vergleich. Wissenschaftliche, politische und berufspraktische Dimensionen. Essen, 2002.

KRAMER, Klaus: Bewegungserziehung im Tanz. In: Tanzen. H. 3, 1990, S. 14-19.

KRAMER, Klaus: Tanzen in der Schule – Tanzpädagogik für die Schule. In: Tanzen. H. 1, 1991, S. 8-10.

KRAMER, Klaus: Über die Schwierigkeiten im Umgang mit dem Begriff „Tanzpädagogik“. In: Tanzen. H. 4, 1998, S. 23-24.

LABAN, Rudolf von: Der moderne Ausdruckstanz in der Erziehung. Wilhelmshaven, 1984.

LABAN, Rudolf von: Kunst der Bewegung. Wilhelmshaven, 1988.

LABAN, Rudolf von: Der erzieherische und therapeutische Wert des Tanzes. In: WILLKE, Elke u. a. (Hg.): Tanztherapie – Theorie und Praxis. Ein Handbuch. Paderborn, 1991, S. 79-93.

LAND, Ronit: Tanzen – eine individuelle Qualifizierung oder ein Gruppenprozeß. In: BAER, Ulrich/FUCHS, Max (Hg.): Methoden und Arbeitsformen der Kulturpädagogik. Expertise 5, Kinder- und Jugendkulturarbeit in NRW. Unna, 1993, S. 122-126.

LANDESINSTITUT FÜR SCHULE UND WEITERBILDUNG (Hg.): Der andere Lernort: das Studio. Düsseldorf: Curriculum, 36, 1984.

LANDSCHAFTSVERBAND RHEINLAND (Hg.): Jugendsozialarbeit inform. Ausgegrenzt, aber nicht aufgegeben. H. 1, 2002.

LANDESVEREINIGUNG KULTURELLE JUGENDARBEIT (Hg.): Jugendkulturarbeit auf dem Prüfstand: Sind wir gut? Teile 1 und 2. Unna, 2001.

LEHNERER, Thomas: Ästhetische Bildung. In: Friedrich Jahresheft VI: Bildung. Die Menschen stärken, die Sachen klären. 1988, S. 42-45.

LIEBAU, Eckart: Die Kultivierung des Alltags. Das pädagogische Interesse an Bildung, Kunst und Kultur. Weinheim, 1992.

LENZEN, Dieter: Die erziehungswissenschaftliche Aktualität des Ästhetischen. In: SELLE, Gerd u. a. (Hg.): Anstöße zum Ästhetischen Projekt. Eine neue Aktionsform kunst- und kulturpädagogischer Praxis? Hagen, 1994, S. 17-29.

LIELL, Christoph: Jugend, Gewalt und Musik. Praktiken der Efferveszenz in der HipHop-Szene. In: LUIG, Ute/SEEBODE, Jochen (Hg.): Ethnologie der Jugend. Soziale Praxis, moralische Diskurse und inszenierte Körperlichkeit. Münster, 2003, S. 123-153.

LINDNER (a), Werner: „Ich lerne zu leben“ – Evaluation von Bildungswirkungen in der kulturellen Kinder- und Jugendarbeit in Nordrhein-Westfalen. Unna, 2003.

LINDNER (b), Werner: Alles Bildung!? – Kinder- und Jugendarbeit in der „Wissensgesellschaft“. In: LINDNER, Werner u. a. (Hg.): Kinder- und Jugendarbeit als Bildungsprojekt. Opladen, 2003, S. 47-68.

LINDNER, Werner u. a. (Hg.): Kinder- und Jugendarbeit als Bildungsprojekt. Opladen, 2003.

LIPPE, Rudolf zur: Sinnenbewußtsein. Grundlagen einer anthropologischen Ästhetik. Reinbek, 1987.

LOESCH, Ilse: Mit Leib und Seele. Erlebte Vergangenheit des Ausdruckstanzes. Berlin (DDR), 1990.

LOWINSKI, Leonhard: Bildungsreform als soziale Frage der Gegenwart. In: KIPPERT, Klaus (Hg.): Einführung in die Soziologie der Erziehung. Freiburg i. Br., 1970, S. 239-252.

LUHMANN, Niklas: Die Welt der Kunst. In: ZACHARIAS, Wolfgang (Hg.): Schöne Aussichten. Ästhetische Bildung in einer technisch-medialen Welt. Essen, 1991, S. 49-63.

LUIG, Ute/**SEEBODE**, Jochen (Hg.): Ethnologie der Jugend. Soziale Praxis, moralische Diskurse und inszenierte Körperlichkeit. Münster, 2003.

LÜSCHOW, Frank/**MICHEL**, Gerhard: Das Gespräch – ein Weg zum mündigen Lernen. Anleitung für Schule und Weiterbildung. München, 1996.

MÄGDEFRAU, Jutta/**SCHUMACHER**, Eva (Hg.): Pädagogik und soziale Ungleichheit. Aktuelle Beiträge – Neue Herausforderungen. Bad Heilbrunn, 2002.

MÄGDEFRAU, Jutta: Wertewandel und soziale Ungleichheit – pädagogische Implikationen einer soziologischen Diskussion. In: MÄGDEFRAU, Jutta/SCHUMACHER, Eva (Hg.): Pädagogik und soziale Ungleichheit. Aktuelle Beiträge – Neue Herausforderungen. Bad Heilbrunn, 2002, S. 165-183.

MAHLER, Madeleine: Kreativer Tanz. Gümligen, 4. Aufl., 1981.

MANDEL, Birgit: Lust auf Kultur. Karrierewege in das Berufsfeld Kulturvermittlung. Nürnberg, 2002.

MANSEL, Jürgen: Zukunftsperspektive und Wohlbefinden sozial benachteiligter Jugendlicher. In: BKJ (Hg.): Kulturarbeit und Armut. Konzepte und Ideen für die kulturelle Bildung in sozialen Brennpunkten und mit benachteiligten jungen Menschen. Remscheid, 2000, S. 69-82.

MANSEL, Jürgen (u. a.): Zukunftsperspektiven Jugendlicher. Weinheim, 2001.

MANSEL, Jürgen u. a. (Hg.): Theoriedefizite der Jugendforschung. Standortbestimmung und Perspektiven. Weinheim, 2003.

MARTIN, Ernst: Didaktik der sozialpädagogischen Arbeit. Eine Einführung in die Probleme und Möglichkeiten. Weinheim, 4. überarb. Aufl., 1997.

MAY, Michael: Lebenslagenbezogene Bildung von Jugendlichen. In: LINDNER, Werner u. a. (Hg.): Kinder- und Jugendarbeit als Bildungsprojekt. Opladen, 2003, S. 119-135.

MAYRHOFER, Hans/**ZACHARIAS**, Wolfgang: Ästhetische Erziehung: Lernorte für aktive Wahrnehmung und soziale Kreativität. Reinbek, 1976.

MENZE, Clemens (Hg.): Kunst und Bildung. Münstersche Gespräche zu Themen der wissenschaftlichen Pädagogik. H. 8, 1991.

MERLEAU-PONTY, Maurice: Das Auge und der Geist. Philosophische Essays. Hamburg, 2003.

METSCHER, Thomas: Wie privat ist die ästhetische Erfahrung? In: Remscheider Arbeitshilfen und Texte, FUCHS, Max (Hg.): Kulturpädagogik zwischen künstlerischer Förderung und gesellschaftlichem Anspruch. Remscheid, 1992, S. 17-37.

MERTEN, Roland: „Die feinen Unterschiede" des Körpers: Soziale Ungleichheiten des Selbst-Bildes und ihre faktischen Wirkungen. In: HOMFELDT, Hans Günther (Hg.): „Sozialer Brennpunkt" Körper. Körpertheoretische und -praktische Grundlagen für die Soziale Arbeit. Hohengehren, 1999, S. 85-96.

MEYER, Anke: „...aber was machen wir mit den Jungen?" Mädchenförderung mit körper- und bewegungsorientierten Ansätzen in der Schule. In: HOMFELDT, Hans Günther (Hg.): „Sozialer Brennpunkt" Körper. Körpertheoretische und -praktische Grundlagen für die Soziale Arbeit. Hohengehren, 1999, S. 231-237.

Mies, Georg-Achim/**SOMMER**, Peter-Jürgen: Über das Theater-Machen. Reflexion über das wild Ästhetische und wild Pädagogische. Beiträge zu einer bedeutungsoffenen Sozialen Arbeit. Mönchengladbach, 1999.

MILZ, Helmut/**VARGA VON KIBÉD**, Matthias (Hg.): Körpererfahrungen. Anregungen zur Selbstheilung. Zürich, 1998.

MILZ, Helmut: Vom Leib zum Körper und zurück. Die Besinnung auf das Menschliche in der Heilkunde. In: MILZ, Helmut/VARGA VON KIBÉD, Matthias (Hg.): Körpererfahrungen. Anregungen zur Selbstheilung. Zürich, 1998, S. 14-46.

MISSMAHL, Inge: Jazztanz. Reinbek, 6. Aufl., 1989.

MÖLLER, Kurt: Jungengewalt – empirisches Wissen, theoretische Erklärungen und Prävention. In: BRUHNS, Kirsten (Hg.): Geschlechterforschung in der Kinder- und Jugendhilfe. Praxisstand und Forschungsperspektiven. Wiesbaden, 2004, S. 235-258.

MOLLENHAUER, Klaus: Vergessene Zusammenhänge. Über Kultur und Erziehung. München, 1983.

MOLLENHAUER, Klaus: Umwege. Über Bildung, Kunst und Interaktion. Weinheim, 1986.

MOLLENHAUER, Klaus: Die ästhetische Dimension der Bildung – Zur Einführung in den Themenkreis. S. 465-468. Ästhetische Bildung zwischen Kritik und Selbstgewissheit S. 481-494. In: Zeitschrift für Pädagogik. H. 4, 1990.

MOLLENHAUER, Klaus: Schwierigkeiten in der Rede über ästhetische Bildung. In: KOCH, Lutz u. a. (Hg.): Pädagogik und Ästhetik. Weinheim, 1994, S. 160-170.

MOLLENHAUER, Klaus: Grundfragen ästhetischer Bildung. Theoretische und empirische Befunde zur ästhetischen Erfahrung von Kindern. Weinheim, 1996.

MOLLENHAUER, Klaus/**WULF,** Christoph (Hg.): Aisthesis/Ästhetik. Zwischen Wahrnehmung und Bewusstsein. Weinheim, 1996.

MÜNCHMEIER, Richard: Ressource Bildung – Jugend und Zukunftsperspektiven. Einige Befunde zur Shell Jugendstudie 2000 mit Blick auf die Lebenskunst. In: Bundesvereinigung Kulturelle Jugendbildung (Hg.): Kulturelle Bildung und Lebenskunst. Ergebnisse und Konsequenzen aus dem Modellprojekt und „Lernziel Lebenskunst". Remscheid, 2001, S. 63-74.

MÜNCHMEIER, Richard u. a. (Hg.): Bildung und Lebenskompetenz. Kinder- und Jugendhilfe vor neuen Aufgaben. Opladen, 2002.

MUSOLFF, Hans-Ulrich: Theodor Litt und das Problem der „Kultur". In: Pädagogische Rundschau. H. 4, 1997, S. 395-418.

MUTH, Jakob: Pädagogischer Takt. Monographie einer aktuellen Form erzieherischen und didaktischen Handelns. Heidelberg, 1967.

NACHTWEY, Reiner: Pflege, Wildwuchs, Bricolage. Ästhetisch-kulturelle Jugendarbeit. Opladen, 1987.

NAGL, Erwin: Pädagogische Jugendarbeit. Was leistet Jugendgruppenarbeit für Jugendliche. Weinheim, 2000.

NAHRSTEDT, Wolfgang u. a.: Soziokultur à la carte. Bestandsaufnahme und Perspektiven soziokultureller Zentren. Bielefeld, 1990.

NEFF, Kurt (Hg.): Vom Tanz. Frankfurt a. M., 1993.

OELKERS, Jürgen: Erziehung als Paradoxie der Moderne. Aufsätze zur Kulturpädagogik. Weinheim, 1991.

OTT, Thomas (u. a.): Lernbereich Ästhetik. In: HALLER, Hans-Dieter und MEYER, Hilbert (Hg.): Enzyklopädie Erziehungswissenschaft. Bd. 3: Ziele und Inhalte der Erziehung und des Unterrichts. Stuttgart, 1986, S. 193-227.

OTTO, Gunter (Hg.): Texte zur Ästhetischen Erziehung. Braunschweig, 1975.

OTTO, Gunter: Ästhetische Rationalität. In: ZACHARIAS, Wolfgang (Hg.): Schöne Aussichten. Ästhetische Bildung in einer technisch-medialen Welt. Essen, 1991, S.145-161.

OTTO, Gunter: Lernen und ästhetische Erfahrung. In: KOCH, Lutz u. a. (Hg.): Pädagogik und Ästhetik. Weinheim, 1994, S. 145-159.

OTTOMEYER, Klaus: Ökonomische Zwänge und menschliche Beziehungen. Soziales Verhalten im Kapitalismus. Münster, 2004.

PALENTIEN, Christian: Armut – Subjekt – Sozialisation. In: MANSEL, Jürgen u. a. (Hg.): Theoriedefizite der Jugendforschung. Standortbestimmung und Perspektiven. Weinheim, 2003, S. 91-101.

PALLASCH, Waldemar: Gruppendynamische Hilfen bei der Kleingruppenarbeit. In: GUDJONS, Herbert (Hg.): Handbuch Gruppenunterricht. Weinheim, 2. überarb. Aufl., 2003, S. 81-89.

PAWELKE, Rainer (Hg.): Neue Sportkultur. Von der Alternativen Bewegungskultur zur Neuen Sportkultur – Neue Wege in Sport, Spiel, Tanz und Theater. Lichtenau, 1995.

PETER-BOLAENDER, Martina: Persönlichkeitsentwicklung und Selbsterfahrung durch Tanz. In: WILLKE, Elke u. a. (Hg.): Tanztherapie – Theorie und Praxis. Ein Handbuch. Paderborn, 1991, S. 465-485.

PETER-BOLAENDER, Martina: Tanz und Imagination. Verwirklichung des Selbst im künstlerischen und pädagogisch-therapeutischen Prozeß. Paderborn, 1992.

PETER-BOLAENDER, Martina: Wie geht's? – Wie steht's? Anregungen zur Eindrucks- und Ausdrucksschulung im Tanz. In: FRITSCH, Ursula (Hg.): Tanzen: Ausdruck und Gestaltung. Butzbach, 2. Aufl., 1994, S. 55-72.

PETERSSEN, Wilhelm H.: Lehrbuch Allgemeine Didaktik. München, 6. überarb. Aufl., 2001.

PIETRASS, Manuela: Der Körper als Zeichen. Medien und die Ästhetisierung der Identität. In: BIEWER, Gottfried/REINHARTZ, Petra (Hg.): Pädagogik des Ästhetischen. Bad Heilbrunn, 1997, S. 240-254.

PINOK&MATHO: Dynamik der Kreation: Wort und Körpersprache. Kolu, 1987.

PORTMANN, Adolf: Biologisches zur ästhetischen Erziehung. In: ders.: Biologie und Geist. Frankfurt a. M., 1973, S. 292-314.

POSTUWKA, Gabriele: Moderner Tanz und Tanzerziehung. Analyse historischer und gegenwärtiger Entwicklungstendenzen. Schorndorf, 1999.

PYERIN, Brigitte: Kreatives wissenschaftliches Schreiben. Tipps und Tricks gegen Schreibblockaden. Weinheim, 2001.

QUINTÁS, Alfonso López: Bildung durch Kunst. Zu einer Ästhetik der Kreativität. In: SCHADEL, Erwin (Hg.): Actualitas omnium actuum. Festschrift für Heinrich Beck zum 60. Geburtstag. Frankfurt a. M., 1989, S. 491-503.

QUINTEN, Susanne: Das Bewegungsselbstkonzept und seine handlungsregulierenden Funktionen. Köln, 1994.

RAITHEL, Jürgen: Erziehungserfahrungen und Lebensstile Jugendlicher. In: Zeitschrift für Pädagogik. H. 4, 2005, S. 568-584.

RAT – Remscheider Arbeitshilfen und Texte; FUCHS, Max (Hg.): Kulturpädagogik zwischen künstlerischer Förderung und gesellschaftlichem Anspruch. Remscheid, 1992.

RAT (a); FUCHS, Max (Hg.): Kulturelle Identität. Eine Aufgabe für die Jugendkulturarbeit. Remscheid, 1993.

RAT (b); MARTENS, Gitta u. a. (Hg.): Feministische Tanz- und Musikpädagogik. Remscheid, 1993.

RAUSCHENBACH, Thomas/THOLE, Werner (Hg.): Sozialpädagogische Forschung. Gegenstand und Funktionen, Bereiche und Methoden. Weinheim, 1998.

RAUSCHENBACH, Thomas (Hg.): Kinder- und Jugendarbeit – Wege in die Zukunft: gesellschaftliche Entwicklungen und fachliche Herausforderungen. Weinheim, 2003.

REBEL, Günther: Modern Jazz Ballett. Mit Fotos von Michael Hörnschmeyer. Weingarten, 1990.

REGITZ, Hartmut: „Der Feuervogel" – Wie wird's gemacht? In: ballettanz. H. 6, 2005, S. 32-35.

RHODE, Rudi/MEIS, Mona Sabine: Wortlos sprechen. Körpersprache: Körperwahrheiten – Körperlügen. Zürich, 2004.

RICHTER, Hans-Günther: Vom ästhetischen Niemandsland - Was hält die ästhetische Bildung von der Selbsttätigkeit der Heranwachsenden? In: Zeitschrift für Pädagogik. H. 4, 1990, S. 523-536.

RICHTER-REICHENBACH, Karin-Sophie: Bildungstheorie und ästhetische Erziehung heute. Darmstadt, 1983.

RICHTER-REICHENBACH, Karin-Sophie: Identität und ästhetisches Handeln. Präventive und rehabilitative Funktionen ästhetischer Prozesse. Weinheim, 1992.

RIEMANN, Fritz: Grundformen der Angst. München, 34. Aufl., 2002.

RIESE, Renate: Pädagogische Dimensionen somatopsychischen Lernens. In: STEINMÜLLER, Wolfgang u. a. (Hg.): Gesundheit – Lernen – Kreativität. Alexander-Technik, Eutonie Gerda Alexander und Feldenkrais als Methoden zur Gestaltung somatopsychischer Lernprozesse. Bern, 2001, S. 159-172.

RINCKE, Inga: Stundenblätter Gymnastik und Improvisation: 7./8. Schuljahr. Stuttgart, 1989.

RITTELMEYER, Christian: Beiträge zu einer empirischen Phänomenologie der Schulbauarchitektur. In: Zeitschrift für Pädagogik. H. 4, 1990, S. 495-522.

ROMBACH, Heinrich (Hg.): Lexikon der Pädagogik. Freiburg i. Br., 1971.

ROPOHL, Udo: Ästhetische Erziehung in der Jugendarbeit: zur Theorie und Praxis der politischen Jugendkulturarbeit. Weinheim, 1979.

ROSENBERG, Christiana: Tanzen als Dialog mit der Welt – Zur Bedeutung eines dialogischen Bewegungsverständnisses für die Tanzpädagogik. In: GESELLSCHAFT FÜR TANZFORSCHUNG E. V. (Hg.): Tanzforschung. Jahrbuch Bd. 7, Wilhelmshaven, 1996, S. 195-209.

ROTH (a), Gabrielle: Leben ist Bewegung. Fünf radikale Wege zur Selbstbefreiung. München, 2001.

ROTH (b), Gerhard: Fühlen, Denken, Handeln. Wie das Gehirn unser Verhalten steuert. Frankfurt a. M., 2001.

RUMPF, Horst: Die entleerte Bewegung wiederzubeleben. In: Sportpädagogik. H. 5, 1989, S. 17-21.

RUMPF, Horst: Erfahrungswiderstand. In: ZACHARIAS, Wolfgang (Hg.): Schöne Aussichten. Ästhetische Bildung in einer technisch-medialen Welt. Essen, 1991, S. 129-144.

RUMPF, Horst: Rechtwinklig – beherrscht – geradlinig. Über die Durchsetzung eines zivilisierten Körpergehabes. In: HOMFELDT, Hans Günther (Hg.): „Sozialer Brennpunkt" Körper. Körpertheoretische und -praktische Grundlagen für die Soziale Arbeit. Hohengehren, 1999, S. 117-127.

SADER, Manfred: Psychologie der Gruppe. Weinheim, 7. überarb. Aufl., 2000.

SCHÄFER, Karl-Hermann/SCHALLER, Klaus: Kritische Erziehungswissenschaft und kommunikative Didaktik. Heidelberg, 3. Aufl., 1976.

SCHEINER, Peter (Hg.): Ästhetische Erziehung: Ergebnisse des Symposiums des Fachbereichs Sozialpädagogik der Fachhochschule Düsseldorf mit dem Erziehungswissenschaftlichen Institut der Universität Krakow im Herbst 1986. Düsseldorf, 1987.

SCHERR, Albert: Subjektorientierte Jugendarbeit. Eine Einführung in die Grundlagen emanzipatorischer Jugendpädagogik. Weinheim, 1997.

SCHERR, Albert: Gesellschaftliche Umbrüche, Krisen und Konflikte. Kulturelle Jugendbildung vor neuen Herausforderungen. In: Bundesvereinigung Kulturelle Jugendbildung (Hg.): Kultur leben lernen. Bildungswirkungen und Bildungsauftrag der Kinder- und Jugendkulturarbeit. Remscheid, 2002, S. 51-60.

SCHERPNER, Martin (u. a.): Anleiten, Beraten und Lehren: Prinzipien sozialarbeiterischen Handelns. Anregungen für die Praxisanleitung und Beratung von Mitarbeitern. Frankfurt a. M., 1992.

SCHILLER, Friedrich von: Über die ästhetische Erziehung des Menschen. In einer Reihe von Briefen. Stuttgart, 1986.

SCHILLING, Johannes: Didaktik/Methodik der Sozialpädagogik. Grundlagen und Konzepte. Neuwied, 2. überarb. Aufl., 1995.

SCHMAIS, Claire/**KLOPSTECH**, Angela: Tanztherapie. Bewegungsmuster als Abwehrmechanismen. In: Tanzdrama. H. 4, 1995, S. 32-33.

SCHMID, Wilhelm: Philosophie der Lebenskunst. Eine Grundlegung. Frankfurt a. M., 1998.

SCHMIDT, Jochen: Pina Bausch: „Tanzen gegen die Angst". Düsseldorf, 2. Aufl., 1998.

SCHMIDT-GRUNERT, Marianne: Soziale Arbeit mit Gruppen. Eine Einführung. Freiburg i. Br., 2. überarb. Aufl., 2002.

SCHÜTZ, Helmut G.: Kunstpädagogik. In: HIERDEIS, Helmwart (Hg.): Taschenbuch der Pädagogik. Baltmannsweiler, 1978, S. 518-524.

SEEL, Martin: Zur ästhetischen Praxis der Kunst. In: WELSCH, Wolfgang (Hg.): Die Aktualität des Ästhetischen. München, 1993, S. 398-416.

SEEL, Martin: Ästhetik des Erscheinens. München, 2003.

SEEMANN, Hanne: Freundschaft mit dem eigenen Körper schließen. Über den Umgang mit psychosomatischen Schmerzen. Stuttgart, 4. Aufl., 2003.

SEITZ, Hanne: Bewegungen in der Fremde. Experimentelle Zugänge zu einer körpernahen ästhetischen Praxis. In: SELLE, Gerd u. a. (Hg.): Anstöße zum Ästhetischen Projekt. Eine neue Aktionsform kunst- und kulturpädagogischer Praxis? Hagen, 1994, S. 142-152.

SEITZ, Hanne: Räume im Dazwischen. Bewegung, Spiel und Inszenierung im Kontext ästhetischer Theorie und Praxis. Essen, 1996.

SEITZ (a), Hanne: Balanceakt mit Maske: Ich ist ein anderer. In: VASSEN, Florian u. a. (Hg.) : Wechselspiel : KörperTheaterErfahrung. Frankfurt a. M., 1998, S. 17-28.

SEITZ (b), Rudolf: Phantasie & Kreativität: ein Spiel-, Nachdenk- und Anregungsbuch. München, 1998.

SELLE, Gerd (Hg.): Experiment Ästhetische Bildung. Aktuelle Beispiele für Handeln und Verstehen. Reinbek, 1990.

SELLE, Gerd u. a. (Hg.): Anstöße zum Ästhetischen Projekt. Eine neue Aktionsform kunst- und kulturpädagogischer Praxis? Hagen, 1994.

SIEBEN (a), Irene: Die vergessene Intelligenz. In: Ballett international, H. 5, 2001, S. 41-42.

SIEBEN (b), Irene: Künstlerische Dimensionen und Anwendungsmöglichkeiten. In: STEINMÜLLER, Wolfgang u. a. (Hg.): Gesundheit – Lernen – Kreativität. Alexander-Technik, Eutonie Gerda Alexander und Feldenkrais als Methoden zur Gestaltung somatopsychischer Lernprozesse. Bern, 2001, S. 173-202.

SIEBEN, Irene: Die Kunst des Stillwerdens. Die Arbeit der Reformpädagogen Elsa Gindler und Heinrich Jacoby. In: Tanzjournal. H. 1, 2003, S. 25-29.

STÄDTETAG NW: Orientierungshilfe Kunstschulen. Wuppertal, 1990.

STEINER, Rudolf: Der künstlerische Impuls Rudolf Steiners. Bühnenkunst und Eurythmie. Vorträge und Aufsätze. Zusammengestellt von Edwin und Eva Froböse. Bd. 9. In: BECKER, Kurt von/SCHREINER, Hans-Peter (Hg.): Ausgewählte Werke. Frankfurt a. M., 1985.

STEINMÜLLER, Wolfgang u. a. (Hg.): Gesundheit – Lernen – Kreativität. Alexander-Technik, Eutonie Gerda Alexander und Feldenkrais als Methoden zur Gestaltung somatopsychischer Lernprozesse. Bern, 2001.

STIELOW, Reimar: Körper – Sinnlichkeit – Sinn. Menschen- und Welt-Bilder als Strukturelemente zu einer Theorie der ästhetischen Erziehung. Königstein, 1981.

STÖCKEMANN, Patricia: Den Körper in Balance bringen. Ein Gespräch mit Nadia Kevan über die Alexander-Technik. In: Tanzdrama. H. 3, 1995, S. 4-11.

SZIBORSKY (a), Lucia: Zum Begriff der ästhetischen Erfahrung bei Adorno. In: SCHNEIDER, Gerhard (Hg.): Ästhetische Erziehung in der Grundschule: Argumente für ein fächerübergreifendes Unterrichtsprinzip. Weinheim, 1988, S. 182-200.

SZIBORSKY (b), Lucia: Ästhetische Erfahrung. Variationen eines Begriffs. In: Klangspuren. H. 1, 1988, S. 41-61.

THOLE, Werner/**KOLFHAUS,** Stephan A. (u. a.): Bunt und vielfältig. Stand und Entwicklung der Kinder- und Jugendkulturarbeit in Nordrhein-Westfalen. Expertise 10. Unna, 1994.

THOLE, Werner: Kinder- und Jugendarbeit: Eine Einführung. Weinheim, 2000.

TIEDT, Wolfgang: Bewegungstheater – Unterrichtsplanung und Realisation. In: PAWELKE, Rainer (Hg.): Neue Sportkultur. Von der Alternativen Bewegungskultur zur Neuen Sportkultur – Neue Wege in Sport, Spiel, Tanz und Theater. Lichtenau, 1995, S. 240-251.

TODD, Mabel E.: Der Körper denkt mit. Anatomie als Ausdruck dynamischer Kräfte. Bern, 2. Aufl., 2003.

TREPTOW, Rainer: Jugendkulturarbeit – Balance zwischen sozialen und ästhetischen Orientierungen. In: ZACHARIAS, Wolfgang (Hg.): Schöne Aussichten. Ästhetische Bildung in einer technisch-medialen Welt. Essen, 1991, S. 231-244.

TREPTOW, Rainer: Bewegung als Erlebnis und Gestaltung. Weinheim, 1993.

TREPTOW, Rainer: Kultur und Soziale Arbeit. Münster, 2001.

TREPTOW, Rainer: Kultur öffnet Welten – Was aber verschließt sie? In: Bundesvereinigung Kulturelle Jugendbildung (Hg.): Kultur öffnet Welten. Soziale und kreative Kompetenz durch kulturelle Bildung. Remscheid, 2004, S. 153-162.

ULMANN, Gisela: Bedürfnisorientierte Erziehung zu Kreativität. In: OTTO, Gunter (Hg.): Texte zur Ästhetischen Erziehung. Braunschweig, 1975, S. 39-50 .

UPTMOOR, Beate: Der fremde Blick des Tanztheaters. In: VASSEN, Florian u. a. (Hg.) : Wechselspiel : KörperTheaterErfahrung. Frankfurt a. M., 1998, S. 112-122.

VASSEN, Florian u. a. (Hg.): Wechselspiel: KörperTheaterErfahrung. Franfurt a. M., 1998.

VASSEN, Florian: Der ganze und der zerstückelte Körper. In: VASSEN, Florian u. a. (Hg.) : Wechselspiel : KörperTheaterErfahrung. Frankfurt a. M., 1998, S. 29-40.

VALTIN, Renate/WAGNER, Christina: Geschlechterrollenorientierungen und ihre Beziehungen zu Maßen der Ich-Stärke bei Jugendlichen aus Ost- und Westberlin. In: Zeitschrift für Erziehungswissenschaft, H. 1, 2003, S. 103-120.

VELTHAUS, Gerhard: Bildung als ästhetische Erziehung. Bad Heilbrunn, 2002.

VOGEL, Corinna: Tanz in der Grundschule. Geschichte – Begründungen – Konzepte. Augsburg, 2004.

VOLLBRECHT, Ralf: Medien als Verstärker sozialer Ungleichheiten. In: MÄGDEFRAU, Jutta/SCHUMACHER, Eva (Hg.): Pädagogik und soziale Ungleichheit. Aktuelle Beiträge – Neue Herausforderungen. Bad Heilbrunn, 2002, S. 295-304.

VOPEL, Klaus W.: Kreative Konfliktlösung: Spiele für Lern- und Arbeitsgruppen. Salzhausen, 2. Aufl., 2002.

WAHLER, Peter (u. a.): Jugendliche in neuen Lernwelten. Selbstorganisierte Bildung jenseits institutioneller Qualifizierung. Wiesbaden, 2004.

WATZLAWICK, Paul (u. a.): Lösungen. Zur Theorie und Praxis menschlichen Wandels. Bern, 5. Aufl., 1992.

WEHLE, Gerhard (Hg.): Pädagogik aktuell. Lexikon pädagogischer Schlagworte und Begriffe in 3 Bänden. München, 1973.

WEIZSÄCKER, Richard von: Von Deutschland aus. Reden des Bundespräsidenten. Berlin, 1985.

WELSCH, Wolfgang: Ästhetisches Denken. Stuttgart, 1990.

WELSCH, Wolfgang: Anästhetik – Fokus einer erweiterten Ästhetik. In: ZACHARIAS, Wolfgang (Hg.): Schöne Aussichten. Ästhetische Bildung in einer technisch-medialen Welt. Essen, 1991, S. 79-106.

WELSCH, Wolfgang (Hg.): Die Aktualität des Ästhetischen. München, 1993.

WELTZIEN, Friedrich/VOLKMANN, Amrei (Hg.): Modelle künstlerischer Produktion. Berlin, 2003.

WESTPHAL, Kristin: Raumempfinden im Tanz. In: GESELLSCHAFT FÜR TANZFORSCHUNG E. V. (Hg.): Tanzforschung. Jahrbuch Bd. 7, Wilhelmshaven, 1996, S. 47-68.

WICHELHAUS, Barbara: Wirkungen von Kunst. In: Bundesvereinigung Kulturelle Jugendbildung (Hg.): Kultur leben lernen. Bildungswirkungen und Bildungsauftrag der Kinder- und Jugendkulturarbeit. Remscheid, 2002, S. 157-162.

WIGMAN, Mary: Sprache des Tanzes. In: WILLKE, Elke u. a. (Hg.): Tanztherapie – Theorie und Praxis. Ein Handbuch. Paderborn, 1991, S. 53-68.

WILLKE, Elke u. a. (Hg.): Tanztherapie – Theorie und Praxis. Ein Handbuch. Paderborn, 1991.

WÜNSCHE, Konrad: Zur neuen ästhetischen Begeisterung. In: Pädagogik heute. H. 11, 1987, S. 7-11.

ZACHARIAS, Wolfgang (Hg.): Schöne Aussichten. Ästhetische Bildung in einer technisch-medialen Welt. Essen, 1991.

ZACHARIAS, Wolfgang: Kulturpädagogik. Kulturelle Jugendbildung. Eine Einführung. Opladen, 2001.

ZINNECKER, Jürgen (u. a.): Null Zoff und voll busy. Die erste Jugendgeneration des neuen Jahrhunderts. Ein Selbstbild. Opladen, 2002.

KONZEPTE FOLGENDER EINRICHTUNGEN:

- Schule für Kunst und Theater im Kulturforum Alte Post/Neuss
- Kulturamt der Stadt Neuss (Hg.): Modellversuch Schule für Kunst und Theater. Skript.
- Das Haus der Jugend/Neuss
- Tanzraum Neuss/Schule für Bewegung und Tanz
- Kabawil e.V./Streetworkdance Düsseldorf
- Kreativitätsschule Düsseldorf/Essen e.V.
- Kulturwerkstatt Düsseldorf e.V.
- Kunstakademie Düsseldorf
- Tanzhaus NRW/Düsseldorf
- Akademie Remscheid für Musische Bildung und Medienerziehung e.V.
- Muse/Multikulturelles soziales Schulprojekt für Europa

DOKUMENTARFILME:

GIBIEC, Christiane (Regie): Das Tanztheater der Pina Bausch. WDR/Goethe Institut, 1998.

GRUBE, Thomas/**LANSCH,** Enrique (Regie): Rhythm is it! You can change your life in a dance class. Kinofilm/DVD, 2004, vgl. www.rhythmisit.de.

SONZOGNI, Jean-Louis/**WEISENBURGER,** Petra (Regie): Auf den Spuren des Ausdrucktanzes in Deutschland. Teil I: Der stumme Schrei. Teil II: Einsame Streiter. BR/WDR, 1991.

Pädagogik

Ellen Schwitalski
»Werde, die du bist«
Pionierinnen der Reformpädagogik.
Die Odenwaldschule im Kaiserreich und in der Weimarer Republik

2004, 394 Seiten,
kart., 28,80 €,
ISBN: 978-3-89942-206-1

Thomas Brüsemeister,
Klaus-Dieter Eubel (Hg.)
Zur Modernisierung der Schule
Leitideen – Konzepte – Akteure.
Ein Überblick

2003, 426 Seiten,
kart., 26,80 €,
ISBN: 978-3-89942-120-0

Thomas Höhne
Pädagogik der Wissensgesellschaft

2003, 326 Seiten,
kart., 25,80 €,
ISBN: 978-3-89942-119-4

Werner Friedrichs,
Olaf Sanders (Hg.)
Bildung / Transformation
Kulturelle und gesellschaftliche Umbrüche aus bildungstheoretischer Perspektive

2002, 252 Seiten,
kart., 24,80 €,
ISBN: 978-3-933127-94-5